# 自由品读 适度介入

## 初中语文教学手记

ZIYOU PINDU SHIDU JIERU CHUZHONG YUWEN JIAOXUE SHOUJI

王茂◎著

IDEA!

安徽师范大学出版社

· 芜湖 ·

**图书在版编目（CIP）数据**

自由品读 适度介入：初中语文教学手记 / 王茂著. — 芜湖：安徽师范大学出版社，2018.2

ISBN 978-7-5676-3330-8

Ⅰ.①自… Ⅱ.①王… Ⅲ.①中学语文课－课堂教学－教学研究－初中 Ⅳ.①G633.302

中国版本图书馆CIP数据核字（2018）第013429号

自由品读 适度介入：初中语文教学手记 王 茂◎著

责任编辑：胡志恒

装帧设计：任 彤

出版发行：安徽师范大学出版社

芜湖市九华南路189号安徽师范大学花津校区

网 址：http://www.ahnupress.com/

发 行 部：0553-3883578 5910327 5910310（传真）

印 刷：虎彩印艺股份有限公司

版 次：2018年2月第1版

印 次：2018年2月第1次印刷

规 格：700 mm×1000 mm 1/16

印 张：21.75

字 数：355千字

书 号：ISBN 978-7-5676-3330-8

定 价：66.00元

如发现印装质量问题，影响阅读，请与发行部联系调换。

# 自由品读　适度介入

## ——关于语文教学的理念与主张

我从事教学36年,工作有顺风,有挫折;有欣喜,有彷徨;有得意,有自责;有进步,有蹉跎。近些年,工作上不断有新感悟、新突破、新收获。

回顾自己走过的路,我有如下的体会与总结。

## 一、爱教语文,与时俱进

爱事业,才能做事业;爱学生,才能教好学生。

爱本身似乎是空洞、抽象的,但它必然表现在工作上是否负责任,业务上是否追求精深;对学生是否公平,是否面向全体学生,是否为了学生的全面发展。

虽然是老教师,对教材是很熟了,但在钻研教材这个环节,从来都不放松;听课,搞公开课,一向都很积极。本人是最乐于听课的人。数理化,政史地,音体美,主科副科都爱听。听了以后,还爱与授课人交流,提建议。同时,也从众人身上学到经验与方法。

正是爱事业,本人才乐于钻研教学,摸索总结出适合农村学生、符合语文教学规律的教学方法、套路。

(一)摸索出"达标式"教学方法。

实行九年义务教育后,小学毕业生全部升入初中,一些后进生也升入了中学。这些后进生常常成为被教师遗忘的角落。提问他们,他们也常常搞不好,一次、二次,教师干脆就放弃他们,读书、背书都把他们忘在一边。久而久之,他们的朗读、背诵欲望得不到刺激,这两项能力萎缩,成绩更差了。

教学中,我逐步摸索出"达标式"教学方法。首先是朗读与背诵的达标。把这两项当作常规检查来做。比如上到《狼》一文,课文上完以后就要求背诵。检查实行小组检查,每4~6人组成学习小组,推举一名组长,由学习组长检查大家。学习组长由行政组长检查,行政组长由学习委员检查。这样层层检查,确保及时、全面。而过去,是教师抽查,学生容易怀着侥幸心理。现在这种机制,人人必须达标,没有"漏网之鱼"了。对背不掉的同学,通过罚抄促使背掉。第一天背不掉抄两遍,第二天背不掉抄四遍,堵死懒惰的后路。学生一看不背过不去了,就只有收起了偷懒的念头,积极地去背了。到了下一篇课文,不待老师布置,学生已经预习、预背了。背掉后自豪、快乐,而这又成了他下次背书的动力。到后来,学生已经找着老师布置背诵内容了!朗读相应要简单一些,只要大致顺畅就可以了,学生容易达标。

字词也使用达标式教学,每课生字词,教师抽查报听写。一单元结束,教师在全班报听写。根据学生水平的差异,可确定90分、80分为及格线,凡不及格的,补考罚抄,再不及格,再罚抄、补考,直到及格为止。

不仅记忆性知识可采用这种达标式教学,作文也可采用。比如布置一篇说明文,必须在说明特征、顺序、方法、语言上符合要求,否则视作不及格,重写。这样虽然教师的负担重一点,教学效果是有提高的。

(二)提出"学生读书是研读"的概念。

这个概念,是近几年在教学中逐渐悟出并形成的。以前没这个概念,上到课文,就是叫学生熟读、反复地读,做课后习题也就是一题一题地做。对于学生读课文的目的不甚了了。实际上,熟读很大程度上就是为了研究,课后习题是研究的题目。做课后习题不是目的,研究课文,从课文中汲取营养,在研究中提高阅读能力才是目的。叶圣陶先生说,课文无非是个例子。选入课文中的文章只是无数文章中的代表。对课文的分析研究,是为了对课本外的文章也能作分析研究。

我在教学中跟学生反复说,你们读课文是研读;既然是研读,肯定要反复读数遍,要带着问题来研究。以前对于熟读课文的必要性,我和学生都认识不足,以为少读两遍也不过如此。现在有了研读概念,师生都明白,是否要反复读了。

我在教学中逐渐总结出研读的方法，并教给学生。我把研读的方法分为：通读、挑读、捋读、寻读和概括读五种。

通读。一字字、一句句读，读完整篇文章或整个语段，对阅读材料有整体感知。这是一种基本的、必要的方法。

挑读。有些问题，只针对文章中的一段或语段中的一句、两句，不必读全文，全语段，只需挑部分句、段读就可以了。

捋读。要研究的问题，散在文章前后的不同位置，要从文章中把它"捋"出来。它与通读中的平均用力不同，它只捋那些与题目有关的信息。

寻读。所要研究的问题在文章的某个地方，然而在哪里呢？要从文中某不确定处找出。

概括读。这在阅读中可算是最重要的方法。读材料，不是把他们看作一句一句，而是将有关的句子、段落概括为一个意思。最常见的是分层，写层意，概括中心，概括论点。

我把这几种方法教给学生，并与他们一起用这种方法做阅读题、课后习题，取得了良好的效果。

（三）不断学习、探索，与时俱进。

虽然本科学历拿到，高级职称评到，在一般人看来可能万事大吉了。但出于对教育教学的爱，对事业的追求，我并没有停下学习的脚步、钻研的劲头，仍然学习、钻研，与时代一同进步，做个追潮者。

出于文史不分家，语文教学对历史知识的需求，从2003年起，我又报了历史教育本科自考。现在已经毕业。学了历史本科，我的视野又拓宽了些，知识储备增多了，课堂的知识结构也发生了变化。

自费订阅了《中学语文教学》，捕捉语文教学、新课程的新信息，新方法，从中借鉴。

对于新教材，我是抱着接受与欣赏的态度去接纳它，向教师们传播新课程的理念、思想、方法，要求大家积极去领会、掌握它。

在教学中，我喜欢搞实验，不断推出新的项目。这些年先后进行了如下实验或课题："作文互改"、"达标式"教学、"分层教学"实验；"课外阅读和编题实验"县级课题研究；"少教多学"部级课题研究；"通过课文美点品读与仿写提高作文能力"市级课题研究。

## 二、自由品读，深入文本

近几年，我的语文课堂渐渐形成一个习惯：自由品读，让学生自由说出文章的好处，或质疑文章存在的问题。学生对这种方法已经比较习惯，常常是争先恐后站起来发言，课堂上弥漫着学语文、品语文的愉悦与幸福感，不少同学在这不断地品读中，语文素养与能力悄然提高。要是哪节课没做自由品读，或者自由品读没得到理想的效果，师生都会觉得遗憾。叙述如下。

（一）自由品读的含义。

阅读教学的重头戏是对课文的分析，这是每一个语文教师、语文课堂都要做的。实际上就是对文本的解读。为何文本要解读呢？因为作者的技巧、艺术的秘诀是掩藏在文本中的，读者是不能轻易就发现、揭示的。比如《故乡》开头的写景，有什么特点和作用？对闰土、杨二嫂人物形象塑造都用了哪些方法？小说中安排的水生与宏儿有何目的？文章结尾的比喻又是什么意思？这些，文本本身并没有告诉你，学生包括老师，对于这复杂的知识、妙点，不下一番功夫去品析，是难以搞清楚的。

对于文字无数的妙点、美点，老师如何教给学生，从而使学生不断提高阅读能力呢？多数老师都是把文章的疑难处、妙点处，作为问题提出来，让学生解答，从中培养学生的阅读能力。比如：《春》一文中作者是如何写春风的？《春》的结尾运用了什么修辞手法，表达效果是什么？这两个问题确实是要害，是课文的美点、妙点、难点，上这一课是不可以把这样的问题放过去的，也是学生阅读能力慢慢提升过程中的必须。

自由品读文本当然也是这样，目的也是探究文本的美点、妙点、疑难点。这是"品读"的必然含义。但其中有个"自由"，与上述做法不同就在于，先不是由教师提出问题，而是学生提出问题，学生去解决；学生解决不了的，教师试着去解决。学生提出什么问题，没有限制，可以是立意、结构、开头、结尾，可以是修辞、句式、用词，可以是写法、表达、情感，可以是赏析、质疑、存疑，总之，问题是学生提出的，解答也主要由学生完成。

比如上《藤野先生》，在解题、注音释义、整体感知后，学生自由品读：有对第一段中写留学生辫子一处进行分析，有对藤野先生相貌进行分析，有对

29段开头的议论进行分析,有对文章结尾进行分析,等等。由于自由品读,不在题目上设限,学生的问题常常是五彩缤纷,当然也参差不齐,常出教师预料。学生多是赏析,自问自答;也有学生老老实实提出问题,请同学回答。有的学生一口气提出三四个问题,为了考虑均衡,就要限制了。

（二）自由品读的依据与作用。

为何实施自由品读,自由品读有何依据,自由品读的效果如何?

自由品读是笔者在教学中不知不觉形成的一种教学方法。语文教学一般都要几个程式:解题和作者介绍;检查预习,注音释义;整体感知;研读课文;拓展练习;小结、作业。其中研读课文部分是重点。研读就是解决文本疑难的,这个环节一般的做法是教师提问,学生解答。所谓"满堂问",就是带问题研读课文,因为问得太多了,形成余映潮老师所谓的"碎问碎答",从而为人所诟病。

长期以来,笔者也是这样教学的:教师提出问题,学生解答,这个解答不对,那个再解答,直到正确答案出来。再转入下一个问题。但教学实践中,渐渐感觉到,提问其实是一种重要的能力,是文本解读的重要功夫。不能提问,没有疑问,说明学生对文本的理解还很浅;能够提问,说明学生读得已经比较深。那么,为何不把提问权交给学生呢?

于是,教学中我就开始了这样的尝试,在整体感知之后,进入自由品读环节。胡适的《我的母亲》是单线索,是通过几件事写人的文章,文章结构、语言都不算难,但其中蕴含的信息与写作的技巧很有嚼头。于是整体感知后,学生自由品读得热火朝天,诸如:母亲教育的方法,母亲为人处事的原则,母亲对我的影响,第7段里"轻薄的话"的分析理解,最后一句"这是我的严师,我的慈母"的表达方式与表达效果,母亲对付"我"的两个嫂子的方法,最后一段三个"如果"的作用等,问题可谓五花八门,涉及多个方面。真是人多力量大。学生的主体地位如果真的体现,学生成为课堂的主人,发挥出的力量真是以教师个人为主角的模式所无法比拟的。

在研读课文中,同样是提问题,为何老师专享提问权与学生老师都有提问权不一样呢? 这不是一个简单的提问权的问题,而是学习主体、研读主体的问题。学生有提问权,而且首先提问,这是研读主体地位的确立,这是其一。其二,文本研读,不是教师的责任,至少不全是教师的责任,而是学生和老师共同负担的责任;而这样的责任,学生是第一位的,教师是第二位的。其三,这有利于形成学生的阅读习惯:在阅读文本时,就带着主动研读的心态去阅读,而不是等待老师去解决。其四,有利于形成学生提问题的习惯,必须提问,敢于提问,善于提问。不是说中国学生的提问意识、能力不强吗,那我们的语文课堂里,就给学生提问的权力与时空,培养学生提问的意识与能力。

（三）自由品读中教师的作用。

自由品读教师是轻松了还是更累了？课堂上教师是轻松了,少讲许多话,把时间更多地给学生了。但课前教师备课要用心,要真在文本上下功夫,而不仅是细读教学用书。这几年的语文教学,我拿到课文总是先读两遍,注音,批注,质疑。记得教《孔乙己》,我用铅笔在课文旁边批注有23处,涉及内容、结构、修辞、句式、疑问等多个方面。只有教师自己细读并把握了文本,学生分析时,教师才不会心里没底。

教学相长。一开始,比如七年级上学期时,学生的品读能力肯定弱,意识也欠缺。但多给锻炼的机会,教师多示范,学生渐渐就学会了。而教师自己呢,面对学生提出的各种各样的问题,也会觉得意外,难以对付。这本身就是一种收获。有没有学生提出问题,教师答不出的,或感觉不够有把握的？当然是有的。有些问题专家们都争论不休,如果以某个专家的答案为标准,其他专家就答错了。从这个角度说,对于文本品析,未必都要给肯定的、唯一的答案,也可以是商榷的、多样的答案,这是求实的态度,也是"诗无达诂"的必然。教师不必为了面子,硬回答,硬统一。

自由品读要与定向解读相结合。任何事都有利弊,自由品读也不例外。有时候,学生说得很兴奋,但教师心里急,一是有的问题没有多大的价值,又同质化,二是文本的精华还要教给学生呢。文本的精华,属于专家们说的"教什么"的问题,这些内容是必须要教的。比如散文诗《海燕》,象征、对比不能不教,肯定要作为重点。比如《端午的鸭蛋》,对于其"文人散文"的特征,就要讲一讲:看似东拉西扯,其实只有阅历丰富、善于联想、语言运用纯熟的作家才可以做到,初中生不易学。

自由品读要兼顾全体学生。一节课45分钟,一个班四五十名学生,一个学生平均一分钟都不到。自由品读,肯定是成绩好、发言积极的学生占有时间多,这是合理的,也有利于全体同学对课文的解读。但如果有四分之一的学生长期处于旁观状态,这对他们肯定是不利的。为了让这些学生多发言、多参与自由品读活动,教师要调整发问机会,适当向后四分之一同学倾斜。为了尽可能让全体同学都积极参与自由品读,我在教学中的措施是:课前预习时,学生必须用铅笔做五处以上的批注;在班级交流之前,先四人小组交流,一人交流一处。小组交流的好处是,人均发言的机会多,可以确保人人交流,有助于调动全体同学的积极性。

有些稍难的文章,学生品读就比较困难。比如诗歌、文言文、外国人的文章。这时,教师的示范与引领作用就显得很必要了。七年级上学期学《理想》,学生开始茫然不知从何下手。教师引导学生从比喻入手:为何说理想是闹钟、肥皂,是从警醒与洁净的角度说的,其实理想还可以有什么作用,可以做哪些比喻?师生讨论后得出:发动机——给人动力;及时雨——解除旱情,战胜困难;桥梁——到达胜利的彼岸……这样一解读,学生知道了,原来诗的原理也是朴素的,于是就敢品读、会品读了。后来到了九年级上学期的《雨说》,只见学生此起彼伏地站起品读个不停,几乎不想给老师说的机会了! 单单这个过程,就是很有意义的。

自由品读与定向解读相结合,既能体现学生的主体作用,又体现了教师的主导作用。二者结合,对于学生阅读意识、素养、习惯、能力的培养,肯定是非常有利的,也可能是阅读教学中比较有效的途径。

## 三、适度介入,更有魅力

近几年,我认识到以教师为主导的定向研读的弊端,逐渐形成"自由品读"的方法:学生提前预习,对课文用一二句话概括;进行不少于五处的批注;并提出至少一处疑问。上课时,按照"学生整体感知课文—同位学生交流批注—班级自由品读—教师主导定向研读"的流程教学。

下面且以小说教学为例,来谈谈适度介入的问题。

小说,具有认识、审美与熏陶功能。虽然是虚构的,其影响却是广泛而深刻的。林黛玉、王熙凤这些虚构的人物已经深入人心,成为民族文化的一部分。小说教学虽不是初中语文的重点,也是不可忽视的部分。简单地说,小说就是故事,要让学生喜爱。但实际教学中,主题先行的人物分析,拔高后的主题分析,使小说支离破碎,剥离了有趣的血肉,剩下些不讨人喜欢的筋骨,于是本来应该趣味横生的小说,变成鸡肋。

如何让小说有味?按照新的文本阅读理论,读者读小说,不是被动参与,而是与读者一样的再创作;小说学习的过程,就是介入的过程。换句话说,师生与作者一起参与文本创作,丰富小说内涵,拓展情节空间,于是在创作的愉悦中,体验了阅读的快感,感受了小说的魅力。

这几年,笔者采用适度介入的方法,与学生一起深入文本中,从而使小说教学充满魅力,效果良好。介绍如下。

(一)变换情节,强化主题。

小说是有主题的,这是小说的认识功能。鲁迅小说,以忧愤深广著称,主题更是严肃。但老师如果就原文情节分析人物,从而推出主题,学生会存有疑问:真是这样吗?

以《孔乙己》为例。小说通过孔乙己的悲剧命运,批判了病态社会,对社会的凉薄、科举的弊病,进行了控诉。这样分析似乎没有问题,但学生肯定印象不深,觉得结论有些勉强。

在教学中,笔者设计这样的环节:让学生重新编写结尾:孔乙己的最后结局,理由是什么。于是,学生兴奋了起来,想象力得到了激活。一时间,同学们都成了小作家,各显其能,各圆己说。经过改编、讨论,学生认识到作者的匠心,对文章主题也有了深刻的认识。

探究集中在两个问题上:孔乙己最后一次出场的着装;孔乙己的手。

师生探究后认为,孔乙己最后一次出场没有穿长衫,这不是一种偶然,不是作者的疏漏,应该有深意的。这个长衫的脱去,包括"用这手慢慢走去"这样的细节,都是作者精心设计的,是接受了时代新思想后的作者,对主人公命运的思考与批评,是"哀其不幸,怒其不争"情绪的又一次凸显。

孔乙己被打残,有多种结果:其一,干脆卧床不起,不能出场,在人们的谈话中交代孔乙己的情况。其二,双腿废了,让人抬到酒店喝最后一次酒。其三,双腿废了,手按着特制的小矮凳走路。这三种结果,都可以不影响穿长衫:长衫可以裹起来。

但长衫是孔乙己身份与外壳的象征,是孔乙己的符号,也可以说是旧孔乙己的支撑。我们看一支军队失败了，先倒下的是军旗。那么一个人倒下了，外在的表现是什么呢？长衫在，旧孔乙己的灵魂就在，孔乙己还可以凭借这做精神支撑。长衫不在了，宣告旧孔乙己不在了；虽然还不能说新孔乙己已经诞生。这不是作者的想法，在当时社会太黑暗的形势下，在被旧思想束缚与控制太久的情况下，旧孔乙己或许会被打碎，新孔乙己的诞生却看不到希望。

与长衫相应的，是孔乙己的手。作者在故事结尾给了孔乙己的手二次特写："他从破衣袋里摸出四文大钱，放在我手里，见他满身是泥，原来他便用这手走来的。不一会，他喝完了酒，便又在旁人的说笑声中，坐着用这手慢慢走去了。"

孔乙己的这双手是赖以谋生的依赖呀，他用手抄书，写字，曾经很骄傲的排出九文大钱，蘸酒写字教小伙计。可是现在呢，不能再作高雅的事情了，只能做本来应该由脚做的事情了！人们常说脚踏实地，现在，孔乙己是"手"踏实地。命运告诉孔乙己：想用大脑，用知识生活，此路不通；必须用劳力生活，靠双手生存！

所以，这个长衫是孔乙己自己脱去的，是在毁灭性的打击之下的初步觉醒。长衫脱去了，无奈也罢，被动也罢，总是一种改变，一种醒悟。

这样的教法，就比较活了，学生对小说情节与主题的认识，都更深刻了。

（二）设置情境，复活人物。

由于小说中人物生活在久远的年代，学生自然感觉到隔膜；如果打通了情境，拉近了学生与小说中人物的距离，人物如在目前，欣赏人物就不难了。

《智取生辰纲》一文，笔者与学生一起设置情境，从具体生活场景和管理等方面去分析杨志的得失，于是小说中的人物好像来到了师生中间，活了起来。

师生一起探究：杨志失败的原因在哪里？

在分析时，先让学生分析高潮部分，学生简述，杨志一行过黄泥冈，军汉们不走，这个起来、那个坐下，终于老都管出面了，与杨志发生了正面冲突，杨志对局面已经失控了。就在这时，吴用等人开始行计。

可是，这一切是怎么来的？文章是如何写的？

原来，前面都是铺垫，伏笔！

9

看文章的前一部分。首先是杨志与军汉的关系,因为赶热走,杨志与军汉发生冲突,杨志轻则痛骂,重则藤条便打。

接下来,写与虞候的矛盾。按说他们是军官,杨志应该是礼貌客气吧,可杨志不是如此,先是"杨志也嗔道:'你两个好不晓事!这干系须是俺的!'"

其实,杨志这句话是有问题的,至少不会说话。为什么"这干系须是俺的"?这话一方面把责任与荣誉过于揽在自己身上了,一方面又没有看到虞候的责任,难道虞候与这件事无关吗?完全可以说"这是俺们的责任"。

两个虞候分辨两句,杨志便出语不逊:"你这般说话,却似放屁!"杨志与这两人应该是同事吧,如此出言不逊,实在不妥。

接下来的矛盾发展了,就是两个虞候在老都管跟前告状。老都管说:"这两日也看他不得。权且耐他。""且耐他一耐。"我们从中看到,反对杨志的力量已经悄悄集结了,可杨志全然不知。

接下来又是军汉们对老都管告状了。老都管怎么说的?老都管说:"你们不要怨怅,巴到东京时,我自赏你。"

这句话表面是平和的,似乎没有拆杨志的台,其实倾向性是明显的。他这是收买人心,好似很体贴军人。"你们不要怨怅",似是安慰,但并没有具体内容啊?这句话的本身就是肯定怨怅有理,杨志确实过分了。所以军人们听了是感到安慰的。

老都管一定要这样说吗?不是。如果老都管真为任务考虑,以大局为重,是可以说一番道理的。他可以这么说:这是任务,不得有误;杨志也是急呀。

如果他为了帮助杨志,甚至可以说:杨提辖是我们官人派遣的,是为他老岳父祝寿的;如果谁敢跟杨志过不去,就是跟我过不去!必须服从杨提辖!

如果这样说,还会发生接下来的事情吗?

再看杨志呢,只有功夫,却不会管理,人际关系非常糟糕。杨志与这十四个人,是很复杂的关系。与十一个军汉,是与下级的关系,与虞候是同事关系,与老都管可以说是与上级的关系。可是,杨志把这些人全得罪了!

杨志的失败是人际关系的失败,管理的失败。

其实，杨志和他们的关系是可以搞好的。对军汉，是做好思想工作：弟兄们，我们的利益是绑在一起的，一损俱损，一荣俱荣。为了这个共同的目标，我们必须团结一心，苦干一个半月。等到完成任务，我们再痛饮庆功酒！然后宣布纪律，每天行程怎么安排，需要有什么注意事项，等等。

对两个虞候，可以兄弟相称，不忙的时候喝喝小酒，搞融洽一点。

对老都管，多恭敬一些，嘴甜一些，偶尔搞点小礼物，多讲客气话，拉近距离，以后工作不就方便了吗？

杨志自己也有不细密处。比如军汉们买酒喝，自己坚决不喝。如果那样，吴用他们未必能得逞。

还要有准备，天这么热，军汉必然口渴，有没有提前准备水、酒呀？如果准备了，此时就未必要买对方的酒啦。

当然，英雄也是有缺点的人，不必苛求。杨志只是武功上的英雄，不是文武双全的英雄。所以许多事，也许是必然的吧。

如果再给杨志一次机会，杨志会怎么办呢？

可以提条件，把虞候、老都管全部赶走，把自己的朋友请过来做副手。

像这样设置情境教学，杨志不再是一个书中的英雄，而如同生活中的人物，有血有肉，有优点有缺点，学生当然会亲近、会喜欢的，小说于是就读活了。

（三）反弹琵琶，深化认识。

太拘泥于小说的主题，而不去做多元探究，把活色生香的小说整得没有了味道，是小说教学的大敌。

《我的叔叔于勒》是传统课文，教了多少年，其主题都是揭露资本主义人与人之间赤裸裸的金钱关系；而菲利普夫妇呢，都是自私、冷酷、唯利是图，反正多说他们坏一点不犯错误。

但是小说是对生活的反映，而生活不是死框框可以解释的。

细究起来，菲利普夫妇不仅值得同情，而且他们两人差别是不小的。如果宽容一点看，克拉丽丝其实是有很多优点的。

在教学中，笔者与学生一起反弹琵琶，主要探究两个问题：细品菲利普；找克拉丽丝的优点。

虽然菲利普夫妇被说成是冷酷、自私，但细细辨来，其实是微妙的，比如把于勒说的那样差，都是克拉丽丝说的，没有一处是菲利普说的。在船上遇到于勒后，菲利普是害怕，狼狈，克拉丽丝是暴怒，是刻薄的宣泄，但菲利普一句狠话都没有。

菲利普首先发现于勒，他"突然好想不安起来"，"脸色十分苍白"，他对妻子说："真奇怪！这个卖牡蛎的怎么这么像于勒？"当克拉丽丝没有反应过来时，我结结巴巴地说："就……就是我的弟弟呀"，看，这是多么温馨呀！当他从船长那里转弯抹角打听出来是于勒是，就更害怕了，"脸色早已煞白，两眼呆直，哑着嗓子说……"他紧张什么？恐怕不只是于勒回来拖累他们，可能还包括于勒要是回来，克拉丽丝是否让这个家庭有平静日子过。他到了克拉丽丝跟前，结结巴巴地说："是他，真是他！"可是，他一句狠话都没有。在他的心里，也许是非常矛盾的吧，一方面害怕弟弟拖累自己；另一方面，但看到弟弟这样穷困潦倒，又心生同情，心里难过。可是再一方面，家里经济状况很差，克拉丽丝也不会同意收留他的。于是，内心里承受多大的煎熬啊！

狠话都是克拉丽丝说的。在一开始还没有确定是于勒时，克拉丽丝称他为"这个小子"，知道确实是于勒时，称呼立马变了，说"这个贼"。

可是，我们的分析文章都是把菲利普夫妇一锅煮，这也太粗心了吧！

再找克拉丽丝的优点。换个角度看问题，可以看到，克拉丽丝优点很多啊！学生们一起找，找到了不少。

她勤俭节约，自我牺牲。当丈夫说要给自己和孩子们买牡蛎时，她说"我怕伤胃，你只给孩子们买几个好了"，看，这和中国文化里歌颂妈妈吃鱼头的精神何其相似！

她遇事镇定。当菲利普因为发现于勒，吓得六神无主时，是克拉丽丝不慌乱，她发出最关键的指令："应该把孩子们领开。……最要留心的是别叫咱们女婿起疑心。"关键时刻，她的头脑多么冷静，思维多么清晰，语气从容不迫。

她宁愿做恶人。为了这一家老小，她挺身而出，宁愿担着恶名，也要坚决与于勒划清界限。如果任由菲利普的同情心发展，可能要对于勒给予表示，经济上进行接济。但克拉丽丝对被于勒伤害的痛苦记忆犹新，不能容忍全家都受到于勒的拖累，于是采取断然措施，与于勒隔开。看，这个女人为了丈夫与孩子，付出了多少呀？这样的女人，至少不是应该有一些同情吗？

这样的反弹琵琶，未必是品析小说的正途，但它至少是一个途径，对从概念化出发的僵硬分析，也是一种反拨。

小说是人们生活的需要，小说是有趣味的。小说教学，首要的目标是让学生喜爱，让学生感受到小说的魅力。对于主题分析、人物性格、认识功能的教学目标，不必僵化理解，生吞活剥。强化主题，可以通过变换情节；复活人物，可以设置情境；深化认识，不妨反弹琵琶。总之，深度介入文本，与作者、与文本对话，是小说教学的一条重要途径；笔者的教学实践也证明，这种教学方式是有效的。

以上三点，是我在语文教学中最新的主张、认识与理念。教学三十六年了，我对语文教学不但不厌倦，反而有新生的感觉。相信，在未来的几年教学生涯里，我会更充满激情地顺着"自由品读，适度介入"的路子走下去，越走越熟，越走越宽！

王　茂
二〇一七年十二月二十日

# ‖ 目　录 ‖

## 八年级语文上册 91

目录

# 七年级语文上册

（2014.9.1，周一，阴）开学第一课。

二十三名学生，七个男生。跟上届三十多个学生相比，感觉还不习惯。

（2014.9.5，周五，补记）对于这届学生总有点不习惯，因为人只有26人，而上届是34人；从九年级下来，差距很大。但上了几节课后，渐渐有点喜欢他们了。上届也是一段时间后才适应的。

## 一、《散步》

暑假里两次说《散步》里的婆媳关系不好，后来好像从群里听说，莫怀戚去世了，63岁，心里有点过意不去。也许受到这个原因影响，这次没有怎么挑他毛病了，其实还是比较温馨的。

跟学生探讨了一些东西。目前学生的品读能力很差，主要是我启发。比如说一个句式，他们不知道好在哪里，于是我就换词，学生感到确实不一样。

关于分歧的解决，其实上一轮，我上得比较粗，可能主要精力是去批评了。这次看，还是比较精心的。不过我想到了一个结尾，比如孙子说走大路吧，于是一家人走大路。但是这个结尾不行，升华就无从落实。

结尾其实不是直写，而是经过渲染的，有虚写——联想在其中，不然就说我们各自背着，文章就没有感染力了。而现在说加起来是整个世界，这就把读者导向了这个方向。

## 二、《秋天的怀念》

史铁生此文的技巧比《散步》强。许多句子都是难以更改、取舍的。

我感觉，第6段跟最后的第7段之间，最好插入后来"好好儿活"的一些情况，否则显得太突然了，也缺少支撑。

## 三、第5课《〈世说新语〉二则》（2014.9.10，周三，补记）

刚开始学，学生真慢。教注释，翻译，都显得迟缓。从听写看，总体还不错。有的小学，学习习惯不好，中心校确实好些。但三十埠的萍，很用功，不错。而中心校，各班前十五名基本走光了。

一开始，所以上的较慢。跟学生说说笑笑中学知识。

这一次，注意了细节。比如《咏雪》中的"欣然""大笑乐"，都是很好地点染气氛的词语。上一次好像就带过了。

再细看，《陈太丘》一文，刚刚看过钱梦龙的文言文课堂实录，钱当堂让学生背诵。我上周布置学生背。但从抽背情况看，学生背《陈》较难，而《咏雪》较容易。于是与学生又将了一次脉络，共几句，每句几小句，比如一句是元方的二句驳斥。这样一梳理，当场再让学生背，确实好些了。

这次听写（昨天听写的），一开始就有难度，听写解词，翻译四句，默写几句。满分84分，学生还不错。

昨天开始布置学生买新课标课外书，一套70元，想让学生人手一套，至少二人一套。准备每周四用一节课专门读书。三十分钟读书，五分钟交流，十分钟班上交流。中间用批注法和质疑法。不知能否实行，先看第一步买书情况。

## 四、第3课《羚羊木雕》

在整体感知后，让学生交流批注情况。毕竟是开始就要求，学生或许不会糊，看上去大家都有批注。但水平当然是比较可笑的。但教师解读、品析语言时，从学生的眼神与反应中，能看出他们自己说不出，但是懂的。他们有会心的笑。

　　虽然此文是自读课文，但是技巧很好。我也按志鸿教案上，先分析妈妈，再分析"我"。边分析边整理，发现其中有多种描写，心理，语言，行为，神情（语气）等，虽然不长，但包含丰富，技巧上很不简单。后来我提出问题：奶奶在文中起什么作用？文中为什么不写爷爷，没有写姐姐和弟弟？结果激起学生的兴趣。此时已经下课，看下节课学生如何分析。

　　今天是教师节，萍在下课时出来给了贺卡；娟和另一个女生送来一束花，好像是她个人送的。

## 五、第4课《散文诗二首》(2014.9.15，周一)

　　这一课用了两节课多。这一次注意了散文诗这种题材，但也难以讲清楚，因为学生积累太少；也没有必要。

　　1."金色花"有特别意义吗？上一次，我似乎是没有注意，忽视了金色花的特别意义。就汉语而言，金色花没有意义，这就是翻译作品的限制。但从印度语看，金色花就不一般了，是圣花。课后练习一也在问，比成金色花有什么用意？答案是表现"我"的纯真。其实不仅如此，还表现了我的金贵。

　　我问学生，如果从中国人的角度看，可能比成什么花？琪说，比成芍药花，因为我家就栽芍药花。我启发道，如果比成你们家常栽的花，比如金银花，会给人特别的感觉，比较适当。如果比作罂粟花？学生笑了。比成蚊子、苍蝇？学生于是有所感悟。

　　2.《金色花》中妈妈的形象。金色花不仅是我跟妈妈的嬉戏，也写了妈妈的形象。妈妈是什么形象？首先是妈妈沐浴后的形象，此时应该是妈妈很好看的形象。如果穿了破烂的衣服，又满是灰尘，这时的形象怎么样？可能就不太好。妈妈此时在干什么？在祷告，这是虔诚的形象，这样的妈妈就是一个高尚的形象了。还有妈妈是个知性女子的形象，你看她读《罗摩衍那》，读这本书你们没感觉是吧？如果换成中国书，妈妈在读《论语》，学生"嗯嗯"地呼应，眼睛也亮了；如果读《红楼梦》，学生会心地笑了；如果读小画书，就一般了；如果读《人民日报》，学生不知何意，那妈妈大概是个干部吧，女干部的形象。——从文中可以看出，妈妈是个贵族的知性的女性形象，这是多美的形象呀!

3.《荷叶》一文,教案里注意了四看红莲,并注意从红莲、环境两个方面分析。这是我之前没有注意到的。但是我在讲课时,不仅注意到了这两个方面,还注意了第三个方面,就是作者写自己的感受,由烦闷到不适意,到不宁的心绪散尽了,到深深地受了感动。

对文末,跟同学们分析道:抒情(表达方式);升华(结构);反问(句式)。这样的分析,优生是能够消化的,会渐渐提高。

就此布置一个仿写:托物言志。

新学生是不行。前三课让学生订正基训,很多学生都不能按照要求做,看来没有个把月的训练是不行的。字写得好的有三四个,准备练字。

(2014.9.16,周二)今天测验三四课字词,默写课外前五首,发现错字多,学生确实基础差,小学训练不够。或者是好学生走了,中、后学生留下来。今天中自习又进行第一单元测验,学生没有吭声就在认真做,从这么快就适应看,好像在小学经常进行这样的训练,就不知成绩如何。

学生基训比上次好,但还是有十名学生有问题,其中有三人片段作文未做,看来与他们的斗争时间还是比较长的。

(2014.9.17,周三)昨天测验一单元,一个小时。满分100分,作文写二百字前面部分。学生看到测验,没有感到惊奇,立刻就做了起来。从中可以看到学生们练惯了。这个试卷很有意思,是按照小学六年级的水平出的,也没有文言文,所以这些学生考得还不错,慧竟然考了94分,这肯定是小学水平。80分段4人,平均分72分。从答卷看,学生是训练多次的,也不笨,70分以上是不错的。下次用庆丰卷,有文言文,也难一些,看学生得分如何。

今天上课,说到《我的老师》中的蔡老师的温柔,我问:你们说你们老师中谁最温柔。之前看到学生A本写开学之后,几个同学都写了英语沈老师温柔,我一问,学生果然说她。我就此把沈夸一下,教得好,说某某中、合肥名校很难找到这样的好老师,某学校更不用说了。学生瞪大了眼睛,然后又流露了兴奋与激动的神情。——下次把本班教师狠狠夸夸。

## 六、课闲碎语（2014.9.18，周四）

今天各校基本都进行九一八防空演练。经常演练，学生意识是快些。

1.班班通能用了，于是从5156网下三个课件，挑一个用。发现大家都是教参的传声筒，不敢越半步。比如教参说《我的老师》语言朴实，他们也这么说。其实，语言朴实不是这篇文章的显著特点，显著特点是事例多，细节多，而且议论抒情多。

在分析的时候，让学生"还原现场"和品味。比如对于"最难忘的"，不能一读而过，小学到中学十几个、几十个老师，最难忘，可见不一般了。——你们老师中谁最难忘？不说老师，就说你最爱的亲人吧。有几个女生说妈妈，其次呢，有女生说奶奶。我笑道，哦，原来爸爸第二都排不上呀。学生笑。

让学生品读或者疑问。有学生提到扮成女孩子演戏的事。我抓住说，这就要还原现场，扮演女孩子，老师该怎么做，比如浩，我把他扮演女孩子，要做哪些事？发式，衣服，化妆，师生接触多长时间呀？一个是十岁的孩子，一个是十八九岁的姑娘，就像姐姐一样，这样姐弟的接触，会给"我"多少感触呀？学生点头，有恍然之感。觉得孩子们还是不笨的。上《羚羊木雕》时，不断说到一些描写语气与动作的词语和对话放在一起，学生在作文中也会用了。而且，不少作文的情节都是跟该文一样。

说到第二人称的作用，学生的B本，有的写成便于直接抒情，这可能是来自答案的。大部分同学没有全解，按照自己的理解，也能对一半多。感觉这届学生，好像比上届学生在七年级时成熟，好像他们八上的感觉，是这届学生与家长接触多，介入家长事务多，于是早熟？有可能，民主家庭可能便于早熟。

今天下午，Y的新课标课外书来了，共24套，其中学生23套，我一套。学生26人，有二人说哥哥姐姐有，有二人伙买一套。这样，这届学生准备好好抓读书，准备周四时安排一节课读课标书。反正七年级学生时间是比较多的。

5

今天上课,有意外收获。

1.昨天先上了二十分钟左右,疏通字词,初步读顺了。今天读、讲。学生读注释,教师讲《论语》的意思。

然后是讲解。我想先讲前三则。先让学生根据注释同位互译。学生初学文言文,确实没有经验。然后叫学生起来翻译,教师翻译,再叫学生翻译。好生好一些,后进生差一点。

然后我让学生背这三则。这三则较难背。给了大约五分钟,会背的举手,有三五个人。优生背得好些,后进生背得差些。

这时离下课只有十几分钟了,讲解已经讲不完了,我觉得不如让学生背。于是给时间背4—7则。这几则比较好背。给了二三分钟,学生举手有一半多。叫起来背,都积极举手。这下高兴了,干脆下面五则让学生背。于是学生热烈背起来。到下课时间,举手有一大半。果然背差不多。算起来,这节课,给学生背书的时间不到十二分钟,但是效果很好。而过去,对于《论语》背诵过关,要花许多时间,搞得筋疲力尽。现在,有了课堂背诵,不过是十二分钟,效果却很好。这个时间是值得的。

2.第十一则好像有点问题。"三军可夺帅也,匹夫不可夺志也。"两个"也",很别扭。或者留前一个,或者留后一个。是不是弟子们在编辑时记错了,疏忽了?或者这是两个句子,中间用句号?

3.下午继续上《论语》,一节课把后面九则翻译完。先让同位学生翻译,再站起来翻译,教师补充,再叫同学翻译一遍。下午,学生情绪不高。虽然翻译完了,其实效果并不好。第二节课先看看课件,下载的,很多,看了几页。想想不如让学生背诵注释,于是给学生时间。一面一面背,大致给三至五分钟,然后让背完的同学举手,慧、萍、涛、丽居多。提问,真差不多。虽然这样的背诵近二十分钟,看似耽误时间,效果是不错的。然后给十分钟做基训中的解词与翻译。双休作业,布置背诵课文及文下注释。集体背,学生处于竞争状态,效果好。而且,大问题分成几个小问题,也是教学生方法。

下周一抽学生背诵,同时完成课后练习。这样,《论语》一课用了四个课时,虽然课时不少,只要效果好,还是值得的。集体备课时,受刘启发,她说她用一个星期什么都不做,就专门做什么。——面对困难的事情,多花时间是值得的。

今天改六课基训,比上次又好些了,只有六人有问题,其中涛、蓝、梅等是订正不全,而琪、祥是没订正,应该是小学作业习惯的延续,看来要慢慢斗争。

4.(2014.9.23,周二)上周还在得意呢,可是周一提问学生,一个个回答文下注释,才知道学生背注释没经验,比如只记大意,却不知道该一字不漏。一个个轮背课文,也不顺畅。本来准备周一听写,也只能放在周二了。

但今天上午的听写与默写,效果却不错。听写满分72分,平均分64分;默写平均扣6.3分。不过,与早读让大家齐背也有关系,与小学听写、默写成习惯,与这个班班主任严,也许都有关系。上届10课听写,满分79分,平均分是56分。默写是等级呈现,但看到B+不少,估计不如这届。原因可能有:这届学生基础好一些,习惯好一些;教这一课我的投入、程序、方法也比上届好。

开学二十多天,感觉学生很喜欢我的语文课。上课自觉采用自由品读法,学生也很喜欢。随意串一些知识,让学生有愣愣的感觉,好像比较崇拜我。

## 八、《再塑生命的人》(2014.9.25,周四)

昨天上了第一课时,下了课件,用了班班通,但只用了拼音注释,感觉有点麻烦,效果也不是多好。

1.今天是第二课时,本来准备上结束的,但因为学生到老师那里去了,迟了一点,加上说得兴起,就只上一半。明天还要一个课时吧。

上课之前,从网上找了沙利文老师的材料,之前看过,几乎忘了。今天一看,沙利文是个很倔强的孩子。从资料上看,沙利文对海伦不是这么简单就教好了,而是靠沙利文的狠劲征服了海伦。从沙利文与海伦第一次用餐,就开始意志的较量了。海伦要抓饭,沙利文坚决不让,坚决阻止。这是意志的较量。后来,沙利文与海伦单独在小木屋住了两个星期,就如一匹烈马一样,才被征服。

2.再读这篇文章,发现海伦的写作水平真是高,而且富有情感。而书后面的习题也编在点子上。比如第二题,说海伦的出场,用了许多铺垫。我在原读时也觉得这一点很了不起。

今天跟学生分析第一段,第一段就奠定了全文基调。老师来的这一天,是自己一生中最重要的一天。这句话不能一读而过,而要细品。最重要,有几个人,有几天能说最重要?时间上,不仅说年月日,而且说了自己六岁零九个月,这说明是多么郑重的一天啊!还有"截然不同""感慨万分""不能不",都是非常肯定的、有力量的词。

3.学生问为什么说再塑生命?我说,比如说当官的有政治生命,一般人有职业生命。海伦本来只有生理上的生命,没有精神领域的生命,没有知识海洋的生命。本来,海伦只能在一个封闭的环境下生存,直至死亡。现在,沙利文给海伦打开了一扇门,领着海伦来到了知识的世界,扩大了海伦的生活空间与生命价值,当然就是生命的再塑了。

4.(2014.9.26,周五)今天讲得兴奋,又用了一节课,才讲到结尾。昨天讲了第一段,今天重点讲2—5段,以及后面海伦收获的地方和情感的部分。

3段开头写景不简单。"下午的阳光穿过阳台的金银花,照射到我仰着的脸上。我的手指搓捻着花叶,抚弄着那些为迎接南方春天而绽开的花朵。"一般写阳光就是阳光,而这句顺带写了金银花,穿过金银花,这就多了信息。抚弄花朵就可以了,却写花朵为了迎接南方春天,这本身就是拟人,有了情感。而且难道仅仅是花迎接春天吗?是不是我迎接春天呢?应该含有双关的。

接着,又写了心理,顺便写了几个星期的愤怒、苦恼,前一句是未来,后一句是此前,一句话沟通了过去与未来,这句话多妙呀!

这样的铺垫、期待,终于到了一个情感的高潮,这就是第四段。前天再听余映潮的《阅读教学十味》讲座视频,他说到朗读要抓重点字词,重点抓住了,朗读就完成了,而不是面面俱到。这启发了我,可以训练朗读重点段,比如这个第四段。先让茹读,如同唱读。再各人练。再叫萍读,虽然响亮,但没有起伏与感情。于是我读,比如几个光明,就读出了变化。不过我之前没有准备,读得还是不够好。

跟同学们一起批注,在第四段旁批注:抒情(设问,比喻,第二人称,呼告,反复)。

第5段,问学生,沙利文老师说话了吗?"你好,小公主!""你好,我的天使!"学生说,海伦听不到。

最后一句,"啊!世界上还有比我更幸福的孩子吗?"跟学生重点品读,问梅、贤、兰,世界上还有谁比我们更幸福的孩子吗?同学们为什么没有感到幸福?而一个残疾人、盲聋哑人却感到幸福?——因为幸福已经在你们手中了。因为海伦本身幸福感太低,而现在获得了本来不具备的能力,于是感到幸福。如果你们今天忽然获得了七十二变,神奇的记忆功能,蜘蛛侠一样的力量,汽车人一样的超人力量,或许会感到我是最有力量的人,因而是否有最幸福之感?

对"水唤醒了我的灵魂,并给予我光明、希望、快乐和自由"的理解。从反义词方面去理解。唤醒之前是沉睡,光明——黑暗,希望——绝望,快乐——痛苦,自由——束缚。同时让学生再续词语,于是有幸福、明天、快乐等,虽然未必正确。

5.最后跟学生一起总结课文美点:(1)四字短语;(2)沙利文老师的出场;(3)景色描写;(4)第二人称;(5)情节转折——铺垫,起伏;(5)议论抒情,写感受;(6)比喻,句式等。

## 九、第8课《我的早年生活》

上午后一节课有十几分钟,进入了这一课。我忽然想出这样的导入:如果丘吉尔到了我们班,坐在哪里?

早晨又想到,如果用海伦的笔法写这一文章,该如何写?

(2014.10.8,周三,补记)学生对这一课感到不好分析。之前对于国内名家文章,学生还可以大胆发言,但对这一课可以说的就少了。

因为是第一次教,我也不太拿得准,要说的也不太多。

1.感觉到丘吉尔故意用调侃的笔墨写自己的早年生活。为什么用这种笔法,而不像海伦那样以感恩的心情写呢?是因为面对的事实不一样,感受也不一样。海伦真感受到沙利文对自己是再塑生命,而丘吉尔如果没有恨哈罗公学就已经不错了。估计,丘吉尔心中对这一段读书生活的记忆是苦涩的,挫败的,痛苦的。但是不服输的丘吉尔,当然不会老老实实承认自己的痛苦,但也不愿意粉饰这段历史。于是就用调侃的语气来介绍这段历史。

学生在读课文时,我发现了问题:难道哈罗公学的入学考试只考拉丁文?不考历史?显然不是。肯定会考英语、历史的,至少历史是丘吉尔的强项。但是丘吉尔不说,只说自己失败的地方。这可能是为了与全文是一种调侃的语调相适应的。

2. 如何看待丘吉尔是差生这件事?俗话说,多一把尺子多一批好学生。标准变了,好学生的对象和数量当然也就变了。在科举时代,文章写得好就是好学生;可是今天,要数理化全面发展,语文成绩好还不行,还要英语、数理化成绩好才行。按照英语、数学、历史、拉丁文、希腊文全面发展,按照总分算,丘吉尔就不是好学生。但是,有些综合分数高的学生,其实各科平均发展,但是没有特长,没有特别的爱好,这样的人走向工作岗位,可能难有建树。而像丘吉尔这样的人,特别爱英语、历史,在军事上有爱好,性格又执拗,在自己喜欢的专业,必然有较好的成绩。

其实,就算后来丘吉尔成功了,换一个标准,丘吉尔还是未必有成就。比如希腊文选学者,丘吉尔就难有成就。

## 十、第9课《王几何》

也许是一开始对此文表扬太多,后面心理需要一些平衡,渐渐感觉到,此文不是太好的文章。其实,王几何就是成功地作了一趟秀,并没有那么高超。

1. 王可能是抓住当时学生很乱的生情,故意用不说话让学生静下来。"哑笑"了三分钟,大概学生是太过躁动了吧。不然,要是今天的学生,三十秒也就多了。

在吸引足了学生的眼球后,王开始反手画圆和三角形。很多老师恐怕不会这个旁门左道,或者不屑于这样做。但或许因为性格、个性问题,王这样做了。

这样做当然学生会不服,自然引出学生上来试画。这其实是学生着了王的道了。一画,一对比,学生服了,蔫了。要是不让学生试试,是很难让学生服的。

在学生受到触动,受到打击,被降服之后,王正经地说出这番道理,要爱数学,要持之以恒。学生于是留下深刻的印象。这节课成功了。

2.从技巧上说,这篇课文的成功很大程度上取决于侧面描写,就是学生的反应。而本文的观众反应过了,类似于喜剧片里面,故意设置的掌声。如"大家弯腰,摇头,挤眉,弄眼,一齐哄堂大笑!""全班男生、女生哄堂大笑。""人人都笑得满脸泪水,喉咙发肿。"前二者也许是有些真实的,后者是否有点虚夸? 其实,笑也有雅与俗,有品位高下之分。

再说,王几何不是随便自夸的。第一节课有如此高的水平,后来的一二年时间,精彩的课应该不止一堂吧,为什么没有写呢? 令人怀疑。

3.文章最后一段可以删去。"毛根儿"一词既不好听,在文中也没有什么用。作为文章可以,作为课文就没有必要了。学生对你马及时都不了解,对你爸爸就更不了解了,这一句介绍,没有意义。

4.(2014.10.11,周六,调上周二课)今天总结第九课,讲到练习三的几种描写时,顺便提到昨天体质健康标准达标运动会上,燕的动作,于是跟学生一起分析;燕对数学老师说的话:"你等着"(语言描写);语气:自信,直率;动作:手指数学老师;心理:自信,得意;还有景物描写:阳光缓缓地照着,绿草如茵的场地上……;还有侧面描写:同学们的喝彩声,加油声……

——看,作文是有技巧的。

## 十一、第11课《春》(2014.10.13,周一)

准备好好上这节课。但是学生对于拼音,对于课文,好像都是有随意的态度。上届,对于字词,花时间让学生出题、互测。现在有了班班通,觉得用多媒体出示问题很方便。但是,没有在黑板上板书的过程,效果也许要差点。

这一次教材竟然要求背诵《春》,上一次说朗读,直至背下来,没说一定背。不过,班上课代表骥已经背掉了。

准备好好上,跟学生好好品一下。

果然好好品,学生很过瘾。

先让学生背前五段,是上周布置的。大多数同学背掉了。

然后让学生同位交流批注。下去看了一下,半数同学是糊的状态,有几位同学写得很好。看学生好像批注不好,于是就想跟学生教教批注法。——灵机一动,不是先让学生在班上交流批注,而是逐段让学生品。这适合短文、美文。

先品第一段。让学生品。学生品出拟人,我追问用处呢?生动。还有呢:反复,就是强调;句式呢,后面比前面长,一句句加长,可能就有越来越兴奋的感觉。如果反过来,先是长句子,再是短句子,那就越来越没有力量了。

第二段,学生品出拟人,排比。王老师说,按照王老师的习惯,要加句子,学生萍说小河流淌了,王:流淌,拟人怎么说?小河唱起歌来!还有空气呢,空气润湿起来,空气芬芳起来。

第三段,学生先品第三句,"坐着,躺着……"骥从六个动词分析,我追问:动词的作用是什么?写出了对春天的喜爱。句式呢?三对句子,每对都很整齐,有点对偶的样子。还有,字数逐渐加多,而如果倒过来,读,则感觉越来越没有劲了。而且这是什么写法?侧面描写。什么叫侧面描写?学生杂答,不正确。王:燕跑步,说"你等着",这些是什么描写?正面。王老师在旁边看,同学们喝彩,是侧面描写。学生哄然而悟。还有,王老师的一贯做法是适度介入文章,跟作家一起造句,——加二句。生:放几回风筝,唱几回春天的歌,跳几段什么舞。

第一句呢?拟人,写出了什么?丽:小草的迫不及待;那么作者呢?惊喜之情。还有,"嫩嫩的,绿绿的",一个写质地,一个写颜色。句式呢?的字句,叠字。叠字,有描写性,有形象感。第二句呢,其他可能都普通,但"瞧去",值得注意。去掉这两个字,也不影响,但加上这两个字,具有提醒的作用,好像是跟读者交流一样,引起读者注意。第四句,"风轻悄悄的,草软绵绵的"似乎没有什么突出的地方,其实不然。不是一直说草吗,有风什么事?这种写法就叫:呼风唤雨,招日呼月。其实是写人的感觉:啊,这么美好的春天里,在草皮上玩耍是多么快意呀!但仅仅有草吗?不是,还有风呀,日呀,空气呀。风一定是软绵绵的?今天早晨的风怎么样?凉飕飕的。太阳呢,暖暖的,但之前已经写过太阳了,此处可能不必再重复了。我们可以写:风轻悄悄的,太阳暖暖的,空气香香的,草软绵绵的。但是,下面还要写春风,此处可能就有点多余了。

第四段品析。我们品文章最容易的是什么?修辞呀!找到修辞,比喻,拟人,然后分析它们的效果。还有用词,比如动词,形容词,限制语,用词的准确性,叠词等。还有句式,偶句,散句,字数上的变化等。还有写法,侧面描写,虚写,细节等。

第五段春风图。风如何写?无形无色呀,但可以从触觉去写。而春风最突出的是什么?暖呀,于是用母亲的手抚摸着你来表达。接着从嗅觉上去写。春天有哪些味道呢?泥土,草,花,还有什么?有没有人的味道,比如人活动时的汗味,甚至猪、鹅、鸭活动的味道。但这些未必雅,不一定能入文。"泥土"前面加"新翻",不要忽视这个词语,多加这个词语,就多了表现力,多了信息。这是新鲜的泥土,从地下翻过来的泥土,而不是冬天的、沉睡的泥土。"酝酿"一词非常之妙。我们一般就是写味道吧,有这个味道、那个味道,这已经不简单了。可是,作者用"酝酿"一词。那谁在酝酿呢?是大自然吧,是那个准备秋天收获的春天吧。鸟儿叫,在哪里叫?"繁花嫩叶",就这几个词,鸟的活动地更具体了,也多了美的形象。"跟轻风流水应和着",真是神来之笔!你不是说鸟在歌唱吗,怎么又想起来风啦,流水啦?在作者心中,一定充满了春天的形象呀。"牧童"很有文化味道;俗称什么?小放牛,怎么样,称呼一变,味道变了。"成天",想想牧童是多么开心呀。要是冬天呢,他不仅不成天吹笛子,根本就不愿意出门。

第六段春雨图。春雨烦不烦?烦,连下一个星期也是有的,那就招人烦了。而且,春雨还可能造成洪涝,就更可怕了。当然,这不是本文的选题。为何选傍晚上灯时分?难道没有正午时分的雨?有。但为了抒情,文人们都喜欢写黎明或者夕阳西下,这很有抒情味道。傍晚雨中,不能没有灯,一片漆黑,就没有诗意了。"安静而和平的夜",一定是安静而和平吗?夏天暴雨,安静不安静?就是春雨连绵,旅人被阻,心里还安静不安静?农民的房屋在雨中"静默"着,好像房屋也在享受春雨,也在表达对春雨的喜爱呢!注意,这里写成年人了,写农民了,这是为下文写人迎春做准备了。

第七段。开头有没有可品之处?从什么写起?强说从小孩写起。哦,那么就是地下孩子渐渐多了,天上风筝也多了?这就缺少了灵气。先从风筝写起,多有画面感,多有诗意呀?"也赶趟儿似的",再次出现了。在作者心目中,春天是这样的催人奋进,谁不争先恐后呢?"舒活舒活""抖擞抖擞",再次使用叠词,具有描写性,形象性,轻松感。"一年之计在于春",再次引用。引用好呀,不叫抄,叫有知识,点缀自己的文章,给文章增色,增加美感。

后面三段是赞春。用了什么修辞?比喻,排比。比成娃娃,突出什么?新。小姑娘,美。青年,是力量。那么,可以比成中年?好像不可以。那么,春天还可以比成什么?……让学生想,做。萍比成布谷鸟,不太好。茹比成田野中的什么。我比成黎明,比成长诗的序曲,也不是很好。课后练习四就是这个题目,布置学生作为A本作业。

小结,本文美点有哪些?师生一起总结。

1.修辞。比喻,排比,拟人,反复,引用。

2.语言:动词使用(坐,躺等),叠词,偶句,字数逐渐加多。

3.写法:侧面描写(蜜蜂,蝴蝶),虚写(闭了眼,树上仿佛……),多觉:视觉,嗅觉,听觉,味觉,触觉(多不简单)!

4.结构:盼—绘—赞,严谨,层进。

情感:对春天的热爱与赞美贯穿全篇。

## 十二、第12课《济南的冬天》(2014.10.15,周三)

今天就一节课,先让学生谈整体印象,字词提示,学生先轮读一遍课文,布置做练习二与三。明天周四有三节语文课(其中一节是周五调过来的),大概要用一节多课,上完。

1.今天的导入,先让学生说说岗集的秋天。发现学生虽然生活在秋天,但是对秋天却说不出多少,或者因为秋天没给学生留下太多的认识。但说到冬天,学生来劲了,争相说下雪的情况,但也不过是打雪仗,雪中发生的故事。看来,对于写景,还是训练不够,积累不多。

接着引入,合肥的秋天与冬天,我们慢慢体会,那么济南的冬天呢?说说对课文整体的印象。发现学生对课文比较生疏,并没有动脑筋去钻研。怎么现在不如开头几周了?是因为我抓不紧,学生疲了,还是学生本来就没有形成好的习惯?看来,还要多加关注。发现学生现在与教师熟了之后,比较乱,喜欢夸张地说"哇——",不喜欢这样。

昨天钻研课文,发现老舍首先是比较中得出"温晴"的特点,是通过三个比喻来的。这多少有点卖弄与炫耀。当然,人家本来就是作为一般文章写的,不是为了做教材用的。

老舍善于用拟人,他的拟人很大程度上出于其童心。拟人中有联想,这在多情的作家那里,可能就是这样想的。

最后的"蓝水晶",可以说是总结。

就语言风格看,与朱自清的《春》还是不一样的。技法也确实没有朱自清多,朱更有诗人的气质。而老舍是以小说家著称的。

2.(2014.10.20,周一,补)上周四教完《济南的冬天》。在备课的时候,就感到此课的一种写法,但没有命名好,到了课堂,边讲边想,觉得可以叫"定格描绘",就是停下来,细细描绘。比如本文第三段、第六段,好像没有行动,就是停在那里,小山对济南说一番话。这番话,没有时间的跨度,就是停在那里说。这是很突出的写法。

《济南的冬天》与《春》比较,朱的技法确实多。而老舍的拟人很突出。朱的拟人就是一句话,然后没了。而老舍的拟人是他自己的童心与爱心,是大段的拟人,是心灵自然的流淌。

3.当然,也有疑问。大明湖占济南好像有四分之一吧,为什么老舍没有直接写呢?都包括在济南的水中?而冒着热气的水,那是趵突泉之类,不是大明湖呀。大明湖不写,不点,是大明湖不好看吗?于是老舍不写?确实,大明湖跟西湖不能同日而语。

老舍此文开头结尾跟朱自清的《春》也不同。《春》开头简洁,结尾有力。而《济南的冬天》开头啰唆,结尾比较漂亮,就是用蓝水晶作结尾。另外二者不同的是,朱写的春是江南的春,老舍是济南的冬天,后者有很多局限。

## 十三、第13课《风雨》(2014.10.23,周四)

总觉得此文少点什么,想找它的毛病。

第一次教,加上此文较为另类,资料又不多,于是有些费神。读两遍后,有点挑剔:确实有技巧,但是灵魂呢?典雅呢?风是什么形象?好像都不足。再读两遍,觉得还是有情感的,比如三段的红杉女孩,结尾的小孩子叠纸船当然就更是了。再读两遍,认识更全面了,技巧不错,有情感,但风的形象还是不上层次,文章典雅、美感、境界不够。跟学生一起逐段分析,重点句分析,对文章的一些细部又有了认识。

1. 此文有开头、结尾吗?还是有的,但与《春》《济南的冬天》有帽子和鞋子,是明显不一样的。此文的开头就是以树林为开头,算是总写了风。结尾写了家庭、人,并以孩子"惊喜"地叠纸船结束,是有意安排的结尾。

2. 文章注意了人的行为与情感。初读此文,感觉景够了,人少了,于是就感觉缺少灵气。后来再读,三段有,末段有,还是不少的。

3. 文章的主题。教参对于主题也没有给唯一答案。我的印象也不是很明显。但还是感觉到风——大自然的威力,而万物、人却是渺小的,可笑的;但另一方面,作者毕竟也不愿意写人的完全无可奈何,结尾的孩子们叠纸船的行为,就透露了倾向:风虽强烈,会过去的;人会适应的,在风雨后开始新的、有希望的生活。

值得注意的是,文章没有侧重写风的破坏力,比如没有写风将大树拦腰吹断,把屋子掀翻等,说明作者的用意不在此。

4. 文章的写法:(1)侧面描写。风是看不见的,直接用视觉写不好写;但可以用听觉写。欧阳修的《秋声赋》好像就是从声音的角度来写的,非常美。但本文主要从视觉来写,用的是侧面描写。写树林,柳树,羊,葡萄蔓,鸟巢,纸片和猫,池塘,孩子。写的是一个村庄在大风中的表现,极写了风的威力。

(2)慢镜头。比如树林被风吹,这个该如何写呢?作者耐心写几个情状:首先是总写树林如面团,那么谁在揉呢?作者没有写,当然是风了。写了向一边倒后是往上腾;再是向一边扑去。说明这个时候的风既是狂怒的,又是多变向的。

写柳树也是,抛起,扑撒。

(3)比喻。文章比喻有六七处,比成面团,蘑菇,麻团,死蛇,石子般,树叶,绒被,等等。比喻不是容易出来的,作者要开启自己的想象。比喻,就是把读者没见过的形象,用读者熟悉的、了解的形象写出来,从而达到生动、形象的目的。

一篇文章有三五处比喻,文章就亮了起来。

死蛇的比喻很精彩,突出了风的肆虐,葡萄藤的无奈。

(4)细节。红杉女孩,其实可以写女孩,但多了一个红杉,就多了一个形象,也给风中情景多了亮色,也舒缓了文章的恐惧情绪,多了一些温情。

鱼在草窝里蹦跳,是很神的细节。这也是小说家的特点,具有戏剧性;同时,为结尾做了准备。如果把这个第7段放在第3段、第5段处,都是不合适的,会破坏文章的节奏与情绪。

但这个细节,传统的散文家是不会用的,鲁迅不用,朱自清不用,沈从文也不一定用。在这些散文家看来,这是入不了品的。

结尾小孩子叠纸船的细节是很好的,大概这时风已经停了,雨正大。在一场惊心动魄的风之后,孩子们并没有吓傻,并没有呆滞,这就是希望,是人类的力量。孩子们对雨的喜爱,在雨中的嬉戏,暗示了人对灾难的态度,不说征服吧,至少是利用。

当然,苍蝇趴在电线上的细节是不雅的,虽然真实,但没有美感。其实风中的景色还有一些,比如牛粪吹上了天,可不可以写?可能是不好写入的。

5.看了教参和后面的资料,都是赞美文章,说好,好在哪里。志鸿教案有几处分析是很有深度的。但都没有说到此文的缺陷。当然,大家也不说别的文章的缺陷,这已经成了集体无意识了。但这一边倒式的、歌功颂德式的文章品析,给学生带来的影响是不好的:课文都是美文,都是完美无缺。长期如此(9年,12年),学生的鉴赏与批评意识、能力就泯灭了!对于发表在报刊上的文章只会无条件崇拜。另一方面,对于自己的文章,对于真正的美文,可能就缺少独立的评判。这是非常不好的事情,无形中传输了不正确的理念:书本是完美的,无可置疑的。这就如同让我们说太阳是美好的,月亮是完美的,——这就在叫我们说假话,严重一点说,就是让我们骗自己之后,再骗人,相互骗!

## 十四、第14课《秋》(2014.10.24,周五)

上到14课《秋》,发现"溪水因枯涸见石更清冽了",心里一惊:不对吧,上一轮课本好像是"清洌"呢？两者字形不同,字义也不同呀？

翻开上一轮课本,果然是"清洌",解释为"水清"。现在的课本使用的是"清冽",解释为"清冷,清凉"。

到底哪一种更好呢？虽然都能说得通。

1.(2014.10.25,周六,因绿色测评,调上周四课)可能是备课不充分,也是因为好长时间没有上现代诗了,而且这届学生是第一次上,有点不知从何下手。

昨天先让学生读,不是诗的读法,于是放班班通的录音。读得不错,情感还是不够。但节奏明显,比学生好多了。于是按照教参后面,划了前二节的节奏。第三节让学生自己先划。

今天让三个学生各读一节,由班班通做榜样,比昨天好。

昨天已经说了那三幅图画,今天复习一下。然后让学生交流批注。再在班上发言。比散文差多了,毕竟是第一次接触诗。

于是与大家一起分析第一节。问:第一节写了哪几个场面？伐木,割稻,摘瓜果。但这本身是事情呀,如何变成诗歌呢？伐木工人在伐木,农民在割稻,妇女在摘果？这只是叙事,不是诗。那么,诗歌中哪些词语表达了诗意？

这样引导学生从语言入手去理解诗歌,应该是入门的途径。学生于是找"满披",这写出了什么形象？露珠又大又圆,似乎晶莹透亮,给人饱满的感觉,这既是秋天的特点,又似乎含有圆满之意,与下文的丰收是相契合的。

第二句哪些词语有诗意？"飘",其实也可以用什么？传。但传比较泛泛,没有诗意。飘,一是美感,伐木声如同歌声一样,我们写歌声一般都用飘,一般是有旋律的声音才用飘吧。二也符合山间的特点,有峰有谷,声音受到阻挡,不可能直着传来。若有若无,就多了神秘感和美感。"丁丁"一词是拟声词,具有写实性和描写性,如雨的"哗哗",笔迹的"沙沙",有的时候,拟声词比别的什么词语都要好。

第三句呢？本来应该是用镰刀割稻,这就没有诗意。作者从嗅觉的角度写。"饱食",也是拟人,好像刀也会吃似的。"饱"何意？暗示今年的收成很好,稻子长势好,收获多,镰刀格外繁忙,所以才饱食。饱食的是稻子,作者却说稻香,这从句子角度看是不通的,但作为诗是很好的。

第四句呢，"肥硕"，瓜果又大又肥，因为是丰收的景象呀。而且瓜果长在哪里呀？"竹篱间"，很具体，真实，一般的瓜果都要拉藤子，要挂在竹子什么上面。这就多了形象，似乎瓜果就长在竹篱间，等待我们去采摘。

第五句是总写，"栖息在农家"，是指秋天稻子收进家了，瓜果收进家了，整个农家是丰收的。但如果说稻满仓、果满房，那是没有诗意的。现在丰收如同成了鸟类，栖息在农家里，多么可爱呀！秋天是这样的可感，可触摸！

秋天仅仅是本诗写的几幅图画吗？还有哪些？比如落叶图，菊花图，桂花图，同学们可以写几句诗在后面。同时背掉这几节诗。上到哪背到哪。（因为马上要月考，没有一下子布置学生背掉。）

2.（2014.10.27，周一）今天一节课分析了第二节、第三节。学生对诗还是没有多少感觉，要我去引导。大致思路是：先说实话，当时实在的场景；再分析哪些是诗的语言。

第2节前二句写的是什么？是渔民撒网，打到了鱼。打了几百斤鱼呢？打了三百斤？那不是诗；打了青鳊鱼、鲢鱼等等，如实写来呢？也不是诗。第一句写"向江面的冷雾撒下圆圆的网"，其实是向江上，而不是冷雾，但此时江上确实是有冷雾的，所以这样写就多了一个形象。"圆圆的网"，为何要突出"圆圆"呢？注意看前面的"满披"，后面的"满流"，作者很明显是想突出秋意的盛大。这是一个多么美好的秋天呀，于是一切都是充满秋的气息！

第2句，到底收获了什么？从全句看是收获影子，到底是什么？学生理解不了。其实是江边有乌桕树，早晨，乌桕叶的影子投在江上，一网下去，影子是否也被网住啦？当然，还有乌桕叶的影子似的青鳊鱼，还有鲢鱼，还有……但诗歌不需要写那么多，只能选有代表性的事物。可以说，一网下去，有青鳊鱼，有乌桕叶，有乌桕叶的影子，有螺丝呀，等等。但"青鳊鱼似的乌桕叶的影子"，既把这些包括在内，又带有诗意，真是美好呀！

"轻轻"表达了什么心情？学生说闲适的，悠闲的。至于鱼的多少，不是问题，关键是满足。

"秋天游戏在渔船上"，学生慧问为何用"游戏"，可否"荡漾"？然后我鼓励学生再找，比如"蹦跳""安睡"，可能还是游戏更好，更俏皮，更有美感。

整个诗歌都在写丰收，分别是农家丰收图，渔家丰收图，其实后面一节是草原丰收图。那么，我们来写吧。娟：赶着肥胖的绵羊，我接着说，唱着优美的草原牧歌,乘着美丽的月色,吸着混着枯草味道的霜味,秋天信步在草原上(当堂没有这样顺,是现在写手记时编的)。——看,与原作相比就差远了。

(2014.10.29,周三,雨,续记)第3节。第一句"草野在蟋蟀声中更寥廓了",不能小看这一句。这本来说的是什么呀?是草原更寥廓了,因为秋天嘛,草枯叶落,庄稼收回,牛羊也不再放牧了,于是草场就显得空旷了。另一方面呢,蟋蟀在叫。这本来是二句,没有必然的关联。现在,作者把它们并为一句,好像有了因果关系,因为蟋蟀叫,于是草野更寥廓了。其实不是这样,但作为诗人是可以有这种感觉的,蟋蟀不停地叫,草野越来越空旷,于是就成了这一句,有听觉,有视觉,就多了表现力。

第二句"溪水因枯涸见石更清冽了"也有这样的效果,一句诗写了两个画面。

第三句不写牧童,而说牧童的笛声,这是诗的写法。第四句哪些词语有表现力?"满流",说明多呀,暗示了情绪的饱满。"热"好理解,"香"呢?这是夏天的气味呀,有汗的味道,有人体的味道,有夏天风里带来的各种气息。

"梦寐",也就是梦。这是少女对牧童的思念,但作者写的是笛声,就很有诗意。

3.本来周一已经上完了,周二月考。今天周三可以讲讲练习了。但是一是要检查背诵情况,二是觉得好像学得、读得还不够,于是先抽背,再听班班通里老师读,再一齐背。齐背变了一个花样,男生背第一节,女生第二节,齐背第三节。女生声音一出,男生情绪一变,——生生把他们比下去了。

再读班班通后面附带的汪国真的《秋》,丽读得快,我示范,题目都要读的有情:秋——,含着,拖音。学生也这么学,然后学生齐读,真含着、拖音,整个情绪比刚才提高了一步。——说明示范真重要。

后来点出了班班通里面的一个三角形,原来是配音,是《秋日私语》,于是兴起,干脆让学生伴着音读、背《秋天》。因为没有准备,效果一般。如果再练一练,效果会好的。

因为兴奋,又介绍了余映潮处理于谦《石灰吟》:第五个字突出,出——,若——,全——,在——,学生很兴奋,齐背。不过学生只是加重了,其实重一点还要拖音才好。

## 十五、第15课《古诗四首》(2014.11.3，周一)

上周五开始上这一课(一课时)的《观沧海》，今天又一课时上完了《次北固山下》，大概明天还有一个多课时上完《钱塘湖春行》和《天净沙秋思》。

(一)1.也许对古诗教学有点不踏实，也许是兴奋，这节课从解题开始，于是叉了较远的路。"古诗四首"，问同学们有什么感觉，学生没感觉，于是从体裁说起，古风，近体诗，词，曲。近体诗又分律诗与绝句。看这四首分别是什么，古风，五律，七律，曲。这时注意到没有词，心想这是没道理的，也许编者是为了上课的方便吧。

问学生，观沧海，曹操是什么心情？属于总体感知。一共14小句，除去最后两句是套语，共12句，分成几层？学生说三层，但有的把前四句作为一层，也有少数认为前两句是第一层。于是明确：前两句，中间六句，最后四句。

然后先是译读，再开始逐句讨论，解读。

第一次交代事情：到碣石山观海。要注意的是，观海，是不是随便什么地方都可以看？不是，有的地方海景不漂亮，有的地方不适合人站。在海边，有山的地方，看得更远，当然更好啦。

曹操是什么心情？作为一个人，曹操生活主要在洛阳，是内陆地区，也许是第一次看海，肯定是激动的。与一般人不一样的是，曹操此时看海，还是在打败敌人之后，是一种特别喜悦、踌躇满志的心情。所以，他见到的海，他眼中的海，跟一般人，跟文人，跟失败者，肯定都是不一样的。

三四句"水何澹澹，山岛竦峙"，是总写。能否把后面七八句的"秋风萧瑟，洪波涌起"放在这里？应该是不行的。这两句是总写海景，也是曹操作为一个观海者迫不及待地看海的全景的表现。这两句，三句写面，是水平的，四句写点，是纵向的，就有一种立体的画面感。当然，这也有一定巧合，要是没有山岛，曹操也没有办法。

五六句"树木丛生，百草丰茂"，写山岛上草木葱茏，这两句倒也平淡，也是写实，就是大诗人也没有什么办法。

七八句"秋风萧瑟，洪波涌起"，可能是曹操观海久了，忽然一阵大风，吹得曹操有点凉飕飕的感觉,这时海浪更大了,曹操也看差不多了,想回去了。这两句也是写景完结的表现。这两句,上句写的是声音,下句写的是视觉,使景色多了表现力。

后面四句是想象。教参上称之为"奇特的想象",也许倒未必奇特,但一般人可能没有这样大的胸怀。这两句的目的是什么?是写大海之大。大海并不是很好写的,因为只是水,不好下手写。作者登高观海,可能又是第一次看海,心里肯定很激动。他既对大海之大感到叹服:也许,人就应该学习大海吧,具有大海的胸怀,大海的气势,大海的力量。另一方面,作者远望大海,这过程中或者看到了落日似乎沉入海中。或许陷入想象之中,如此之大,是不是日月星辰就在大海中升起落下呢?于是就有了神来之笔:"日月之行,若出其中;星汉灿烂,若出其里"。啊,大海之包容,大海之胸怀,是多么值得歌颂呀! 至此,诗人的情感达到了最高潮,诗歌的境界也达到了新高度!

2.写法上,动静结合;听觉与视觉结合;虚实结合。

3.还有哪些曹操没有写入诗里?比如海燕,小贝壳,帆船,尤其是落日。没有马致远的"夕阳西下,断肠人在天涯"。如果曹操写的话,是:夕阳西下,英雄在海边。这是一种什么情景?作为大英雄,在自己踌躇满志的时候,曹操是不会把落日入诗的,那是文人的情怀。当然,也许那个时代,落日之类还没有入诗的先例。

4.与《龟虽寿》比较。发现,二首诗都是十四句,除了后面的二句附文都是十二句。《龟虽寿》的后四句的议论:"盈缩之期,不但在天;养怡之福,可得永年。"《观沧海》后四句是想象,看来都是作为结尾写的。看来曹操习惯这样的套路。

(二)王湾没有成为李、杜那样的大诗人是有原因的。

王湾的《次北固山下》三四句、五六句真好,真是气死李、杜。但是结尾差了,蔫了。前面那么昂扬,那么有力量,结尾却陷入了俗套的结尾,立意一下子矮了下去。

王湾生卒年不详,但其诗才真不简单。

第二联:"潮平两岸阔,风正一帆悬"。写出了春江潮起,水面平堤,一望开阔,而一帆高悬,顺风行驶,高速前进的状态。这是多么好的航行条件,乘船者也感到了豪迈之势。用这个场景比喻人生是什么状态？事业与人生正一帆风顺，快速前进，前程似锦！与之相比的是什么？水面干涸，船走走停停；逆风行驶，格外艰辛。比之人生就是：事业受挫，人生坎坷，前途灰暗，一片茫然。也许，这个时候的王湾就是这样的心情吧，事业与人生就是这样的如意吧！

如果说第二联写出这样令人豪气顿生的诗句，那么第三联，忽然一转，写出了充满哲理、揭示社会规律的好句子。"海日生残夜，江春入旧年。"我们似乎见到，一轮红日喷薄而出，扫去了沉沉暗夜的情景。啊，这是怎样美好的一幅图画呀！黑暗已经过去，光明已经到来，事业与人生进入了新的天地！这不亚于雪莱的"冬天已经过去，春天还会远吗"这句诗呀。"江春入旧年"呢？生活中常常是这样，旧的时代可能还没有过去，而新的时代已经萌芽。虽然从历书上看，还属于旧历年内；但是，在江南，已经显示出春天的萌芽！这多么让人振奋呀！

读到这里，似乎看到王湾的事业与人生都处于舒畅的阶段，接下来，王湾的明天是否更加辉煌呢？

为何突然陷入"乡书何处达，归雁洛阳边"的思乡俗套？跟前面的诗意不相连接呀？也许一边是踌躇满志，一边忽然引起乡愁？作为个人是有可能的，但是写进诗里，是否主题不一了呢？

也许因为二联、三联太抢眼了，太过了，于是诗人自己已经无法接续下来了。

也许，三联就应该做尾联，这样哲理句结束，一个有力的结尾，多么漂亮，完美？但是不行，这不是结尾的写法。结尾是要作者出来抒情的。

能否写成这样：九州同一愿，月照洛阳边？（但这个不好，与上面的诗意接不上。那么诗人的结尾就是最佳了？）

（三）（2014.11.6周四）《钱塘湖春行》。周二连堂二节，教《钱》和《西》，前者用了一节课多，后者第二节没讲完。这二节课很过瘾，反正学生暂时对诗还没有多少感觉，那我就尽兴说了。

《钱》如何进入呢？我先从西湖美在哪里开始。对比逍遥津美在哪里，济南的大明湖、洞庭湖美在哪里。确实绕弯子较多，但是学生听了真过瘾，倒也是大语文。结论是，西湖美在水、山和人文。

又引出苏轼的西湖诗,学生能背掉,苏轼是以虚写实,也是一种写法。

开始教学,先是译读,然后让学生品析。学生感到没有多少可以说的,于是我就放开说了。

重点是颔联与颈联。

"几处早莺争暖树,谁家新燕啄春泥","几处"还是"处处"?"早莺"还是"黄莺"?"暖树"还是"柳树"?"争"还是"鸣"? ——读诗歌,文章也是如此,通过换词,在变换中比较,才能知道它们好在哪里。整个一联都是突出了"早春"的特点,写出了迎春的喜悦。

"谁家"很有特点,给人以想象。为什么不是某家,比如说"王家"? 不能太落实,这不符合情况;二是"谁"字给人想象,啊,这是哪家这么早就来了小燕子,多么有意思,多么令人羡慕呀?"新燕",刚刚来的燕子;"啄春泥",刚刚来的燕子才筑窝呀。

"乱花渐欲迷人眼,浅草才能没马蹄",前者写花,后者写草。"乱花",啊,种类多,色彩繁,还有芳香可能来不及说了。"渐欲",还不是最盛的时候,但已经比较盛开了。"迷人眼","迷"字,似乎让人眼花缭乱,这是多少盛开的花海呀! 毕竟是初春,草有多深呀? 刚刚盖住马蹄。这句仅仅写草吗? 不是,也是写人,巧写游春的人。

末联"最爱"句,既照应前面首联的地点,又交代了旅行到了湖的东边,又作为诗歌结尾,写出了诗人流连忘返的情绪。

(四)《天净沙 秋思》,与白朴《天净沙 秋》的比较。改句后,体会景与情的关联。直抒胸臆的作用。

1.感觉这首曲上的流程错了。本来应该是先把九个名词的短语所表现的画面先感受出来,再讲完该曲的主旨句;然后再换一种完全相反的景,来体会作者的意思。可是,第一个程序没认真走,就到了第二个程序。加上学生们很积极卖力,于是学生很快热烈地进行第二个流程。

师生积极改成如此曲子:青藤绿树白鸽,小桥流水人家,大道轻风骏马,红日东升,追梦人在路上。

看,景色一变,情绪都变了。

那么,为什么原有的景有那样的伤感呢? 枯藤,这是衰老的感觉,老树,似乎临近消亡,乌鸦本来就不是好鸟,现在又是一个昏鸦,更给人不祥的感觉。古道，似乎已经很老了；西风，给人苍凉感；瘦马，可以想到旅途已经很久远了，马瘦人疲。于是，伤感的情绪笼罩全篇。在这样的基础下，"夕阳西下，断肠人在天涯"，就到了情感的高潮：啊，一个长久客居在外的人，面对此情此景，是多么的伤心欲绝呀！于是，全曲到了高潮。

于是总结出来：景中蕴含着情，景情交融，这是写作的一个规律。

2.白朴的《天净沙　秋》赏析。

孤村落日残霞，

轻烟老树寒鸦，

一点飞鸿影下。

青山绿水，

白草红叶黄花。

学生背。因为小学时学过的。然后师生一起赏析，比较。哪首曲更好？前三句，白与马写法接近，这也是那时的习惯写法，也许与天净沙六个字的结构有关：方便用三个并列的名词性短语。马中间穿插了"小桥流水人家"，这是亮色，也是对比，这样，更显出离家在外的旅人的伤感。

在后面二句，马直抒胸臆，用了"断肠人"这样的极端的词语，极写了伤心欲绝的程度。立意顿然高了；而且，使全曲有层次、起伏。而白呢，前两句写秋的伤感，从第三句开始，随着天鹅飞下，情绪亮了起来：秋天美了，青山绿水，画面多好呀！至于白草、红叶，颜色的对比，更让人觉得秋的可爱呀！而到了黄花，更有了热烈的气氛，以它做结，这个秋是个热烈的秋，美好的秋。看来，白朴与马致远的立意是有点相反的。

当然，还是马的更高。马曲中有人，而白曲中看不出人的情绪；马曲第二句是扬，是对比；白曲没有这个比较。

3.直抒胸臆的重要。在备课的时候，觉得在《天净沙　秋思》一曲中，哪个词语最重要？感觉是"断肠人"三字最重要。这三个字，本身极有情感，写出了游子的悲伤。实际上，游子未必是悲伤的，更未必是断肠的。如果这三个字改为"隐居客""经商客""仕途客"，其他都不改变，可是意思就变了很多。至于写成"追梦人在天涯"，虽然"天涯"两字有点凄凉感，但"追梦人"三字足以有充分的力量，让曲尾振作起来！可见，这三字是非常重要的。

4.需要注意的是,夕阳西下,旅人可能有断肠之感。可是朝阳升起,又可能雄心升起,又开始人生的拼搏。我们不要太在意游人、旅人的思乡情,这些诗虽有审美意义,但也不可太老实。

### 十六、第16课《紫藤萝瀑布》(2014.11.12,周三)

没想到,11月11日中午报听写14、15、16课字词,满分58分,平均分52分,还不错。但是第14课《秋天》中的"镰刀"的"镰"字,26人中错了八个,有二三个是不规范,其他干脆不会写,是如下八人:兰,豪,骥,蓝,娟,茹,梅,慧。其中骥是课代表,成绩不错,慧成绩更好,大概都是小学抓的不细吧。

这篇文章是借景抒情的好范文,于是想好好教学生学习写景。

在第2节课的开头就写出了借景抒情的题目,然后是分析,一边分析,一边板书。

1.借景抒情:

景——情

景要写出情感。

要修辞:比喻,拟人。

写景要有层次:总写(2段)—特写(3-5段)—定格描绘(6段)。

写景也可以这样:整体—局部—特写、定格。

2.一事一理。此文不是因为第10段有一句很有分量的议论,就很一般。

当然,此文修辞也很不简单,用了许多比喻,拟人。

文章的插叙也很有特点,第7段点一下生死谜、手足情,第8段更细一些,交代"文革"时树的命运,正好为下文"树与人"的命运做很好的铺垫。

3.开头、结尾也很好。简洁有力。

### 十七、第17课《走一步,再走一步》(2014.11.18,周二,补记)

美点:1.一事一理。通过悬崖上的一课,得出启示。

2.写心理活动。文中写心理活动有十几处,从犹豫—勉强—害怕—恐惧—有了信心—信心大增—巨大的成就感。

心理活动写得非常细腻。

3.前后照应。杰利出现三次，每次都是必要的，第一次是推动情节的需要，第二次是伏笔，第三次是情节的需要。至于别的孩子，就没有必要写名字了。连妈妈也没有出现。

4.一些细处。开头突出"闷热"，是强调印象。

作者对语言描写喜欢先写语言，再写人物，再写语言。有时夹杂语气在其中。

景物描写不多，但起到渲染情绪的作用，如15段、16段。

动作描写：在走下悬崖过程中，着重写的是第一步，写得非常细，一些词语，比如"小心翼翼，伸出，探，踩到"都很准确。

"巨大的成就感"中的"巨大"也值得品品。

5.启示：本文是将大困难分解成一个个小困难，但是如果人生面临十字路口，是否这种思维？不是，那时就要找好方向了。而在悬崖上，方向唯一，就是下悬崖，不需要在方向上选择；就剩下任务了。

## 十八、第18课《短文两篇》

这两篇哲理散文都是佳作、范文，值得好好讲解。

1.《蝉》的写法：小中见大；见微知著；先抑后扬；一语抒情。

文章在结构、写法上很不简单。

首段首句"今年，蝉鸣得早"，直入主题，非常干脆。次句"杜鹃花还没零落"，看似很简单，其实很有艺术，这是在以花衬蝉呀。本来没花什么事，怎么把花介入呢？这就是高手呀，随意一词一语，就构成杀伤力。"使事忙的人听了很烦"，直接写出感受，也是明确的抑笔。

第2段如何写？小思立转，从捡到的病蝉写起，写出了什么？写出了同情，怜惜。从这段的第2句"它就是曾知知不休地……"开始，都是作者的想象与思考，是提出问题：蝉的鸣叫有意思吗？这自然引出接下来的回答。

3段与5段的朋友说，是一种写法，可能是自己的二种思想，苏轼的主客问答式也是这种写法。如果全是自己写，显得太主观了。

3段中的"等秋风一吹"，一句"秋风"，就多了伤感，多了情感。如果说到了十月，它就死了，就没有情感。

4段其实是一种设问，引起读者注意。然后自然引出下一段的认真回答。注意，第5段是有两个层次的，"它为了生命延续，必须好好活着"，这是动物的本能，好比老鼠活着是干什么，大概就是生命延续吧。但最后这一句"哪管是九十年，九十天，都不过要好好地活过"，就递进了，是说人的意义了。是呀，人活九十年，人在某个阶段，比如初中阶段，比如实习的三个月，都要好好活过。好好活过具体是什么？学生答，勤奋学习，追求梦想，坚持不懈等等，都是。

6段用一个感叹词、感叹句，强调蝉的意义。

最后一段"斜阳里"，包含了抒情。一句斜阳，就写出了伤感，写出了对蝉的同情。如果写"下午四点"，或者写"想到这些，我就宽恕了那烦人的聒聒"，就没有这个效果。

2.（2014.11.21，周五，晴）今天上《贝壳》很带劲，是全自由品读法。之前已经解决了字词，于是就让学生品读，学生品读中教师追问、拓展，于是一而二，二而三，将文章美点诠释较透，师生都满意。稍显不足的是，教师自己的备课还不够细，比如没有从家里带贝壳，没有为一些词语备有变换词语。

学生首先同位品读，然后班级交流。也许是我提问为多，学生不太举手，但一提起，学生就能说，毕竟是真有批注。后来鼓励举手，举手就逐渐多了。

学生提出第4段末句的"更精致、更仔细、更加地一丝不苟呢"，教师追问这句与第3段末尾的关系，是反复，是三个词语，跟全文的二二相对的词语风格形成一段反差。学生有提出句式，我觉得很好，3段是感叹句，4段是反问句，而且这个反问比"难道"之类要和缓一点。

3段是什么写法？前三行是联想，后三行是想象。

2段呢？前面二句是描写，后面二句是议论。句式上，后面二句是感叹句，且用了感叹词。

5段是什么句式？祈使句。改成陈述句、反问句呢？效果就不一样了。"珍惜"与"惊叹"一样吗？不一样，你们是父母的宝贝，父母是珍惜的，但是未必惊叹。等到你将来取得大成就了，父母会是惊叹的。除了这两个词还可以有哪些？让人佩服，让人信任。反面呢？让人讨厌，厌恶，瞧不起等等。

这一段是为下文铺垫的。

下文的首句"千年之后",同学们有感觉吗?没有?一千年你们无所谓?啊,今年是2014年,等到3014年,啊,一个叫王丽丽的人,发现一千年前的一个叫王晓丽的作品,哇,她是怎样的反应呀?

我们往前推,1000年前呢?那是宋朝,是苏轼、李清照那个时代,今天我们还在感叹他们。从这里我们看到席慕蓉的雄心了吧!她也许也要像李清照一样,留下伟大的、不朽的作品来。这是多么了不起的志向呀!那么,她做到了吗?做到了,她实现了自己的不凡的目标。

最后一句"这是一颗怎样固执又怎样简单的心啊",什么意思呀?"固执"好像是个贬义词吧,换成褒义词是什么?执著。执著什么?自己的爱好,事业,目标。相反呢?则是人云亦云,过着庸常的生活,随大流,没追求。"简单"是什么意思?简单相对复杂说的,相对那些有过多欲望的人,简单是一种智慧与境界。什么都想,名利,得失,荣辱,什么都在意,结果一生下来,庸庸碌碌一事无成,生活不简单,但结果很平凡。

还有,3段中的"在阳光、砂粒和海浪的淘洗之下",这几个词有没有讲究?阳光会淘洗吗?那既然如此,可以写风与雨,可以写月光。而如果写"秋风,弯月、冷雨"怎么样?就不同了,多了一些伤感。而这不是本文的需要。

此文的开头也很好,简洁有力,交代了地点,人物,事件,多余的一个没有。

开头简洁,结尾升华,有力,这实在不是简单的文章!

3.后者的美点呢?除了没有先抑后扬外,小中见大,托物言志,一事一理,这个写法与《蝉》是一样的。

## 十九、第19课《在山的那边》(2014.12.10,周三,小雨)

12月10日(周三上午第二节)上。有二十余人听。这课的准备有两个星期了,因为运动会、月考,耽误至今。倒是内容更熟了些。让刘拍了一些照片和两段视频,自己也录了十来分钟的音(本来想全程录音,结果无意中大概碰到关闭键了)。

上课之前有点担心会不会很快上完,导致冷场呀。实际情况是,上得较兴奋,到汪国真的诗还没有出来,只剩7分钟了。到汪国真的诗过一下之后,只剩下两分钟了,犹豫了一些,还是把《雪莲花》出示了,结果小结还没到,下课了,大课间的音乐响起来了,于是匆匆布置作业,大家齐读最后八句下课。

后来想到,第二部分的结构还没有讲,诗的几处高潮还没有突出。但总体按照思路完成了;发挥比想象中的好,有激情。之前是在多媒体教室上,不是主场,学生坐乱了,又没有讲台;现在在自己班里,跟平时一样,有些兴奋,于是就比较有激情。

今天早晨五点醒了后,很清醒,想到昨天跟学生温习一下,发现学生对"那边"的"那"不少人读错;而且男生齐读第一部分,没有感情。于是想到这样开头可能太急了,要先让学生过一下字词,指出"那 nèi"等的读音。同时,对于课题"在山的那边",要试读几次,读出情感。今天就是这样设计的,让几个人读这一句,问按照什么情感读的。我又示范了开头一节,这样男生读的就不算差了。

学生的自由品读比较积极,我也热情互动,重点是"伏""痴想""铁青"等词语,还有一些句式,最后一部分的第二人称的运用等。后来想"喧腾"以及结尾几句还没有突出。——课堂是有生成的。

这一次的设计与课件,都主要是自己的思路,包括图片。比如山、海的一组图片,既发挥了多媒体的优势,拓展了学生的知识,又激起学生的兴趣。

昨天下午写出了《雪莲花》,视导组还在检查,我在电脑上写,四十分钟吧,写好了。之前就有初步的轮廓。已经是诗了,但形象与语言、押韵方面确实不够,——诗毕竟是不简单的。

感觉这一课是最放开的,不受条条框框的束缚,把自己近一段时间"自由品读"的教法展现了出来。这也受去年在42中上课的影响,一是张老师的课,上熟课也可以,这在形式上拓展了。二是自己上长课文,却又没机会让学生预习,感到很郁闷;同时也有教训,就是不要在没有充分预习的情况下去碰长文章。三是出去听课多了,感觉好课不是很多,好课还是靠自身功夫,靠文本解读的功夫。而这一点是自己的长处。出去听听高规格的课,比较之下,自己更自信了,相信自己可以上得较好。四是近两年读了不少语文教学方面的书,站得更高了,更有信心了。

巧的是自己之前把这一课的字词解决了,此时开始布置骨干教师上公开课,觉得这些年自己没有教过诗,而自己在新诗教学上其实已经有一定的积累,于是就把生字词去掉,专门研读诗歌。

这可能也受市教研员吴的"玩语文"的说法的影响。

下次教古诗,使出浑身解数,娱人娱己,不亦快哉!

## 二十、第20课《虽有佳肴》(2014.12.11,周四)

这一课,因为是第一次上,备课又不是很充分,上得不太自如。

其中"虽有佳肴"的"虽",教参习题中解释为"即使",教参里面的翻译又写成"虽然",自相矛盾。其实还是应该是"即使"。

其文说的是教学相长的道理,而且用的是比喻论证,还是不错的。

## 二十一、第21课《化石吟》

这首诗诗意不是很多,但其背后倒是有不少自然现象,如果和生物结合起来,倒是很好的知识拓展。

学生这方面的知识储备不够,于是也比较陌生。

关于石头可以说话,讲了曹操DNA验证一些知识,学生很感兴趣。

## 二十二、第22课《看云识天气》

注意渗透了其中一些说明方法,比如分类、诠释、打比方等。

对语言进行了品析,尤其是第一段,是很精彩的,比如四字句,比如讲究趣味性等。

对文章末段也进行了品析。茹发现,为什么说对工农业生产的作用?是的,可见此文是有时代特点的。

## 二十三、第23课《绿色蝈蝈》(2014.12.12,周五,晴)

在备这一课时,读了教参后面的材料,才充分了解了法布尔,原来是多么了不起的人。他用了35年的时间,写出了十卷本的《昆虫记》,翻译出来有200万字。多么了不起的一个人,给世界留下独特的文化财富。

上课仍然是自由品读,学生品得带劲,教师说得也带劲。不过品过后,发现志鸿教案的第二课时,把不同称呼、拟人、比较放在一起分析,又疑惑我的自由品读是否太零碎了、随意了,看来还需要二者结合才好,不能仅仅自由品读了之。

在品读到称呼的时候,问学生,爸爸妈妈对你们有哪些称呼。学生丽说,她爸爸对她有四个称呼:晓丽,丫头,小姐,同志。于是学生兴奋起来,也在说自己爸爸妈妈对自己的称呼。琪说对自己妈妈的称呼,有老妈,妈姨,大妈。什么时候称大妈呢,比如做事很慢的时候。——这样一品真有意思。

## 二十四、第25课《河中石兽》

因为明天双休,于是先丢下24课,上25课文言文。这一课我也是第一次上。备课不是很充分。今天听班班通,里面的男声读成,“众服／为确论”,看课外的文言文资料,是这样的;但看书上的注释,其实应该是“众／服为确论”,这样才通。——很有意思呢。

今天,还有之前几次,发现学生朗读不行,老好打顿,就是读少了。有两个同学,兰音色很好,茹声音很脆,但读书老打顿。于是这次双休布置朗读25课,以后要加强朗读的要求。

这次布置学生抄课文在C本,翻译在B本,这是以前没有布置的作业。

(2014.12.19,周五补记)

背诵中发现第三段老河兵一段话其实表现力很强。

## 二十五、第24课《月亮上的足迹》

1.找此文的毛病:阿波罗11号起飞竟然没有准确时间,这是不该有的疏忽。还有一处,也是没有时间。

2.此文在写作上的美点:(1)修饰词。(2)描写句。(3)议论句。没有议论,此文只是一个登月故事,没有什么意义。而议论,不是简单的表达方式的问题,而是一种认识,是很不简单的。

## 二十六、第26课《小圣施威降大圣》（2014.12.24,周三）

几点感悟:

1.英雄之所以成名,没有强大的对手是不行的。强大的对手激发了英雄的潜力,让英雄增强能力。英雄不是天生的,是磨炼的。困难与挫折,对手与敌人,实在是磨炼英雄的利器。同时,对手的强大,也给了英雄展示的机会。

2.就算是吴承恩,写作也是有破绽的。比如孙悟空变土地庙,手和脚没有写,这可以看作不必;但尾巴一定要变旗杆吗?是有破绽的,既然可以变成鱼、鸟,说明尾巴是可以缩小的,并不必这么大。当然,没有这个尾巴——旗杆,故事不好往下进行。

3.从语言看,不是很雅、很带劲,比不上《水浒传》的语言,这也反映了作者的语言修养与风格吧。但充满了机智与趣味。

从教参的介绍看,吴承恩一生科举不得志,这一点与蒲松龄相似。这也许不是科举的错,而是他这种爱想象、爱搞笑的性格与气质,不适合科举的规范。但实际上他是个不世之才,在小说上才更能发挥。否则,科场上多一个庸官,不如文学史上多一个辉煌佳作!

## 二十七、第27课《皇帝的新装》

1.昨晚认真备了课,进行了批注。今天再研读,发现题目很不一般:非常切合内容,充满讽刺意义,让人遐想,很有悬念。

看了教育平台上的课件,不过是把教参的一些内容再换个方式说。

再读,觉得文章的线索有多条:骗子线,皇帝及大臣、内臣、百姓线。这些线,作者在写作中都是很注意的。骗子线就写了几次,但不是主要的,骗子竟然名字与长相都没有。人们线也写了三处,可见作者匠心。

文章很简练,不必要的,就不写;但是,铺垫十分充分,老大臣,诚实的官员,皇帝自己。

文章其实是很有象征意义的。这个新装在历史、现实中有吗？很多,需要列举。

2.让学生复述,丽与慧都以骗子为主角,忽略了皇帝这个主角;骥是以皇帝为主角的。由此可见,作者的双线索构思。

3.(2014.12.26,周五)文章以"新装"为线索,情节很紧凑。实际上,情节是可以重新编排的,比如"发展"阶段,不是一定要先老大臣,再诚实的官员,再是皇帝自己,也可以是皇帝自己先去,再派自己的儿子去,——这样,情节走向就不同了。

4.跟学生一起梳理几条线,皇帝线,大臣线,骗子线,人们线,发现这些线源源不断,如珍珠链一样,这些是很见作者匠心的。如第18段,本来前后都在叙述骗子和大臣的活动,是按照这条线走的,此处插入百姓,似是闲笔,其实很有匠心!

## 二十八、《女娲造人》(2014.12.30,周二)

这一课就是提示一下字词,学生轮读一遍,把课后习题过一下。文章一般,不是太精彩。加上想快点结束,往七下上几篇文言文。

## 二十九、《盲孩子和他的影子》

此文技巧上很不错:情节一波三折;高潮处的渲染。

1.情节。盲孩子独自走—影子过来陪他—萤火虫出现了—风雨来了(谷底)—风雨停了,萤火虫出来了,月亮出来了,太阳出来了—盲人看见了,影子活了,一波三折,这就是情节的魅力。如果影子出现,故事再没有变化了,就不生动,不能打动人。

2.渲染。如171页上面几行:月亮、太阳、萤火虫灯都出现,这就是渲染;还有171页下面,在写他看见太阳、月亮、萤火虫灯之后,还写看见了彩虹、花朵、绿草、露珠,这就是渲染,渲染美的事物一起来到。

## 三十、《寓言四则》（2015.1.4，周日，调上周五课）

原来觉得寓言不好下手，没多少话要说。后来认真备课，深入研究，一个《赫尔墨斯和雕像者》就一节课不够用，可讲的东西很多。

对于寓言，考虑要讲的是：

1.情节。伊索寓言比较讲究情节。比如"笑"、心里想，就很有意思。另外，问的内容也很不一样，对于宙斯，没称呼名字，是不是因为赫拉与宙斯的矛盾影响了赫尔墨斯呀？而对于赫拉倒是全称，对于自己，不好意思全称吧，说"这个"，这都是很微妙的。另外，情节不是必然如此，比如还可以问阿波罗、雅典娜的价钱，可是为什么没有问他们呢？是因为赫尔墨斯想与父母一较高下吧，这就更显得不自量力了

值得注意的是，中国学生由于对于西方诸神不了解，对于神之间的关系也不太有感觉。如果换成四大金刚与观音菩萨的关系，学生就容易领会了。

2.对比。文章虽短，但技巧是很高的。"笑"可不可以去掉？去掉，讽刺意义就不强烈了，就显得一般了。还有第二次心理活动，如果去掉，对赫尔墨斯的讽刺意义就不强烈了。

3.结尾的留白。本文的结尾是很有意思的，等于没有结尾，可以算是一种留白吧，赫尔墨斯是如何表现的？是不是灰头土脸，脸上红一阵白一阵，脚步沉重地走了？作者没有说，让读者去猜。而这种处理，更有意义，更含蓄，更有力量。

4.启示。寓言的主旨可以说是讽刺爱慕虚荣和不自量力的人。

但是启示呢？这是很好的多角度看问题的训练题。于是跟学生一起归纳如下启示：要通过别人的评价认识自己；自知之明是不易的；自知是一个过程；等等。

（2015.1.5，周一）《蚊子和狮子》

寓意：骄兵必败

启示：1.要谦虚。2.不要轻视小人物。3.大人物也有弱点。……

举例：哪些小人物打败大人物的事例？

张飞被无名小校杀死。

专诸刺杀王僚。

荆轲差点刺杀了秦始皇。

美国在"9·11"受到重创。

其实，蚊子与狮子的战斗，也可以看作什么？看作陆地动物与空中动物的战斗。这样的战斗，空中动物总是占上风的。

结尾。要同学们续结尾，茹说狮子把蜘蛛网弄破了，救了蚊子。我改造为：狮子本来要找蚊子报仇，发现蚊子被蜘蛛网网住了，很高兴，就一掌拍去。蜘蛛网破了，蚊子却吹着喇叭逃走了。望着蚊子逃走的样子，狮子心想，反正捉不住你了，不如做个人情吧，于是就说：老弟，大哥这是以德报怨，够意思吧？

蚊子的讲话是很精彩的，1.用的是反问句，既抓住了狮子的软肋，又充满自信；蚊子是要激怒狮子，果然，也得到了目的。2.蚊子的类比，故意贬低狮子的本领，将之比成女人，这样形象有力。

（2015.1.6，周二）《智子疑邻》寓意：向别人提建议要注意亲疏关系。

启示：1.听取意见看是否正确，而不看提意见的人（从接受方角度）；2.提建议要看对象。

课堂上举秦桧向赵构提建议的事例。秦桧故意引而不发，让赵构做足了心理准备，做足了心理期待，然后才提出。

《塞翁失马》。寓意：祸福在一定条件下是可以相互转化的。

启示：1.看问题从利弊祸福两方面去看；2.以平常心看待得失祸福；3.以发展的眼光看待得失。

课堂片段：

——塞翁失的马是公马还是母马？文章没说，其实是有讲究的。

——祸福转化有哪些条件？1.时间。文中有"居数月""居一年"。2.是否得失相等、相抵？并不是，有时失多得少，有时得多失少。3.是否必然转化？不是。如果塞翁父子死了，大概就告一个段落了，无所谓祸福得失了。

——比拟。你爸爸手机掉了，你妈妈说：好，可以省下一些手机费；免得你爸爸与人家QQ聊天了；免得影响他开车了。

——结尾。这一次有几个结尾：1.过一段时间，胡人又进攻了，其子因为跛腿被杀。2.因为饥荒，不能种田，于是受饿。3.小时候定亲，现在因为腿跛,人家退亲了。

### 三十一、写作:"发挥联想与想象"(2015.1.7,周三)

写作,是本版教材新设的内容。单元六写作的内容,关于联想与想象是很好的,练习也好。关于伞的联想之分类,让学生做了,一组一个,学生很喜欢,也有一些亮点:比如贤说想到花生壳,等等。但总体想象力不够,倒不是缺乏,而是没有唤醒,缺乏训练。

练习一故事接龙,"那一天,发生了一件奇怪的事",全班同学从丽开始,轮流编,学生十分兴奋,轮到者也会紧张。在我的及时启示下,出现了几个转折;有几个同学,尤其是男同学,确实很有想象力。

丽说,有一个女孩和奶奶一起出去玩,结果到了晚上,女孩没有回来……

接下来是报警。我提示,不要那么老实,说奶奶拨的是五位数。到了萍,说野外出现了死尸,却没有痕迹,原来是双胞胎! 至此,其实故事到了一个很大的转折。

大概到了强了吧,我看故事性不够。我说可以引入外星人。于是故事又到了一个高潮,学生情不自禁地拍手叫好。

到了峰,又引入了奥特曼,于是学生拍手,嬉笑,起哄。

到了蓝,说什么变成了活死人。于是祥很不好接,稍一迟疑,却说穿越,于是又到了一个高潮。

接着玉说外星人要吃千年人参果。紧接着茹说,原来这个千年人参果是这个小女孩变的,外星人想从中汲取能量! 这个接的故事非常漂亮,且有想象力!

学生们非常欢迎这个活动,应该说比起上课文的一节课来说,这个作文课是更有意义的。

于是我布置作业,就用这个故事作为A本内容,可以整理这个故事,也可以重新编。

接着,志鸿教案里的练习,石头,读书,前进等,都让学生用轮接的方式做,效果不错,学生很欢迎。

## 三十二、复习（2015.1.23，周五）

期末复习已经近二周了，到今天为止六篇文言文和课外十首都听写或默写了。文言文听写是教师报，学生组长改，减轻了我的负担。课外古诗十首是我改的，学生跟之前默写时差不多，还是花时间不够，包括教师的时间、次数也不够。

这次复习文言文，先让学生书翻扣过去，我提问注释，再提问翻译。一个人不行，再问另一个。这个过程，学生加强了复习，而且从中我也知道哪些句子学生翻译不好，比如倒装句，比如看似简单的句子，其实是难点。《论语十二章》让学生默写全部翻译，作为第七篇作文，我认真改了，结果就发现不少问题，比如"三人行"，就翻译成三个人，比如最后一则子夏的话，可能我上的时候就比较毛躁，学生普遍漏译了"笃志"。文言文如此复习，重视翻译，这在我是第一次。

这次复习，因为有了优等生卷子，于是试卷牵扯了不少时间，当然，是有必要的。但这样一来，基础训练是否能过一遍，就未必了。

（2015.1.26，周一）今天一节课复习了名著导读。上课开始，先把从某群里下的《伊索寓言》《繁星春水》的复习题在班班通放一遍，让学生口头做。多数能做出来，多在书上。——这样的开头好，学生一下子进入了复习情境，而且知道名著导读考什么呢。

然后开始复习书本，让学生用红笔划出一些要点。以上两个环节用了30分钟左右。

然后让学生背背划的要点。

剩下几分钟让组长把课外十首错误的地方再重报一遍。

（2015.1.29，周四，昨天下了今年第一场雪）前天（周二）默写十五课古诗四首，结果平均错2.3分，再看当时的默写，平均扣3.6分，学生基础差，大概也把当时的错题本丢在一边了。错的字还是集中在：枯藤，百草丰茂，贾亭西，山岛竦峙，绿杨阴里白沙堤，风正一帆悬，归雁洛阳边，啄春泥，幸甚至哉等。

## 三十三、寒假作业（2015.1.26，周一）

1.印制的《寒假作业》。

2.美文朗读。每天朗读二十分钟，课本里外都可以，也可以是名著导读的。

3.读完七下的名著导读：《童年》《昆虫记》。每页一处批注。

4.抄十篇美文（专门有个较厚的美文本，以后继续用）。

5.练字。用楷体字帖，练十五页，家长五页评判一次，划圈，打等级，签名，写日期。

6.三篇练笔（用新的Ａ本，大作文本，开学后继续用）。范围：一、我最感动的事。二、记一个精彩的文艺节目。三、抄录十副以上对联，并加以评析，题目自拟。

2015.1.29，周四，外面是一片雪的世界，学生们很兴奋。今天也是上课的最后一天，明天就考试了。

这届学生考试成绩如何？心里不是很有底。二次月考，第一次比A班高二分，第二次比A班低近二分。期末复习有点紧张。跟上届同时比，这一次多了几份试卷，尤其是庐阳、蜀山、包河的卷子，庐阳平均分是70分，包河是66分，应该还是不错的。期末是否在66—70分？这个成绩是讲得过去的。

与往年比，期末对文言文的复习更突出，教师带着学生解词、翻译，加上七上毕竟文言文不多，自我感觉是满意的。当然，还有学生不够好，与基础与习惯有关。

瑞雪兆丰年，看这届七年级的第一次期末考，能否来个开门红！

## 三十四、考试（2015.2.2，周一）

今天是八年级考试第二天。七年级1月30日开始考试，语文是第一天上午期末考后记。

这次期末考试，试卷比较平和，适中。试卷按照中考样式，但满分依然是100分。

字词按照中考模式,注音、写汉字、改错字、改病句,共8分。名著3分,都是书后面名著导读中的。综合活动6分。课内阅读是《春》,题目也是似曾相识过的。课外阅读是《种欢喜得欢喜》,题型正常。文言文是《〈论语〉十二章》,作文是半命题:"现在,我多了一份____",作文很不错。

从这份试卷看,检讨我的期末复习:1.复习是中规中矩的,现代文重点课文的基训过了一遍,《春》也过到了,当然作用未必多大;《论语》翻译作为最后一篇课文,又认真复习了,应该是有效的。作文,用一节课把测试卷的十四篇作文题都写上,跟学生又过了一遍,多少有点作用。比如提示学生,叙事中的写景,某些作文中的"我"可以是自己,也可以虚构他人。但作文复习,教师自己也比较模糊,一个重要的原因是,平时讲评的一些亮点,学生忘记了,教师也忘记了,结果考试时不知道用了。作文复习是这次才这么做,以前就没有复习作文。

这次想复习过去测试卷中的文言文,但只是让学生回家复习,学生试卷不一定在,以后——

1.平时要把学生试卷收起来,期末带着学生一起复习。

2.用好错题本。错题本,期末教师要带着学生复习。

3.期末作文要复习,把学生作文中的亮点拿出来;教师自己要备课,要梳理。

——不断总结,教到老学到老,不亦快哉!

# 七年级语文下册

## 一、《从百草园到三味书屋》（2015.3.4，周三）

1.《从》真不简单，太老到，完美了。跟它比，《爸爸的花儿落了》，还是很简单的。

此文，构思好，题目好，行文结构圆熟。不仅是典型段落：第2段的写景和雪地捕鸟，就是看似简单的列举，行走的路线，都显示大师的高超水平！

2.主题。按照课后练习一的意思是写"乐"，这应该是对的。不应该是批判封建教育，如果是的话，19段的戒尺与罚跪就不会一笔带过了，而是重点叙述、描写了。

文章也贯穿了轻松的调侃，这与鲁迅1926年与许广平的甜蜜爱情生活大概有关，也与作者对少年时期的这方面甜蜜回忆有关。其实，鲁迅少年时期的悲伤也是很多的，如"父亲的病"，就很悲伤。文章充满了调侃，开头1段，不是说卖给姓朱的人家，而是说"朱文公的子孙"，就多了调侃的味道。第6段末"叫我名字的……然而都不是美女蛇"，这个调侃很俏皮，让人有会心的一笑。第9段的"再见，我的蟋蟀们……"也有调侃的味道。末段的"卖给有钱的同窗了。他的父亲是……"按说这跟文章主题也关系不大呀，属于闲笔，大概只有中年人才会这么写，大作家才这么潇洒。

文章内容与结构也是精心选择的。百草园三件事：乐景，乐闻，乐事，中间用语句衔接。三味书屋，其实除了写后园寻乐，读书之乐，画图之乐，三乐之外,还不可避免要交代一些情况,比如从家到三味书屋的路线,初见老师,老师罚跪的规矩等,写得较简,而较传神。

文章主题的"乐",在第一段也有透露,就是末句的"乐园"。大师的文章是不会乱写的,不说字字珠玑,也是字字有理。

3.第二段赏析。寒假中,读志鸿教案,看到对于第二段写景的分析那么精彩,心里有点发虚。开学后,看到教参里这样说的,才知道源头在教参里面。

课堂上跟学生一起赏析,边板书,原来有那么多美点,超过教参的项目,其中句式——修饰语,是茹先说出的。

第2段美点:(1)句式。首先是"不必说,也不必说,单是",这个句式是很有策略和技巧的。一是作者可能真的觉得百草园太多有趣的故事了,但是这篇文章不是专门写它趣味的,不便展开,于是只说一角。二是真要展开写,有的事情也是比较无聊的,比如从石井栏往下蹦吧,也就如此,真详细写,未必好入文,显得无聊。于是,不如这几件东西并在一起,一笔带过。三是策略上看,这样一来,"单是"泥墙根一带就是这么有趣,那么别的地方呢。整个百草园呢,该多有趣呀!

还有"不必说"后面,是四个偏正短语;"也不必说"后面是三个主谓句,而且后面一个是长句子,前四后三,这是否作者精心设计呢?前四后四如何?后面三个也是偏正短语可不可以?当然可以,但比较死板,也与"乐"不是很和谐。总体上还是,前短后长,整齐中透着变化,多一种活泼与乐趣。再看,前四个句子也有变化,中间二个是六个字,前后是五个字,这些应该是作者写作时考虑到的。

后来下一节课,师生一起口头造"不必说,也不必说,单是"句子,结果发现,原来很不容易!

其中的修饰语"碧绿"之类,都是非常有表现力的。如果去掉,就没有"绘声绘色"的感觉了。

(2)顺序。由静到动,由植物到动物。高加低。

(3)季节。春夏秋都有,加上后面的雪地捕鸟,可见多么有匠心!

(4)细节。"倘若用手指按住……"这样的细节多么神奇!

(5)多觉。视觉,味觉,触觉,听觉。就少一个嗅觉了。

（6）修辞。拟人，比喻，排比等。

（7）点出情感。如"无限趣味"，"色味都比……"。

4.（2015.3.5，周四）今天改基训，看片段作文，是仿照第2段写"百草园"写趣事的。学生写的多数不趣不说，关键是只是记叙，而没有描写。——这么看，课堂上口干舌燥讲了那么多美点，包括修饰语，学生练笔却都忘了！也许，由此可以看出，课文中的美点，要学生仿写后才可能吸收，否则，课文是课文，学生作文是自己的作文，是两张皮！于是，这次的A本，重新布置让学生仿照百草园写法，包括修饰语，多觉，修辞，细节等，来记一段趣事，乐事。


## 二、第2课《爸爸的花儿落了》（2015.3.12，周四）

因为有事请假几天，第二课与第五课跨度较大。

第2课美点：

1. 双线。明——暗线，明线是毕业典礼，暗线是写爸爸对自己的教育。明线是为暗线服务的。这种结构法是比较巧妙的。如果直接写暗线内容，就是写爸爸对自己的教育，那么几件事就比较凌乱，感觉不太好连缀起来。这几件事是：爸爸教育我遇事硬着头皮闯过去；赖床被爸爸打，从此再不迟到；爸爸鼓励我到东交民巷寄钱；爸爸爱花。

与双线相应的是插叙。暗线都是插叙。此文是插叙用法的集中体现。用插叙，可以使文章紧凑，紧扣主题。

2. 浓浓的抒情。包括毕业典礼设置的氛围，对生病爸爸的回忆，还有花起到的渲染的作用，还有直接抒情，比如17页倒数第2段："啊！这样的早晨……"

3. 语言的表现力。比如18页写爸爸爱花的段落，"他把草帽推到头后面，抱起弟弟，经过……，拿起……，唱着……"一支笔接连不断写了这么多事，而没有繁乱感。

又如16页写打我的那一段，"爸爸左看右看，结果……，藤鞭子在空中一抡，就发出咻咻的声音……"

4.上一轮我第一次上这一课,好像对于爸爸对我成长的作用体会不深,这一次体会深多了。

当然,文章是不是也有点啰唆,不够精致,有些拖沓。

## 三、第5课《伤仲永》

记得之前上这一课,包括上一次,都对本文的风格、句式有些不适应,尤其是第3段的议论,什么"受之天""受之人",总觉得很拗口,读得不舒服;又感觉作者有点迂,可以一句话说清的,他却翻来倒去说。但是这一次感觉不同了,觉得王安石的文章确实不简单,简练,有力,思想性强,见解深刻。

1.文章开头第一句"金溪民方仲永,世隶耕"包含了几个信息:地点,姓名,身份,职业。这些都是下面叙事的需要。在"父利其然也……不使学。""不使学"三字,是作者添上的,是为下文服务的。

2.文章对方仲永的神童的经历作了渲染,而不是简写,更不是一笔带过。此处渲染越多,与下文"泯然众人矣"的对比就越强烈。

与之相应的是,第二段却很简略,仲永十二三岁时的诗作如何,仅仅用"不能称前时之闻"一笔带过。"又七年"后,仅仅用"泯然众人矣"结束。该繁则繁,该简则简,这就是作者的文风!

由于作者对方仲永事例了解的局限,文章在叙事中采用闻—见—闻的方式,这种方式也是比较巧妙的。

3.文章的议论,把仲永的经历这个个例升华到一个普遍道理,就是后天教育的重要性,而且议论的逻辑力量很强:仲永天赋高,不学习都成为众人;要是天赋不高,不学习想成为众人也未必可能。这种逻辑性让人无法怀疑,无法回击。

4.这次练笔,我忽然想到出这样的题目:仲永后来……。我已经有了想法,就是仲永深感自己被耽误,于是用力培养子女,终于成功。但没跟学生说,看他们怎么编。

5.当然文章也不是没有漏洞,比如仲永五岁时的诗,为什么没有引用?是因为不是文章的重点,还是作者也只是听说好,却不知道诗的内容?

另外,不知是作者的文风如此还是故意如此,感觉句式上不是很整齐顺畅,让人读来很顺口。这一点,跟韩愈、欧阳修、苏轼的文章一比,就觉得差异了。是不是作者的逻辑思想很缜密,但语言功夫还是不到?或者因为突出了思想,而忽视了语言的使用?

## 四、第3课《丑小鸭》（2015.3.16,周一,多云）

这一课有创新,就是模仿句子,以及拓展。

本文美点:丑小鸭的遭遇,情节的变化;小鸭的梦想贯穿始终;景物描写三处;几处很有思想的议论;文章的主题;自传体童话,其励志意义。

1.此课认真备了课,而且看了新的志鸿教案,此教案把这一课作为一课时上,但开始环节安排的好,是用填表的方式来认识丑小鸭。其实这是对故事情节的感知过程。不过,这个环节,对于我们这样的学生来说,要二十来分钟,一节课肯定完不成。这样一梳理,学生对情节就了解了。

2.在思考练习二时,觉得"只要你是个天鹅蛋,就算生在养鸭场又有什么关系",其答案有"是金子总会发光的"。对此,我作了较细的辨析。金子跟丑小鸭有共同处,也有不同处。

45

> 天赋+理想+努力=丑小鸭的成功
>
> 天赋+理想=金子发光
>
> 金子发光是被动的,而丑小鸭的成功是有自己努力的。

3.（2015.3.19,周四,雨）注意景物的描写。在文章的后半部分,分别出现的季节是秋天,冬天,春天。这肯定不是作者随意安排的,而是精心设计的。丑小鸭从老太婆家出走后,面临人生的困境,此时(33段)作者写道:"秋天来了。树林里的叶子变成了黄色和棕色……"这渲染了一种感伤的情绪。值得提一下的是,"秋天来了"开始,应该另起一段,不应该在33段里面。

接下来是更艰难的冬天(36段),是丑小鸭厄运的高潮,丑小鸭竟然被冻僵了,这是多么可怕的事情;当然,也是命运的转折。

最后,丑小鸭变成天鹅,自然是在春天:"百灵鸟唱起歌来了——这是一个美丽的春天。"啊,这是多么美好的季节呀!与丑小鸭同情感的作者,自然情不自禁地歌颂这个季节,歌颂春天:"这儿苹果树正开着花;紫丁香散发着香气……啊,这儿美丽极了,充满春天的气息!"春天来了,丑小鸭的命运发生了彻底的改变,作者情不自禁地抒发了情感。

## 五、第4课《诗两首》

1.《假如生活欺骗了你》使用了余映潮的设计。余的设计确实高,大概是实践他"浅文深教"之类的理念吧,他引入了《假如你欺骗了生活》《假如生活重新开头》,这样两首诗一引入,课堂信息量,学生接受的教育,确实多多了。

在朗读上,余很高。对于《未选择的路》,先让学生采用劝说朋友的语气读,第二遍采用内心独白方式读。这样的朗读,不是空洞的有感情朗读,而是精心的设计了。为什么是"劝说"和"内心独白"? 这也是根据这首诗的情绪和内容设计的。不然,对于另外的诗,比如下一首《未选择的路》,就不可以按照这样的情绪读;《未》也许可以使用回忆、感伤般的语气读。

对于《假如我欺骗了生活》,余也不是让简单读了,而是抓住两个关键词去分析,这样,就一下子抓住了实质。学生有抓"诚实",也有抓"无憾""无愧"。毕竟是我读了之后,学生用耳朵听了抓住的;如果用课件呈现,学生抓得应该更好些。

2.但是,余映潮的设计也不是那么完美,由于重点的拓展,而且毕竟一课时,对于《假如》的品析就显得不足,比如他自己曾经重点分析过的"欺骗"的内涵,就没有说。对于文字,比如"假如生活欺骗了你,不要悲伤,不要心急",其实这句话是可以用许多词语的,还可能会有什么? 比如害怕,沮丧,恐惧等等,那么,作者为什么选"悲伤"与"心急"呢? 也许,与作者的视角和诗歌的主题有关。同样,第一节第3句"忧郁的日子里须要镇静",为何是"镇静",而不会是别的? 其实还有诸如乐观,平和,自嘲等多个选择。——这样一拓展,我们对于作者的匠心也许有更多的理解,同时也让学生明白,诗歌的选词造句有很多种可能。

第二节的第一句,与首节的末句,有点顶真的感觉,接着从未来说起,又回到现在的忧郁中;然后自然引入第3句"一切都是瞬息,一切都将会过去"。这句诗值得评析也不少,"瞬息"是多长时间? 一眨眼之间,形容时间之快。而实际上呢,联系历史、现实比照一下。抗日战争是八年,共产党的胜利，是二十八年，这就是瞬息！"一切"呢？这个词语内涵很丰富呀！包括肉体的痛苦，饥饿，血泪等等等等，这是多么沉痛的一切呀！

最后一句"而那过去了的，就会成为亲切的怀恋"，这一句是非常妙的，也是这首诗流传久远的原因之一，因为他概括了人们常有的经验，引起人们强烈的共鸣！跟学生举例：小学六年级时候觉得作业好多，现在呢？学生笑起来，现在觉得不值一提了。

2.《未选择的路》一首诗具有什么样的情绪？

伤感。跟前一首的轻松不一样。那么，伤感体现在哪里？

一是写景。第一节的"黄色的树林"，这是什么季节？是秋天，如果落实在春天，会怎么样？绿色的树林，怎么样？那情感肯定就不一样。

第二节"荒草萋萋"，这就引起人们的伤感情绪。如果换一个字，立马情绪就不一样，"芳草萋萋"，就完全是阳光、充满希望的情绪。

第三节"落叶满地"，这就多了一重伤感啦。

第四节没有写景，而是抒情了。

伤感的第二个方面是写心情。第一节的"久久伫立"，因为什么而伫立呀？当然是思考，难以决断啦。"极目望去"，为什么呀？肯定是难以决断，犹豫不定呀！第二节的"诱人，美丽"，都是情感。第三节的"恐怕"也表示一种担心。第四节"轻声叹息"，直接写出了选择的感伤。

## 六、第10课《木兰诗》（2015.3.23，周一，晴）

这一课上了三节课，上得很过瘾。

多次上了此首诗，这一遍最过瘾。第一课时从头到尾整体了解，第二三课时细化分析，逐段串讲。还有，上学期期末就带学生读这首诗歌了，让学生读熟，这也为这次教学提供便利。

1.从整体看，此诗突出什么？大概就像有人说的那样："木兰是女郎！"围绕这个，于是该详则详，该略则略，该不写就不写。

为了突出其女儿的一面，于是突出了离开父母后的柔情，于是就有第3节的渲染；第6节的第一时间换上女儿装，而且最后还以俏皮的回答作结。

在上到第6节时，忽然觉得第6节最后一个标点不该是冷静的句号，而应该是强烈的感叹号！

这是女儿柔情的一面,而英雄的一面,在全诗中是比较少的,一般都是不得已才点一下,如第四节的"朔气传金柝……"四句,和第5节的"策勋十二转"几句。

2.品题。木兰诗,似乎很平常。但是,联系现实,其实不平常。比如把我们班同学的名字带入,王慧诗,文萍诗,怎么样?(学生头低下了)于是学生明白,以一个女性名字命名的诗,是怎样的不一般!

第1节哪个词语比较重要,去不得?首句,"唧唧复唧唧",它非常俏皮,唧唧声很引人注意。是唧唧声,而不是叹息声,不是手敲桌子的声音。唧唧,声音不太响,但又不会消失,正与木兰的处境相切合。

第2节开头"问女……"句是诗人自问自答,这是民歌的自由,也是说唱体的风格。接下来是写军情紧迫,木兰的担忧,最后是木兰终于下了决心,替父从军。这一段思考是比较长的,估计要多长时间?思考了哪些问题?比如自己能不能胜任军事的繁重?怕不怕可汗、政府的反对?怕不怕在战场上牺牲?木兰其实多大了?从古代人的结婚习惯看,木兰可能十五六岁,其姐姐大概已经出嫁了。木兰考虑很多,担心很多,但终于战胜这些困难与障碍,毅然替父从军!不要认为这件事很简单,不然为什么成为千古传奇?

第3节开头是互文,也是渲染与夸张,突出女儿参军的不平凡。很明显可以看出,作者是一种欣赏的情绪。

第4节也许是文人的风格,很整齐,跨度很大。大家有感觉吗?十年就六句?从下文看是十二年,就这么简单?有没有为木兰想想,这十二年木兰参加了多少次战斗?经历过多少个春夏秋冬?冬天可能比较好办,夏天木兰衣服少,如何让战友看不出?还有木兰的声音,可能是故意学得很粗吧!总之,这是多么难的事情,多么了不起的传奇!

木兰军功多大?诗歌中用的是侧面描写,"策勋十二转,赏赐百千强",这是民歌的拿手好戏,用虚写的办法,夸张的手法,既写了木兰军功之大,又不具体写军功是什么。其实,我们也许可以设想一下,也许木兰就是一个普通小兵,未必有多大的功劳。也许木兰立了许多功劳,比如砍死多少敌人?砍伤多少敌人的腿脚?——但这些不能写,写入则多么煞风景!

第6节"爷娘闻女来……"这几句是什么写法?侧面描写。其实这时的木兰在干什么？在路上，在准备回程？木兰想什么？木兰有没有为父母带什么礼物？还有姐姐的，弟弟的，姐姐的孩子的。这些礼物要多少车子拉着？

"爷娘闻女来……"，爷娘是如何迎接木兰的？出郭，有没有感觉？不是在家门口等女儿，而是走出城门，这是多么隆重的迎接呀？那么，姐姐没有出城？接下来从多个角度去写，写姐姐的盛装迎接，写弟弟的杀猪宰羊隆重欢迎姐姐。其中的象声词"霍霍"多么可爱，多么形象有情感。

而木兰回家后最想做的是什么？首先是觉得家里一切都非常亲切，这里坐坐，那里摸摸，一切都是那么可爱，有情。然后就急着换成女儿装了！

"出门看伙伴……"句是什么写法？重要不重要？重要！是侧面描写。如果没有这个伙伴的反应，则诗歌的感染力，和木兰形象的可爱与俏皮都要大打折扣。啊，这是木兰！怎么可能？与我们生活了十二年！真的假的？想想，这是多么令人吃惊呀！这也从侧面衬托出木兰的过人之处，了不起的地方。此处不能轻轻读过，而是要很惊讶甚至不可思议的反应。所以，从情感上说，此处是感叹号为好。

诗歌的结束四句是以木兰的俏皮回答作结。其实，诗歌的结尾可以有多种，选择这个结尾，很俏皮，很可爱，也是诗人很认可的一种方式，与前文的风格，比如首段的唧唧，3节的想家，7节的换装，也是相切合的。至此，诗歌圆满收尾。

## 七、第6课《黄河颂》（2015.3.24，周二，晴）

先上第10课，然后上第6课，于是把第二单元的单元提示和各个课文、单元写作、综合活动都过了一下，发现单元写作与综合活动，不一定是最后上，完全可以穿插着上。比如先了解了黄河，再看《黄河颂》，效果肯定不一样。

第一课时，上得很不满意，要整体感知，学生说反映抗日什么什么。我很生气，带学生给诗歌分几个部分。这样，学生大致分出层次。——也不怪学生，看来学生对诗歌确实感到较难。

1. 备本课的时候，细读、细品《黄河颂》，觉得该诗很了不起。其实，这首诗是为国人打气用的,用黄河为人民壮胆。但是这倒也不是自欺欺人,而是真有作用。黄河既然在历史上起到那么多的作用,不是无缘无故的,而是有必然关系的,比如地理作用,这可能是首要作用;比如历史事件和历史人物,这不是主观决定的;还有在历史上屡次起重大作用的人民,这些都是黄河的力量,当然也是人民的力量,中国的力量。事实上,后来的抗战历史也表明,黄河两岸的人民,中华民族的抗战,是很有力量的。

2.对于黄河的精神,需要注意选什么词呢?作者用的是"伟大坚强"。对于这两个词,学生容易一读而过,认为自然如此。这肯定是不对的,作者当时肯定有许多词语在候选,比如善良、智慧、勤劳、坚韧、宽容、开放等。但是这些可能都不是抗日所最必要的。至于贬义词,比如渺小、内斗、怯懦等,肯定更不能用了。

为何选"伟大坚强",伟大,包括体量的大,历史的悠久,人民的强大,这些都是你小小日本所忌惮的。坚强,就是敌人不要指望很快就征服中国,中国人有足够的韧劲。抗战的历史也证明了,虽然日本侵略者给中国以很大的伤害,但中国没有灭亡,黄河也没有被日本征服。

3.将综合活动"黄河,母亲河"与《黄河颂》在一起上,其起到的震撼作用、教育作用都是比较大的。比较而言,综合活动还是比较芜杂,或者是信息太多了。不过,就单单是黄河边的战争和历史人物,建都情况,就比较充分地说明了黄河的伟大作用。

用近一节课时间给学生放《黄河大合唱》,虽然花了一点时间,起熏陶作用是不小的,也是很好的情感教育。放完视频后,我灵机一动,让学生说说感受,有的从一点上谈,有的从主体上谈。然后教师叙述自己在学校时排练黄河大合唱的情形,学生都瞪大了眼睛听。

《黄河颂》用了三个多一点课时,不过包括了综合活动,上得很带劲。

中途让学生分读诗歌,教师读前面的朗诵词,女声、男声个体读望黄河,然后女声读颂黄河第一层,男声读第二层,集体读第三层,集体读学黄河。这样变化一下,情绪果然不一样。

4."啊! 黄河!"的作用。班班通上介绍有两个作用,一是表明层次,二是直接抒情。但是学生对这一句没有感觉,于是我用替换法提示他们。啊,后面可以有什么?啊,讲台?啊,合肥?啊,南淝河?大家觉得不合适吧?没有很深的感受,不能用"啊"这样的情感。

还有"啊"这个叹词,用别的呢? 呀,差不多,但意思不同;哎,就是垂头丧气,肯定不行。——所以我们可以看到,抒情不是那么简单,叹词——虚词的使用都是讲究的!

## 八、第7课《最后一课》(2015.3.25,周三,晴)

再备这一课,觉得有点疑惑:谁是主人公? 小弗郎士? 还是韩麦尔? 或者二人都是?

再看《优秀教案》,设计不错,但是不是把小弗郎士和韩麦尔割裂了? 而且语言分析是不到位的。用一个课时完成,那是理论上的事情。

1.(2015.3.30周一)本文用的时间有三节课以上,还觉得意犹未尽。学生品读也感觉意犹未尽。学生品读真是五花八门,意想不到,比如丽提出18、19段都是韩麦尔的话,为什么18段没有后引号? 这个问题很好,这是引号用法的规定。

2.再看看上一届《最后一课》的板书,是按照小弗郎士的心理变化写的,但是这个思路,没有突出韩麦尔,没有显示二者的关系。

其实,这次再细品,发现两条线是交织在一起的,从中看出作者的匠心。比如17节小弗郎士回答分词用法答不出来,于是引出了18、19、20节的重头内容。从这个角度讲,小弗郎士又不能说是主角,而只能说是线索人物。其实这几节是重要内容,后面的几节课,习字课只写了两个细节;历史课一笔带过;初级班,只突出郝叟的细节。

小弗郎士作为线索人物,是非常有匠心的。如果是老师,就不会有懵懵懂懂的过程;如果是优生,问什么都能答出来,下面的18、19、20就不好写出来。

3.第1—6段课前准备很不简单,这一切都是铺垫,是准备,不然,进了小课堂,就无法再写了。这几段,写了普鲁士兵操练,第4节列举的几个坏消息,只有第5节铁匠和徒弟,在后文没有照应。

4.文章的描写很出色,堪称范例,比如第14、15、16段的心理描写,对韩麦尔的语言描写,神态和动作描写,还有两处景物描写都是很突出的。

文章的比喻很突出,钥匙,国旗,多精彩!

文章的写感受也很突出:如13段,23段的最后一句,24段的最后一句,都是很突出的。

在上完后,跟学生一起总结了美点,我还拍成了照片:小中见大,环境描写,以乐衬哀,细节描写,心理、语言、外貌、动作描写;对比,写感受,直接抒情;叙述者的视角;精彩的比喻;用叹词、感叹号。

## 九、第8课《艰难的国运与雄健的国民》

比喻说理,很不错;情感还不够高昂,文采还不够华美。

上次上这一课,记忆中认为此文不怎么样,上的时候有点不屑。这次再看,其实此文是不简单的。

看其思路:文章不是从现实写起,也就是不是直接入题,而是巧妙切入,从历史开始,但是也很简洁,进入主题。而第2节呢,不是接着历史,而是用比喻来说理,且有对比:走到宽阔的地方怎么样,走到逼狭的地方怎么样。第3节,接着说,走到崎岖的地方,会有冒险的乐趣。第4节才接上题目,中华民族目前也是崎岖的路段到了,但我们会有壮美的感觉,而要有壮美感觉,就必须要有雄健的精神,这已经是深入了一步。末节呢,用长江黄河代表我们的民族精神,激励我们拿出雄健的精神,走过这崎岖的道路,这是人生最有趣味的事。

应该说,就如有资料引鲁迅对李大钊的评价一样,李的文章是大气的,有哲理有力量的。

但李的文章跟一些文学大家比,是有欠缺的。此文,理到了,方法也到了,但是情感还没有到,就是渲染不够,力量不够。比如第3节末尾,说感到一种冒险的乐趣,其实这不是应该渲染的时候吗?用几个排比句,抒情句,把文章的情绪推向高潮。末尾也是,"亦是人生最有趣味的事……"这多么好呀,应该是大力抒情的时候呀。可是,作者却没了。——气势不够!而气势是要渲染的,渲染又常常与排比句联系在一切,渲染就必须要反复,要多个角度去表现!

## 十、第9课《土地的誓言》

喷涌的情感；沉痛的情绪；众多形象的拥挤的组合；絮絮叨叨不停止。

1.昨晚看了二遍，之前看了一遍。还是不太看透。

今天又看了一遍教参，说到呼告，排比，说到看似无序其实有内在的联系，上下段似是长联，这些对我有启发。但教参只说好的，一点缺点不说，这是不对的。

上课的时候，我抓住题目，"誓言"，要求学生说出是什么内容。其实，总体上看，大概就是：家乡的土地召唤着我，我要回去！这里面，包含着对家乡的回忆，一下子出来十几个景象，它们好像不是写出来的，而是蹦出来，挤出来的。

2.（2015.3.31，周二）今天又用了三十分钟左右上《土》。学生虽然还有表达欲望，但我感觉要么是全解里面的内容，听起来很像那么一回事，学生自己是难的，于是就较快结束。

课后练习一第3题说有人认为文中一些句子"狐仙姑……"等可以删掉，问学生的看法。学生当然说不可以删掉。我说，这些句子确实不够美，不够雅，对文章的品位是有影响的。这就是作家与大作家的区别。要是鲁迅这样的大作家，是不会写什么"狐仙姑……"的，但作者情绪是泛滥的，喷涌的，已经顾不了这么多了。

但文章关于家乡的回忆，白桦林等，一口气写了十几个物象，这是很不简单的。而且，运用了多觉；其修饰语很有表现力，这是非常值得学习的。

## 十一、第11课《邓稼先》（2015.4.1，周三）

1.这一课我昨天备课比较简单，读一遍，字词注注音，就差不多了。因为上次上这一课时用功较多，对于文本的挖掘较深。

此文确实大手笔，当然，也有点浮华吧，有点自以为是、自卖自夸的感觉。

看优秀教案里，说文章是奇文，人是奇人，这个思路是很好的，但是否有吹捧之嫌？

在本单元的导入里，要求理清作者的思路，深入理解课文的思想内容。其实，写法与语言是不可一课忘记的。而事实上，这篇文章的语言也有特点，比如用了许多成语，一些语言为什么这么用，比如就用了许多"最"字，课后练习问到长短句的问题，这也是一个亮点。

2.上这单元，先跟学生一起将单元的每一课文略略过一下，包括单元作文，都是人物传记，作文也是写人物。——从中看到单元教学的作用，而不要被篇篇课文割裂开。

此文的导入，我这样切入：在《最后一课》中，都德小中见大，以阿尔萨斯的一个小课堂的最后一节法语课，来反应普法战争这个大背景。那么，在我们的周边，什么可以看到时代的变化呢？学生有说道路，我说可以小一点，比如村村通路，是国家的政策，是近几年才有的新事物。那么我们的课堂呢？有学生说电脑。我说是的，班班通，最初是小黑板，后来是幻灯片，再后来是多媒体，现在是班班通，将来呢？也许你们可以不要书包，人人一个平板电脑就可以了，那时，就一举解决书包过重的问题了！——以此导入，看邓稼先与时代的关系。

3.（2015.4.7，周二）在讲到课后练习一的第4题时，说邓稼先如果再选择自己的人生，还会选择这个人生途径，这是他的人格和品格决定的。我猛然想到，其实邓稼先的选择是与他对中国的强烈情感有很大关系的。应该说，邓稼先对苦难的中国有着深深的痛苦感受，因此他学成以后立即回国，把一生献给中国的核武器事业。而这样的经历、心情，在文章里并没有一点点表示，应该说这是文章的欠缺；也许是杨振宁不了解邓稼先的这段经历，或者虽然知道，但邓稼先这样的人生选择，是杨振宁所没有选择的，因此杨振宁不太好或者不太愿意写这类内容。

## 十二、《闻一多先生的说和做》

闻先生太刚烈了，太可惜了。

1.结构。品题。一开始问同学们：如果让你们写闻一多，准备用什么题目？——目的是看学生如何选择材料。由此看出，作者用说和做，把闻一多先生的一生串了起来,而且比较紧凑。

构思、结构的设计是如此了,但写作时还有值得注意的地方。为了扣紧题目,突出线索,文章有六七处写了说与做,这样结构就突出了。

2.文章的句式比较有特点,比如用四字短语比较多,使文章读起来有一种节奏感,比较有力。

还有结尾,句式其实是有许多变化的:可以变句号为分号;可以与19段合并;可以只用一个“他”;也可以把“他”改为闻一多,或者“你”……细细辨析一下,或觉得很有意思。

3.文中形象性句子较多,如第3段“有如向地壳寻求宝藏……”,“他要给我们衰微的民族开一剂救济的药方……”等,这是诗人的习惯。当然,后者是不是大了一点? 对自己的老师可以夸,可以颂,但也要有节制吧。

4.文章在材料详略上也是讲究的。比如作为学者的三个事例,第一个例子较详细,第二、三个例子就一二句话,这样做是适当的。

## 十三、第13课《音乐巨人贝多芬》(2015.4.9,周四,晴)

何为此文,是小说还是散文?

1.备课时,发现此文的结构还是很不简单的。前面几段整个是铺垫、准备,直到第6段才出场;而且这个出场是很讲究的,先闻其声,后见其人,从中可见作者的功力。

当然,觉得有些地方过于讲究,感觉是否真实? 比如客人直接问他的“好灵魂”? 客人可以直接这样问吗? 一点也不含蓄呀。而贝多芬听了后竟然有泪水,是否太过冲动了? 在没有大量背景知识的情况下,这个眼泪有点令人费解。——也可能作者太想在一篇千把字的文章里写清楚贝多芬了,于是只好这样突兀了。

文章有的地方,作者只好赤膊上阵了,比如24段整段,“命运加在贝多芬身上的不幸……”,还有25段的后半段,“请看一看罗曼·罗兰的……”,可是,罗曼·罗兰比贝多芬迟生一百年呀,没有过渡就这么写,读者会怎么说?

至于前面保姆介绍他那个流氓的侄子,似乎没有必要,难道为了突出贝多芬令人同情吗? 文章确实写了贝多芬生活遭际的恶劣,衣着上的不讲究乃至狼狈,但是,这是伟大的音乐家身上很重要的东西吗?未必吧。

跟茨威格写托尔斯泰的那篇文章相比,人家是大师写大师,而这是一般的文学家在写大音乐家,也许是有很大程度上的误读。

2. 此课的开头,用《命运交响曲》开头,那个雄壮而激越、矛盾等情绪的音乐一下子抓住了学生。真想听完,并多听贝多芬的其他音乐,——这,只有等学生家庭有条件才行了。要是课后能这么听音乐,这是多么幸福与美好的事情呀!

3. 从11课起,因为学生字词问题太多,让学生(字词多时让三个学生,不多时一个或两个学生)上黑板写,其他同学在C本上写,既可以检查预习,检查拼音,又可以练练书法,加强字词。一般都是叫字词较差的同学,确实,拼音错很正常。最初时,有同学甚至四个词有两个错,真是太可怕了!昨天让峰上来写,发现他写拼音竟然是一个字母一个字母抄!不是直接写,比如踌躇的踌,四个字母(chóu)他每个都要看书才能写,真是太意外了!小学一二年级拼音太差了。

4.(2015.4.10,周五,多云)上课的时候,品读起课文感觉很兴奋,学生也一样。比如我说开头,能不能换开头?比如景物描写?一个细雨蒙蒙的早晨?一个阳光灿烂的日子?一个细雨蒙蒙的秋天?其实是可以写的,但作者可能不喜欢,或者觉得不必要。

还有结尾,是以贝多芬的话结尾的,可不可以换成别的?当然可以,以天气结束,以议论结束,以客人的反应结束,都是可以的。

中间,贝多芬的肩膀的描写,学生没有注意,我跟学生分析其写法:是虚写,是联想。并且跟学生一起仿写,比如写毛泽东,可以写他的肩膀仿佛可以挑得起整个中华,或者一头是泰山,一头是大漠。

第9段的外貌描写,是作者精心所为的,三处虚写与联想,而且都是与贝多芬的性格联系起来的,比如"凝重不可逼视","坚忍无比"等。

文章该简则简,只是有时过分简了,比如客人,几个人?男的女的?可不可以设计一个有个性的人物,作为对贝多芬的衬托?

还有,其实叙述海顿的时候,故事是长的,但是几笔带过。吃晚饭时话语也多,但只是以最后一次指挥音乐会作为结束,这些都是作者的选择。

总体上看,文章好像按照"命运交响曲"来设计的,一方面是悲剧,是挫折,痛苦,另一方面是抗争,是战斗,是不屈。只是作者的理解是否太简单了,太按照中国人的思维了? 丰富的贝多芬,是不是被人为简化了?

答第一题第2小题的时候,学生只能按照答案回答,什么"独立而骄傲……热爱自然,追求自由",其实这些本不是文中必然可以归纳的,实在有编者美化之嫌。

其实没必要这样明确而死板的答案,对学生也没有什么好处;我跟学生说,真正有用的是探究的过程,对不对不重要。

## 十四、第15课《孙权劝学》

过于简不好。

1.读《孙》,总有点感觉是文章过简,比如孙权劝吕读书,读什么书呀? 吕后来读了哪些书效果好? 虽然这有点离题了,但可以让文章多些味道。

昨晚看教参后面的资料,原来,《三国志·吕蒙传》里,孙权具体说了读什么书,这其实不减才比较好。

当然,文中一些词语用得确实好,比如"不可不学""大惊"等。

孙权的劝其实是三个层次,一是批驳吕蒙,明确让他读书的目的;二是以自己与吕蒙作比,让吕蒙无话可说;三是以自己读书的效果为例,用事实说话。从中可以看到文章的严谨。

其实劝已经完了,但结果呢? 用鲁肃的惊讶及与吕蒙的结友,来衬托,手法真是巧妙,却含而不露!

2.(2015.4.20,周一,补记)在第二节课时,我跟学生说本文给我们的启示,由于想给学生一些思维训练,于是按照几个角度来写启示——

从孙权的角度——劝说要看对象(反面的例子就是烂泥糊不上墙);要善劝,劝要有方法(孙权等于开了书单,现身说法)。

从吕蒙的角度——要善于听从他人的正确意见;他人正确的指导,对自己有至关重要的作用。

从书的角度——读书使人进步;书籍改变了人生。

从过程看——对人的进步,要给过程。

从结果看——人的潜力是很大的,要以发展的眼光看待人。

## 十五、第14课《福楼拜家的星期天》（2015.4.20，周一，补记）

概括与比拟。

1.这篇文章真是不简单。虽然书后面的练习就是列个表格，把几个人的语言、肖像、动作、性格等填上，其实答案并不重要，过程才重要，就是让学生去找他们的特征。

而且，该从谁说起呢？一定是屠格列夫、都德、左拉、福楼拜？还是比较中了解？我倾向于总体了解后，在比较中认识他们。比如他们几个胡子的比较，鼻子的特点，风格的不同。

在四个人中，都德与屠氏的反差是很大的。屠是很高雅的，而都则很俗气，但也同样有文学才华。

其中最可笑的是左拉，他说话总是被人打断，只能说"可是……可是"，还有他用手抓着自己的脚踝，都显得拘谨。

我注意到了概括，作者真是了不得。作者的语言描写，其实多不是具体的语句，而是高度概括，包括语调，音量，话题，谈话风格等，而不是简单的语言描写。

还有，作者用了许多比拟，比如福楼拜的嗓音，"仿佛在他那古高卢斗士式的大胡须下面吹响一把军号"，这话应该不是比喻，但应该是比拟。这在文中有三四处，比如说左拉的鼻子。有的是比喻，如第9段末说两块石头碰到一起……比拟有什么作用呢？就是把读者不熟悉的特征，用作者熟悉的事物去做媒介，这样读者就熟悉了，了解了。

这种比拟，同时也是虚写，想象，是很见文学才能的。

同样运用了细节或者说特写，比如对左拉的目光，尖锐，探求；他的笑容使人觉得嘲讽，这些写法都很细腻而形象。

2.课文的提示里，说到在记叙中插入议论、抒情。我在上课时没有注意到。我是按照高度提炼与概况来介绍的。事实也是如此。比如对于屠氏与福楼拜二人的关系，作者用了两个"相同"，两个"共同"，而后面有十个因素！真是太了不得了。

文章以福楼拜开始，也是以福楼拜结束，结构是很完整的。

从文中,不仅看到描写,也看到作者的感情。比如对于老师福楼拜,莫泊桑是很尊敬的,比如写他惊人的记忆力和超人的博学多识,"思想一下子飞跃过几个世纪……"

## 十六、第16课《社戏》(2015.4.20,周一)

散文的美。现场感!

1.今天上第一课时,学生分析第11段景物描写时,学生说画面感,我忽然觉得不只是画面感,更是现场感。为什么有现场感呢?就是作者运用了多觉,嗅觉,触觉,视觉,听觉,于是读者仿佛到了现场,调动了读者的更多的感官,于是似乎闻到了香味,触到了凉爽,身临其境。——大师真厉害呀。而画面感只是视觉,是不够的。

2.(2015.4.21,周二)今天有三节课,再者觉得课文确实要读呀,于是就安排轮读,时间大约二十分钟左右吧,一人一段,轮读了一圈还要多。感受深!

读完后,让学生说说感受。学生从表情上也知道我很不满意。40人次读书,一字不漏、流畅读书的不到五个人,多是添字、减字、打顿、读断,有几个人更差,比如茹断得太多,云一个字一个字读,峰错字太多。于是我说,都知道你们自己了吧,就像你们小时候光屁股的相片,露原形了吧!——以后每篇文章朗读三遍,不然不行。

——从此重视朗读,这也是这节课的收获。

听读跟默读确实不一样,比如我注意到了月亮底下像仙境一样,在14段就有,不止集中描写的那二处。

另外,细看教参,找到鲁迅小说中所写戏曲是绍剧《游园吊打》,让学生从网上搜视频,真搜到了,放了几个片段,学生从一开始的哄笑,到后来看懂了不愿意松开,真是艺术的魅力。

今天品了课题"社戏",问学生有没有感觉?学生没感觉,我启示岗集这边也有社戏,演庐剧,老奶奶们去看的风俗。

3.今天在订正三单元试卷时,品读课外阅读《等你回来》,重点品了最后一段的一句:"儿子,等你回来。"问换个位置,比如倒数第2段,先写这几个字,再写吸毒的儿子眼泪慢慢流下,可不可以?然后跟学生讲高潮应该在哪里,生日蛋糕应该在高潮时吃,年夜饭能不能二十九就吃,等等,试图让学生明白结构的重要性。

4.(2015.4.22,周三)今天是《社戏》的第三课时。先让同位同学交流品读,质疑。学生确实有疑问,比如20段"大家才又振作精神的笑着看",问不应该是"地"吗?我说明五四时代一些汉字还不规范,比如"她"还没造出,"那—哪",看来真看出问题。

有学生问,既然自己家镇上都有戏看,为什么还那么在乎平桥村的戏呢?

这个问题很好,在点子上。于是我问,社戏好在哪里?学生嘀咕,但不太拿得准。我说,平桥村是乐土,乐在哪里?"优待",和免念书。优待,包括什么?2段写大家把我当客人待,3段写钓虾,都给我吃;4段是放牛生活。这些为看戏做铺垫。想一下,如果就我一个人去看戏,或者是大人陪我去看戏,这样的经历有意思吗?没有。同样的看戏,看什么(戏确实好看,但没看到自己最喜欢的),跟谁一起看(这十多个聪明能干而友好的少年),什么情况下看(看戏前的波折,差一点没有看到,于是更觉得珍惜),有什么特殊的经历(月夜航船,这对于城镇少年是多么难得的经历。归航偷豆,是有点传奇性的趣事),都是难以忘怀的内容。

学生品读之后,我来串讲,学生品过的,就不再说了。

问学生,看戏前的波折可以略去吗?从写作技巧的角度看,二三句话就可以概括了,但没有之前的铺垫,看戏就意义不大了。

注意,5段到9段,是外祖母和母亲交替出现,这既表现她们对我的爱,又不会显得单调。

文有曲。我们看看,看戏前的波折,写得都有起伏,其中第6段是抑的底,"总之,是完了。"这样,一旦解决,"我"才开心,读者也一样开心。而这一段,虽然没有渲染,看写得多好呀!"到下午,我的朋友们都去了,戏已经开场了,我似乎听到锣鼓的声音,而且知道他们在戏台下买豆浆喝。"几句话,却有三层意思,朋友们都去了,那么这个下午就是我孤孤单单在家里了;似乎听到锣鼓的声音,是因为我真的特别爱看戏;买豆浆喝,这是孩子好吃的天性!大师的文章多么耐咀嚼呀!

第7段,外祖母说我应当不高兴,等等。其实,外祖母可能有多少种回答呀？学生杂答。是的，可能是安慰，说下次看吧；可能是冲人，小孩子，看戏有什么了不起，不要烦人。而外祖母如此重视，都是爱呀！

5.(2015.4.24，周五)看戏这种场面采用正面与侧面结合的方式。跟学生一起分析。写老旦的是转折，所以详写。分析起来更有意思。

老旦出台——大家扫兴。

老旦踱来踱去，坐下——我担心，双喜他们骂。

老旦手一抬，又慢慢坐下——全船人不住吁气，打起呵欠来。

——终于双喜发话，大家回去。

6.结尾很好。照应上文，缩结全文，强化情感。不然，只是到39段六一公公送豆结束，读者的情感就跟到这里了，而把社戏疏淡了。这样一勾连，全文的线索与主题就突出了。

## 十七、第17课《安塞腰鼓》

这是秦腔的另一种形式？

1.今天上这一课，先跟大家品题。"安塞腰鼓"，有感觉吗？学生没感觉。我说换一个吧，合肥腰鼓，如何？学生眼睛睁大了。于是说到陕西，说到秦腔，先打一个文化的基础。

然后看班班通里面的图片，是一个集体打安塞腰鼓的腾空而起的图片，确实很震撼，在服装上，色彩上，舞蹈动作上，都是很震撼，也是很夸张的。

让学生轮读，比上次好多了。问学生，说齐读了三遍。——看来，齐读是有效果的。

轮读一遍，还有十多个学生没有读到，于是让他们选自己喜欢的段落读，学生比较满意。

2.(2015.4.30，周四)由于隔了一个双休，加上周一复习，周二考试，周三上这课有点陌生感，就让学生自由品读，教师跟着深入品读，感觉效果不错。

有学生读"骤雨一样……"一段，然后从排比的角度分析。我紧接着追问：再加一句。师生加了：雄狮一样，是……。同时调整顺序。急促的鼓点，像骤雨一样，分析二者的效果差异。这样，喻体在前，首先呈现的是形象，先入。而直接出现本体，则形象在后。

对"百十个斜背响鼓的后生,如百十块被……石头"进行了品析,觉得他写的不美,比成石头,总是不雅的。那么比成什么呢?雄狮?是可以的。

学生又品析"使人想起:落日照大旗……"让学生加句子。顺便介绍本文的排比,句内排比,句子排比,段落排比。跟学生一起品析这段文字的写法,明确:从修辞角度是排比,反复,引用;从写法角度看,是联想,是虚写。

3.分析文章的结构。文章主体是写腰鼓表演,但写作是按照时间顺序,或者说表演前、表演时、表演后进行的。

注意开头,一句话开头,"一群毛腾腾的后生",没有多余的话。一群,百来个人嘛;毛腾腾,是当地方言,是精神很好的意思吧;后生,年轻人。

第2段写后面的高粱,既是环境描写,又是对人的映衬。高粱确实朴实而简单,而这群后生呢,也是如此。不要认为随手拈来,其实后面又有其他植物,比如酸枣刺,比如一些草类植物,这些为什么没有写?为什么没有写羊、鸟之类的动物?因为不合适。——由此知道,作者的每一句话,每一个景物描写,都是选择的结果,都是有用意的!

文章的倒数第4段是高潮,到这里,人与鼓,演员与环境与观众已经融为一体了,于是文章结束了。但是,余音绕梁呀?结束了之后,大家有什么感觉呀?

后面三段是高潮之后的余音,只觉得一切都是那么安静,鸡的啼叫,正是衬托安静;同时,也是双关:经过这样的表演的巨大冲击,对人的精神层面是否产生较大的影响?

中间的层次呢?第一层是正面写腰鼓表演,写观众感觉;第二层,是写腰鼓在观众心中的影响;第三层是分析这种腰鼓背后的文化缘由;第四层是回到表演本身,概括写给人的震撼力,直到高潮。

4.再次用了一个课时,总感觉还没有分析够。

在分析的时候,引入了中华民族摇篮的内容。中华民族发源于黄河流域,包括安塞这边吧。中华民族的发展史,就是开拓史,这从安塞人的腰鼓中不是也能感受到强烈的力量吗?当年,秦国占领他国的土地,赶走当地人,认为他们民风不好。秦国的勇于公斗、怯于私斗,是在商鞅改革后出现的。——如此看,安塞腰鼓的精神力量,不仅是地域的原因,也是文化,包括政治的原因呀,是好的文化传统赋予安塞腰鼓特殊的内涵。对此,文章没有触及,可以说是个欠缺。

当然,文章很不简单,美点甚多。下课了,上完了,觉得仍然意犹未尽,有些地方,自己也还没有读透。

因为深入分析了,对于教参上关于课后练习的回答,感觉不够满意。如第二题的第2题,对于一个农民哪里来的那么强大的力量,回答是:他们有着自然的、健康的生命,是原始的、未经雕饰的……生命。这是他们力量的源泉。

这肯定是一方面。另一方面呢?难道不是文化的力量吗?他们怎么学会打鼓的?应该是代代传承下来的。他们的身上,是否可以看出秦朝战士的影子?看出长平之战战士的力量?当然,也应该有对现实的一种强烈的不满,是要改变现实的强烈愿望在激励着他们。想一想,改革开放的前沿,有没有这些充满战斗精神的后生们的力量呢?

第3题,多水的江南打不得这样的鼓。我对此有些看法,不要忘了,推翻秦朝统治的,主要是楚国人领导的力量吧?

第4题,从实写角度看,是以动写静,以声音写静。从双关的角度,不是说一个新的黎明的到来吗?从文章写作背景看,1986年,改革开放已经开始,这不是亿万人民对新生活充满渴望的时期吗?事实也是这样。经过三十多年的改革,中国是不是迎来了新的黎明?于是,我引用了中国近些年国民生产总值不断超越的事实,从第七,到第六、第五,一个个超,到第三,前面只有日本、美国了。现在是世界第二,就差一个美国了。这一天,要多长时间?也许二十年,也许十年,这不是伟大的黎明吗?这不是中国人梦寐以求、但也是自身奋斗迎来的伟大明天吗?

越上越带劲!此文真美妙。

## 十八、《竹影》(2015.5.4,周一)

这是一篇有情趣的文章。

1.之前,许老师在本班上过这一课,也比较出彩;于是就觉得这一课有点难以下手。但这一课其实可讲的东西不少,因为此文是很另类的文章,如果朱自清写此文,鲁迅写此文,这样一问,就有问题了。

之前让学生预习了。于是先让学生读字词，比较好。然后让学生说如果文章不用"竹影"，用别的题目，该叫什么？萍说：月下画竹。茹说，议竹。其实应该是议论画竹。茹的回答是很好的。

那么，为什么作者用"竹影"为题呢？可能是为了自然而然，为了情趣，这与作者的写作风格有关系。

跟学生介绍了丰子恺的"恺"之意，是快乐、和乐之意。提示大家，父母起名字，都代表了父母的期待，所以不要以为无所谓。又拿萍、慧的名字，开开玩笑。

随后让学生先读课后练习，再带着问题读课文。读过以后，先让学生同位之间讨论，然后在班里交流。

也许与许老师上过一节课有关，也许现在学生的品读能力提高了，品读得还真不错。学生从修辞角度品析比较熟练。

2.我着重讲解了一些疑点，穿插在学生品读之中。

选材与取舍。其实这篇文章重点是说什么？是关于艺术的话题，是画竹要注意什么。但是，如果单单讨论画竹，可能显得过于严肃，不够自然，于是作者从晚上乘凉、赏月写起，自然而然。其实前面的一半文字，要是朱自清写，可能许多都可以删去，因为不够简洁，不够雅致。像门口出现的黑影，好像大青蛙，这就没有美感，也没有多少必要吧。还有我跟弟弟说的"对起，对起"，其实也没有什么必要。

作者不是从赏月写起，而是从傍晚乘凉写起，像第2段，"天空好像一盏乏了油的灯"，比喻很妙，而且接下来对光与影的感觉与摹写，是很见功夫的。但是要是鲁迅写来，大概都觉得这些很啰唆，删去了。

文中对于父亲的话，"这是管夫人的"这句话的位置的安排，也是有点疑问的。按说，应该首先出现这句话，然后再介绍"忽然一个大人的声音在我们头上慢慢响出来"。而且，第3段过长，读来有些压抑感。

3.看了班班通里面的资料，对丰子恺画的介绍，觉得他的画都是很可爱的样子，很注意趣味，注意童趣。

虽然文章注意自然，开头部分都是如此，但文章的结尾还是用心的，是有意识这样做的。否则，如果一切自然而然，就以第7段的"我们送他出门"结束文章，也不是不可以。但是现在，又故意说回望吴昌硕的墨竹，是照应前文,结束全文的,很明显有强化主题的意思。

## 十九、《观舞记》(2015.5.5,周二,晴)

今天用连二节课上完本课。连二节匆忙了点。

首先让学生读字词,虽然预习了,还是有一些生字词。引入了班班通中的内容,比如四幅印度舞女的图像,跟学生介绍其美在哪里:五官,服饰,背景,眼神,文化。

1.在整体感知阶段,学生还是一句话概括,其实应该了解的是结构。于是跟学生讨论,从哪里开始写舞蹈表演的?学生说从11段到20段。那么,之前的10段呢?是写之前的心理状况吧,就是想写而又觉得不知道如何写,但是用艺术的手法写出这种感受。写了四个假如,让学生添加一个:假如我是一个摄影家,我要摄下全部的演出场面……。

前十段包含哪些写法?铺垫(结构),渲染(写法),虚写(写法),排比(修辞)。

2.表演部分的写法赏析。开头的环境描写(12段),虽然短,但是很必要,是人物出场前的铺垫,包含了神像,铜灯,舞台气氛,比较简略而必要。然后是卡拉玛出场了,先用一句议论,"真是光艳的一闪",是总写。我问学生,还可以用什么词语来概括?惊艳,惊人,也是可以的。接着是写演出前的动作与仪态,低头合掌,面庞,长眉,眼睛。

16段是概括地写,总写加上特写("轻云般""旋风般")。

17段是详写,有六个"忽而"。六个忽而,分两个部分,前面是写神情、动作,后面是表演的内容,也有虚写("使人几乎听得见铮铮的弦响")。细品文章,问学生"表现出低回婉转的娇羞",给"娇羞"换一个修饰语如何?学生说不出,教师说:风情万种如何?

19、20段,是写卡拉玛姐妹如此美妙的演出,其背后的原因是印度文化。

3.文章最后一段表达出感谢之意。这是值得注意的,说明文章是要感情的,作者对卡拉玛姐妹表演艺术的赞美,不是应付,而是发自内心的感受。

## 二十、第20课《口技》（2015.5.5，周二，晴）

口技，同学们也会呢。

上课之前，忽然想到，在题目上做点文章：口技，就是口的艺术，本身并不神秘呀。于是问学生，你们会口技吗？学生摇头。我问哪些人会吹口哨，结果三个男生、二个女生都举手。潘声音很大，史吹得很有旋律，燕吹得也较好听，——看来，学生中有能人呢。

1.口技人年龄多大？书中对口技人没有一句描写，年龄，服装，个头，气质，都没着一笔，其实是个遗憾。书中的插图，是个老头，好像六七十了，其实口技人未必这么大吧。

2.（2015.5.6，周三，雨）在无疑处要注意。本文文字比较平易，但虽然如此，有些词句还是要注意的，比如"侧目"的"目"，是看的意思，不能一滑而过。

对于"凡所应有，无所不有"，书上注释是"应有尽有"，但这个翻译句式与原文不合，是不好的。

3.文章在表达方式上，议论是起到作用的。"虽人有百手……"整个句子都是议论，这样就足够渲染了口技人表演的高超。没有这一句，可能要差多了。这一句，同时也是夸张，作者的倾向性是很明显的。

4.（2015.5.7，周四，晴）今天检查学生注释背诵情况，是抽查；明天听写。还没有明确布置背诵，但依据惯例是背诵的，于是慧、丽、兰都提前背掉了。故意让她们背，展示，确实背掉了，还不算熟，有一两个地方添字漏字或者打顿。其他一些优生，如萍等，头低下。这种效果很好。

在指导学生背诵时，跟学生说，路要一步一步走，而更准确的是路是一截一截走，一段一段走。文章是一段一段背，一层一层背。比如第4段，是两大层，正面与侧面描写。而第一层呢，先是火起后这个家庭的情况；火爆声和风声；救火的声音，是四个声音。这样一分析，就要容易些了。

问丽，说文言文比现代文好背。这可能与文言文短有关，还有本文句式比较整齐，文气顺畅，读、背起来，比较畅达。

接着检查学生注释背诵情况，让学生举手；后来是学生主动站起，于是一个词语出来,引来好几名同学站起的局面,很有意思。

5.课后练习二,第1题,提到写观众的反应,答案给出了三处,分别是2、3、4段的末尾。其实三处不止,还有第1段的末尾,"满座寂然,无敢哗者",这时虽然演员还没有表演,但是演员醒木一拍,已经可以看出演员的气场与舞台震慑力,这是名演员与普通演员的区别。醒木拍的力度、脆度、持续时间、时机,应该都是有讲究的。而一个表演缺乏威慑力的演员,其拍醒木的功夫与力道,是肯定不一样的。

## 二十一、《伟大的悲剧》(2015.5.11,周一)

1.上周五开始上《伟大的悲剧》,课文中的生字太多,要花时间。自己课文读了几遍,多读一遍,就多解决一些问题。比如之前有疑问,为什么斯科特一行五人,茨威格写了四个人:埃文斯,奥茨,威尔逊,斯科特,却没有写另外一个人?这不公平呀。再读一遍后,看到前面写了鲍尔斯,在选文的第1段中,是鲍尔斯先发现阿蒙森等人的痕迹。这可能是作者的匠心。其实完全可以写成是别人,比如埃文斯,威尔逊。但这样的话,有的人重复了,而鲍尔斯却没有出现,这自然不好。——从中可见作者的用心。

2.今天再让几个学生读课后"读一读"中的字词,六个人,一人一行,结果还是出现了五六处的错音,而C本都抄过字词了,学生基础真是差!字词要持续加强。

然后让学生轮读课文。课文长,但是又不能不读,何况他们读得很差。先让学生看课后练习一和二,然后轮读。轮读,以前是纵排从右前或左前开始,这次灵机一动,从后排右方开始。由于有的段落过长,允许学生中途停下,让下一位同学读。结果,总共16段,却让全班二十七位同学都读了一遍。

学生读书似有进步,打顿、错字、漏字、颠倒诸现象少了。但有几处读错字现象,于是写在黑板上,有近二十个字词,或者是读错音的,或者是虽然读对但容易错的,还有音对但字形可能有错,便写在黑板上,让四个学生上去注音、填字。这次有三处错误。

品读才开始,下节课继续进行。

3.(2015.5.12,周二)今天进行课文的品读。一品读,发现果然外国作品

67

不好品读,因为按照国内的模式不太合适,比如修辞呀,句式呀,景物描写呀,这在外国作品里,是不同的套路。后来,时间不早了,着重由教师带着大家梳理与品读,同时展示班班通里的课件。

主要按照时间顺序梳理与品读文章:1月16日,发现阿蒙森一行足迹,1月18日,到达南极点。2月17日,埃文斯死去。3月2日,恐慌、绝望;之后的某天,奥茨主动到帐篷外,走向死亡。3月21日—3月29日,被困在暴风雪中,八天没有行动。3月29日,他们决定等待死神来临。

其中值得品析的地方是较多的。

文章是如何写发现阿蒙森一行足迹的?见第1段后半段。按照正常的叙述,就是斯科特一行发现了阿蒙森一行的足迹,他们很沮丧。但是,如果这些写,过于简单,没有感染力。文中呢?先写鲍尔斯的神态,"不安""紧紧盯着",接着写他的心理活动。然后是写大家的心理,感受,而且用了一个比方——鲁滨孙发现陌生人的脚印却安慰自己。最后,才有作者揭示出来,挪威人先到了。这就是描写的感染力呀!

第5段,是不是他们走向死亡的因素之一呢?如果他们是第一个到达南极点,其巨大的成就与精神力量,也许会激励他们,给他们增添百分之三十、四十的力量。而现在,巨大的挫败感,使他们面对的困难,增加了百分之三十、四十,使他们难以承受。作者在第5段就有这样的叙述:"而现在,他们仅仅是为了使自己皮肤不受损伤、为了自己终将死去的肉体的生存、为了没有任何光彩的回家而斗争。在他们的内心深处,与其说盼望着回家,毋宁说更害怕回家。"是不是在他们的潜意识中,为了无颜见江东父老,是否更愿意死在这块大陆呢?死亡,不与同胞见面,也许比活着更好受一些?更是一种解脱?埃文斯的精神失常,是不是与巨大的挫败感、羞于见同胞有一定的关联呢?

"他们鞋底下的白雪由软变硬,结成厚厚的冰凌,踩上去就像踩在三角钉一样",后者用了比拟,用我们熟悉的体验来体会我们不熟悉的事物,让我们容易感受到。否则,你说冰凌如何难走,大家就觉得隔膜。

奥茨的死。敢于面对死亡、迎接死亡,奥茨无疑是勇敢的。奥茨与大家诀别的时候,实际的场面是什么?奥茨要出去送死,大家不说话,没有说拜拜,奥茨于是出门了。而文中是怎么说的?"谁都知道……意味着什么","谁也不敢"，"没有一个人敢"，这样写，就比较委婉些，也就淡化了大家的责任。那么，当时有没有可能去挽留他？或者斯科特站出来，威尔逊、鲍尔斯站出来，语气坚定地说：兄弟，要死一块死，要活一起活？如何？但毕竟结果不是这样。

奥茨最终走了多久才死亡？他的尸体在哪？都没有再交代。

但结果是很正面、很有力量的，斯科特他们"怀着敬畏的心情"，这样写，可以减少一些残酷性，同时，也没有显示斯科特他们的残酷。而对奥茨的称呼是很庄严的："这个英国皇家禁卫军的骑兵上尉正像一个英雄似的向死神走去。"称呼是全称，表达了对他的肯定与崇敬。如果按照口语叙述，就是奥茨出去了，等待死亡。但这没有力量，而"像一个英雄似的向死神走去"，就充分肯定了死亡的意义，充分表达了敬意。

斯科特是否一定要为阿蒙森作证？作证可能是一种职业习惯，作证自然也反映了多个意思：承认自己输给了对方，自己是个失败者；虽然输了，但我敢于承受这种结果，这说明我还是一个强者，而不因为暂时输了，就一蹶不振。所以，作证，其实是勇敢者的行为；当然，也足以说明斯科特的诚实。

作者如何叙述斯科特一行在等死？按照事实，大概就是，他们不再努力了，他们就在帐篷里，等待死亡。但是这样写，是没有写出价值的。看作者这样措辞："他们决定不再迈步向厄运走去，而是骄傲地在帐篷里等待死神的来临，……没有向世界哀叹过一声……""骄傲""没有哀叹"，表现出他们死得宁静而坦然。其实也许应该是，他们有许多矛盾的心情，比如他们有没有抱怨、遗憾、后悔等，但这些都不是文章的主题，不宜写入本文中。

文章中细节描写的力量。在斯科特他们最后的日子，可写的很多，比如书信、回忆等。但这些也许不是最具有悲剧力量的。于是，作者在"我的妻子"几个字画去，补写上"我的遗孀"这个细节，且以这个细节作为叙事的结束。可以想见，作者是如何看重其文学价值。

第15段分析。15段很简洁，就是国王跪下，悼念几位英雄。其实，事件是很有轰动性的，应该是有很大场面的，比如英国社会的悼念活动，斯科特亲人的悼念活动，英国媒体的报道，等等。但这里，用国王的跪下悼念，就足够了，充分说明斯科特一行的行为受到举国的高度评价。需要注意的是，在基督社会里，下跪是很严重的行为，一般认为只对耶稣基督跪下，对父母一般都是不下跪的。所以国王的下跪,可以说是怎样的级别,怎样的肯定。

文末的用语。文末的议论非常有力量,一般叙述大概是:斯科特一行为了崇高的理想而献身,他们的死是光荣的,等等。但作者的话语,表现出的意义更有力量。死亡,是与"厄运"的搏斗,而这个厄运是"不可战胜的"。不是在厄运中死亡,而是"毁灭了自己",后者更显示了主动性,显示了跟厄运的搏斗精神。"他的心灵却因此变得无比高尚",为什么这么说?要知道,本来大家是可以在家里过小日子的,追求一般的名利、财富,为什么非要冒着生命的危险呢?做出这种选择的人,都是有很高精神追求的人,都是置生死于人生意义之下的人,所以,他们自然是高尚的。"所有这些在一切时代都是最伟大的悲剧。""一切"时代,也就是说不仅在当时,不仅在未来,在中世纪,在古代,都是如此!"都是",没有例外;"最伟大",说得多么肯定、多么坚决。

是的,今天,已经一百年过去了,我们不是还在学习他们的精神吗?而他们的同时代人,就算当时安享天年,今天不是都在天国了吗?但他们中绝大多数人都已经名随身体腐烂了,而死于科学探索、死于探险事业的斯科特一行,不是依然闪着熠熠的光辉吗?

在前文的生动的叙述的基础上,再加上这个揭示意义的结尾,扣着题目,收束全文,升华文章,显示出很强的力量!

## 二十二、第22课《在沙漠中心》(2015.5.14,周四)

1.备课阶段,感觉本文的线索比较难抓,分段也难。教参及优秀教案的文章结构的梳理,好像也不是太准确。大致说来,就是首先面对冷与渴,然后埋进沙以后,是对行为与人生的思考,文章的最后是再寻找出路。

其结构不像中国人的文章,线索鲜明,结构比较单一,主题很突出。

文章的一些表述也是,比如说冷、渴这些困难,不是很庄重、严肃在说,而是用调侃的语气,这可能是西方的风格,也是作者的风格吧。

文章中用了许多比拟,这一点中外都是一样的,比如把自己的期待黎明比成农人在期待春天,这种比拟,确实更容易让人了解。

对于这篇课文,也许重点就是对一些语言的品析吧,如同练习二给的四个句子一样。其他的,比较难,一是他的飞行生活,学生很陌生,二是文风大家不适应,三是对作者本人很陌生。以上三点,教师也是一样。如果读了作者的一些作品后再教这一课,就要得心应手得多。

在上课的时候,我设计了品读题目"在沙漠中心"的环节,提出几个问题:为什么在这里,在这里会遇到什么困难,会有什么故事与感受?但由于学生对沙漠本身也很陌生,于是好像感触不是很大。

2.上课时,让学生做练习一,找表示作者情感的句子,果然不好找。因为在前面一些段落,情感是藏在动作描写和感受中的,后半部分比较明显,比如"我不抱怨","我在工作中是幸福的"等,很明显。

在品读时,多数同学喜欢品读第2段。有同学品读"没有一棵树、一道篱笆、一块石头可以容我藏身",我问这是什么写法?学生不知道。我说这是无中生有,也是虚写。然后让学生仿写,就以班级为话题,班级没有什么?学生说没有冰箱,我追问,你的目的是什么?是热,那么如何仿写?学生说,没有空调,没有冰箱里的冷饮,没有冰激凌……

后来又想到,无中生有、虚写的写法很多,比如《小草》中的,"没有花香,没有树高,我是无人知道的小草……",就是从虚写开始,这里还包含了对比。

3.(2015.5.15,周五,雨)本来今天把课后练习再捋一下就行了。但讲的兴起,又讲了不少,当然学生听了也很带劲。

上课时想到21课基训中关于成功与失败的议论,学生得A的七八人,但没有得A+的,于是跟学生好好介绍一下,并板书。

成功与失败的看法

一、换个角度看,可能不一样。比如斯科特的失败,精神上却是成功。曹植在过城门这件事情上孤立看是成功了,却为他的失败埋下了伏笔!

二、成功失败都是有原因的。其原因可能是:主观+客观;努力+运气。没有随随便便的成功,也没有无缘故的失败。不要为失败找借口。

三、成功失败都是收获。成功收获结果,失败收获经验,于是争取下一次的成功。刘邦不是一次就成功的,而是失败了多次。苏联打败德国,是在受到极大挫折之后。

四、成功失败都是阶段性结果。红军曾经失败很惨,被迫长征。国民党曾经辉煌无比，最终被赶到台湾。

五、失败与成功是会转化的。失败是成功之母。成功如果骄傲了，停滞了，就埋下了失败的伏笔。

这样讲，自己也比较满意，也是对学生思维的培训吧。

接下来，又讲到学生的批注，问他们批注的时候看不看课后练习？学生说不看。我说批注时不要看，就是自己去读文本，发现问题。但批注之后，再看课后练习，去思考，因为课后练习都是精华，是对文本的提示。

接着我问学生批注什么，他们说写法、修辞等。我于是说了批注的内容——

我的批注总体是两个方面：章法，语言。

章法——结构，写法。

语言——修辞，句式，用词。

接着介绍了我的品读主张：还原现场，适度介入。适度介入，经常用增加、减少、更换的方式，来与文本比较，从而深入认识文本。

还原现场：比如《伟大的悲剧》倒数第2段写国王下跪悼念斯科特一行。联系现场会知道，当时的悼念规模应该是很大的，英国各社会阶层，斯科特的好友、亲人，英国媒体。但是，没有必要都写，因为文章的主题不需要写他们。即使是国王，也是一句话带过。这样一还原，我们就知道作者的剪裁功夫，从而认识到文本的艺术性。

增、减、换，是我课堂里经常用的。在这节课的后面，我也用到了。

4.接下来，对课文的一些地方进行了品读。

第14段的结尾："我们期待黎明就像农人期待春天……我们在群星中寻找自己的真理。"前者通过类比，以此让我们了解飞行员们的生活，让读者了解他们也是跟大家一样平凡的，有同样的追求。后一句话，是说作为飞行员，是在天空追求自己的事业，但作者却用文学的笔墨去写，说在群星中寻找。

16段。同学们有没有感到他在嘲笑我们的父母，包括老师？把我们带入，你就理解了。同学们的父母每天坐着143车子，去打工，挣钱养家糊口，这种生活，在作者看来是什么生活？像蚂蚁一样，像虫豸一样。最后一句，

"当空闲的时候,他们用什么来填满他们那些荒唐而短促的礼拜日呢?"我们换一个词语,不用"荒唐""短促",用正面的词语,于是学生找了:丰富,宝贵,多彩,有趣等。于是这一句可以改为:来享受我们宝贵而多彩的礼拜日! 老师也如此,双休在家里,读自己的书,过自己的小日子。这样很好呀! 而且,也符合国家的需求。——我们不要受作者忽悠,作者要上天就上天,要一头扎入大海,那是他的事情,我们就过自己的小日子就很好了!

19段最后一句"我知道自己喜欢什么,那就是生命",什么意思? 其实是生命的意义。在作者看来,飞行,到天空去,这就是他人生的意义。

20段"这里有一颗干枯的心……一颗干枯得挤不出一滴眼泪的心……",这是什么意思呀? 本来是干渴的胃,可是现在不只是胃啦,干渴已经变成全身心的痛了,心里,脑中里都是啦。而且这个时候想哭,都没有眼泪了! 整个意思就是渴死了,渴得要死了,但作者用文学的笔调来写干渴。

5.冒险的意义。

课后练习三有冒险的意义的问题,我有意识让学生讨论一下,尤其是男生。果然,讨论是有意义的。我注意提醒同学们,冒险不仅是生命的冒险,也有经济上的冒险,比如投入了一笔巨大的资金,赚钱了,就发了;亏损了,全家就破产了。

归纳起来有这些:

冒险有时候是一种责任,一种荣誉,一种必然的选择。

冒险的过程是有意义的。

冒险会有收获。

冒险要讲究方法。

要理智。

冒险是成年人的事情。

过小日子也挺好。

## 二十三、第23课《登上地球之巅》(2015.5.19,周二,晴)

文章有许多精彩处。

课前,对此文有点小看,觉得有点政治化、功利性。但跟学生互动之后,发现此文还是有不少精彩处。

1.品题。这是我的教学习惯了。问学生,题目这样写有什么含义?读了有什么感觉?学生强说很霸气。是的,登上地球之巅,这是多么了不起的成就呀?如果全称呢,是什么?中国人登上地球之巅,中国人从北坡首次登上地球之巅。能不能写宇宙之巅?这虽然霸气,但不合乎事实。

2.分层次。虽然要学生用一句话概括全文,但是对于文章的层次,学生还是没去划分,好像也不宜在课后划,怕学生从全解抄。但这种概括不用说是必要的,涉及对文章结构与主要内容的感知,也训练学生的概括能力。

于是让学生速读课文,捋出层次。学生感到不容易。于是跟学生一起去找,去概括。冲击顶峰—翻越第二台阶—继续攀登,刘连满留下—成功登顶。

3.轮读课文后,让学生自由品读。这一课,由于是新闻体裁,跟平常的散文不同,比喻、拟人之类不多,于是学生不太好下手。通过互动,发现此文有明显特点:

详略。如13到15段。13段只是一句话,14段、15段却写得很详细。让学生概括14段、15段,发现学生概括不好,可能是这方面训练少了。其实就是人与事。14段概括为:刘连满冒着死亡危险,把氧气筒留给战友。反过来,这一句话就可以说清的话,如何做到这么详写呢?跟学生一起分析。先介绍他在休息,接着介绍其感受,然后写其心理活动,这个是详写。在一番矛盾之后,做出了决定。最后是行动描写。

15段呢?不仅有行动与心理描写,还有什么写法?抒情和议论。"刘连满多么想活下去啊",这是抒情,写出了刘连满对生命的无限留恋。"活着就是幸福,就是胜利,就是一切",这是议论,也是刘连满的心理活动。是的,活着就是一切,死了就是一切都没了。这样的抒情与议论,充分写了生命对于刘连满的重要性啊!然而,这些,是为下面刘连满给战友留氧气筒、写便条做出了强烈的对比,更能说明刘连满的高尚啊!

在分析时,为了让学生理解句式,让学生仿造句子:活着就是——,学生造了活着就是享受,就是荣誉,就是事业与爱。这样,就加深对文章的理解。

修饰语多。如,15段中"然而他更加深刻地感到,三位正在同顶峰搏斗的战友比起他来更应当活下去,因为他们正肩负着一项多么光荣而又艰巨的使命啊!"句中,"战友"前加"同珠峰搏斗","使命"前加"光荣而又艰巨",都增加了文章的表现力。

又如16段首句,王富洲等三人"正在苍茫的夜色中步履艰难地向前移动着","苍茫的夜色","步履艰难",都增加了表现力和感染力。

21段中"大胆而果断的开始了人类历史上从未有过的艰难而危险的攀登","大胆而果断","人类历史上从未有过","艰难而危险",这些修饰语,充分表达了中国登山运动员的精神,和他们登山的困难和意义。

写景多。练习二写了四处,教参认为这些景物描写,使读者有身临其境的感觉,在阅读的紧张之余还可以求得放松,来欣赏一下美丽的珠峰景色。其实不仅如此。比如17段"夜色浓重……",这样的描写,具有现场感,形象感,写出了登山的困难:现在不是白天,也不是刚刚天黑,而是夜色很深了。同时,这个景色是借助谁的目光看的?是登山队员。他们为什么往上看?反映了他们期盼之情。

至于18段的"夜更深沉……",还表示时间的消逝。因为当时没有精确的时间记录,又不好写路线特征,如何写进展呢?写夜色是一个方式。

至于最后一段的景色描写,"举目四望,朦胧的夜色中,珠穆朗玛山区群峰的座座黑影,都匍匐在他们的脚下……",这里写的是登顶成功那种踌躇满志、心情激昂的情绪。

——总结起来,写景可以具有几个作用:表现环境变化,舒缓情绪,表达情感,给读者带来画面感和情感。

4.(2015.5.20,周三,晴)让学生总结这篇文章写了什么,结果半天说不好。于是跟大家一道概括:写中国登山队员第一次从北坡登山珠穆朗玛峰,表现了中国登山队员的牺牲奉献、不畏艰险与拼搏奋进的精神。

与学生讨论练习三,集体事业与个人牺牲。学生不太说好。我说,从刘连满身上看出,为了集体事业,个人有时候就要做出牺牲。这很不简单,但很伟大、高尚。如果刘连满不做人梯的底座,刘连满能不能登上珠峰?可能。但更有可能,谁都上不去,整个事业这次就完了。刘连满做了底座,队友上去了,自己上不去了。队友后来都做了高官,他就是一个工人。后来采访他时,问他是否心不平衡,他说自己很满足。是的,在荣誉上,他确实少了一个荣誉;但是,在道德的天平上,在精神的高度上,他是极重极高的。这难道不是一种得到吗？

再如，董存瑞、黄继光都是这样啊。董存瑞炸碉堡，冲到碉堡下面，可是没有支架了，怎么办？这时，冲锋号响起了，战友们一批批倒下。如果不炸掉碉堡，战友就要牺牲更多。为了战友，为了胜利，毅然做出了牺牲自我的行动！他选择了死，也得到了极高的荣誉！

要学生给本文加一个议论性结尾。如《伟大的悲剧》那样，学生加不好。于是我说：从北坡登上世界之巅，英国人做不了，美国人做不了，日本人做不了，中国人可以做到。

或者：再大的困难，也吓不倒不怕牺牲、敢于拼搏的中国人民！今天登上了世界地理之巅，明天呢，世界经济之巅，科技之巅，文化之巅，都等待中国人去攀登！

5.总结本文美点：

详略。最详的是刘连满，写其二件事，占的篇幅很多。最略的可能只有一句话，甚至没写。为什么详与略？是为了主题的需要。这是写文章最要注意的地方。比如同学们的第四篇作文，写风波，写父母争吵，你简单叙述完了，怎么行呢？要写父母争吵时的语言、表情、心理啊，不然，如何突出主题呢？

写景。比如《社戏》中月夜行船，如果不写景，读者如何能体会那种画面感？"我"的心情如何表达？

修饰语。本文修饰语很突出，修饰语多，文章表达更严密，表达的信息更多。

抒情、议论句。比如15段的"刘连满多么想活下去啊"，"因为他们正肩负着……的使命啊"，是抒情句。"活着就是幸福……就是一切"，是用刘连满的心理活动的方式，写的议论句。

课上完了，觉得意犹未尽。此文很豪迈，很阳刚，美点不少，是值得好好品的。

## 二十四、第24课《真正的英雄》（2015.5.22，周五，多云）

用了二节课多时间，上完该课，觉得快下课的时候，自己在与学生的互动中,又有心得。如果再重新上,会有新的内容,会上得更好一些。比如在教师主导的研习品读环节,可以采用练习一作为主问题:文章动人的地方。然后师生一起去找,这是文章的重点与难点。

1.练习一问,这篇文章动人心魄的力量来自哪里?

后面的答案是演讲者以情动人,以情感人。这样说当然没错,但情表现在哪里?这不是一个容易做到的事情。综合全文看,应该包括:深切哀悼,高度评价,表明决心,细节,美语。

细节是很感人的,比如第8段朱蒂丝喜欢弹钢琴,第9段埃里森喜欢赤脚在墓地里跑来跑去,第10段罗纳德喜欢吹萨克管等。作为总统,知道这些普通人的细节,这多让人感到温暖,也让人民感到亲切。

美语呢,就不一般了,练习二的1、3都是。

英雄称为英雄,靠什么?联系现实,黄继光、董存瑞,以及美国的英雄,一般都是因为其业绩,其成就非凡。但是,这七位成员,并没有取得成就呀?如果他们这次飞行归来,取得了成就,是有贡献的。但是,他们是在出征的路上呀,刚刚升天时间才几十秒,就因爆炸而死亡了,贡献、成就在哪里呢?

可是,他们没有成绩吗?至少他们为成绩做出了准备,精神上的、心理上的,而事实上他们为这个伟大而充满艰辛的事业,做出了巨大的牺牲,不能不说有贡献呀?于是里根避实击虚,不说他们取得的成绩,而说他们为了航天事业的精神,于是说他们的事业心、自尊心、责任感,以及献出生命。这样说,他们不也是英雄吗?所以作者称之为"真正的英雄",其实是另一种形式的英雄,另一种定义的英雄。

第3题呢,说"我们……唯一安慰是,……飞得那样高的那样自豪的你们……找到了上帝许诺的……归宿"。还原现场是什么?是这七个航天员,因为航天飞机在高空爆炸,连尸骨、骨灰都没有留下,这是多么令人伤心的事情呀?可是这不便提及呀。作为安慰,只好说你们虽然死了,可是是在一般人不可能达到的高度牺牲的,这里离天堂不是更近吗,离上帝不是更近吗?所以,作者用这样的措辞、语句来表达,这种美语的功夫,大概是汉语所不熟悉的。

2.文章的层次。教参认为是三层,当然也可以。其实,分成四层可能更

77

七年级语文下册

合适。1—4是哀悼与高度颂赞。5—13是追忆七位英雄。14—19是阐述这次事件的意义和表明继续空间探索的决心。20—21,哀悼英雄,结束全文。

文章的16段是很好的思路,将这次的航天失事与开拓历史联系在一起,把这次的悲剧放在国家历史的坐标上,赋予了价值与意义。同时也自然过渡到后面的内容:继续航天探索,这同时也是纪念英雄的最好方式。这不只是美语,也是态度,决心。

文中第二人称与第三人称多次交织使用,是抒情与表达的需要。

## 二十五、第25课《短文两篇》(《夸父逐日》《共工怒触不周山》)
(2015.5.25,周一)

这一课,上有二节课,似乎不太带上劲,好像没有多少可讲的东西。内容短,背景知识掌握不多,所以难以发挥。加上里面的一些认识很幼稚,似乎不值得说。

词语上,不是很多;但是活用的词语有好几个。

背景知识方面,教师自身对《山海经》《淮南子》比较生疏。以后要多准备这方面的知识才行。

当然,里面的错误是明显的。比如"入日",在什么地方?古人认为太阳落下,而真实情况是太阳基本不动,是地球围着太阳转。"地不满东南,故水潦尘埃归焉",这在中国多数是这样,在世界范围内,比如欧洲,应该就不是这样。——反映先人对世界认识的狭窄。

有些地方过简,容易忽视。比如"河、渭不足,北饮大泽",这在文中就一句话。其实,夸父喝水不是弯腰就喝,是要跨步跑去的。"入日"以后,实在太渴,要大步跨向黄河与渭河,才能喝到水;喝完了,还是渴得受不了,于是巨人又迈开步子,往北方的大泽跑去。在半道上,口渴倒下。倒下也不是那么简单吧,按说他的身体可能会砸坏什么,比如倒下化成山,或者砸成了湖。但文中没写,却写了一个木杖化为桃林。不过这个结尾也是很有意思的,更有真实感,让人产生丰富的联想。

## 二十六、第26课《猫》（2015.5.27，周三，雨）

感觉《猫》可以品的地方很多，学生自由品读的发言好像也是如此。我的书里铅笔批注了许多。

1.觉得文章中有几处小毛病。

一、文章第一句话应该单独成段。第一句是总领全文。第二句明显是转入叙事了，是另外一个内容了。

二、第9段开头"大家都不高兴，好像亡失了一个亲爱的同伴……"既然是亡失了，大家应该是什么心情？应该是难过吧，而不是不高兴。"不高兴"，可能给人的感觉是对着人的，是因为人主观上的失误而让自己不满意。而现在，猫死了，完全是客观的原因，不是谁主观原因造成的，所以用"难过"可能比"不高兴"要准确。

三、第27段"一时怒气冲天，拿起楼门旁倚着的一根木棒，追过去打了一下"。"打了一下"，感觉是比较轻松的，而从上下文看，不是仅仅的一下，而是"一棒"，这样既能突出暴怒时的力量，也为下文的忏悔埋下伏笔。而"一下"，似乎是比较轻的，那么下文的忏悔是否就不太急迫了？

四、第3段"有时蝴蝶安详地飞过时，它也会扑过去捉"中的"安详"，似乎不妥。一是跟下文27段的"安详"重复了。下文确实需要"安详"，以表现第三只猫的无辜。而第3段蝴蝶飞，是否用"安静""轻轻"更好呢？此处应该是突出蝴蝶飞过没有声音，不引人注意，而这个太活跃的猫也追赶之。而"安详"，指人的表情平静，动作从容。蝴蝶应该是没有表情的吧；但用在猫身上是可以的，猫是有表情的。

2.本文写感受是很突出的，不只是作为一个点了，而是一条线了。不过感受是否太多了一点。

对于第一只猫，第1段有"三妹很难过地说道……"，第2段有"酸辛""可怜"。

对第二只猫，第3段有"更有趣，更活泼"，13段有"怅然地，愤恨地"。

对第三只猫，第15段有"但不好看"，"但大家都不大喜欢它"，"它在我家仍是若有若无的动物"，"更觉得难看了"。有这么多次的感受，猫在"我"与

79

七年级语文下册

读者的心目中是什么印象,是什么情感,也就清楚而突出了。在冤枉了猫之后,我的感受不仅写出来,而且是渲染,第30段不仅写了"十分难过","良心受伤",还比成"针","都是针,刺我良心的针"。32段有"更难过得多",34段的"自此,我家永不养猫"也包含了愧疚、自责与痛苦。

感受很重要,为什么? 读者是比较粗心的,如何细心去体验"我"的情感,这对于一般读者来说是不容易做到的。他们一般都是跟着叙述人的情感走,叙述人说开心、快乐、高兴或者愤怒、愧疚、难过,他们就容易感受到。而没有写出这样感受,读者就可能粗心忽略过去。

有时候,作者不便直接写自己的感受,但通过写景、叙事写情感,读者也能感受、体验到。比如《最后一课》结尾,韩麦尔先生写"法兰西万岁"时的语气与动作,就能让读者感受到。比如《春》对春草、春花、春雨、春风的描绘,因为描写太细致了,描写出感情来了,读者也能体验到。

那么写感受要注意什么呢? 感受是在叙述与描写的基础上的,比如没有对前面第三只猫的冤枉的叙述、描写,这时我的难过、愧疚的感受就不真实,读者就不相信。

3.文章的结构安排是比较精心的。比如三只猫的安排。第一只猫可爱,失去了,难过。第二只猫更可爱,失去了更难过。第三只猫不可爱,失去了却特别的愧疚。

很明显,三只猫是故意这样安排的,第二只猫是作为高潮、对比出现的,重点是第三只猫。这从篇幅上也能看到。如果顺序不是这样安排,可能就不合适,就影响了文章的立意与情感。

文章开头一句话、中间一句话、结尾一句话,彼此是照应的,很紧密。

开头第1句话"我家养了好几次猫,结局总是失踪或死亡",是总领全文,高度概括。当然,也具有悬念的作用,引起读者的兴趣。

第14段"自此,我家好久不养猫",是对第二只猫亡失后的感觉,也是第三只猫失去后的伏笔。

最后一句"自此,我家永不养猫",是全文的结尾,很有力量,写出了自己的愧疚、自责之情,也是对开头和14段的有力照应;与14段相比,更让人感到第三只猫对我家的伤害之大。

对于第三只猫,用了许多的铺垫,写它的不活泼,家人对它的不喜欢。

在这些铺垫之后,才写冤枉了它,这既是写出了事情发展的合理性,又为下文的愧疚、自责蓄了势。

在写第三只猫时,用了伏笔、照应,如17段、19段,两次写这只猫对鸟笼的"凝望",这是它被冤枉的重要原因。

而27段"它躺在露台板上晒太阳,态度很安详,嘴里好像还在吃着什么",这里是有伏笔的,"安详",想想看,如果真是猫吃了鸟,它此时知道自己做了坏事,还敢这么安详吗?而且如果是它吃的,嘴里应该有血呀,而此时并没有。

4.文中一些句子很有表现力。如第1段中"花白的毛,很活泼,如带着泥土的白雪球似的,常在廊前太阳光里滚来滚去",这句话里,有比喻,有评价,有动作描写,有景(太阳光),多一个太阳光,就给读者多一个感受了,多一种温暖的感觉了。看,短短的一句话,就含有这么多的元素,多么不简单呀!

第1段中"我坐在藤椅上看着他们,可以微笑着消耗过一两个小时的光阴,那时太阳光暖暖地照着,心上感着生命的新鲜与快乐",写行动,写环境,写感受,写联想,多么丰富呀!

细节。第3段"有时蝴蝶安详地飞过时,它也会扑过去捉",这是细节描写,一个细节,第二只猫的活泼可爱就显现出来了。

5.第三只猫受冤枉猫,自己有没有责任呢?有的,它有瓜田李下之嫌。如果它不是对着鸟笼"凝望",会不会立即受到冤枉,是有怀疑的。它有没有吃鸟之心,这虽然搞不清楚,但它对鸟感兴趣,应该是真的。

还有,它与主人的感情基础不好。如果像第二只猫那样跟人关系那么好,即使有吃鸟的责任,主人也未必狠打它吧。而它呢,既不好看,又不活泼,不讨主人喜欢。可是你在主人家讨生活呀,却不跟主人搞好关系,怎么保证主人优待你呢?就算没有鸟被吃的事故,在主人家也是不讨好的。

## 二十七、第27课《斑羚飞渡》(2015.5.29,周五,雨)

此文是叙事生动的范文。

1.一开始备课时还不觉得,认为不过是个优美的动物故事。可是,等上课时,教师自己复述一下中心故事——斑羚接力飞渡悬崖峭壁后,才感到作者的那种叙事方式是动人的,而教师这样叙述,就失去了生动性了。那么,是哪些因素让文章这么感人呢?

可能包括这样的一些因素:写景。彩虹既推动了情节,启示斑羚们可以通过搭桥的方式通过悬崖;又渲染了感情。

插入的"我"的感受。如第9段中"突然,一个我做梦都想不到的镜头出现了",这里面有点一惊一乍,但都起到提示读者、引导读者情感的作用。去掉这句话,文章照样通顺,但是效果就差了,

评价与抒情。如第10段最后一句话:"每一只年轻斑羚的成功飞渡,都意味着有一只老年斑羚摔得粉身碎骨"。如11段开头一句:"……那是一座用死亡做桥墩架设起来的桥",这样的议论、抒情,对读者是个强烈的感染。

用词。文章在用词上,多处使用了充满感情的词语。比如第1段的"伤心崖",第4段的"悲哀",第8段的"悲怆",第10段"眼花缭乱""粉身碎骨",第15段的"目瞪口呆",16段的"绚丽",17段的"灿烂"。这些词语都充满感情,对读者起到了感染作用。

结构。本文的机构看似简单,其实也是讲究的。开头第1段,就把读者引入紧张的境地,抓住了读者的心。但是第2段不是立刻接着叙事,而是先介绍伤心崖的地理特点,再介绍斑羚的跳跃极限。那么第3段是不是就开始飞渡了呢?不是。如果此时写飞渡,文章就失败了。没有铺垫就到了高潮,是引不起读者的情感的。作者安排了一个老斑羚试图跳跃伤心崖然后落水的悲剧,初步触动读者,为下文的震撼做铺垫。

此时,镰刀头羊才出场,使用的是特写镜头。此时,读者心中也处于期待状态呢,大家心里大概也在想:这下好了,有救了,镰刀头羊出来了。然而,文章并没有顺着往前走,而是又宕了一下:镰刀头羊也无能为力!这样,读者也陷入了慌乱之中。这是一个很好的"抑",这一"抑"之后的"扬",才更引人注意,才更具有感人的力量。

于是有了第8段,镰刀头羊让大家排队。值得注意的是,排队不是一次性排好,而是经过了调整之后才排好。这其中,既让文章多一丝波澜,也突出了镰刀头羊的牺牲精神,为下文镰刀头羊的死埋下了伏笔。

9段是高潮。但高潮之后,文章并没有戛然而止,而是有意识让其情感高潮延续下来,给读者强烈的震撼。11—14段,感受、评价与叙事结合起来,

渲染这种情感。15段是写猎人们与狗的表情,侧面写斑羚的精神。

至此,文章已经完成了使命。但是,作者觉得情感冲击还不够,又设置了一个高潮:镰刀头羊的结局。16、17段,用充满感情的特写镜头,写镰刀头羊的结局。这样,文章给人二次的冲击力,一是斑羚的集体飞渡,一是作为头领的牺牲。读者读了此文,怎么会不感动呢?怎么会不受到感染呢?原来,这不仅是事情本身的感人,也是作者善于叙事、善于结构、善于煽情的结果呢!

这篇文章应该是双线索,一是斑羚的表现,一是"我"的感受与评价。没有后者,文章感染力是会降低的。

2. 文章的开头与结尾。

开头简洁有力,一下子把读者带入紧张的环境中。

结尾是描写、抒情性结尾,有力量,有情感。"消失在一片灿烂中",是双关,既是写消失在彩虹中,又是对牺牲自己的镰刀头羊的赞美。

那么,这个结尾一定要这样写吗?不是的。可以议论结尾,比如:在斑羚以飞渡而延续种群生命的情景面前,滥捕滥杀动物的人们,不是应该感到脸红吗?——但这是写给孩子们看的,这样的议论可能是不合适的。

也可以疑问结尾:一半的成年斑羚死了,人们啊,你们该怎么看待自己的行为呀?

也可以侧面描写结束:狩猎队员们放下了枪,一个个满脸悲戚地下山了。

也可以描写结束:太阳从云层出来了,阳光照着伤心崖的每一个角落。伤心崖,你在哭泣吗?

3. 文中的四字短语比较突出。"读一读"里就有"进退维谷"等五个词语。11段的第2句比较明显:"没有拥挤,没有争夺,秩序井然,快速飞渡"。读起来,节奏明快,有一种愉悦感,体现了作者对这种行为的赞颂之情。看来,四字短语的使用,是作者的一个习惯,也是语言修养的表现,值得我们学习。

4. 镰刀头羊可不可以不死?

这是一位同学提出的。我觉得这个问题很好。镰刀头羊可不可以不死?其实,从种群发展来看,不死更有利于斑羚。事实上,反正死了三十几只、救活三十几只了，少救一个幼斑羚，保存斑羚头羊，是划算的。也许，在动物界，保护头领是一种习惯呢。但是，这是人写的，是中国作家写的，那么，此时，作为英雄，它就必须要死。如果活着，似乎它的精神就不够巨大，形象就不够高大，因为它指挥了种群牺牲一半保存一半的行动，而自己还活着，好像还有私心呢。那怎么办呢？自己也死，这样，别人就无话可说了吧，就彻底"奉献"了吧！于是，就安排了它的死亡。

当然，作者是歌颂的，说它"消失在一片灿烂中"。

而如果是惋惜它的死，又应该如何写呢？镰刀头羊站在伤心崖边，回眸山下，眼睛里满是悲伤与不舍。只见它迈着沉重的脚步，一步步向山崖边走去……

## 二十八、第28课《华南虎》（2015.6.2，周二，雨）

备课时，就觉得此诗不好理解，不好讲。后来想，因为这首诗比较另类吧。跟《在山的那边》有一个中心意象不同，跟《雨说》一个个画面也不同。在形式上，它是个叙事诗，叙述自己到桂林动物园看老虎的经过；在内容上，它又是抒情诗，以笼中的老虎喻自己，表达自己不屈服的态度。

这样，就有个问题，在整体感知环节，是一层一层概括，还是打破层次，按线索分析？前者，觉得即使概括了，主题还是出不来。学生们会疑惑，想象中华南虎飞出去了，可是这又是什么意思呢？我觉得后者可能便于分析。但至于课堂怎么样，还是没有把握。

1.上课时，先让学生用一两句话概括诗歌。然后正音释义。接下来，是整体感知，带着学生按线索分析：先看如何写观众的，然后是我，然后是老虎。

观众：胆怯，绝望，可怜，可笑。

为什么？胆怯是因为惧怕老虎；绝望是老虎不表演给他们看；可怜、可笑，是他们既怕老虎，又想老虎。

为什么要如此写观众？可不可以换一个词写观众？比如礼貌、文明，悠闲、充实。那么，为什么在此处要"丑化""黑"观众？这不可认真，观众来动物园休闲、观虎是他们的权利。但在此处是艺术的需要，为了衬托"白"需要

"黑",于是观众"黑"了。

我呢? 先是跟着大家在看老虎,跟大家一样的心情。但是,在看到老虎的抗争之后,我明白了,羞愧了。我明白什么? 老虎跟自己的命运是一样的呀,自己不也像是一只笼中的虎吗?

再看老虎。实写的有:安详,悠悠;破碎的趾爪,血淋淋的沟壑。虚写的有:4节的后三句,5节的后七句,7节的后八句。

老虎的安详与悠悠是什么意思? 是对观众的不理不睬,或者说是藐视。

而破碎的趾爪,血淋淋的沟壑,则是一种抗争。人们呀,你能够把老虎关在笼子里,可是并不能完全控制它的灵魂,它照样抗争,向命运挑战。

虚写的三处,尤其是最后一处,老虎的灵魂飞出了铁栅栏,飞向了自由的世界。

无论是诗歌还是散文,其结尾部分都是作者精心安排的,都是与主题密切相关的,都是重要的。如果说前面的三处虚写是抗争与同情的话,这一处就是一种信心与信念的表白了:像老虎一样被关在笼中的自己,是不会屈服于目前的牢笼的,会坚持自己的思想与信念,做一个灵魂自由的高贵的人!

至此,以虎喻人的想法得以完成,自己的决心与意志得到了明确的表达与强化、歌颂。

2.让学生品读与质疑,他们的问题五花八门,有的有价值,有的可能就是抄全解的。但有许多是老师没有想到的,教参也没有讲,——这就是学生品读的魅力。

比如文问:为何题目是"华南虎",而不是"老虎"。诗中并没有写华南虎呀。

这个问题有意思的。但"华南虎"确实比"老虎"更具体,"老虎"毕竟要空泛多。再说,作者在桂林看的确实是"华南虎",为了真实感,也会这么用。

另外,诗歌的题目也可以叫"笼中虎",按说是可以的。但也许"华南虎"还是更适当些,更具体有力量。

3.练习三中与英国诗人布莱克的《老虎》比较阅读,确实是有意思的。这样可以看出,一个老虎,可以有多个写法。

## 二十九、第29课《马》(2015.6.3,周三,阴)

作者写马这样的动物竟有这样的耐心。

1.品题。问学生,题目为"马"估计会写什么?是什么文体?本文又是什么文体?

题目为"马",应该是说明、记叙的文体;本文属于科学小品,但是选自《世界散文精华》。这个散文的概念是比较大的,与说明文、科学小品并不冲突。

2.让学生概括全文内容。此文是外国作品,主题比较厚实、不单一,比较难概括,学生概括也不够好。但没关系,要的不是正确答案,而是概括的过程。

在熟悉字词、了解作者之后,让学生读课文,之后再逐段来概括。

打开班班通,打开了介绍作者的页面。作者很不简单,用一生的时间写出了36册的《自然史》,这是值得中国人学习的。在中国,很少有这样的人,因为中国人的价值观不在这里,多在人伦和富贵,比如孝顺,忠臣,富贵。从国家的导向上看,在古代,科学是处于被忽视的地位。只有人的生命所必需的医学要好一点。——马,昆虫之类,布封与法布尔都出自法国,是有背景原因的。

3.从标点看,文章的分号比较多,比如第一段首句用了冒号之后,用了三个分号,从几个方面去介绍马的情况。

这不仅是标点的问题,是作者对所介绍对象的深入理解后才可以做到的。

4.(2015.6.4,周四,小雨)学生的品读与提问是真有意义的。这节课,为了让学生尽快进入文本,让几个学生提问题,其中有些问题就很有价值。

丽问:为什么本文没有像《猫》那样,写一个个猫的故事?

于是我问同学们,大家不太回答好。我说因为文体的原因,文体是因为写作的目的不同。作者就是想介绍马的特征,而不在于写马的故事,虽然马的故事也是值得写的;写特征的是说明类文体,写故事的是记叙类文体。

后来,组织学生对是欣赏家马还是野马进行讨论。学生有说家马,有说野马。但都比较浅。于是我说道:家马有一些优势:一更好地发挥了价值。因为与万物之灵的人类一起,协助他们征战、劳作等,发挥了自己的价值,在历史上留有自己的名字。二取得了自己的功名富贵。比如那些千里马,那些名马,因为得到了人的重视,而生前得到富贵,死后也可能获得名声。三是得到了人的帮助。野马,下雨怎么办?遇到天然的灾难怎么办?遇到生病怎么办?而家马,待遇就要好得多。还有,野马因为生活圈子狭小,容易造成近亲繁殖,这对优化遗传是很不利的。但家马,反而可能有助于优生优育。

当然,也可以说野马的好处。比如自由自在,命运掌握在自己手里。自己是自己的主人,而不要受到奴役等。

5.在说到马的美德的时候,跟学生引入人的美德。马的美德,在此文中主要是和平,其实还有之前的驯良。但美德还有哪些呢?比如人的美德,汉文化所注重的美德?学生一时想不出。我说忠孝吗!学生恍然大悟。然后说其他国家呢?比如英国人的绅士风度,对女士的彬彬有礼。而这一点在中国有没有成为导向、风气?没有。比如上次的"路怒男",把女司机拖下来,又打又踩,几次把人家摔倒,结果网上百分之八十支持男司机!这真是一点绅士风度也没有,真丢中国人的脸!

由马的美德、特征想到牛的美德、特征。布置本周练笔以"牛"为题,仿照本课,写出牛的特征。

### 三十、第30课《狼》(2015.6.5,周五,晴)

备课时,因为对《狼》太熟了,感觉有点迟钝了。但是看了王君的教案,加上上课时与学生一起翻译与探究课文,渐渐对课文、对文中狼与屠户又多了感觉,还有文中的词语。

1.王君的教案果然有特点。比如对狼与屠户心理的揣摩,对最后一段几个虚词的品读,最后一段加"啊"加在哪里,从狼与屠户角度得到的启示等,都显示了对文本的深入品读。

2.上这一课,我的思路是:先读熟,包括字音、节奏读正确,文章读顺口。然后对着文下注释翻译。对关键词加以提示、强调。然后让学生总结古今义、词类活用、特殊句式,再让学生品读、品析课文情节、细节,谈启示。

学生虽然翻译了课文,但对于一些字词没有感觉,比如"久之"的"之","两狼之并驱如故"的"之",没有注意到他们的区别。这是因为他们的文言字词的积累还少了。要慢慢且自然引导。

上午这节课,先让同位同学对着注释互译;然后在全班站起翻译,教师对一些重点难点字词特别讨论。还有七分钟,让学生不看书,用铅笔做《基训》里面的字词解释和翻译的题目。虽然占用一点时间,但学生是主体,这个时间是值得的。

3.(2015.6.8,周一,阴,高考第二天)今天先检查学生背《狼》,有三四个同学没在组长跟前检查过关,于是让他们背。果然,不顺畅不说了,错字,漏字,句号停顿不对,——难怪他背得不行,读的时候也没有注意句号,没有读出层次来。

然后,让学生总结文章的字词:通假字,古今义,一词多义,词类活用,特殊句式。让学生一段一段找。比较难,但也有新颖感,挑战性。学生用心在找,但比较慢。

过了六七分钟,同位交流。多的已经找了头十个了,少的三四个。然后班级交流。再打开《文言译注》,学生有恍然的感觉,也有一点成就感。

——这个方法是从某个教学设计里来的,比较有意思。实际上是一个很好的学习总结,有过程的意义,也有总结知识点的作用。

4.(2015.6.9,周二,阴)今天结束《狼》,但觉得上得还不够带劲,可能是自由品读给学生的时间少了,因为要听写、翻译、默写,时间已经耽误了不少。

让学生谈这篇故事的启示,有学生说坏人总是没有好下场。我疑问道:可是,本文的狼不是自己死去呀?

可能是之前没有布置,学生得出的此故事的启示不够多。于是教师解说——

从人的角度是:对狼这样的恶势力,要敢于斗争、善于斗争。

还有:工具的重要性;妥协的必要性。

从狼的角度呢? 包括:贪婪应有节;工具很重要;和谐是方向。

5.让学生讨论课后练习,翻译练习二的四句,发现第一句"顾野有麦场……苫蔽成丘",和第三句"转视积薪后……意将隧入以攻其后也",学生不

自由品读 适度介入 ——初中语文教学手记

88

好翻译。说明这两句确实难,句式有倒装句,有复杂句式,学生掌握也不够。

6.(2015.6.11,周四,晴)今天翻译《狼》,作为最后一篇作文。后来还有十来分钟时间,让学生品品课文,说说疑问。因为是文言文,学生品得不深,但是疑问真有一些。

有学生问:为什么前狼要假寐呢?它不能走吗?我说,前狼能走吗?不能。它一走,是不是害怕屠户逃走了呢?它一方面是麻痹屠户,一方面是盯防屠户,它是不可以离开的。

有问:为什么屠户杀前狼,后面的狼竟然听不见?

有生回答:因为它只顾扒草了,听不到;还有,它的头在洞里,影响了听觉。

有问:如果屠户没有遇到麦场,那怎么办呀?

答:那就是另一种形式的结局了。作家写故事,到了一定时候,都是要转折的。麦场,是故事高潮一个很重要的凭借,没有它,故事就不精彩了。

有问:狼为什么要前后夹击呢,它们不能直接向屠户发起攻击吗?

答:这正是作者嘲讽狼的地方。狼这是标准的聪明反被聪明误。如果它们选择在野地里,跟屠户对决,虽然未必是屠户的对手,但是不会死得这么惨。可是现在,它们想通过两面夹击的办法,利用巧劲杀死屠户,结果反而被屠户各个击破,先杀前狼,再杀后狼。之前屠户害怕前后夹击的情况,因为狼的自作聪明,反而没有出现。

狼自以为使用前后夹击是高招,但它们毕竟是狼,没有考虑两个因素:一、这么大的柴草堆,难道是你狼随意就可以钻透的?二、屠户就是木头,在你打洞的这段时间,一动不动?

狼的智慧确实不能跟人相比,于是在它们被屠户杀了以后,作者嘲笑道:只是增加笑料罢了。

——看来,同学们确实有许多问题,而让他们充分品读,会深入研讨课文,这对文本解读与课堂互动,都是很有意义的。

7.(2015.6.16,周二,雨)今天改完学生对《狼》的翻译,学生对一些地方常有疏忽:比如"屠惧",学生容易跟"屠大窘"混淆了;对"意将隧入以攻其后也"中的"隧入"把握不准。

同时也有发现:作者文中写"顾野有麦场,场主积薪其中",其实这一句有点啰唆和歧义吧,能否就直接写成"顾野有麦场,中有积薪"? 这样是否更简练些? 而且也避免带入"场主"这个因素,可能给读者以多余的信息与联想。

还有"转视积薪后,一狼洞其中,意将隧入以攻其后也,身已半入,止露尻尾",按说屠户那时那么紧张,见"一狼洞其中,身已半入,止露尻尾",是来不及思考它想干什么,而是要急切杀死它。能否先杀死,再放在"乃悟"的后面,写成"乃悟前狼假寐,盖以诱敌;后狼意将隧入以攻其后也"? 按说是可以的,不影响文章思路、情绪和简练。

暑假作业(2015.6.19,周五)

1.印制的《暑假作业》。

2.预习、熟读、抄写八上十篇文言文和课外十首诗(使用《文言文译注》,用专门的本子,也便于以后复习)。

3.读完八上的名著导读:《朝花夕拾》《骆驼祥子》《钢铁是怎样炼成的》。每二页不少于一处批注(用铅笔)。

4.抄十篇美文(专门有个较厚的美文本,以后继续用)。

5.练字。用行书字帖,练五十页,家长五页评判一次,划圈,打等级,签名,写日期。

6.五篇练笔(用新的Ａ本,大作文本,开学后继续用)。

题目或范围:一、风波。二、说说我自己。三、记一处美景。四、暑假记事。五、读书有感。

# 八年级语文上册

## 一、第1课《新闻两则》(2015.9.2,周三,晴)

1.9月1日是开学第一课。一进教室,我就说,昨天(8月31日)和今天早晨,我遏制住要来看你们的心情,没有到教室来。——很想看看你们,长高了吧,长漂亮了吧,有的同学我都认不得了?——说说暑假的见闻,收获,感悟吧。

于是叫学生说说。几个学生说了补课,补数学、英语,是提前上八上的课。——看来,学生的暑假安排是被动的,老师的作业,家长的安排,缺乏自觉意识,或者因为没有给他们自主权。

其实,回顾自己初中的暑假,多是被动过的,不过是做做家务,避避暑,一天天糊过来的。最遗憾的是师范三年的暑假,不知道做了什么,有时候甚至就是无所事事,在凉床上睡觉,浪费无数个白日!晚上,不过是到邻居家瞅瞅电视,虚耗时光。如果那时候有个看书的计划,或者某个努力的方向,该可以做多少事情呀!

于是,我跟学生们说说我暑假读书的收获与感悟。读《萧红全传》,准备了眼泪;读《哥伦布传》,了解到哥伦布原来是犹太人,寻找未知的海洋,是许多人的梦想,需要巨额的负担,后来在西班牙国王的支持下,在许诺给哥伦布多少好处以后,梦想之旅启程并有成果了。

9月1日下午,花了两个多小时把学生的暑假作业翻了一遍,小半学生不

八年级语文上册

错,但其他学生可能就是应付。于是今天跟他们认真谈了心。

我这样说:以前我对这几个词没有什么感觉,现在我终于区分开了。对于暑假作业,对于学习,可能有这样几个词:自欺欺人——糊弄——应付——认真——用心,看看你在那个等级?

用心真的很不一般。每天多花半个小时,可以多走五里路,那么365天要多走多少里路?十年努力呢?你们的学习阶段,就是十几年的奋斗历程啊!

接着跟学生分享一个四年前岗集中学毕业的琦的故事。她父母可能一方去世了,一方又成立家庭,她跟着年迈的奶奶过,家里经济困难。在初中的成绩基本是中上等,不是特别突出。高中也就一般的高中。第一年高考,只考了普通大学,不甘心,复习了一年,结果考到了中国科大!这真是一个励志故事!

学生听得很安静。对一些同学应该有启发。希望有些学生能从中发现自己的问题,改进态度。

2. 第一课就是新闻,这种文体学生第一次遇到,是否可以把握住?教师接触也不多,对它的理解与分析也不够多。平时分析的多是记叙文、散文,语言呀,句式呀,结构呀,都有较多的积累。一上课,果然,学生不太有感觉;加上刚刚开学,学生品读课文的习惯还没有恢复,自由品读环节有些冷清。

3. 订正上学期期末试卷的文章阅读,有一篇叫作《购买上帝的孩子》,我灵机一动,让学生给这个散文拟一个新闻的标题。有学生拟了,注意到使用合乎新闻要求的标题,但不是很恰当与简洁,于是我拟一个:邦迪购买上帝治愈叔叔,然后跟学生介绍,散文的题目可以是一个短语,而新闻的标题应该是一个完整的句子,主谓句。

今天,再跟学生分析"人民解放军百万大军横渡长江"这个标题的要素,有人、地、事,其实主要是人与事两个因素。那为什么没有时间?一般来说,新闻就是刚刚发生的,所以时间多不出现。

跟学生介绍导语。导语就是比标题更细一点,是整个这个事情的概括,只讲结果,不要起因、过程;让人家读了或听了导语,可以不再往下看了都可以。至于主体,则是详细的过程,起因、经过、结果,叙述清楚。

4. 学生瑞问:为什么这个新闻报喜不报忧?这问得好!于是,我展开介绍。

新闻一般都是报喜的,是有立场的,肯定是站在对自己有利的一面。这不仅是新华社,美联社、法新社也是这样。但有的时候,忧也是要报的,因为事情太大了,盖不住了。比如天津港大火,事情太大,肯定要报。——如果让天津媒体选择,他们肯定是不愿意报的,或者遮遮盖盖;但中央媒体就不一定了,安徽媒体更不会为你遮盖。

讲到这里,我忽然想到,如果让国民党来报这个新闻,会怎么样呢?——共军人海战术进攻长江沿岸,死伤惨重;为了更好地打击敌人,现在国军主力向某某方向转进。

——"转进",曾经是国民党惯用的词。明明是被共军打得节节败退,他们不说撤退,而说转进,自欺欺人竟至如此!

那么,解放军百万大军渡长江,有没有死伤?当然有了。如果是百分之十,就会牺牲十万人,如果是百分之五,就是五万人。就是牺牲十万人,九十万人渡江,也是巨大的成功。长江是最难的一个防线,解放军一旦渡江。国民党就只有失败一条道路了。

5.语言赏析。一边读,一边跟学生分析词语。"我西路军当面之敌亦纷纷溃退,毫无斗志",作者用了两个成语,前者是现象,后者是精神;句式整齐有力,语言典雅。可不可以用四个短语?比如狼狈而逃,抱头鼠窜,节节败退?好像不可以,用四个,就感觉是抒情性了,这是文学的语言,而不是新闻的语言。如果新闻里用几个比喻句、排比句,那么就成优秀的散文,而不是典型的新闻了。

"我军所遇之抵抗,甚为微弱",这个句式有什么特点?可不可以用白话文?可以,比如我军遇到的抵抗,很是微弱;但可能没有原句有文气,有特别的效果。

"一方面由于人民解放军英勇善战,锐不可当",用两个四字短语来形容,前者是概括精神面貌,后者是前进的无敌状态。可是接下来对国军,则完全用白话,通俗易懂,可能更有调侃作用。如果用四字成语可不可以?应该是可以的,但未必效果好,而且不足以把国民党官兵的心态表现出来。

6.(2015.9.6,周日,国家放假调上周五课)继续品析语言。跟学生说新闻三个特点:真实,及时,简明准确。后面课文的分析就扣着准确品析。

让学生从东路军部分找语言准确的例子。于是跟学生一起找一些语言：

"我东路各军已大部渡过南岸"，"大部"，就是真实、准确。"大部"还是"少部"，还是"基本"，这是很讲究的。不能随便说，否则就是不真实。新闻不真实，就是要命的事。

"整天激战"，这个词语分量不轻呀。"激战"，在前面没有这个词语，说明这里战斗激烈。"整天"，什么概念？一天24小时，都在激战，多么激烈呀！"整天激战"跟前面什么语句照应呀？是"此处敌军抵抗较为顽强"，"较为"二字不是随便用的，前面就没有用这个词。而如果是国民党自己报道，可能就说"我军顽强抵抗，敌军死伤惨重"了。

"歼灭及击溃一切抵抗之敌"，"歼灭及击溃"，"歼灭"是什么意思？消灭或者迫降。"击溃"，敌人被打散，不再成为我军前进的障碍。"一切"，这个词多重？敌人可能是三十万、四十万，却全部被"歼灭及击溃"，多了不起的胜利！这个词语一用，情况就十分不一样了。

7.在《中原我军解放南阳》中，第二层关于南阳的介绍，在一般新闻里大概是不能这样写的，或者放在中间什么位置，似乎不能放在这个地方。但是作者不是一般人呀，也不太受规则的制约，于是写在这里。那么问一问，作者为什么要写这个内容呢？那是因为在作者心目中南阳非常重要。你看，刘秀在此起兵，这是什么概念？是否可以看做刘秀的发家之地？而且刘秀的二十八宿多出生在南阳一带，足以说明南阳的重要性！于是，作者情不自禁地把对南阳的介绍写在这里。

其实，对南阳的介绍，还可以从多个角度，比如地理、人口、战略位置等。

一些词语很值得注意。"在过去一年中，蒋介石极重视南阳"中的"极"，不是一个可有可无的字眼，而且也不是空话，而是有下面一大段话做支撑。

中间"并极大地扩大了豫皖苏军区老根据地"中的"极大"，不是随便用的词语，如果不是扩大了相当的数字，是不可以用这个字眼的；从中也可以看出毛泽东的欣喜之情。

其实，作为一篇新闻，是不需要带出这么多背景分析的，那为什么本文要这么深度分析呢？这其实不仅是一篇新闻，也是一个总结，是一个指导性文件，目的是为了给其他地方的领导一个启示、一个引导。

后面"我们在这一区域曾经过早地执行分配土地的政策,犯了一些策略上的'左'的错误",有没有注意到"过早"与"策略"?"过早",没有说不能执行,只是时间早了;后来什么时候执行的?中华人民共和国成立后呀,地富反坏右嘛,那个时候政权稳定了,就可以对付地主了,于是就斗倒地主,分田分地了。为何叫"策略",而不说"政策"?作为政策,是写进党章的,但是没说现在就实施,要条件成熟时才实施,所以说是"策略"上的问题。

## 二、第2课《芦花荡》(2015.9.8,周三,晴)

1.读孙犁的介绍,惊人发现,《荷花淀》《芦花荡》是到延安之后写的。那么是否意味着,在之前他有丰富的生活,但是如何表现,还是个问题。到了延安,有了理论之后,自己的风格找到了路径,于是写出了孙犁风格的作品来。

如果比之音乐,有人是交响乐,有人是沉重的旋律,他则是轻音乐。也许在他的眼里,生活就是这样轻松、美好,这是他的生活观和审美观。

所以,对于抗日英雄,他不是正面写高大全式的英雄,暴风骤雨的伟大行动,而是写"鱼鹰"式的老头,用另类方式去抗日。于是,《芦花荡》这样的文章,有了另类的风格,轻音乐一般的优美,少见,可贵。

2.问学生:老头子打死了多少鬼子?学生愣住了。看书,有说头十个,有说几个。其实,这些都不是作者要表现的,作者的意思是痛击了鬼子,让十个鬼子流血,来偿还大菱的血,来找回自己的自尊心。现在,这个目的达到了。至于是否杀死鬼子,一方面,这个实在不容易,另外,这是否也显得血腥了些。作者在文中是想塑造一种美感、美的境界的,而不想破坏这种境界。

比如,作者可不可以写日本人流了多少血?血在湖面上有多大的面积,什么颜色?没写。可能作者觉得这样写太实了,缺乏美感。

3.文中用了几处比喻,值得探究。比如小船"像一片苇叶,奔着东南去了","像一片苇叶",用的巧妙,正好与水上活动环境契合,也写出了在水上的生命力。

"老头子浑身没有多少肉,干瘦得就像老了的鱼鹰。"这个比喻准确、巧妙而有力。鱼鹰,多么厉害的水上生物,是鱼的克星。老头子呢,是水上的统治者,敌人的克星。

"老头子……举起篙来砸着鬼子们的脑袋,像敲打顽固的老玉米一样。"这个比喻让人生发会心的笑。老玉米之比,写出了鬼子任由老头子处置的呆滞与无奈,让人会心一笑。

## 三、第3课《蜡烛》(2015.9.9,周三,晴)

1.今天上课之前,再读一遍《蜡烛》,觉得很多地方都很细腻、感人,值得品味。于是,跟学生用情品读了文章,也有不少发现,其中包括学生品读出来的。

2.品题。题目叫"蜡烛",可不可以换成别的? 比如"南斯拉夫老妈妈祭奠苏联烈士","浓浓的情意"等,可能都不如"蜡烛"。"蜡烛"是文章的线索,是主要物件;蜡烛也有"光明"的意思,照着烈士升入天堂。

3.深入品析文本。

老妇人育乞西为红军战士做了几件事?

文章的主体是二件,掩埋烈士,祭奠烈士。其实老妇人之前还做了一件事,就是招呼五个红军战士到她的地窖去,但她刚爬出一半,被炮弹击倒了。

红军烈士的死亡姿势。

学生强读烈士死亡的几句,认为死得很壮烈。我就此展开分析:文中这样写:"这个红军侧着身子躺着,一只手臂张开,另一只手臂枕在脑袋下面,好像想躺得舒服一点儿。"从中看出死得很惨烈吗? 如果想写惨烈,可以这样写:他的眼睛愤怒地睁开,似乎想表达对敌人的仇恨;他脸上的血流得如何如何。这样写出恐怖来,不是文章的主题,文章并不想在这方面分散读者的注意力。这篇文章的主题不在这里。

其实烈士死亡的姿势,是透过老妇人的眼睛看的。这么年轻的战士,这么好的孩子,为了南斯拉夫人民死了,多么可惜呀。老妇人可能像妈妈那样看着他,爱着他,怜惜着他。

炮火写了多少次?

学生在讲到炮火时,我问:老妇人在掩埋烈士的过程中,炮火响了多少次? 学生说三次。我说五次。果然是五次,分别是16、18、24、27、30段。我在备课时,标注了出来。

学生问:炮火为什么都离老妇人很远?

我说,一方面,敌人的炮火是胡乱、散乱的,这个地方如果不再对敌人有多大威胁,就不会直接打过来。但炮火又是有用的,它好像是个伴奏,时时提示读者,这是战场。

另一方面,炮火的远近也是心疼、怜惜烈士的老太太所不太顾忌的。按说,战争期间,躲在家里当然是十分安全的。老妇人如果一心为了自己的安全,就会躲在地窖里,不会掩埋烈士,更不会来陪着他。但是,老太太有点置生死于不顾,也要送烈士到天堂,从中可见老太太对烈士的崇敬与感谢、哀悼之情。

几处动作值得注意。

第25段,"休息够了,老妇人跪到死者旁边,用手在死者身上画了十字,又吻了死者的嘴唇和前额。""跪"说明老妇人的感谢与虔诚。画十字,是宗教习惯;吻嘴唇和前额,是西方的习惯。

几处修辞很不一般。

第2段"只有一棵树还没倒下,好像有一双魔手把它的上半身削去了",这里运用了比喻、拟人,写出了战争的残酷,极有想象力。

第44段"它将永远燃着,正像一母亲的眼泪,正像一个儿子的英勇,那样永垂不朽。"这二处比喻,照应了南斯拉夫母亲和苏联红军战士,将二者联系了起来,突出了主题。

4.疑问。

文章写老妇人掩埋烈士和点蜡烛祭奠烈士,一切都比较清楚,让人疑问:这是白天还是晚上?按照前后叙事的时间,应该是发生在晚上;但是,老妇人的行动那么顺利,没有摸摸索索的感觉,好像是在大白天。包括写"那黑色的大围巾",这个颜色在晚上能看那么清楚吗?

而且,如果按照中国文人写作的习惯,是否可以写月亮、星星?这是可以写的。如果写上星星,是可以抒情几句的。

也可以以静写动,以夜晚的静写老妇人的声响,写老妇人的爱心。

## 四、第21课《桃花源记》(2015.9.10,周四,晴)

今天是教师节,QQ里有许多祝福的段子,学生也买了几个贺卡;热热闹闹。

为了分散学习压力,利用现在学习压力不大的时光,今天开始介入文言文。上周通读了课外十首,让学生早读时读、背。

1.之前让学生预习了,于是课堂让学生概述一下文章内容。学生涛概述了出来,而且说出了"世外桃源"的成语,让人惊喜。于是我就此追问这个桃花源好在哪里? 又跟学生回忆晋朝之前的历史,三国,晋朝的南移等。

然后让学生指出生字词,确实有几个词语学生没有指出来,比如"此中人语云"的"语"。然后让学生轮读课文,轮读文下注释。让学生把文下注释和课文读熟,并准备利用双休背诵课文。

2.(2015.9.11,周五,阴)今天连堂二节,把课文翻译了,讲解基本结束。

感觉学生是升入八年级的原因,还是刚刚开学,班级气氛比较严肃,不够轻松活泼。可能因为刚开学还没有进入状态,对文言文的学习,不够主动,于是跟他们说一番道理。

同学们,文言文学习有没有畏难情绪? 如何解决? 我说说自己对待写备课笔记的事情。作为教师,备课是肯定的。但备课笔记,写起来就是有点负担。我记忆中最郁闷的事情就是,有一个国庆节,放假几天,全用来补备课笔记了,非常郁闷,觉得这个国庆节真窝囊。从此,我对写备课笔记有个重新的认识:不要觉得它是负担。因为你讨厌它也是不行的,不想做也要去,那就接受它,并且快乐地去做。

如何快乐去做呢? 提前做,主动做。九月一号开学,我暑假就超前写,这样,开会后就不用为备课笔记紧张了。其次是当作练字,这样就觉得有些意义了。经常练字,就算字不进步多少,至少不退步。其三是作为健脑。写字活动手指,对大脑是有用处的,写备课笔记还能健脑,这是多么上算的事情呀! 有此三个做法与想法,写备课笔记就不觉得为难了。

你们呢? 不要觉得文言文要背字词,要背课文,多麻烦,真讨厌。你要觉得,我学这一课,又多掌握了二十个新词,多背诵了一篇课文,多学到了一些古文化知识,这进步多大呀!这样一想,自己就不觉得是负担了。

同时,提前做。老师要我们解释课文,我先把字词解决了;老师要我们背诵课文,我先把它背了。超前做,主动扛,就不觉得多苦了。

好像是英国有一个谚语:不能反抗,就不如加入。既然文言文学习是躲避不掉的事情,就接受它,主动去跟它搞好关系。积极的心态是重要的。

3.翻译与解释。让学生同位一人一句翻译,对照课本和《译注》辅导书。然后一段或二段在一起,让学生翻译,重点词解释,师生讨论。

学生的意识不强。比如"既出,得其船,便扶向路,处处志之。"学生翻译了,可是对其中的几个重点词语没多少感觉,我问"既,扶,向,志",都什么意思?大家赶紧找起来。

4.世外桃源是个什么美丽世界?

跟学生讨论,作者虚构的这个社会是个什么理想的社会?有学生说大同世界。于是引用老子的观点:"鸡犬之声相闻,老死不相往来。"问,这个美好世界怎么样?为了避免战争,老子想到这个消极的办法,人们不往来,于是就没有矛盾和战争。但这是消极的。联系桃花源,其实是有许多问题的。

这个桃花源人口变化怎么样?按照人口自然增长率,人口几十年应该扩大许多倍,那么这个有限的地方,能够适应人口的剧增吗?

桃花源有没有犯罪现象?人们生病了怎么办?有没有学校?人们文化需求怎么解决?晚上他们干什么?蜡烛都没有吧,就点树枝?冬闲时干什么?

还有,近亲结婚,人会变呆的,那么桃源人不是越来越笨吗?

看来,采取与世隔绝的办法,不是幸福生活的保证。

5.陶渊明按照当时人们的理想,虚构了一个美好的世界。那么,在今天,我们眼里的美好世界是什么呢?我们也来写个新桃花源记,看看会出现什么!本周练笔就是《新桃花源记》。

——从后面学生练笔结果看,《新桃花源记》写得不好,想象力没有打开;与自己教学中没有强调作者处于战乱之中对和平生活的向往也有关系。

99

## 五、第4课《就英法联军远征中国给巴特勒上尉的信》
（2015.9.14，周一，多云）

1.生字、生词方面，除了课后的四组词外，让学生提出哪些词语值得注意，结果，真找不少，或多音字，或形近字。比如"琉璃，珐琅，脂粉"的读音，比如"晨曦、制裁"的字形。说明生字词初中阶段都是不可忽视的。

让学生读课文和课件，发现文读得最好，流畅，准确，清楚，干净，速度适中。而别的同学，可能断断续续，丢字漏字，声音不清晰，不干净，看来朗读还是不够，只有多朗读才可以。

2.此文也就是一封信，主要就是谴责侵略者的强盗行径。但是，主要篇幅不是谴责、批判，而是说明。说明什么？说明圆明园是艺术珍品。为了说明这一点，作者从艺术的两个途径说起，理想的和幻想的。这个角度是很巧妙的，这也是一种对比，也是对圆明园地位的提升。这样一对比，圆明园就与巴特农神庙并列了，那么其艺术价值就不用多加说明了。这种写法，有虚写的成分，避免了直写的麻烦。

其实，虚写是有玄妙的，比如，文中的圆明园，能否直接换成别的事物？比如苏州园林，或者合肥的教弩台？这样填上，就不合适了。

3.在上此文时，我忽然有个想法：雨果是了不起的，而如果我们要效仿他，会怎么样呢？比如政府对某国做了什么，作为公民，我们可不可以批评政府，而同情人家国家？——学生沉默了。

## 六、第5课《亲爱的爸爸妈妈》（2015.9.21，周一，晴）

这一课，跟学生讨论比较多；学生的疑问，也多种多样，无法一一解决，当然，也无须一一解决吧。

1.本文的结构是妙的，值得学生去品一品。让学生说说文章的结构，学生感到不容易。教参里对这个结构有很好的总结。结构是为主题服务的。文章既扣着对塞尔维亚这个屠杀的纪念，比如开头和结尾，都是扣中心的；又是为了提醒中国人，好好记住南京大屠杀，也应该引起国际上的关注，从而为国家安全服务。

2.对练习二第4题的回答,教参上是语焉不详的。题目是"人,是健忘的。不记仇,很对。但是,不能忘记"。

教参的答案是:作者强调不能忘记历史,只有记住历史,吸取历史教训,才能保证世间永远不再有战争和屠杀。

这里面,只强调了通用的大道理。有学生提出这个问题后,学生也是按照教参回答的。

其实,这是不够具体的。看看这段话的上一段是什么?是提到了南京大屠杀。然后这一段接着说:"这是历史事实。但是,多少人记得呢?世界上多少人知道呢?人,是健忘的……"

从中可以看出,是针对中国、国际对南京大屠杀的态度说的。对于南京大屠杀,中国人像南斯拉夫人民真的在纪念吗?国际社会有那么在乎吗?所以,作者才说了这么一通话。

3.对于第四部分,以被残杀的人留下的片纸只字来结尾,是很感人的。让学生给一些句子断句,并轮读了出来。有学生读着,比如读到"亲爱的"之类,有点不好意思而笑了。其实,默默体验,真是太难受了!想想几分钟以后,他们就死了;而死之前,还有那么多的牵挂,这是多么真实的人之常情呀,却永远定格了。想想那时的画面,就足以让人伤心、感动和憎恶。

## 七、第22课《短文两篇》(《陋室铭》《爱莲说》)

这二课,虽然短,但似乎有许多话说,许多知识要教。

这两篇文章,在中国文化史上不简单呢!他们对中国人的价值观,应该算是有较大的影响。它们有共同点,都是对君子风格的颂扬。其实,在今天人们普遍为了发展和富裕而奋斗,而且这也是富国的必须,再来看看君子之品格,也许就比较远了。

1.刘禹锡太倔。在上课的时候,跟学生说,人性格过分刚强,是要吃亏的。刘禹锡就是如此,过分刚强,结果不断被高层打压,人生很不得志,自己也受尽了苦。有时,一时是痛快了,却痛苦了许久。其实,人生不是只有一种选择。

2.刘禹锡很傲,也有大话在其中。"山不在高……水不在深……",乖乖,把自己比到如此高的地步。后面呢，"南阳诸葛庐，西蜀子云亭"，刘禹锡把自己比到如此高度！那么，刘禹锡是不是吹牛呢？从其诗文的才气看，不全是吹牛，人家真留下了一些优秀的诗文，在立意和艺术上，都达到了很高的地方。跟杨雄相比，并不逊色。不过，要说跟诸葛亮相比，就未必了。

人家诸葛亮不仅有才，也有功业啊，真的在三国纷争时，做了一番了不起的事业。可是刘禹锡呢？除了留下一些优秀诗文，没有建功立业的成绩呀。

这里面，可能也有定位问题。艺术的才能跟政治的才能，二者不是一码事。刘禹锡是不是把二者混为一体了？

3.最后一句能否押韵？

听学生齐读文章，忽然想到最后一句"孔子云：何陋之有"是否可以押韵？整个文章都是押韵的，最后这一句没有押韵。按照刘禹锡的才气，按说是可以押韵的，为什么不押韵呢？是为了与众不同？是为了增添力量，而不便押韵？或者是当时没有想起来如何处理押韵？

那么，如果我们要让它押韵，可以吗？于是让学生想。学生没有想出。我是想出来了：何陋之有？仲尼其云。

如果认为这样不够力量，或者四字句跟上文五字句不协调，可以改为：何陋之有乎，孔子如是云。这样一改，似乎没有什么不妥，与上文一气呵成，是很不错的。

4.一些句子的理解，比上一轮深入了。

"苔痕上阶绿，草色入帘青。"这句话什么意思呀？是陋室景色美吗？不是。是说没人来呀。人来稀少之极，叫什么？门可罗雀。人来多叫什么？车水马龙。刘禹锡官不大，于是人家也不来拜访他，于是青苔都长到了台阶上。可是怎么样呢？刘禹锡以此为乐，并不失落。

"谈笑有鸿儒，往来无白丁。"这说的是交往。交往对象是谁？是鸿儒。鸿儒是什么？是大儒呀。问同学，谁是大儒？同学们是吗，不是；老师也没有这个资格。大儒，那是全国数得着的学问家呀！这样的人来与作者交谈，我们也可以想到作者本人的身份与学问啦！

"可以调素琴，阅金经。无丝竹之乱耳，无案牍之劳形。"前后似乎有点矛盾，作者是不喜欢音乐吗？不是，只是嫌"丝竹""乱耳"，却很喜欢自己抚琴奏乐。前者可能是官场的习气，追求场面，没有真情；后者则是君子的生活情趣。

也不是不喜欢读书，而是避免了繁琐的公文。当然，在高兴的同时，是否又有些不甘心呢？有些酸溜溜呢？这是可能的。

虚写的作用很不简单。这几处有三个"无"，也有三个"有"，有鸿儒，有素琴，有金经，于是作者的志趣就得到了突出！

5.那么，如果我们追问一句，刘禹锡在陋室，还可以有怎样美好的生活可以写，我们该补什么呢？景色，交往，志趣，之外还可以有什么？

还可以锻炼身体，走出陋室观看山水，思考宇宙与人生呀！看来，写作内容的选择并不是只有这几个方面；不过这几个方面，都是与春风得意的官场人生相对立的！从中，似乎也看出了作者念念不忘的微妙吧。

6.周敦颐此文，在押韵上不如刘禹锡，但是对莲花精神的开掘之深，却是非常了不起。刘禹锡只说自己是君子，但君子品格的内涵是什么，并不具体。而在此文里，就开掘了莲花的精神内涵，这在中国文化史上，是个首创。

开篇就很不简单。"水陆草木之花，可爱者甚蕃。"花有多少种？生长在哪？我们平时并没有什么去留心。我们知道哪些花？梨花，桃花，杏花，栀子花，金银花等等。至于如何分类，并不会在意。实际上是草本的，木本的。但我们可能不太在意是陆地上的还是水里的。但作者首先就告诉我们"水陆之花"，把所有的花都包括在内。

那么，这个世界上有多少种花？不知道。你们喜欢那种花？可能不会唯一。作为老师，要问我喜欢什么花，是可以回答的。要说最爱什么花，实在说不出；因为认识还没有到这个程度。

作者在举了陶渊明爱菊，李唐以来爱牡丹之后，就明确告白自己爱莲花。这个告白突然吗？之前有人很爱莲花吗？不太清楚。

反过来，如果没有了陶渊明爱菊花，李唐以来人们爱牡丹，单单就提出自己爱莲花，可以吗？可能不太好，太孤立了，没有了对比与衬托，就如同没有平原的比较，就无所谓山的高大一样。所以衬托是非常重要的。

7.(2015.9.22，周二，晴)今天连二节课，加上之前的二节课，共四节课上了《陋室铭》和《爱莲说》，真是痛快！

先是让学生分二大组背《陋室铭》与《爱莲说》，这次是调换了，结果还是南边一组背的弱一些。这样看来，不是文章本身的问题，而是成员中缺少朗读骨干力量的问题了。

然后问，读、背了《爱莲说》，有感悟和心得吗？雨站起来，说，为什么他要爱莲花，可不可以爱别的花？比如梅花，兰花。我觉得这个问题好，于是追问，梅花有什么特点？谁爱梅花？

于是说毛泽东爱梅花，有诗云"梅花欢喜漫天雪，冻死苍蝇未足奇"。然后问，菊花是花中隐士，牡丹是花中富贵，那么梅花呢？学生涛说，战士。是的，战士，勇士。

于是转而一想，问学生：毛泽东会不会爱上莲花？如果爱上莲花，会有怎么样的结果？

学生愣住了，没想过。

于是我说，毛泽东不可能爱莲花，如果他爱上了莲花，那么就完了。"不蔓不枝"，一个光杆司令，毛泽东还可以成为革命领袖吗？毛泽东"出淤泥而不染"，远离周边群众远远的，也不理睬革命干部，那完了，中国革命就只有另外一个人去领导了。——看来，在今天的时代，莲花——君子，是不能大行其道的。

今天的人们爱什么？爱牡丹很好呀！今天在全面建设小康的社会里，人们都要劳动致富。拿钱越多越好呀，纳税越多，对国家贡献越大！所以在今天，人们可能不适合做君子，这不是这个时代应该有的风气了。

——同学们长大会做爱莲花的君子吗？——你也做不起！那远离城市的山里，你还要修一个莲池，哪来土地呀？谁给你吃的？

——还是做一普通公民好呀！好好劳动，跟同事在一起，工作之余，美食、娱乐、休闲，好得很。不需要消极避世！

8.看一看刘禹锡的头像和周敦颐的头像，还真是差别不小。前者的眼睛就显得很有刚气，很有挑战性，很有风骨。后者呢，眼睛也是很有力量的，但显得保守些，大度些，修养较高。这也与时代气息有关，唐朝人比较有进取心，个性比较昂扬；而宋代则比较温和，保守。

9.对一些句子的分析。"出淤泥而不染"，不与世俗同流合污。对此，学生不知道联系现实。我说，比如你将来的同事、朋友中，可能有赌博、贪污等不良行为，怎么办？是同流合污，还是保持自己良好的品格？这就是君子的风采了。——然后特别强调一句;同学们,将来你们中可能有些同学会当领导,当一个商人把十万块钱放你桌上的时候,怎么办? 是做君子还是什么? 其实,已经既是修养的问题,更是法律的问题,真不是开玩笑的。所以,周敦颐所说君子品格,在今天还是有用的! 学生点头。

"濯清涟而不妖",是说庄重、质朴,学生没感觉。我举例说,有的人得了一点荣誉,或者取得了一点成绩,于是头都昂上了天;或者按照合肥话就是都"麻的了"。学生都笑了,懂了。

## 八、第6课《阿长与山海经》(2015.9.23,周三,晴)

昨天读了《朝花夕拾》的前几篇,觉得还是选入初中课本的文章更好。像《狗·猫·鼠》,拉拉杂杂的,动不动就给谁一枪一棒的,杂文笔法,很不舒服。

1.跟学生介绍一下第二单元的文章,都是写什么的? 人的。什么人? 保姆,父亲,三轮车师傅,信客,二个是家里人,一个是家里服务人员,二个是社会上的职业人。写人文章是难的,如何出彩? 我们从这些文章中好好看看。

写人要写什么? 要写事。写事有什么讲究吗? 学生比较茫然。我说,一个人可能做了许多事,但一篇文章不要都写上,于是就要选择。选择,按照什么选择? 按照主题的需要。事情怎么联系起来? 要有线索,顺序,详略。从表达方式上看,要哪些表达方式? 记叙、描写都是不可缺少的,其次是什么? 议论,抒情。占的篇幅不一定多,但是不可少;少了,可能就缺乏感染力了。——我们从这几篇文章里,应该都可以看到。

2.品题。《阿长与山海经》题目中含有什么信息? 写人,这个人的一个具体的事。那么题目能否叫"长妈妈"? 这显然是不同的;能否叫"山海经的故事"? 这就不是文章的题旨呢。

长妈妈在哪篇课文出现过?《从百草园到三味书屋》,给"我"讲美女蛇的故事。——是否可以这样讲,在鲁迅成为文学家的诸因素中,长妈妈是一个因素,她说了许多生动而富有情节的故事,给了作者想象力的引导;同时也带来了外部世界的诸多信息,不然,一个富家公子,是不大了解外面世界的精彩的。

然后让学生概括文章。学生概括不全。于是让大家快读课文,看写了几件事,顺序,详略。这样就初步捋清了文章的内容、线索。

然后是轮读课文,用时十多分钟。(读到16段"长毛就叫我们脱下裤子"句,听者笑了。其实这句是有点儿童不宜。)后面二段没有读完。下节课好好来品读课文。

3.(2015.9.25,周五,雨)昨天有事,课调到今天可能因为一天没有课,自己到了课堂,感觉好舒服;学生也有期待感。

先问学生对课文有什么新的感悟与收获?二三个同学说了。因为是上午二节课,时间宽裕;于是想到不如让学生先把疑问说说,然后再让学生品读。于是一个个说出自己的疑问。26个同学,用时10分钟,时间不算很多。问题有大有小,有的比较可笑,有的很有价值;总体看,真在预习时有疑问了。

比如:题目为何不直接用长妈妈?长毛的故事都要叙述出来吗?为什么把睡觉的形状说了出来?为什么在12段开头,要说"她教给我的道理还很多"?为什么要在19段详细介绍叔祖的爱好?

茹问:为什么不叙述长妈妈买《山海经》的画面?我让她描述一下。于是她描述了阿长买《山海经》与店主的对话。她说过后,我问她这是什么表达方式?是对话描写;那么,还有心理描写呢?她为什么要为"哥儿"买"三哼经"?这是爱,对作者的爱呀!

随后让学生同位或前后位交流品读。学生积极交流起来。用时五六分钟。然后让学生班级交流。我补充,或追问。

4.问题品读。

(1)睡觉的"大"字形可不可以不说?如果从"为贤者讳"的角度看,是可以省略的。但长妈妈不是贤者,如果说是贤者,就不真实了;也不符合作者的用意。而且,这件事对作者影响其实是很大的。这一段叙写值得注意:先是直写"伸开两脚两手",然后用一个传神的词语"大"字描绘;接着是侧面写其影响,"挤得我没有余地翻身……又已经烤得那么热";接着是列举,"推她呢,不动;叫她呢,也不闻"。要是没有后二者,能不能写出她睡姿的麻烦来?肯定不行。但是,此处也没有渲染,比如描写有一天晚上,自己怎样睡不着,有怎样的后果;还有后来跟妈妈的告状,也没有语言描写。从中可以看到,这不是作者的重点,没有多抒情。

再问,长妈妈那个睡姿是否反映她什么性格?人们常说心宽体胖,也许胖子性子都比较憨吧。从另一个角度看,可能也是有些大大咧咧的。

再看第4段作者妈妈的问话,二个句子,前一个是疑问句,后一个是反问句,但总体是很含蓄、很有修养的。如果直接指责:你阿长晚上是怎么睡觉的?怎么摆个难看的姿势,让我儿子怎么睡觉呀?真粗鲁。那会有什么后果?那主仆关系就僵了,这对主人也不好,除非主人想辞她。再说,中国人是很讲究和谐的,哪怕实际关系不好,也要笑脸相待。何况,作者的母亲还是有身份、有修养的女主人呢。

(2)品析"哥儿,有画儿的'三哼经',我给你买来了"。

注意这句话,很简洁,顺序也不应该颠倒。首先是称呼,然后是图书,然后是交代我的行动。"有画儿的'三哼经'",这句话暗示长妈妈能买来《山海经》的缘由,她是记住其中的画面,才能买来书。"我给你买来了",主语是"我",对象是"你",事情是"买来了",一个词语不多,也不少。可不可以换别的话?比如"你看我给你带来了什么?你猜",等等,也许都不足以体现长妈妈此时的情绪和性格。

(3)(2015.9.28,周一,晴)怎么看待"喊喊喳喳"?

"我"的态度是什么?"最讨厌"。"最"不是一句简单的话,是可以好好品的。真的最讨厌还是夸张的说法?

于是,跟学生模仿,轻声说:奶奶,你家媳妇在说你什么什么。又在媳妇面前说婆婆的不是:大嫂,昨天你家婆婆说你什么什么。——学生听了笑了,尤其女学生听懂了,说明生活中大家都体验过的。

再看作者的描写,用了哪些手法?动作描写,姿态、语气的描写。"低声絮说"是姿态、语气;"竖起第二个手指,在空中上下摇动,或者点着对手和自己的鼻尖",是动作描写,相当传神。这里,既是作者写得好,也是阿长动作的生动。

那么,对于"喊喊喳喳"的叙写,作者用的是什么写法?是详写还是略写?是放在前面写还是后面写?不要轻看,详写还是略写,在前面还是后面,是与文章的主题与作者的情感有关系的。如果文章是为了批评阿长,说阿长如何如何坏,那一定是详写,而且放在后面;这时,一定有举例,比如某次挑拨,造成了怎么样严重的后果,等等。但在文中呢,是略写的,显然不是作为重点写的。

那么，可不可以不写呢？这就涉及作者的主题了。如果此文是歌颂，那可能是要去掉的。但此文显然不是歌颂。而且作为一个成熟的中年人，像年轻人那样书生般的矫情的歌颂，显然是作者所不屑的，所以作者不会也不必略去阿长的这个毛病，——她本不是模范人物呢！

（4）本文是写人还是写事？

如果是写事，题目可以叫"《山海经》始末"，那就是事情了。其实，文章是写人，那么，可以叫"阿长这个人"吗？又显得没有感情。如果用"某某阿长"，则应该填什么呢？纪念，歌颂，还是——怀念？学生说出了"怀念"，这是正确的。

5.文章的板书。我忽然想到，文章是有情感线的，作为文章的暗线在串联文章，而且故意起起伏伏。可以用数轴表示，下面是负数，上面是正数，于是，我这样设计板书。

```
                6霹雳 震悚 最心爱
           3敬意
                 4淡薄
       2无法可想  磨难
  1最讨厌              5当面叫名字
     先抑                  欲扬
```

如果能用线串起来，就可以看到文章的情感线之立体感了。

6.结尾品读。文章的结尾是什么写法？倒二段是总结，从中表现出作者对阿长的同情与哀悼。最后一段呢，用的是祈使句，是呼告的语气，也是直接抒情，要地母来安慰自己的保姆，让保姆在阴间的世界里，安静平和。这一段其实可以写成别的话，比如，我想念长妈妈等，但可能都没有这句更有情感。

## 九、第23课《核舟记》（2015.9.29，周二，小雨）

注意把文言文上成文章与文化，于是就多了味道。

1.品题。让同学们把题目意思搞清楚。"记"是什么文体？记叙类。但本文按照今天的分类是说明文。如果换一个词语呢?"说",或者"论",就是议论文体了。

"核舟"呢?是什么?是"舟"还是"核"?是用核桃雕刻成的舟,——想一想,这是多么微小的物体呀,其中蕴含了多少心血,多少时间与技术?

把班班通中的有关微雕的图片播放一遍,其精细用心处,让人感叹:古人在这些方面花了多少精力,既让人敬佩,又觉得遗憾:多么耗费时间呀!

2.结构与顺序。

即使是文言文,也是要有整体感知的。整体感知以后,学生对文章的理解就快了。

结构是总分总,这不难看出来。追问一句,必须如此吗?不要第一段,直接写第二段,是否行? ——文章总要开头的,就像说话一样,开个头,才进入主要内容。先要说自己有这么个工艺品,才能具体介绍呀。

当然,文章开头对王叔远的高度评价,则可以不要的;不过,有这句介绍,先声夺人,是有艺术感染力的。

但这里面似乎有个疑问:"尝贻余核舟一",谁"贻余"的?王叔远?但从文章开头的介绍文字"明有奇巧人曰王叔远"看,似乎王叔远年代不近了,跟作者不在一个时代,没有打过交道。不然为什么不说"我朝"?

顺序是空间顺序,这也没有疑义。但是如果联系练习二,具体说说这样安排顺序的原因,却觉得不太好说。从船的正面、背面看,无疑是先正面后背面;但是在正面中,是先什么呢?船舱——船头——船尾?其实,这里面大概包含一个主次,就像我们平常说的,上下顺序之类,是空间顺序,也包含有主次顺序吧。而主次顺序,应该就是逻辑顺序。

3.句式。教材编者水平是很高的,比如练习三要求翻译的几个句子,初看是很简单,其实含有一定的语法问题。

"苏、黄共阅一手卷","一手卷"翻译出来,要加上量词"幅",因为文言文里直接用数词修饰名词,中间没有量词。

"通计一舟,为人五;为窗八","为人五"——刻五(个)人,"为窗八"——刻八(扇)窗户,翻译时有个顺序调整和加上量词的变化。

4.文化知识。

手卷如何打开。"东坡右手执卷端","卷端"何意?是因为手卷是从右往左看，——中国古代文章都是这样排版的，而且是竖行。教师带学生把书翻到263页，上面是王羲之书法"永和九年……"，就是竖排版，从右到左书写的。

"天启壬戌秋日"，上面意思？"天启"是皇帝年号。过去纪年是按照皇帝年号纪年的，不像今天，都是按照公元纪年，2015年。"壬戌"呢？是按照天干地支来的，天干十个，甲乙丙丁……，配地支十二个，子丑寅卯……，到了第61年，回到甲子年，所以有"六十一个甲子"之说。地支又配合着属相，子鼠丑牛……。问学生，他们多是属什么的？多数说蛇，有个别说龙。——跟学生说这些知识，学生听了很带劲，也长了知识，也增加了课堂兴趣。

5.背诵提示。

单单让学生背诵，可能效果要差一点。跟学生介绍一下段落结构，可能有助于背诵。比如第三段，第1句是总写，介绍三人，是四小句。第2句介绍苏、黄共阅一手卷。第3句是写东坡的动作，二小句。第4句是介绍鲁直的动作，三小句。2、3句是写他们露在外边的手，那么他们的脚呢？第5句做了介绍，用了五小句。这二人之后是佛印，先是四小句介绍，着重是神态、表情。第6句是写其动作，用了四小句。——学生是容易粗心的，如果不分析一下，可能就是一句句往下背，效果可能就要差一些。

然后让学生当堂背诵。六七分钟后，有二人可以背掉。

## 十、第24课《大道之行也》（2015.9.30，周三，小雨）

这一课很有文化和思想含量，很有嚼头。

1.此文思想性在中国文化思想史上的价值。

问：读了这篇文章，我们有什么感悟和联想吗？

学生没有多少感觉，因为他们的知识储备还不够。教师提出"天下为公"，是孙中山先生的理想。天下为公是什么意思？天下是大家的。那么相反呢？是私人的。什么时候是私人的？学生没有反应。——"家天下"吗！汉、唐、宋、明，不都是家天下吗？江山是谁的？是汉朝是刘邦家的，唐朝是李渊家的，世世代代往下传。今天的天下是谁的？不是家天下，领导人是选举产生，一任五年，最多两任。

110

孙中山之外,别的领导人是什么口号?洪秀全呢?拜上帝教,也想建立一个人人平等的天国。但事实是失败了。

　　中国共产党要建立的是什么社会?最终目标是共产主义。共产的反面是什么?是私产,财产属于私人所有。共产主义比较遥远,就目前而言,我们国家提出一个什么理想社会的口号?和谐社会。有没有注意到这个和谐社会的关键词——"和",跟这篇文章什么词语相联系?——"大同","同",就是"和"之意呀。这个"和"的社会,确实是一个非常了不起的理想。

　　2.一些词语意思有些变化。

　　"寡",书中解释为:老而无夫的人。今天说的寡妇,意思变化了。对于老年妇女丈夫去世,一般不认为是寡妇;寡妇一般指中年丧父的妇女。

　　"孤",书中解释:幼而无父的人。今天人们说的孤儿,一般是指无父无母的孩子。

　　"独",书中解释:老而无子的人。

　　3.理想社会到底是什么?

　　"大道","大同",一个是理想,一个是结果,那么,两千多年过来了,能够确定吗?

　　"道",是道路,是方案。"大",大概是最好的吧。这样的道路与方案有没有?

　　从今天的世界观看,相对的"大道"是有的。但要考虑的内容已经多了不少,其中很重要的就是,在这个世界立足。

　　今天国家要采取的道路,在内部,基本合乎社会的要求,能够给这个社会带来发展,满足人民生活、发展、幸福、快乐的需要;在世界范围内,让本民族、国家发展、强大,免受外族、外国欺侮;在世界范围内多多发挥作用。其中,国际关系,在今天是很重要的关系,甚至在一定阶段是首选的阶段,比如抗日战争时期;这在孔子那个时代,是没有遇到的困难。

　　所以,今天的"大道"的选择,就不是那么简单了。从目标上看,要让国家富强,人民富裕,社会安定,环境美好,发展可持续。应该说,今天中国采取的道路,是基本按照这个思路进行的;这个可以被称为"中国特色社会主义"道路,堪称今天的"大道"。——不要小看这个道路,这是走了几十年弯路,经过许许多多人、包括卓越领导人的殚精竭虑,才趟出了的正确道路。

"大同"，也必须是世界的"大同"之后，才有一个国家的大同。应该说，这个世界在往这个方向走。但是，没有谁能保证第三次世界大战绝不会打起来。所以，一边畅想大同社会，一边绝不可以忘记邓小平的名言：发展是硬道理。这是《大道之行也》文章所没有的思想，但是，是中国人目前和相当一段时间的行动指南！在这个时候，我们不要过于崇古，而要面对世界，与时俱进！

4."外户而不闭"，内户闭吗？

应该说，孔子也是很理智的。大门不关，是说社会安定，人们开门睡觉都放心。但是小门，卧室门要关吗？——同学们，你们晚上睡觉卧室门关吗？——要关的，这是隐私的需要，是对人的尊重。

再说，大门也是要关的。理想社会是在纸上的。要知道，任何社会都有醉酒的人，神经的人，其他病态的人。他们主观上不是坏人，但是有许多坏的行为。所以现在警察要严查酒驾，警察一严格，大家都规矩了。——如果不严查，包括我们老师们，我本人，肯定会在与朋友聚会的时候，喝些小酒，这样就可能酿成事故。——虽然大家都是好人，但却可能是个违法违纪的人！

5.(2015.10.8，周四，小雨)七天没上课了，今天又上课，比较兴奋，有许多话想说。先让学生说说国庆生活与感悟。但都不多，思考感悟少。也是，小孩子呢。

对于课文内容，上一节说的不够，这节课再补充。分析第二部分第一层"壮有所用，幼有所长"，问，"壮有所用"其实跟后面什么比较接近？生找出"男有分"。"幼有所长"肯定是好的，可是是否缺什么呢？学生思考，有同学说教育。是的，教育。在那个时代，不需要教育，——不是的，有教育。不要认为没有教育，父母的言行对于子女来说，都是教育，是潜移默化。父母是宽厚的人，子女很大可能就是宽厚的人；父母是刻薄的人，子女可能就是刻薄的人。父母爱吵架，关系恶劣，子女长大成家后，可能就爱吵架。因为他们心里的榜样就是父母，他们无意中学会了。——当然，除非子女有了知识，可以超越父母，那是可能改掉父母身上存在的毛病的。——文中没有说到学校教育，因为在那个时候还没有成为社会的普遍要求。那个时候，人们会种田、放牧就可以了，学习文化知识没有多少用呀？社会不需要呢。

接下来，"矜、寡、孤、独、废疾者皆有所养"，这里面好像也缺少什么？有东西吃虽然好，可是如果生病了呢？医疗问题可是个大事呀。这在当时不是大事，当时医疗水平差，一般的病就是老祖母给吃点草药什么的。大一点的病，大概就是巫师之类处理了，处理不好，就任命运处理了。所以，医疗也没有提出来。

第2层的"男有分，女有归"，有没有问题？男有分，女没有分？这在那个时候，确实如此。男人做事，女人在家带孩子就行了。但是今天不行，女人也要有工作。但是这不是一件小事呀！人人有职业，可是这职业到哪找呢？上班要有工厂，可是国家经济形势不好，工厂倒闭了，怎么办？

西方国家，对失业工人给予生活补贴。但是这也有问题，如果补贴过多过好，这就鼓励懒人，许多人不愿意干活了，这也不好。

还有，女有归，男要娶呀。但男婚女嫁，不是你想娶就娶想嫁就嫁，要怎么办呀？学生说要介绍对象。是的，要介绍，相处，尽量满意。但是还有问题。过去的主张是从一而终，可是现在主张婚姻自由，允许离婚。夫妻感情不好，允许离婚，于是，又形成新的问题。

6.本文与《桃花源记》所描绘的"世外桃源"的异同。

相同的地方不少，比如都是安居乐业，都有所养，都快快乐乐的。但有不同的地方。比如本文所提的"选贤与能"，"男有分"，这在桃花源这个封闭的小社会似乎看不到，也没有必要。

而《桃花源记》，渔人要离开后，桃源人说什么呀？"不足为外人道也。"他们是封闭的，而且也乐于封闭。这个思想是老子的"鸡犬之声相闻，老死不相往来"的"小国寡民"思想，是一种倒退，也是主观的愿望，事实是不可能的。小国寡民的社会，从遗传学上，近亲繁殖，越来越傻。而且，外面的世界发展很快，都用上电器、互联网、火车飞机了，你们还只能男耕女织，多么落后。再说，到那个时候，你以为还能安宁吗？就算人家不来侵略你，你的子民也跑光了。这一点，《大道之行也》不是这样封闭和小家子气，超过《桃花源记》的思想境界。

113

八年级语文上册

国庆放假，调上周三课。

上这一课，就有许多话要说。之前韩军与李华平的争论，刊物上对此的讨论。近一期《语文教学通讯》刊登了几篇关于《背影》的文章，尤其是台湾的教材，大概可以说就是揭朱自清短的，完全不是大陆的美化与拔高。

还有，感觉多数人就在内容和情感上打圈圈，而没有在章法和写法上深研，其实这应该是重点吧！

1.先是生字词。然后让学生概括，六七个学生都是说文章写父亲买橘子的事情，我很诧异。文章中心事件是这个，主题呢？章法呢？

读注释、课文之后，让学生提问。让二排学生（十二位）提问，比如题目不好，结尾为什么说不知何时相见等等。说明还是用心的，真有问题，有的也有质量。

2.（2015.10.12，周一，晴）今天就一节课，加上隔了个星期天，学生对课文可能有陌生感。于是，再让另外二排学生（十二位）说说自己的疑问。总体感觉是在一些小问题上绕圈子，好像都没有超出教参、"全解"之类的范畴。

然后让学生品读。我从中追问，追问之下，学生可能感觉吃惊：原来还有这样的讲究。

就我自己而言，可能是刚刚读过台湾的教材里的解读，《背影》背后负面的材料太多了，对此文没有神圣之感，但也不便于过多批评。现在，先让学生品，我追问，再暴露许多材料，免得干扰学生的认识。

（1）开头。本文开头是有力的，简洁的。其实，我们的开头有许多种，——让学生给另外开头。比如，议论开头：父母对子女的恩情是永远说不完的。说到我的父亲，我有许多回忆，其中最突出的是那次在南京送我上车给我买橘子的那一次。

——这样的开头，多么啰唆，而且主题变小了；线索"背影"不突出。

而本文，简洁到不能再简的程度。如果说"我最不能忘记的是他的背影"，则过于突兀；而之前写了"我与父亲不相见已二年余了"，就自然暗含对父亲的思念。"最"，这不是一般的词语，说明多么突出。

"不相见"有没有说明含义？如果写"没"相见呢？"没"，是客观原因，是结果；"不"，是主观原因；或者父亲不见我，或者我不见父亲；或者遇到什么障碍，主观上不能相见。这里面是含义颇深的。联系当时的现实，就是有关资料上说的，父子关系曾经很恶化，父亲领儿子的薪水；儿子来家父亲不让进门；儿子带着妻子、孩子和自己的母亲到北京，父亲留在老家。——一个"不"字，有多少含义呀！

有学生疑问，为什么结尾说"唉！我不知何时再能与他相见"，过年回家不就行了吗？可是，联系当时实际，父子之间的冲突，儿子能够回家吗？其实，这里不仅是儿子与父亲的关系之僵，难道背后没有儿子母亲的作用吗？在那个时代，男子有三妻四妾，妻子顾及自己的利益，带着自己亲生儿子生活，而把有小老婆的丈夫弃之一旁，是正常的！

(2)第2段的作用。第2段写什么？学生概括了第2段，但没有说到它的作用。第2段的作用很大。如何才能体现其作用呢？如果去掉行吗？

按说，从叙事来看，是可以去掉的；中心事件是父亲送上车，买橘子，与奶奶去世关联不是特别大呀！但是，如果没有祖母去世和父亲交差事的过渡与铺垫、渲染，第5段的眼泪，就有点"无厘头"，不知何因。

正是第2段，给全文奠定了哀伤的基调。否则，文章就没有这么感人。

"父亲差使也交卸了"，什么意思呀？同学们对这句话可能一读而过，不当回事。那么，联系你们家里，如果你爸爸失业了，你会有什么感受？而且，如果你爸爸是局长，被开除了，你会怎么想？——家庭生计怎么办？名誉怎么办？那个时候，丈夫在外工作，妻子在家里做家务，丈夫一旦没有工作了、收入了，怎么办？

而且，父亲的差使是怎么交卸的？作为儿子没有说，但心里不是没有感觉的，甚至很强烈！父亲已经有了个小老婆，又在徐州某局局长任上时，又娶了一个；结果因此引发矛盾被免职！可以相见，作为正妻的大儿子，对此是什么态度！

(3)两次自责，目的是什么？

文中第5段二次自责，目的是什么？自责的另一面是什么？是道歉，是对父亲的道歉。表面上是自己"非要插嘴不可"，其实是对父亲的不耐烦。此时写出来，一方面可能是自己心里的愧意抒发出来会好受一些；另一方面大概是想让父亲看到吧,缓和父子关系。

(4)父亲送我到车上是"无微不至"的关心吗?在班班通里,对父亲送我上车一段文字的解读是,父亲那么忙,却还去送我,可以见到对儿子的关怀是多么无微不至。其实这里没有必要这么拔高。父子之情,父亲爱儿子,母亲爱儿子,这是自然而然的。哪个父亲、母亲不是这么爱孩子的?唯有朱自清的父亲?这种拔高让人难以接受。

看同时代的叶圣陶先生分析《背影》,还是比较平易的;可是一些教师,却以无限拔高为能事,以为越拔高越显得自己分析深刻,这是多么虚假、荒唐的行为!

(5)"朱红的橘子"的好处。"朱红"在这里是一个亮色,与之前的"黑布""深青布",以及祖母去世、我的眼泪等,都是一种反差,显示了鲜明的暖意。

那么,是不是只能用这个词语修饰?不是的。比如"七八个橘子","圆圆的橘子",或者竟然用"七八个圆不溜秋的橘子",效果就要差得多。

(6)点到为止。文章第7段"他触目伤怀……家庭琐事便往往触他之怒。他待我渐渐不同往日",这一段写得比较虚,也比较简略。从文章的主旨看,是不需要的;但是又能不能删去不写呢?一方面,不合乎事实;另一方面,也缺少情感的下抑,对于最后的情感渲染,也就缺少积蓄的力量。

3.文章的情感线索。此文是很讲究情感的。文章开头是提出难忘父亲背影。接着是祖母去世,父亲失业的悲伤。然后还有父亲送我上车的蓄势。在这重重铺垫之下,父亲买橘子才是高潮。接着如果就写最难忘记的是背影,显得匆忙了,而且,情感缺少波澜。于是作者先写父子关系的不好,当然这也是事实,然后再以父亲的信来引出背影,于是就充满感人的力量。

另外,文中的抒情也不可小视。文章开头的"最不能忘记",是直接抒情。第2段的"簌簌地流下眼泪",是以事抒情,以泪感人。第5段的二次自责,是从反面衬托,加深感恩之情。第6段的"我的泪很快地流下来了"和"我的眼泪又来了",是以事抒情,以泪感人,是情感的高潮。但是,高潮之后,不是立马结尾,而是先顿一顿,挫一挫,写与父亲的矛盾,然后是引入父亲的信"大约大去之期不远矣",渲染感情。最后是"在晶莹的泪光中",以事抒情,以泪感人,照应、结束全文。

试想,如果把这些情感线掐断,文章会怎么样?

4.本文是否灵感的突现？

本文的成功,是否是偶然和灵感？写父亲是很难的。

文章如果另外拟题,应该叫什么？

——想念父亲？回忆父亲？都太平淡了。而"背影",则有点意象的感觉,是摄影中的定格,抓住了最亮的地方。好比一个美女,最美的是眼睛,于是突出眼睛;最美的地方是身材,于是突出身材。父亲形象呢？背影,最特别,最有美感,最有文学之美！

如果清楚地说出情感,那么此文是什么情感？感谢与惭愧？可能应该是这样吧。作者的眼泪是真的,这个眼泪包含哪些情感？感谢,思念,惭愧,三者兼而有之？

"背影"是文学史上的一个创新,一个美学新形象。此题一出,就标志着文章成功了一半！

5.多面的父亲。此文是值得我们思索的:父亲是什么形象？并不是那么简单。

父亲是一本书,值得我们读一辈子。八年级时写父亲,大学毕业写父亲,人到中年认识父亲,到老年时再认识父亲,都是不一样的！

父亲有多个角色。父亲,爷爷,岳父,姥爷;儿子,孙子;丈夫,女婿;叔伯,舅舅,姑父,姨父等。

从工作的角度,是师傅,主任,保安,局长,教师,老板等等。

从公民的角度,是否守法,是否有道德,是否行善,是否失德等等。

从事业的角度,学生、工作、事业起伏,发展的辉煌或潦倒,结局的圆满或凄惨或平淡等等。

父亲中有英雄,老板,庸人;有敌人,汉奸,也有罪犯。汪精卫和秦桧也是父亲！不过后者比较少,但也是父亲。

英雄未必是好父亲。父亲英雄儿子狗熊的事情也很多。

怎么办？怎么认识？

啊,父亲,父爱,说不尽的父子(女)情。不过,儿子也会当父亲,父亲这个角色也是轮流充当,哪怕不愿意也不行。也有人,当了父亲,不像父亲,没有意识到父亲的责任。有许多父亲,虽然很想当好父亲,但不会当父亲,于是有许多教训。——人生充满遗憾,这又有何妨呢？

6.都是第一次,错了又何妨。

父子关系是没有演练机会的,许多问题都是第一次,没有准备,没有经验,错误难免。父亲如此,儿子也是如此。

比如第一次冲撞父亲,父亲第一次面临冲撞后的反应。多少年后,可能觉得,唉,当初完全可以用别的方式呀。但是,已经没有了补救的可能。

有一些极端的例子,父子冲突,最后酿成悲剧,真的很可悲,可叹。——人生无法演练,父子关系没有实习这个过程。

7.父子关系并不单纯。

不要以为父子关系简单,其实并不简单。比如母亲夹杂在其中。更多的,可能是爷爷奶奶在其中。

次子出生了,长子父母带不过来,于是长子跟爷爷奶奶过。结果,多年后,长子跟爷爷奶奶的情感,超过了跟亲生父母。于是在许多家庭,酿成了亲情隔膜的矛盾;有时,甚至酿成较大的事故,影响一生。而当事人,因为不了解这里面的形成原因,而只是单纯埋怨,更使矛盾错综复杂!

8.(2015.10.16,周五,晴。考了二天试,今天接着上)让学生说说对《背影》的新的感悟。

一问,没有多少了。再问学生,之前的疑问现在怎么样了?让几个学生说,都说自己的问题是什么,现在已经解决了,——看来,对学生一开始提出的问题,未必要及时回答;随着学习的深入,自己是可以解决的。

——再品文章,觉得"背影"的提出,是个形象,意象,这属于诗人的思维。这是朱自清与别人不同的地方。鲁迅也没有这个特点,虽然他也写诗。本是好散文,又有了诗意,所以这篇文章是出类拔萃的!

跟学生讨论课后练习,发现练习一的第2题,分析真高。

讨论练习一的第3题,忽然觉得,朱自清的父亲也是很有文学气质的。这封信把儿子写哭,动情句在哪?是"大约大去之期不远矣"这句话。本来父子之间冷战,对立,僵持。但"血浓于水",什么时候,父子亲情都是无法隔断的。就算儿子气父亲,不理父亲,可一旦感觉父亲要离开自己了,儿子是不可能不动情的。于是就有了文章里的"泪光中",回忆起父亲的形象,父亲的背影。值得注意的是,泪光中,父亲的形象是一串串如过电影一样,一件件事,一个个片段,包括送上车、买橘子的那一次。

练习二的第1题,分析也好;但学生说引出背影,并与下文照应,这从结构上说也是对的。

9.用减法理解文章的美妙。

问同学们,要是减去哪些地方,文章的美妙会下降?

学生说,四次眼泪;二次自责;还有望父买橘那一次要是删去。

我接口道,这是中心事件,删去不用说不行;就是简写,也是不行。比如这样说:"父亲送我上车后,要给我买几个橘子。后来,父亲爬过铁道,给我买七八个橘子送来了。然后父亲走了。"——怎么样?完了。——由此可以看到,描写的重要!而且,买橘子一段用了哪些描写?外貌,动作,特写,用情感反应烘托。有这么多技巧!

10.我们如何对待父母?

对于同学们来说,爱父母最重要的就是好好发展自己。只有自己有出息了,上进、努力,让父母省心,给父母带来尊严;当然,也有物质基础改善父母的生活,就是对父母最大的爱。如果自己不争气,还要让父母担心,甚至给父母带来屈辱,那么,就算你去送他一瓶酒,给我二斤肉,这是真孝顺吗?是真的爱吗?

其实,孩子都是属于社会的,属于民族的。发展好自己,好好成长,就是对父母、对社会、祖国的贡献和爱!学生听这么说,都瞪大了眼睛,觉得很新奇。

119

## 十二、第8课《台阶》(2015.10.19,周一,晴)

上周五初步整体感知了《台阶》,部分同学说出了自己的疑问,也轮读了课文。这节课,就开始品读了。先问大家有什么感悟;再让12位同学说说自己的疑问,——这样做,也是等于让大家回忆文章的内容。

有一些集中的问题,看来比较难,比如:父亲真的老了?

1.父亲真的老了?

父亲真的老了?

从体力的角度看,父亲肯定是老的。因为岁月的痕迹,因为一直努力造屋给身体带来的损害,因为目标实现后,身体一下子松弛后的表现。

但这些,不是真正的原因。

父亲在造好新屋后的表现真正原因是什么?

从上文看,是"若有所失",是自己问自己:"这人怎么了?"

父亲不是老不老的问题,而是如何心理平衡的问题!

是的,心理不平衡了。

过去,自己是个"台阶低",身份不高的人家,自己习惯了,乡邻也习惯了;包括态度,表情,心理距离等。十几二十年都过去了,大家都习惯了这种平衡。

可是,现在这个平衡打破了。因为父亲造了一个九级台阶的大屋,而打破了这种心理平衡。本来在邻居心目中老实、勤劳的老李头,大家带着平等中可能带着一点点忽视的态度跟你打交道,跟你共事;忽然现在老李头上去了,不再是大家平等中的一员了,更不能忽视你了,于是大家心理就有怪怪的感觉。——羡慕嫉妒恨哪,这几种情绪常常分不清,裹在一起,折腾着自己和他人。于是就产生了许多互动,别扭的眼神,酸溜溜的腔调,这在老李头心中不是一种折磨吗?

从另一方面看,老李头渴望受到尊重已经许多年了。过去,自己作为低台阶的人家,对于高台阶人家的羡慕是多么强烈。可是,一旦自己住上了高台阶房屋,原来那种兴奋的感觉不是那么强烈呀?别人对自己祝福与羡慕的眼神,好像也不是那么多呀。

于是,种种情绪折磨着父亲,父亲当然就不开心了。

还有,过去,为理想而奋斗的父亲,是充实的,是很有奔头的。现在,目标实现了之后,可能觉得空荡荡的,觉得生活已经没有多大的意义了。于是慨叹:这人是怎么了?

人怎么了?人是复杂的,是要不断调整心态、不断调整追求目标的。

不过,父亲的心理失衡是暂时的;再过三个月,半年,父亲会找回人生的新的意义,会适应高台阶带来的新变化的。

2.本文一定要充满悲情吗?

文章的题目非常有象征意义。一是房屋的台阶,一是人们不断追求进步的象征,而且没有尽头,给人充分的联想,是非常具有意象感的。

本来,父亲准备了十几二十多年,从第三个台阶开始,准备,积蓄,终于开始造第四、第五、第六……个台阶，一切不都是往上走吗？最后的结局是父亲的九级台阶造好了，放炮竹，献祝词，皆大欢喜！

但是，不能如此写；这样写，文章就是太常态化了，就缺乏新意了，而且立意也比较肤浅。

现在，父亲造好了新屋，本来应该高兴的时候，却出现了波折，形势直转而下，这就让文章有了变化，主题变得深刻。原来，一个辛苦一辈子、能吃苦耐劳的汉子，在造好了有九级台阶的房屋之后，却变得若有所失，闷闷不乐。这是为什么呀？于是，就引发了思考，深化了主题。

3.父亲苦吗？

在文中，主要突出的是父亲为了造屋忙碌大半辈子的苦。但是，父亲真的就是苦吗？不全如此。从某种意义上说，父亲是幸福的。因为他的人生有目标，有意义。一个人，如果浑浑噩噩地过日子，不是不可以，但是，多没意义。而有了目标，有了奔头，人的精神面貌就不一样了。

当然，人生的资源是有限的。当父亲积累了不少物质财富以后，是否可以把这笔钱用于孩子身上呢？比如给孩子增加营养，不治家产，但给孩子一个好身体；有了好身体，就为将来幸福人生打下基础。同时，也可以在孩子读书、发展上多投入，这也许是更划算的发展目标了。

当然，在那个时候，孩子的出路也是很少的，想投入也难。在这样的情况下，父亲不顾自己的劳累，去一心造屋，这是无可厚非的。后代不要因为父亲所实现的目标不那么伟大，就小看父亲，这是在那个艰难的环境下，一个很了不起的成绩！

## 十三、第9课《老王》（2015.10.21，周三晴）

1.可能因为杨绛先生的文风是冲淡与含蓄的，学生对此文的品读不是很多，似乎找不出太多可以品的。但学生的几处疑问，还真的是疑问。

云说，第1段说常坐三轮车，第6段为什么要说不敢乘三轮？

我分析说，可能这时是取缔三轮之后吧。

茹说：为什么要说"灰不灰蓝不蓝的方格子破布叠好还他"，可不可以不说？

——是的。可以说,我把他的那块布叠好还他。这里,一方面是作者的记忆真切,一方面是有点调侃吧。人死了还调侃吗?因为杨绛写此文也很老了,可以说对死亡也有比较近的感觉了吧,所以就不太忌讳吧。同时,也说明杨绛对当时情景记忆的清晰。

而且,看上去是冷淡的。但是联系后来,杨绛先生为之愧怍了好几年,可以想到,表面的冷调侃,其实是一种风格,一种超然吧。对于吃过那么多苦的女人,又是一个很敏感的知识分子,生生死死又算什么呢?

玉问:如何理解"我却拿钱去侮辱他"?

——人家是来感谢我的,我接受不接受?不接受,双方的情意就断了;接受了,对方心理就平衡了。但是,对于老王这样的贫困的底层人物,大知识分子,经济地位好得多的教授,可以要人家的东西吗?所以必然要补偿;但这个补偿确实可能降低了对方的好意。这确实是个矛盾。

我们再来看看文章,"我谢了他的好香油,谢了他的大鸡蛋",对于比较讲究简洁的作者来说,可以合并一句,就是"我谢了香油和鸡蛋",或者简单地说"我谢了他",但这样就不足以表现当时我对他的谢意的诚恳。

我们接下来看文章。我转身进屋去,这时是什么情形?老王"赶忙止住我说",说明老王是很明白的。可是,作者确实不能白吃老王的鸡蛋呀?于是,老王大概有点思想斗争,但最后还是站着等我。

接下来,我们这样疑问:作者给了老王多少钱?作者写了吗?

作者不能写出钱数,那就太俗了;但是在下面也点了,"他……一手攥着钱"。从中可以看到,作者一家对老王的关照大概是比较多的。

2."前任""镶嵌"这些词代表了作者的轻调侃的文风。

"前任"是大词小用,也是非常贴切的。老王送冰之前,是有人送的,是老张或者老周。为何要老王送?可能作者夫妻本意是想照顾老王生意;或者是出于对老王的信赖。老王送了,之前的那个就不能送了;这在老王心里是有数的:杨绛夫妻对自己的照顾。比较老王,之前的那个就叫"前任",显示杨绛先生的调侃。

"镶嵌"一词体现了炼字的高水平。本来,突然开门看见老王,应该是什么样子?老王身体高,如果再胖的话,就是"堵"在门口了,或者是"挡"在门口,大概很少有人想到"镶嵌"吧。

什么情况下才是"镶嵌"呢?"镶嵌"可能是对没有多少生命气息的物体的感觉。这个词写出了老王身体病到了什么程度,与下文的描写是一致的。当然,这里也可能包含了对老熟人的一种调侃。

人说"大巧若拙",杨绛先生的文字很老练,简洁,有自己独特的风格。她的这种风格,简练,含蓄,点到即止;而不是朱自清先生的那种浓浓的抒情,不是余秋雨先生的华丽抒情,于是就容易受到忽视。

——我问学生,你们喜欢喝什么饮料呀?有同学说喜欢橙汁。再问,爷爷奶奶呢?有学生答,白开水。

朱自清、余秋雨先生的文章是橙汁,而杨绛先生的文章是白开水,其实在某种情况下,是最好的饮品!

3.可不可以把老王最后一面写得有感情一些?

学生们在读到老王的最后一次出现时,可能会觉得作者写得太冷了。确实是冷的感觉,那么,作者可以写得有情一些吗?

比如第8段"他简直像棺材里倒出来的,就像我想象里的僵尸……",这样写法,有点让人毛骨悚然。杨先生可以不这么写吗? 如果含蓄一点,老王瘦得让人担心,这也是可以的。但作者偏偏如此直接而形象地写出来。其实,作者真实再现老王最后一趟的形象,从伪饰的角度看,是不必如此写的。但敢于这么写,这可能也显示了杨先生特立独行的文风吧! 我想,杨先生在这里也包含了对老王的同情吧。只是,这种同情更深刻、隐讳一点。

如果据此说杨先生冷漠,可能有些误解。杨先生的同情是一种深入的感情,而不只是表面的嘘寒问暖。想一想,为一个三轮车夫的死亡,竟然几年心里不安,这是怎样的善意与同情心呀!

4.杨先生愧怍什么?

杨先生说"这是一个幸运的人对一个不幸者的愧怍",那么,杨先生愧怍在哪里呢?

读者可能会说:可以去看看老王。

不过,作者为什么要去看老王呀? 如果你处在杨先生的这个位置,你去看老王吗? 你在生活中去看望一个无亲无故的底层劳动者了吗? 恐怕没有吧。杨先生不是慈善家,是个知识分子,不必以慈善家的标准去要求杨先生。老王和杨先生一家是什么关系? 是客户与服务者的关系,并不是亲邻

123

八年级语文上册

的关系。

其实，杨先生作为一个忙碌、有自己事业的大知识分子，对于一个生活在底层的劳动者，有一些关心与照顾，已经是很不简单了，完全不必以高标准去要求他们。

而且，杨先生也没有说自己因为没有去看老王而感到愧怍。

杨先生的愧怍，是出于自己的同情心，为老王如此悲剧性的结局而不安，而感慨、惋惜。但是，文风含蓄的杨先生仅仅是如此吗？恐怕不止。老王的悲情，应该由谁负责呀？社会应该从中有什么思考呀？社会是否应该对老王的命运负责呢？这可能才是真正的意义所在。

## 十四、第10课《信客》（2015.10.22，周四，晴）

余秋雨的散文，是另一种风格。一段时间，师生一起欣赏了好几位名家名篇，真是痛快！

今天早晨，为了打开同学的思路，在先跟同学们一起概括文章各部分之后，让几位同学提问，好几个同学的提问都比较有质量。比如有同学问，为什么要写老信客看坟场？是的，这个可能更是为了一种悲情吧。有同学注意了像第10段末尾的抒情性文字，这是余秋雨散文的特点之一。有学生问，开头为什么没有从信客的死亡开始？是的。这篇文章完全可以从信客死后，悼念的浓重写起。但作者没有如此写，可能不想让文章笼罩在悲情之中吧；同时，也可能使文章更多一种进程感，历史感。

1.首先跟同学们一起概括文章各段文字。

这篇文章跟前面文章比，形式上有什么特点？——分成几个部分。这样有什么好处？不要过渡句段了；同时，也确实跨度很大。

跟学生一起概括各部分。对于第一部分，二个学生都说老信客把任务交给新信客等等。我说，不对吧，是新信客从老信客那里接受了任务，还是老信客在先？事情的发展是老信客在先；但文章的叙述是年轻信客在先，注意文章中的主导者。

当然，第一段也不只仅仅是交代，也笼罩在悲情之中：老信客栽了跟头。后来年轻的信客呢？也是以痛苦结束了自己的信客职业。

第二部分，是写年轻信客的工作渐渐被大家信任。重点写为在外游子代办丧事的艰难，也从中写出了信客的重要。办丧事，这只有当家之人才能这么做呀，而信客竟然充当了这么重要的角色！信客是什么？说大一点，是外交官了吧！信客的工作，怕是不能有比这更重要、更神圣、更艰难的了吧！当然，我们也要注意作者的写作侧重点，着重写的是悲情；其实，信客代人办这些重要的事，也会被客户感恩戴德的，信客也从中找到了职业的神圣感与尊严！不是只有月黑风高，也有明媚阳光的！

第三部分是转折了。如何概括？学生概括一是不好意思，因为涉及包二奶，二是头绪多，比较啰唆。主要内容是：信客送信撞到同乡包二奶，被诬陷，送至巡捕房。出来后，坚决不再当信客。后来当地有了邮局的代办点，信客以代写书信过活。

第四部分呢，是详写还是略写？略写，是信客的后来。家乡办学校，信客先是做了地理老师，尔后是校长，信客做得都很好，死后吊唁的人很多。信客死后跟老信客埋在一起，乡人们照顾老校长坟墓时，也顺便照料一下老信客的坟。

2. 可以给文章设个其他什么题目？

学生设有"两代信客"等。但都比较实在。

我说，能否叫"一个小学校长的传奇人生"？学生眼睛一亮。但如果起这个名字，文章的主题就不一样了！

而就本文的立意来说，还是《信客》更合适，作者是替已经消失了的这种职业在留下一个档案呢。

3. 对文中诗意句子的品析。

此文的语言，有多处是余秋雨的风格，这在鲁迅、朱自清、杨绛的文章里所看不到的。鲁迅他们的散文，大概多属于写实，看见的东西才去描写。而余秋雨呢，看不见的东西，也可以描写，而且常常化实为虚，句式很是抒情。

比如10段后面"他正躲在山间坟场边的破草房里，夜夜失眠，在黑暗中睁着眼，迷迷乱乱地回想着一个个码头，一条条船只，一个个面影"。

14段末"这些眼神……"。

18段末"做信客的，就得挑着一副生死祸福的重担……"。

还有12段末，15段末，19段末。

这些文字,该如何评呢?是形象描写,是用形象的语句进行的议论,又是化实为虚;有比喻,对偶,排比;句子里渗透着浓浓的抒情。可以说,这些句子,是本文语言最突出的地方;也是余氏散文的特点与精华,是余氏散文区别于其他大家的标志性语句。

对这些语句要学习,仿写;为了更加了解,还可以反其意而仿写。

让学生选择其中一二句仿写。

比如对18段末的仿写:做信客的,搭建了喧闹的城市与奋斗的乡村之桥梁,承载着一个个眺望外界文明的梦想。——在语言形式上不如余氏的文字,但方法是差不多的。

对于余氏语言风格的品析,教参上说的二点"质朴而典雅,精辟而又畅达",似乎未必准确。

其实,其语言明显的地方有:用四字短语,使文字有美感。比如16段末的几个词语:咬牙切齿,大声呵斥,低眉顺眼,连声诺诺。另外一个就是想象中的形象描写,化实为虚的比喻等。

4.信客有收获吗?

我问这个问题,学生有点愣住了。因为文章对信客太过美化,以至于学生忘记信客的收入。

信客不是无偿服务的人,没有这个义务,也没有这个功夫。信客首先是谋生的手段,而且可能收入还不错;否则是做不下去的。信客由于占有不少资源,在乡村是受人尊敬的,信客是有地位的。信客走南闯北,自己开阔了眼界,提升了自己人生的层次,对自己和自己的家庭都是收获。还有,信客几十年的奔波,单单其中的经历,其中的见识,让自己的人生充实而富有,这不就是巨大的收获吗?是一般乡间农民所无法比拟的!

当然,至于当地理老师,小学校长,可以说既是意外的收获,也是对其职业和善意的回报。

## 十五、第25课《杜甫诗三首》(2015.10.27,周二,晴)

昨天秋雨一场,顿时人们感到秋的威力,于是,今天的太阳,就显得可爱而可贵了。

对于古诗,学生们不能像现代文那样侃侃而谈了,感觉没有多少话说。教师自己也是,积累不充足,不能像现代文那样随心随手。

1.让学生给《望岳》加一联。基本上都不够好,只有茹提到了雨,瑞提到了月亮。这也不错。月亮底下,如果泰山朦朦胧胧,是否别有味道?黎明时看到太阳,有没有特别的感觉?春风中,秋雨中看到泰山,又有什么感觉呢?——设计一联,学生可能就加深对诗歌的理解,觉出诗歌艺术成就之大了。

"岱宗夫如何?"后面只能填"齐鲁青未了"?不是的。比如泰山真高大,泰山真稳重。但如果这样写,就太直接了,而没有现在的侧面写好,而且写出了泰山在人们心目中的地位之高。

次联集中写泰山的高大。高大到什么程度?遮天蔽日。对于墙壁之类对阳光的阻挡,可以用什么词?堵,隔,都可以。但跟"割"比,都显得不足,力量,锐利,速度,都要欠缺。而上句"造化钟神秀",就是一种议论和感叹了。

对于泰山的高大,李白如何感叹呢?就是神呀,仙呀,似乎变化不多,陷入定势。杜甫呢,就直接歌颂。但歌颂不能多,好在有下句的"阴阳割昏晓"来描写,虽然也含有较大的夸张。

第三联还可以怎么写呢?高大已经写了,歌颂也有了,这一联怎么办呢?但作者的目光还没有离去呀,早晨,中午,作者一抬头间就见到了泰山,对泰山念念不忘。于是写了泰山的云彩,黄昏时归山的鸟儿。这里是否暗含作者对云儿、鸟儿的羡慕?啊,他们可以归宿泰山,我呢?真羡慕他们呀!

最后一联,既写了自己的愿望:泰山是这样的高大、美丽、诱人,肯定我会登上去的。那么,到了那么一天,众山,齐鲁大地,不是都匍匐在我的脚下了吗?当然,也自然可以暗含自己的人生理想实现的那一天,踌躇满志,俯视天下。

当然,终于登上了泰山之后,杜甫又是怎么写,好像没有记录。或许是超越不了自己的前诗,或者那个时候境况也不太好,于是就作罢?

2.(2015.10.30,周五,阴,因为周三、周四耽误课程,今天完成本诗)"草木深"。草木比平时深吗?应该是的。草木是赶着春天的,有土地,有温度,有水分,它们是竞相生长的。如果从草木的感觉来说,可能也会觉得,这个城市今年不一样！往年，都争相锄草，为什么今年他们不做这件事了？如果长安城失去了一半人口，草木的空间也等于大了一倍，于是当然就草木深了。

"花溅泪"的"溅"。泪只有"溅"吗？不是。泪可以"溢"，"流"，"淌"，"飞"，"奔"……是有许多选项的。用"溅"，似乎是泪水很多，在往外甩呢，可见多么伤心啊。

"鸟惊心"。本来，人们对声音也是敏感的。比如谁突然大叫一声，大叫都会吓一跳的。要是晚上，是很可怕的。而现在就更不一样了。亲人生死离别，心都要碎了；此时，对声音可能就更为敏感；如果听到军号的声音，可能是最伤心的。但其实哪里需要这样的声音呀，连比较细小的鸟叫声，听了也是受不了啊。

为何"家书抵万金"呀？是亲人的安全第一啊！和平年代，人们要好生活，要爱，要发展。现在，乱世之时，只要保存性命就可以了，哪里还顾及其他呢？

最后是诗人写自己的形象。说过分一点，是否诗人有些自恋自怜呢？不写自己可不可以？当然是可以的。不过写自己也有作用，通过自己操心、憔悴的形象，更渲染了时事的可怕，命运的多舛。

3.《石壕吏》品析。

"有吏夜捉人"一句不简单。

我们读诗，往往可能认为自然如此。其实不是的。诗人是有许多选项的。我们从时间上看，诗人到了这个村子，觉得天可能要黑了，于是找人家投宿。投宿不一定一下子就成。终于找到这家，肯定要做一些交流。然后这家可能要让吃晚饭。可能吃过晚饭时，忽然听到外面的嘈杂声，老夫妻断定是官吏捉人，于是老翁翻墙跑了。——看，前面有这么多信息、事情，作者却都略去了，一句话交代了事情。不仅交代了事情，还给事情定了性。

是否一定是"有吏夜捉人"？可不可以用另一种说法？"有吏夜执法"？怎么样？一下子性质就不同了。其实，对过去时代过于批评未必都正确。在那个家天下的时代，维护皇帝统治，某种程度上也是维护社会秩序和百姓生活，一味否定，未必完全正确。

想一想，小吏就愿意来捉人吗？他们自己家人是否也是受害者？

"老翁逾墙走"。这一句表达了作者什么情感？老翁偷偷翻墙走了，是害怕。为什么就一定要害怕呢？如果换个角度看，儿子都上了前线，都保家卫国了，自己这么老了，还这么贪生怕死吗？还不如自己儿子？——如果从保家卫国的角度看问题，老翁的翻墙走，是否就有点值得批评了？那么，用哪句诗去褒贬呢？比如"老翁如鼠逃"，就是对老翁的批评与讽刺。

第三节，除了前面二句外，有多少句？是十二小句。每四句回答一个问题。估计是官吏逼迫之下的被迫回答。官吏问家里男人，老妇如此回答。值得注意的是"存在且偷生，死者长已矣"，老妇既是真情流露，——死了二个儿子，最悲伤的是生他的母亲啊；同时可能也是想以悲情打动小吏。谁知还是不行。于是就有了下面的回答：家里还有谁。

老妇是很会说话的，先说家里无人，再说乳下孙，然后才带出孙子的妈妈，还补了一句"出入无完裙"。这个老妇，真是一个爱家、爱孩子，又精明能干的女人呀！

"夜久语声绝，但闻泣幽咽。"这一句大概是媳妇的啼哭吧，写出了战争期间人民的苦难。作者不需要说什么了，人民的啼哭，就是证明啊。

天明后，作者离别了；那么这家的命运如何呀？留给读者的是担心与同情。

## 十六、第11课《中国石拱桥》（2015.11.2，周一，晴）

今天天气好，心情也好，又是周一，于是跟学生聊的有点兴奋。当然，也有些废话。

1.三单元整体感觉是什么？

让学生谈初步感觉。果然，孩子们很不错，能说出一些情况：比如三单元写的都是物，而二单元写的是人；三单元是说明文等等。谷说，在之前说的比喻，在三单元说是打比方。——好！很敏感！说明预习比较深入。

让学生谈预习《中国石拱桥》的感受。许说体现了古代劳动人民的智慧。我听了很有些不满。古代劳动人民的智慧？那么，古代帝王将相，古代官吏，古代管理者就没有智慧了？李春算是劳动人民，还是古代的知识分子阶层？

2.对着单元提示，说了一大通。

单元提示第一句"建筑园林、名胜古迹是人类创造活动的实物记录",于是问学生知道园林吗?学生茫然。我说,你们不少家庭都有院子吧,里面有没有文化?学生不相信。于是我说,你们家院子是什么形式,造型?是四方形,还是三角形,圆形?这里面就有审美观了。你们家院墙是实心的还是空心的?空心的,猫和狗可以进去,造成家里财物的损失。院子里栽什么树?学生答桃树,柿树,梨树,杏树等。我说栽不栽橄榄树?气候不行。栽不栽刺槐树?不栽,因为没多少用。院里栽不栽梧桐树?可能不栽,因为落叶很麻烦。

——看,院子的建筑与植物安排,与园林是有想通之处的,并不那么神秘。

——至于较大的园林,逍遥津就是比较好的园林,它可能也深受苏州园林的影响。

单元提示的第二段,有哪些要点?学生答:特征,顺序,方法,语言。再加上说明对象,几个要素就全了。

3.(2015.11.4,周三,阴)昨天一节课,今天一节课,上完本课。

学生问:第一段可以删去吗?

这个问题有价值。第一段又是比喻,又是引用,作者是舍不得删去的,因为这是文章的情感线,是贯穿全文的。如果去掉第一段,那么文章中好几个地方可能都是要去掉的,比如第5段引用的唐朝张鷟的话,还有第7段对马可·波罗话的引用,可能都要去掉。他们共同使文章增添了美感,可以算是文章的一个情感线,镶嵌在此篇说明文中的。这也是茅以升先生诗人情怀的自然表露。如果删掉这几处,文章的美感减少了,诗意减少了。

狮子还可以有什么形态?第6段写了狮子的形态,"有的母子相抱,有的交头接耳……",那么,这些狮子只有这几种形态吗?如果让你去设计,还可以设计成什么样子的?学生思考之后说,有的仰望苍天,有的低头沉思。这个就很好。其实也可以说,有的似乎在观赏美景,有的在轻嗅花香;有的在认真听课,有的在茫然愣神……

从中可以看到,修造桥梁的人,真是把建桥当作事业,当作艺术在做。

"充分显示了我国劳动人民的智慧和力量。"除了"智慧和力量",还可以显示什么?能不能说勤劳,善良?不可以,因为这与善良无关,与勤劳关系也不是很大。能否"智慧"代替"力量"？也不可以，智慧是方案、方法、思路等，不一定付诸行动；而力量，包括施工的力量，技术的力量，材料的实力，所以不能少。

赵州桥的载重为多少吨？说这个问题有点煞风景。但是，这是可以多说一句的问题。毕竟是古代技术，没有水泥、钢筋，跟今天比，毕竟是落后的。当然，如果李春活在今天，在今天这么好的材料与科学技术的基础上，是可以造更伟大的桥梁的。李春在那个时代，造了属于那个时代伟大的桥梁；今天的人们，不是应该发扬他的精神，造更好更美的桥梁吗？事实上，今天的中国，也是有许多杰出的桥梁的。至于以后的事业，不是有我们一代代后来人吗？

4.中国石拱桥的特征是什么？第2段说"形式优美，结构坚固"，这是从普遍意义上说的。至于中国石拱桥，第3段的开头，说"我国的石拱桥有悠久的历史"，这是中心句，那么中国石拱桥多了一个"历史悠久"。而下面还有"几乎到处都有"，"形式多样"，"有许多惊人的杰作"，那么也可以整理出三个：分布广泛，形式多样，杰作众多。但这三个也许不是那么突出吧。

同时，我们再思考，中国石拱桥就只有或就是这些特点？未必，这是茅以升先生的观点。也许另外一个桥梁专家不是这种观点呢。所以，也不要太过拘泥。

5.文章使用了多种表达方式。虽然是说明文，使用了多个说明方法；但文章也用了多种表达方式，不过分寸很好。

第8段是叙述，作者只用了一句，既写出了卢沟桥的重要作用，又没有脱离主题。

第6段末"有的母子相抱，有的交头接耳……"，是很细的描写，表现出卢沟桥特别的美感。

第5段的倒数第2句"赵州桥高度的技术水平和不朽的艺术价值，充分显示了……"，是一个议论句，很好地表达了对赵州桥的评价与赞誉。但也只用了一句，很适当。文章的最后一句话"我国桥梁事业的飞跃发展表明了我国社会主义制度的无比优越"，也是很有力的议论与评价。

同时，文中的描写和议论句，还有精心选择的引用，都是很好的抒情，表达了作者对中国石拱桥杰出成就的歌颂与赞美。它们的使用，都是恰当而

八年级语文上册

有分寸的。

6.学习列举。我们不少同学不善于列举。本文是说明文,但也是列举的典范。想一想,中国石拱桥就是再好,如果你举例不当,读者会相信吗?举例要举有代表性的例子,杰出作品的例子。如果举的桥比较平常,就效果不大。本文选的赵州桥是独拱,卢沟桥是联拱,各自有代表性。如果都举独拱,或都举联拱,就不合适。

## 十七、第12课《桥之美》(2015.11.5,周四,晴)

读了二遍课文,觉得文章的审美是很高的。但是,要说欣赏,还觉得把握不了。其中重要的原因是自己的美学积累还很浅,是业余的业余。但是,感觉作者也没有把话说尽,有的话也不是很肯定。与学生一起探究美,探究美之外的感觉,探究文章的形式,还是可以的。比如文章里有些虚写,从反面、从没有处写美,这就很有意思。

我想,美就只有作者所写的这些?就算是桥之美,也不至于被作者说尽吧。何况,我明显注意到,作者没有写立交桥,而它的美,是非常壮观的。——等到品读文章的时候,再深入探究吧!

1.(2015.11.10,周二,晴)体悟文章的美。

虚写的功用。文章第2段末"如果煞它风景,将江南水乡或威尼斯的石桥拆尽……摧毁了形式美。"这是虚写的作用。如果直接写它的结构美、形式美,读者可能不容易相信;但是,去掉呢?读者跟着思考,哇,那将是多么可惜的事,多么摧残美呀!

拟人。文章第4段开头,说乌镇密密的芦苇,"真是密不透风,每当其间显现一座石桥时,仿佛发闷的苇丛做了一次深呼吸……"。写得多妙!苇丛仿佛成了人体,而桥才是人的嘴巴。画家把自己的身心与环境融为一体,于是有了一种舒畅感。此处,不用拟人的写法,很难写出心中那种感觉。

写感觉。"早春天气,江南乡间石桥头细柳飘丝,那纤细的游丝拂着桥身坚硬的石块,即使碰不见晓风残月,也令画家销魂!"首先是描摹出那种画面的美,然后虚写一句诗人笔下的美景,但说即使没有它,也让画家陶醉。表达出了喜爱的情感。

感觉与评价。"如果坐小船沿桥缓缓看一遍,你会感到像读了一篇史诗似的满足。"这个评价多高呀!"史诗"?看了二座桥竟然如同阅读史诗?这只有画桥梁的大家才会产生的感觉吧。就算是文学家、诗人,都未必会有这种感觉。

诗的语言。第5段"田野无声,画家们爱于无声处静听桥之歌唱,他们寻桥,仿佛孩子们寻找热闹。"这几句语言多美呀!"桥之歌唱",桥能发出声音吗?但他的知音画家们,仿佛听到他在吟唱。那么,他在唱什么呀?是大江东去,还是小桥流水?是昨夜月明,还是一夜风雨?哇,是他在长年累月陪伴山川,在风雨中陪伴山间草木。如此,这些桥仿佛有了生命,而画家就是他们的知音呢!

2.疑问。作者似乎对一些桥的美,也还在品味把握中。如第6段末说"有时显得险而美,有时却险而不美,美与险并不是一回事。"那么,美和险的关系该如何处理呢?要有哪些要素才是美的?作者似乎还拿不准。这也许是中华文化的欠缺吧。汉文化,总体偏小桥流水,而对于大江东去,对于犯险与决绝,还是不太能接受的。因而,对险峻的美,可能有不安全感。

立交桥的美。吴冠中先生写此文时,也许立交桥还不是很多,其魅力之处可能还不突出。但是今天,立交桥已经成为道路交通的重要组成部分。那么,作为画家的吴先生,对立交桥的美应该如何看待呢?它们的基础是地,背景是天,展示的是工业文明的壮美!这是不是另一种诗意呢?峻青曾经写过《雄关赋》,对这些气势磅礴的立交桥,是否也有气势磅礴的诗篇去歌咏它?

## 十八、第13课《苏州园林》(2015.11.10,周二,晴)

再看课文里的图,以及班班通里的有些图,多少有些感觉苏州园林有点陈旧和落伍了。没办法,时代变化太快了;工业和科技的发展,工业化造出的美,已经让老旧的、限于平面的旧时代园林,显得有些陈旧了,不那么风光了。但也无妨,工业与科技的美,也可以为园林注入新的活力呀!

1.让学生概括文章,但学生好像准备不足,没有说出苏州园林的特征出来,没有找到第2段的关键部分。

字词部分,有的同学对好几个生字读不准,说明生字仍然是不可忽视的点。

让学生读,读过后说说文章的结构、段落。不知怎么的,二个学生都把2段、3段放在一起,把3段归入第一部分。可能是因为3段的中心句不明显吧。但阅读感觉好的同学知道,文章结构是总—分—总,中间几段扣着第2段的提示写。于是跟学生找本文很突出的一个现象——中心句。叶圣陶老先生真好,用中心句,使文章结构分明,同学们学习真方便。

2.(2015.11.11,周三,阴)学生提问真不简单。让学生提出疑问,茹提出:结尾是否可以用较有文采的句子结尾? 比如,啊,苏州园林……。我笑着说,好,这样很有情感。叶老先生作为序言写的,因为当初年龄大了,身体又不好,他交代一下情况。作为一篇文章,这个结尾确实不够好。

丽问,开花的时候,就一定要写"珠光宝气"吗? 学生笑。是的,这个问题很好。老师也觉得这个词语比较俗,那么用什么词呢? 用香气四溢? ——是否属实? 姹紫嫣红? ——有这么多色彩吗?

玉问第4段"假山的堆叠,可以说是一项艺术而不仅是技术","艺术"比"技术"更高吗? 后来,品读以后,玉自己也认识比较清楚了。教师就此跟学生介绍一下复句知识,从并列到条件,讲解其中的关联词,认识"不仅……而且……"是递进关系,后者比前者更进一层意思。

——从中看,学生的质疑真比较深入,是很不错的。看来,学生真读懂了,很开心!

3.让同学们带着苏州园林的美的概念,去看看校园的树木,有哪些是与课文一致的。

校园也是常绿树与落叶树相间。有梧桐树,香樟树,松柏。

有高树与矮树搭配,比如松柏与冬青树。

校园有阅兵式似的道旁树。

——那么,为何校园与苏州园林有些不一样? 比如有松柏,有阅兵式似的道旁树? 是场所不同吧。校园是学习场所,是希望学生上进,希望从松柏等常青树中得到启示,学习它的意志。这与休闲场所的苏州园林是不同的。阅兵式似的树,强调的是整齐,团结,上进,这是学校所需要的。——树木是与场所、功用相合拍的。

4（2015.11.12，周四，雨）从文章后面的短文开始，提示大家注意说明特征、顺序、结构、方法等。

对于第2段与下文的关系，请几个同学讲讲，目的是看他们掌握了没有。

叶老此文是按照逻辑顺序写的。那么，能否按照空间顺序写？按说也是可以的。比如先写拙政园，再写留园等。但这样写，是很笨拙的，而且出力不讨好。但如果对苏州园林不是很熟悉，不了解其特点，是不敢这样写的。

关于四个讲究，为了让同学们充分理解，让大家增加二个讲究，学生增加有：绚丽多彩的花朵；色彩的搭配（这个后面也有）等。

关于结尾，让同学改写。茹写的是抒情句：啊，苏州园林，你是各地园林的标本……

这不合乎叶老的风格。当然，也是一种变化。

我这样改写：随着工业、科技时代的到来，人们的审美观发生了变化。人们更爱开放的山水，而对农耕文化下修饰的小家子气的园林，已经感到不够带劲了。苏州园林，如何与时俱进，获得新的生命力？这是一个新的课题。

当然，这不合乎叶老的意图。

苏州园林当然是美的，即使是属于过去的时代，也可以如同文物一样，永远有自己的价值。

## 十九、第14课《故宫博物院》（2015.11.13，周五，小雨）

这篇文章脉络清晰，重点突出，富有情感，是篇佳作。但是，因为对建筑和其术语不太了解，师生在品读中都不如《苏州园林》那么顺畅。

1.学生的质疑还是有水平的。比如有同学说10段关于中和殿介绍过于简单了。我也是这么认为，只说雍正后，这里是举行殿试的地方。那么，雍正前呢？这样介绍，确实过于简单了。

有同学问最后一段最后一句话，"这样宏伟的建筑群……不能不令人惊叹"，能否单独成段？还有同学说"不能不"双重否定句，合适不合适；当然其他同学是否定的。

虽然质疑有浅有深,说明真独立品读了。

2.跟学生品读此文时,忽然有一些疑问:故宫是谁建的? 学生不知道,文章没有交代。教参资料显示,是朱棣派人修建的。至于朱棣是否使用了,资料没有说。其实,这方面可能是需要说明一下的。

第5段关于太和殿的介绍用了数字,但并不全。"高28米,面积2380多平方米",这个说明其实前后不是很搭配的,高跟面积不是一个系列;而且,是墙面面积,还是地面面积? 另外,据后面资料介绍,太和殿面阔11开间,宽60.01米,进深5间共33.33米。是中国留存的古建筑中,开间最多、进深最大、屋顶最高的一座大殿。——这是对课文的一个比较好的补充。

3.文章的情感。同学们注意到了文章对故宫的一种歌颂与赞美。那么,体现在哪里呢?

文中是有多处体现的。主要是说明的内容,比如太和殿的数字与描摹,举例。还有就是文中体现的情感用语,比如1段中的"最大最完整",2段末的评论"规模宏大壮丽……",3段"弯弯的金水河像一条玉带……",5段"在湛蓝的天空下,那金黄色的琉璃瓦重檐……",6段对龙口周边的描写,8段对皇帝见群臣的场面描写,11段对御花园的概括描写,16段对故宫回望的概括描写,结尾的抒情,都表现了对故宫的赞美之情。

文章的四字短语使用很多,具有句式美,与故宫之美相得益彰。如最后一段"站在景山的高处望故宫,重重殿宇,层层楼阁,道道宫墙,错综相连,而井然有序",品着美景,读着整齐而美的句式,真是一种享受!

4.对太和殿的介绍。这是全文的重心,值得好好品读。同时,结合本次的练笔,要写我们的学校,从中学习经验。

写太和殿有几段? 如何分工的? 是5、6、8段。

5段先介绍名称,面积。然后是从高处看的轮廓,殿檐等正面形象,——看,是不是一个个镜头的推移?

6段是内部情况。只写什么? 龙椅。着重写了龙椅上的龙的雕刻,以突出其功能,这一段用的是特写的手法。其实,太和殿内部就这一个点? 不是的,比如地面铺的什么砖,墙壁是什么颜色,粉刷有什么特点,都没有触及。

8段写什么? 写重大典礼。运用什么说明方法? 举例,同时是一种想象中的描写。这个描写很细致呀,人,器乐,烧的香,烟雾,写出了功用和场面的豪华。这个写法值得注意呀,我们在写校园的时候,也不能只有房屋而没有人呀。

## 二十、第15课《说"屏"》(2015.11.23,周一,阴,有雪)

因为月考等,几天课程停滞。

因为是周一,师生好像都进入状态较慢。上课之前,看了看《优秀教案》,发现一位老师教学设计很深很漂亮,他从"小品式的说明文"这个角度来教,在教其说明文要素后,让学生找散文要素:"我"在,"情"在,"诗"在,设计很高!而且该作者还写了一篇《屏风》的文章,很用力。另一个教案呢,补充了唐太宗李世民和朱元璋的屏风资料,真是丰富了教学内容。

1.学生的疑问不错。慧说,二段和四段能否合并。这个问题很大胆。四段开头是写屏风大小的,这方面跟2段合并也许是可以的。当然,4段后面是说要有诗意,这是另外一回事了。其实,4段从"近来我也注意到……"开始,就可以另起一段了,是另一个问题了。

有学生问:可以不可以不从妈妈教我诗歌开始?这当然是可以的,但是就减少了味道。

其实,第一段是可以不要九行的,二三行就可以:屏风在中国古代建筑中是很重要的一个部分,下面我们就来说说屏风吧。

但这样的开头,干巴巴的,失去了本文的味道与韵味了。

文章开头写到母亲背诵唐人诗词,既点出了"屏风"这个说明对象,又寄托了作者的情感,对母亲的情感。情感,是小品文的重要因素。

我也提出了问题:从纯说明文的角度看,文章哪些地方可以去掉?

这是个较大问题,涉及文体,涉及对小品文的理解,让学生带着这个疑问去品析,而不必立刻回答。

2.作者的文字功夫真高。

学生品读第4段:"……可是总勾不起我的诗意,原因似乎是造型不够轻巧,色彩又觉伧俗,绘画尚少诗意……"说这句的好。我追问:那么,还可能有什么?比如大小,材料,风格等。同时看看这三句,多么美呀!都是六个字,主谓句,可以看出作者的文字功夫多么好!

分析举例。学生分析第2段,说"小时候厅上来了客人……"等等。我追问:举例的目的是什么? 说明屏风的功用。又问,举了几个例子? 四个,但都是一句话结束,而没有多叙述。而且例子的内容从居家到绘画,到皇家建筑,面是多么大、多么开阔!

3.(2015.11.24,周二,雨)文章的"我"与"情"。

散文中必有"我",其实就是"情"。小品文当然也是如此。说明文,则不必有我。比如《中国石拱桥》,没有写"我"私人的情感,《故宫博物院》也是,《苏州园林》也基本没有。

在本文中,从开头到结尾,充分表达了情感。第1段,在略略诠释"屏"之后,就叙述了母亲背诗歌的情景,这既是为了引出"屏",也充分表达了情韵。在这其中,有没有读到作者对母亲的怀念与深爱之情? 有没有感觉到作者对当时温馨场景的沉醉?

其他如"向往之情","实在微妙","齐声称道",都写出了情感,文章充满情感的涟漪。

第4段有"勾不起我的诗意","伧俗","尚少诗意",都是情感的表达。

第5段引用的二处"闲倚画屏","抱膝看屏山",都给文章增添了情感与味道。"闲滋味","文化休憩",都给文章增添了韵味。

而"未始不能""诚如是",这些文言句式,给文章增添了优雅。

4.从基训的片段作文看,学生的说明文作文多数还没有过关。让写一个家庭用品,学生写的更像一个记叙文,而没有客观说明。只有少数同学比较像说明文了。还要加以指导、训练。不过,还有一个单元说明文没有教,等学过后,再多一些练习,或许可以掌握。

## 二十一、第26课《三峡》(2015.11.24,周二,雨)

对本文的感觉还不是很深,在不断探究中。

1.先让学生读熟。生字,断句。分组读。同位同学对着读。个体读。发现有的同学还是断句不行,基础差了,遍数也不够。

跟学生分析一下各段的句子数。第1段,二个句号,七个小句,前三个后四个。其句式,前面第一小句外,是两个四字短语。后面四小句,除了"自非"之外,是四个四字短语。

第2段,二个句号,前面二小句,后面六个小句。也是四字短语居多。

第3段,一句话,八个小句,多是四字短语。

第4段,二个句号,前面是六小句,基本是四字短语。后面是二小句,引用。

让学生用几分钟读背,看结果如何。可能有学生提前背了,能背掉的有近三分之一。抽背,确能背掉,但不够顺畅。也是,毕竟对句意还不够熟。

2.(2015.11.25,周三,多云)跟学生一起翻译、分析了课文。其中分析时间匆促。

学生大致能翻译了,但是还没有变成自己的东西,还没有掌握。

对于翻译,还是要理解意思了,才容易;而且要用合乎现代汉语的规范。比如"自三峡七百里中",翻译成"从三峡七百里中",意思似乎是这样,但现代汉语就感到不顺畅,要加上"江流"才好。

同样一句话,也许几种翻译都是可以的,要注意选择。

发现学生对翻译有点神秘化。其实所谓翻译,就是把词句的意思,按照自己的话再说一遍;然后看哪一种翻译更合乎要求。

3.让学生质疑。果然,对于文言文,觉得难质疑,可能首先是语言关的问题吧。也有学生说2、3、4段能否调整顺序。这个问题是有价值的。

文章的结尾是凄婉的,一定要这样吗?整体上,除了第2段有点奔放外,其他都不够昂扬。拿李白的《早发白帝城》一对比,就看出来了。其实,对三峡,也可以是乐观和亢奋的。不是只有一种选择,一种情绪。

从写法上看,文章或许目的是总体介绍三峡就行了,所以对于七百里之广的三峡景物,一点而过,不需要细写其中的景物。其实,如果插入一段或二段,写三峡美景、物产、人文特点的,应该是可以的。

比如三峡的月夜,不是很美吗?三峡的物产,点出一些也是可以的。三峡这么大,难道只有山水没有人、没有历史、没有故事吗?当然,这些也许不是文章的主体吧。但是学生应该是可以探究的。

或许是准备较充分，对这两篇文章很有点感觉。文章多处都是很有意味的。

1.陶弘景的身份。"山中宰相"。为何做山中宰相，而不做朝堂的宰相？这大概不是简单的故作清高，也不是看破红尘，而是一方面害怕乱世官场会危及生命，一方面很喜欢山水之中的惬意的生活。

所以，这篇短文里面透露出的信息，开头有"古来共谈"，后面有"自康乐以来"。为何点出谢灵运来？而不是别人？比如陶渊明，比如王羲之，更不是诸葛亮，说明这不是随意说的。

有关分析说，此语有与谢公比肩之意。这个分析是有道理的。也反映了陶氏的自得，当然，是否也有自夸的成分。

2.翻译需注意的。

对于翻译，要让学生大胆自主理解、翻译，然后再选择更适当的。

"山川之美，古来共谈。"——山河的美丽，是古往今来人们都喜欢谈论的。

这样的翻译是没错的，也是直译。但是，联系本文，教参里，和译注里，却不是这样翻译的。

译注：山川景色的美丽，自古以来就是文人雅士共同赞叹。

教参：山川景色的美丽，自古以来就是文人雅士共同赞叹的啊。

原来，根据情景，根据历史，对山川美丽的欣赏，不是指普通人，而是指那些文人雅士。这样的翻译可能更接近真实，虽然还未必就是尽善尽美。

"晓雾将歇，猿鸟乱鸣。"按照直译，可以为：早晨的雾将要消散，猿和鸟杂乱地鸣叫。

这里的关键是对"乱"的翻译。乱，可以是错杂，可以是纷乱，杂乱。然后在文中，表达的是欣喜之情，用纷乱、杂乱之意，似乎就不太好。于是教参里翻译为"传来猿、鸟此起彼伏的鸣叫声"，这样，更有利于表达出欣喜之情。

3.文中多处词语是有讲究的。

"五色交辉"。为何是"五色"？不可以是三色，七色，九色吗？这里面有形容、虚写的成分,不是实写。今天我们知道太阳七色光,但那个时候还是不知道的。

"欲界",注释里引出佛教的观念,把世界分为欲界、色界、无色界。欲界是没有摆脱世俗的七情六欲的众生所处境界,即人间。于是问学生,我们生活在那个世界?欲界。不过我们今天不说欲望,而说什么?学生说目标。我说对了,今天说理想,目标,奋斗,为国为家。这是对的。要是按照佛教的思想,完了:人都不该结婚,人类都要灭亡了。

4.还可以写什么景?不要以为作者用十个四字短语就把景色写完了,不是这样。比如水的颜色只有"清"吗?不是,郦道元不是有"素湍绿潭"吗?水的颜色不是只有一种。当然,这里是江南的山水,与三峡是不同的。山就一定"高峰入云"吗?不是,大蜀山一般就入不了云;但少数时候可能入云,比如云低的时候。树呢?只有青色吗?不是,梧桐树、枫树冬天落叶时的颜色,不知作者那边是否栽这个树。

作者还可以写什么呢?还可以写花,桃花红,梨花白,菊花香。有视觉,有嗅觉。当然,此文中未必适合写菊花。作者运用了视觉、听觉写景,没有出现触觉、嗅觉。而朱自清在《春》里就有了。是否朱自清写景超过作者?那是可能的。当然,文体也有不同。

鸟就一定是"猿鸟"吗?可不可以写大雁,那是候鸟。可以写虎狼狐狸吗?不合适。写鸡鸭呢?那是家禽,没有野趣。

还可以写月亮、星星。圆月之下的漫步,苏东坡不是有独特的感觉吗?

5.还有什么?

在《记承天寺夜游》的最后,作者写道:"何夜无月?何处无竹柏?但少闲人如吾两人者耳。"

那么,只有二个问了吗?还会有什么?其实,还多呢,比如何夜没有我在这里,没有张怀民在这里?其实,我们两个同病相怜的人,平时都是各自怜惜自己的。但是,在这个美丽的夜里,我们聚在一起;抱团取暖也好,相互安慰也好,或者虽然无语但是至少有个伴了,至少可以让各自减少一些寂寞。

另一方面,我们闲,一方面是被迫休闲,靠边站,与许多政务无关。一方面,却是难得的休闲。我们有足够的时间,放松心情,忘记烦恼,不是很放松、很有美感的人生吗？怎么样，我们的政敌？就是你们此时，也未必有这么痛快与享受吧！

潇洒的东坡，有豁达的心态。与刘禹锡《陋室铭》的过于刚硬与张扬不同，东坡只是自得其乐，苦中作乐，不至于惹政敌多么恨吧？虽然也未必多么好受。

当然，这样的圆月，这样的心情与经历，就是东坡也不是很常有的吧，那么，怎能没有记录吗？

于是，记下这件事，写出了豁达，自得其乐，当然还是免不了忧伤与叹息。

——后来看到一份资料，原来因为反对王安石变法，苏轼差点命都没了。那么，这个圆月是多么珍贵呀！因为活着，而且自由地活着，这不就是最大的幸福吗？多么宝贵，多么珍贵啊！所以，这样的圆月晚上的漫步，在经历了生死与不自由之后，才能体味到其珍贵啊！这样的感觉，在没有经历生死挫折之前，苏轼可能是体会不到的。

## 二十三、第16课《大自然的语言》(2015.12.2，周三，多云)

一个科学家，文章写得如此文采斐然，真不简单。说明科学不是狭窄的，与人文并不矛盾。

1.文章的题目是值得品的。大自然的"语言"，能否是"话语"，"诉说"？前者可能突出口语，后者就太不矜持了，且也不符合实际。

有学生问物候对农业有作用，对其他行业呢？于是跟同学介绍前天的大雾，就严重影响了交通。这是不是大自然的语言呀？是的。大自然叫大家，不要走高速呀！高速很危险呀！当然，交通部门也听话，就封闭了高速；否则，不知要出多少事故。——大自然不止对农业有作用，对许多行业，都有重要的作用！

2.文章的练习一很有意思，就是文章四部分的段意，只不过是疑问句。说明习题本身具有提示性。

练习二的第2题，我问学生，他写了杏花，桃花，然后写布谷鸟，那么能否把布谷鸟改为菊花？学生一时回答不上来。——当然不能改，改了就都是花，都是植物了；而有了布谷鸟，就是鸟类，是动物，其代表性就不同了。要不然，"大自然的语言"，是否就变成"花朵"或者"植物"的语言了？

练习三第2题就更有意思了，白居易的《大林寺桃花》，就是物候学的佐证呀！问学生这首诗验证哪段内容，有学生说第九段"高下的差异"。原来山上春天来得迟一些！古代的诗歌，可以做现代科学的佐证，真是一个奇迹。这也不奇怪，写实的东西，常常给人多角度的认识！

3.（2015.12.4，周五，晴。昨天周四下午开家长会，耽误了课程）品析文章的几个要素。

说明对象，说明对象的特征，说明顺序，说明方法，说明语言。

说明顺序，虽然是逻辑顺序，但具体呢？比如6—10段，是主次的顺序了。但是，另一个角度看，7、8、9段，是属于空间方面，10段属于时间方面，真是微妙。

说明语言。首先，是说明文语言的特点，准确，周密，严谨。比如7段开头"首先是纬度"，"首先"一词就不是随便用的，必须很准确，说明纬度因素是最重要的。如果用在经度上，就不允许。

8段"凡是近海的地方"，"凡是"二字，就非常有力量，包括了一切可能性，体现了说明文语言的准确性和严密性。

但是，另一面，文章又体现了生动性。在这篇文章里，哪些是生动性呢？

拟人的运用。文章开头写道，"立春过后，大地渐渐从沉睡中苏醒过来。""沉睡"与"苏醒"，就是拟人的方式，写了大自然的变化。第2段的"传语"，"暗示"，"唱歌"，运用了拟人，表达大自然对人的关照、爱怜之情。要是没有拟人，不知道能不能写大自然的这个作用呢。

还有，文章用了多少成语呀？冰雪融化，草木萌发，次第开放，翩然归来，销声匿迹，衰草连天，风雪载途，草木荣枯等，用了多少成语，表达了多少情感呀！

这些生动的语言是为了表达效果故意用的吗？还是科学家的文学情怀，对物候现象的喜爱？可能后者的因素更大吧！

4.大自然还对我们说了什么？比如看到落叶，看到梅花开放。问学生，学生按照书上去回答，只从农业的角度去理解。我说，落叶不是告诉我们时

143

间的流逝吗？所以我们要抓紧时间,好好学习。

梅花告诉我们什么？要坚强呀！哪怕你大雪纷飞,傲然开放。但是,也可以从另一方面去解释:还是跟大家一样好,何必要出风头？你以为可以持久吗？

对于冬天,人们看到的是它的严寒,是它对人的打击,是它的威压。但是,从另一个角度呢？雪莱就看到了未来,当然,他是对人世的比方:冬天已经来了,春天还会远吗？

——怎么样,大自然告诉我们的道理有很多;同样的现象,可以有不同的解读。

5.讲解练习三第2题时,让同学读白居易的《大林寺桃花》,但是都按照自己的音色和平时的语速、习惯去读。于是,我让同学们处理其情感,设计着读。几个学生连读几遍,我又示范读,好一些了。看对学生的朗读意识是否有所提升。

读此诗,从题目开始,慢,但要表现出新奇感。作者名字白居易也不能读得无感情,轻声,慢。第一句"人间四月芳菲尽",读出遗憾之情,第2句"山寺桃花始盛开",读出惊奇、喜悦之情。第3句"长恨春归无觅处",读出难寻之慨,第4句"不知转入此中来",读出豁然开朗之感。

——原来,一篇文章的语文教学因素是很多的！语文是无处不在的。

## 二十四、第17课《奇妙的克隆》(2015.12.7,周一,晴)

这篇文章比较难读,有的知识教师也不太懂,学生也是。所以对文本的研读,就很放不开。看了教参、教案,多是文章写得如何好。但是,我还是读出一些疑问。

1.品题。文章的题目是很妙的,既点出了说明对象,也部分表达了其说明特征。那么,能否换成别的词句呢？换成"克隆的奥秘","克隆的历史"等,也许都不如它好。

2.文章是否可以用开头和结尾包一下呢？其实是可以的。比如诺贝尔奖获得者沃森的话,就可以单独作为结尾,而不只是"克隆技术造福人类"的结尾。

文章开头呢,比如可以把文章第3段作为整篇文章的开头,而不只是第一部分的结尾。

当然,不用开头和结尾,也让文章很利索、干脆,避免麻烦。

其实,文章第3段是不合适的。文章第1、2段,已经从科学的角度去诠释克隆了,此时再来个文学作品里的情节,只会让文章陷入混乱;虽然这个情节很有趣味性,其趣味性放在文章开头最好,引起读者的兴趣。

而且,这段话还有一个小毛病,就是只说吴承恩,而没有说《西游记》,这是不严谨的。是吴承恩在《西游记》中描述的,而只说吴承恩描述,就不够严谨。

3.第二部分"克隆鲫鱼出世前后"。

为什么要把中国科学家培育鲫鱼放在这一部分的开头?从后面看,大概是出于按照"鱼类——两栖类——哺乳类"这个顺序的目的安排的。

但是,完全如此吗?有没有突出中国成就这个目的?而且从篇幅上讲,这一段的篇幅比下一段英国科学家克隆爪蟾还要长,是否有道理?按说人家在先,科学意义更大,篇幅是否应该更长?

另外,第7段,克隆鲤鲫鱼,为什么没写时间?是时间不重要,还是这个成就不重要?而第8段,白色小鼠生下三只小灰鼠的克隆,应该是本节科技成就最高的阶段,为何没有写时间?这可能是不严谨的。

还有,这一部分的标题可以是什么?"从克隆鲫鱼到克隆鼠",是可以概括克隆变化过程的。如果从中段选,那大概是应该选"克隆爪蟾前后"吧。

4.第三部分"克隆绵羊'多利'"。有没有注意到这一段的说明对象?只是一个多利,而不像第二部分有那么三四个,为什么?因为多利重要啊!

再看这一段的结构安排。按照什么顺序?不是时间顺序,而是先写结果,再写过程,最后写意义。这当然是逻辑顺序了。能否先写过程,再写结果、意义?那样可能不够突出。

5.你愿意克隆人吗?

第四部分"克隆技术造福人类",顺序是明显的,先写克隆在动物方面的作用,然后到克隆人。这自然是一种发展与提升。

那么,同学们愿意克隆人吗?让学生选,少数学生同意,多数学生不同意。同意的愿因有:有个伙伴;替自己做事等等。那我问:谁养活他?他是你的奴隶？

不同意的说:太麻烦;会产生一些问题。

从有关资料看,美国等天主教国家是反对克隆的。中国则没有太严格的宗教束缚,思想上是没有太多禁忌的。但是,也有许多担忧。

事实上,世界上的事情都是利弊相间的。汽车好吧？每年车祸有许多起。电好吧,对人太重要的;灾难也有许多。当然,不能因此就止步不前吧？事物必然要向前发展的。

当然,我们不必杞人忧天。后世不比我们笨,人只会越来越聪明。何况,现在就是想克隆人,技术上也办不到。

6.文章最后引用沃森的话结尾是可以的,但沃森话的最后一句是"用以教育世界人民",这句话是否妥当？是否让人感觉到科学家高高在上的样子？其实,对克隆带来的问题,许多人都在思考,包括医生、科学家、政治家、思想家,这个过程,可能是漫长的,而且也必然有挫折,在挫折中提升。那么,作为思考者和探索者,沃森已经认识到位了？显然是不可能的。那么,有什么资格说教育世界人民？所以这句话是不妥的。而文章作者引入并作为收尾,显然也是不严谨的。

## 二十五、第28课《观潮》(2015.12.8,周二,晴)

又是文言文,又是写景文,不太好品析。

1.让学生读。之前已经用了近一个课时预习了,但学生读得还是不行,长句子就不顺了。于是,放班班通里的朗读,又单为长句子断一下句,再让同学们在课堂上读二遍。再抽读,结果就好多了。于是问学生,你们早读是怎么读的？

学生对长句子有些畏难,畏缩,有时想模糊过去。但这是不可能的。老师如果把长句子品析一下,学生就感到不难了。

比如"每岁京尹出浙江亭教阅水军",教师断句并分析:每岁|京尹|出浙江亭|教阅水军。这样,长句子成为短句子,就不难了。

再比如"既而尽奔腾分合五阵之势",断句为:既而|尽|奔腾分合|五阵之势。这样一断,学生就觉得容易了。

关于读音。放班班通里的朗读，音色确实好，但是读错了三个字。学生比较吃惊。我说，班班通里是请来的人，他们声音好，但不是语文方面的行家，对于读音，没有那样细，读错不必意外。

有同学说"车马塞途"，"塞"读se，说是百度的。但是根据意思，应该读sai，从字典中可以得出这个结果。——文言文的读音，真是比较麻烦。但我们以课本为准，以字典、词典为准。

2.几处译文。译文，一般应以课本为准。有时候，课本并不恰当，看教参译文；再参看其他版本。

"既而尽奔腾分合五阵之势"的译文，课本上是"意思是，演习五阵的阵势，忽而疾驶……"，但这个翻译没有翻译出"既而"，而教参上翻译出了，加上了"然后"，当然就通畅了。同时，这句译文值得分析，它是把一句翻译成三句，分别是演习五阵，奔腾分合，各种变化。不这样翻译，可能就难以顺畅。

"烟消波静"如何翻译？这里有两个问题，一是此前演习这么激烈，为什么这么快就结束了？没有时间词呀？于是教参上翻译时为"（待到）烟雾消散，水面又恢复了平静"，"（待到）"表示了时间的过渡。对于"波静"，《文言文译注》里翻译成"波平浪静"了，则是不妥的。此时潮水还是一样的，只是水面安静了而已。

3.文章品读。

演习五阵，可不可以是六阵、七阵等阵法？这是当时兵法的数目，不是数字的游戏。

那么，他们在干什么？他们的目的是表演水上功夫，水军作战能力。一般人在这样的大潮上，不敢行船，即使行船，也是躲在船里。而他们竟然在船上做动作，演习阵法，可见技艺之高超，本领之高强。

那么，除此以外，还可以在潮头做什么？比如音乐、舞蹈表演，民间杂技表演，也是可以的。

3段、4段、2段，彼此有关系吗？3段是民间表演，写吴地健儿之能，写出了他们的风采，共同表现出美感。但是，主次还是分明的。3段是辅助的，篇幅少，场面只一个。没有写开头和结尾。而2段呢，有开头，发展，高潮，结尾，看多么完整呀！

4段是侧面描写,通过吴人观看的多而盛,突出表演的成功。不过,技巧也是很高的,写范围广——十里;不说人山人海,用妇女的衣服和车马之多,物价之贵,没有空地,写人之多。

那么,还有没有什么方法可以写人多了?还是有的,比如一家多少口人,父母如何带着孩子,老人是怎么样表现的等等。当然,不必如此细写,侧写就是侧写,不是主角。

4.文章题目,只能是"观潮"吗?可不可以是别的?也可以,比如说弄潮。其实,在文中什么地方是弄潮呀?3段。2段也可以说是弄潮,但弄潮不太严肃,人家是正规的演习呢。

作者却是从观者的角度写,这样也便于写出观潮的盛况,所以"观潮"还是适当的。

## 二十六、第29课《湖心亭看雪》(2015.12.10,周四,阴)

试图找到文章的核心,但总有点距离感;也许是因为达不到书里分析的高度吧。

1.换一个题目如何?文章吸引人、出色,那么,换一个题目怎么样?就叫"看雪",或者"南国看雪","杭州看雪",如何?大概都比较泛泛吧。而"湖心亭"三字,就给人不一般的感觉,让人产生新奇感:啊,西湖湖心亭,她的雪有什么特别的景色与味道呢?

是的。西湖很美,西湖的雪景呢?作者可能也是这样好奇、探美的心态吧,于是去看雪,去探究。

2.作者何人?为何在这样的夜晚来看雪?

本来,大雪三日,谁不冷呀,在家里焐被子,或者吃着火锅,喝着小酒,应该是当然的选择。或者要看雪,未必要夜里呀;白天时间多呢!早晨,太阳出来,红日白雪,雪中景色,不是美景吗?要是明月在天,映着白雪,也是难得一景。作者喜欢不喜欢这样的景色?可能也是喜欢的,但未必好入文,或者没有特别和另类的感觉吧。于是,作者选在夜静之时来湖心亭感受雪景。

从作者是官宦人家,又不愿做官的身世与性格看,是个闲散而个性之人,也是追求闲情雅趣之人。可以说作者夜里赏雪,这个行为本身就是一种标榜,一种游戏人生的表现。

像这样的人有多少?肯定很少。或者本来可能就自己一个人:作为对西湖环境很熟悉的人,作为一个另类的富家公子,他估计到,此时西湖已经没有人了,只有自己一个人来赏雪了。在万籁俱寂中,在茫茫一片白雪中,作者与天地更是一次近距离的接触,或者说零距离的亲近。

这个行为本身,似乎显示作者对人生的思索,对宇宙、世界的探究之心。这个时候,他想什么?他关注什么?似乎有,又似乎没有。或者说什么都不要说了,读者就跟着作者,在夜深人静、大雪覆盖的湖心亭里,静静坐着,感触其美好,静谧,寒冷,空寂。

3.雪景如何?作者写雪景是一种中国人的写法,但也是很高明的,寥寥几笔勾勒,而神采已出。似乎作者是站在很高的地方,把自己置于天地之中来写景。单单这几笔,写出了宇宙的茫远感,似乎具有禅意。啊,跟茫茫的宇宙相比,人不是沧海之一粟吗?既然是这样的一粟,是不是也可以享受如草芥般的人生呢?追求自身的自由呢?

而"一痕","一点","一芥","两三粒",这几个量词用的恰当而俏皮,让人产生会心的微笑,必然体会到人生之渺小,宇宙之广大,从而产生种种情绪,包括人生之虚无的感慨!

那么,湖心亭此时只有这样的景色了?肯定不是。在别人的眼里,可能是另外的样子,甚至完全不同。我们试着为湖心亭雪景重新写几笔,怎么样?

比如:西湖如白色的海洋,湖心亭如一只小船停泊在其中,无所依傍,该驶向何方?——这大概写出人生的感叹了,没有作者的那种宇宙之大、人生之渺小之感了;也没有写出雪景之美。

4.(2015.12.11,周五,阴)金陵人何意?

其实这段话省去了许多内容。他们喝的什么酒?带了什么下酒菜?什么味道?喝酒时有哪些对话?都没有写。写了会怎么样?会把文章的气氛与格调破坏。

"问其姓氏,是金陵人,客此。"那么,客人到底姓什么?姓张,姓李,姓王?他们长什么样子,年龄多大,家里有什么人,做什么生意?写出来,对文章的情境就是一种破坏。因为金陵客人在这里是一种陪衬,点出来即可,细写是主题不需要的,不允许的。——从中可以看到作者的剪裁,以及对文章格调的追求。

那么,不写金陵人的出现如何? 就是自己和舟子到湖心亭看雪。但这样写,可能就缺少转折与味道了。天地之间,只有自己一个人,有景,有思考,似乎没有人与自己共享,没有人与自己知音,也感到寂寞和遗憾。比如苏轼的《记承天寺夜游》,写了与张怀民一起赏月。其中自己在家也可以赏月呀,但可能因缺少同伴与知音,从而也是一种缺憾。

"金陵人"何意? 后世人从中探究微言大义,认为寄托了作者对亡明的思念。这应该是真实的,当然也有妙手偶得之的原因。如果对方恰巧是青岛人,庐州人,那作者如何写呢? 实写,就缺少这种传奇性。但巧就巧在客人是金陵人,于是生活中多了一个奇遇,文章就多了一个奇意!

5.舟子的话有何用?

作为讲究俭省的文章,文末写了舟子的话:"莫说相公痴,更有痴似相公者。"这句话可以略去吗? 舟子的话就这一句吗? 比如,有没有问相公喝多了没有? 或者作者本人是否因为喝了三大杯太快了,于是不停地反应? 这些都不重要。重要的是,作者从中感到的得意与惬意,在文末如何写出来呢? 于是借舟子的口气说出来,关键是一个字:痴! 相公痴,金陵客人痴,这是多么有趣、有情、有奇遇的事情呀! 要是舟子说别的话,都会省去的。但这句话不能省,起到点题的作用。

我们再较真一次,舟子当时真说这句话了吗? 要是舟子不说,怎么办呢? ——舟子说的可能性很大;或者这次不说,之前或之后叙述起来说,也是一样的。作为平时服侍作者的舟子,某种程度上对主人是了解的。而"痴"字,也许早已是相公或他的朋友嘴里经常说的话,舟子如何不知道?

那么,除了用舟子的话结尾,可以用别的话吗? 可以呀,比如像苏轼那样议论结尾:"何夜无月……"但那样,可能机械了,是追求自然之趣的作者所不愿意的吧。

6."独"字对吗? 有同学问,作者说"独往湖心亭看雪",其实还有舟子,怎么说"独"呢?

这其实不矛盾,因为舟子是为主人服务的,可以不算在内;另一方面看,舟子跟自己是一个单位,是一条船,从这个角度看,也是"独"一个,而不是二个。

如果写成两人，会有什么效果？"我和舟子两人往湖心亭看雪"，怎么样？那作者富家公子的那种特立独行的风格就无法体现。"独"字，写出作者的那种另类的人生，写出了倔强、孤芳自赏的心理。同时，也为下文埋下了伏笔。

原来，作者在天黑以后两个小时才去湖心亭，就是想避开人，一个人静静地感受天地之孤寂。不承想，在湖心亭意外遇到跟自己一样的人，这怎么不让人欣喜？从二位金陵人的喜悦来看，他们也是十分惊喜的。原本二位准备好好享受大雪三日后湖心亭的特别，没想到，还有人跟自己一样的想法，怎能不让人惊喜？

当然，同是看雪赏景，二位金陵人与作者是有品味上的区别的。他们二人结伴，对饮，那么他们更在意的是山水、雪景，还是酒食美味？或者兼而有之吧。而作者，则是以看雪为旨，二者是有区别的。

于是我们想，作者虽然写了二位金陵客人，其中的褒贬，是否含在其中呢？

7.张岱是模范吗？

从一些练习来看，对张岱此文十分推崇，对于其文章表现出来的思想，也是捧得很高，说他遗世独立，清高自赏等等。但是，一定如此吗？能否从另一个方面来看到张岱？

想一想，如果从儒家的标准看，张岱是否有可议处？儒家要做什么？知不可为而为，积极入世。要是孔子、孟子之徒在此时，要做什么呢？大概不会孤芳自赏，只求保全自己，而是要为世界做一些贡献吧！怎么能就当一个自由自在的旁观者呢？这不是可取的。

而且，今天，同学们都是什么价值取向？同学们父母要求你们干什么？学生说好好学习。是的，这就对了，有没有叫你们学多少都行，不做作业也行？是不是这样？不是。包括同学们的父母，都是认真工作，为了家庭而劳动。这也是家庭责任，社会责任，这才是社会的主流。其实西方世界也是这样的，都要人们进取，责任，而不是当一个旁观者，不负责任地回避。——从这个角度讲，张岱恐怕不要捧那么高吧！

这几首诗很有意思，也都有可探究之处。

让学生谈谈疑问与感悟，有学生问：为何说"草盛豆苗稀"？不可以是"草稀豆苗盛"？有学生问，为何《登岳阳楼记》写得这么悲呀？嗯，比较有意思，说明读得有点深入了。

1.诗歌的结构也是很清晰的。有没有注意到，这四首诗，都有共同点，有开头、中间描写和结尾呀？比如《归园田居（其三）》，开头写了什么？写了地点，事件，其实也包括事件：在南山下，种豆，是春夏之交吧；也写了结果：草盛豆苗稀。当然，从开头看，就是充满情趣的。

中间呢？是描写，写劳动的场景。有没有注意到其特点呀？有事件，有景色，而且是比较有美感和情感的景色，"晨兴理荒秽，带月荷锄归"，早早就起来锄草之类的，到了晚上才回来；但是有个"月"字，情感就不同了，多了一个意象。不过没有描写，要是描写月色，是否增加了美感？

最后二句呢？是结尾了，表达了自己的情感：苦一些没什么，只要按照自己的意愿生活就好了。

想一想，如果后面二句仍然是描写，会怎么样呢？那就不知道作者的主题是什么了。

2.为陶渊明的诗改写二句。

陶渊明中间四句是描写。但是，写的好像都是晚上吧，那么，其他时间呢？比如太阳出来的时候，下雨的时候，刮风的时候，这个时候，作者是什么情绪呢？

让学生编写。结果只有几个优生写出来，且不太像诗。好呀，这样的介入，才知道人家诗歌的水平与不易呀。

能否这样写：黎明即耕田，日中不歇身。——写出劳动的繁忙。

或者：衣袂风里起，头发雨中粘。——写出劳动的诗意。

还有，其实诗的尾部是很有讲究的，因为涉及主旨。这首诗歌的结尾，从"诗言志"的角度说，是很好的；但是，毕竟不是只有这样一种方式，而且偏直白了。同时"衣沾不足惜"，与上句"夕露沾我衣"有点重复。比如能否写成——

田园风光好,山水真惬意。——只不过没有点出"愿无违",但也是有意思的。

3.(2015.12.15,周二,晴)大唐朝真伟大。

对于王维诗里的词句,学生们容易滑过去。其实,含有很丰富的信息。

先看看诗的结构。首二句交代事情,而且还有行程:作者是慰问边塞的,已经过了居延。然后呢,中间四句是写所见所闻,其中"大漠孤烟直,长河落日圆",成为名句。结尾二句是写马上要到目的地。这个目的地不是直接写到了,而是写看到"候骑",知道都护在什么地方,自己使命就快要完成了。

这首诗的一些词句,其实是含有丰富的信息的。三四句比成"征蓬""归雁",为什么这样比呀?前后联系起来,我们就会有不同的感觉。

作者诗中出现的几个地名,不能忽视之,其实是含有微妙情感的。"征蓬""归雁",写出了作者远离都城长安后的孤单感,也写出了大唐王朝疆域的广远与辽阔。作为一个生活在都城的官员,出了安全而平稳的都城后,轻车简从来到广阔的原野里,自然产生多种的情感,豪迈感,孤单感,不安全感等情感。不止这几个词语,其实,其他几个词语也都或多或少表达了这类情感:单车,写出了孤单;居延,汉塞,胡天,萧关,燕然,写出了地域之广,疆域之大。

也许,"归雁"的说法是不太妥当的。"归雁"之"归",什么意思?一方面,这不是归雁归去的季节,另一方面,王维到边塞去,怎么能说是"归"呢?也许,作者是找不到更好的词语,来表达这种孤单情感了。但这个词语毕竟不是很妥帖的。

"大漠孤烟直,长河落日圆"赏析。王维就是王维,人家是有孤单感,但是,也有豪迈感。边疆的旖旎风光和辽阔疆域,很快让作者负面的情绪消失了。

我问学生,去掉哪个字可能会降低这个诗句的魅力?学生说"直"和"圆",是的,去掉这两个形容词,则形象出不来,为什么呢?值得好好探究一番吧。"大漠孤烟",好像还只是说二种事物,还让画面处于平面感;而一个"直"字,就让画面立了起来。读到这个字,似乎我们的视线抬起来了,跟着

153

八年级语文上册

烽烟直上云霄,啊,更能突出地之大,天之高,疆域之辽阔。"长河落日",好像也只是呈现二种事物,一个"圆"字,就让形象具体了起来,让我们不由地想象到,落日映在河里,天上的太阳,水中的太阳,那种光芒,那橘红色的光彩,给旅途增加了多少情感与想象呀!由此可见,作者的审美感觉与表达能力。

诗歌的最后,是否一定是这个结尾:"萧关逢候骑,都护在燕然"?按照许多诗人的写法,比如前面陶渊明的《归园田居》的结尾:"衣沾不足惜,但使愿无违",这是抒情句。李白的《渡荆门送别》结尾:"仍怜故乡水,万里送行舟",也表达了情感。那么,王维可不可以用抒情句结尾呢?

比如能不能这样写:一路风尘厚,大唐威震边。或者是:万里足颠簸,何时回家园?

——当然,这都不是作者的情绪。

从另一方面思考,其实诗写完了,作者行程并没有完。能否把行程结束写入诗呢?如果这样写:终于到燕然,见到崔都护。——这样一写,诗歌就没有悬念了,不好玩了,没有给读者留下想象。这个结尾肯定是不行的。由此,我们看到诗人的匠心。

4.(2015.12.16,周三,晴)为何拟人?

李白诗《渡荆门送别》的最后二句是:"仍怜故乡水,万里送行舟",表面意思是故乡的水一直在送着自己;从修辞的角度看,是拟人。那么,为什么出现拟人?真是故乡水送自己吗?其实,是诗人的多情;因为多情,感觉没有情感的事物,都有了情感。比如现在,太阳照进教室,我们有温暖感。此时可以怎么说?太阳温柔的手,在抚摸着我们的脸,拥抱着我们的身体。是因为我们有情感,所以把没有生命的东西,当作有生命了。

真实的情况是,李白出了蜀地到了楚地,心里既有新奇的感觉,也包含了对故乡的留恋,舍不得故乡的山水。说故乡水在送自己,其实是自己舍不得故乡山水。但如果说自己恋着山水,舍不得走,这样的表达没什么意思呀,也太直白,于是,就说故乡水在送着自己。这就是文学,就是浪漫的诗人!

5.可以有点情感变化吗?

读《登岳阳楼(其一)》,通篇是一种压抑的情绪。从首联的"夕阳迟",到颔联的"欲暮时",颈联的"多难""凭危",尾联的"无限悲",整首诗笼罩着悲伤的情绪。当然,这是可以理解的,毕竟国家遭受了巨大的变化,而且南宋政权和国土,还未必能守住。

但是,作为文学作品,能否给人希望之感? 比如,能否在结尾,用想象之笔,写出对未来的希望和信心。

或者,从审美的效果上看,有情感变化,是否更打动人呢? 比如颔联写一点阳光、色彩亮丽的事情,然后到了颈联再转悲伤,是否情感有一点变化,更恰当一些?

## 二十八、第18课《阿西莫夫短文两篇》(2015.12.18,周五,晴)

外国人作品,翻译过来的,又是科普作品,觉得不那么好抓、好品。学生也是如此。可能与对其科学知识比较陌生有关,对外国文化的陌生也有关。

1.也有开头与结尾。文章,不管是中国的、外国的,基本功能都是差不多的。于是,看这两篇也都有开头与结尾,而且还很有力量。尤其是《恐龙无处不在》的开头。

是呀,在一个科学领域的新发现,可能对其他领域产生影响。这里,作者用的是"肯定";没用"必然"。

结尾的结论是:南极洲恐龙化石的发现,为……提供了另一个强有力的证据。

值得注意的是,作者说话是很严谨的,只说提供了一个强有力的证据,而没有说完全证明。这是需要注意的。

2.括号里的文字一定需要吗?

练习二,是括号里的文字,问其作用。总体作用是什么? 是补充说明。那为什么要用括号呢? 如果,不用括号,就要中断文章的叙事线索,这是比较烦神的。

那么,除了括号,还可以怎么表示? 可以用破折号,也可以用注释。

还有一点,是否一定要加上括号里的内容?

不一定,要看读者对象。本文是科普作品,是给广大普通读者看的,因此要做一些通俗的介绍,或者调侃的语气。比如对于二氧化硅,普通人哪里知道是什么？但是,括号里说是"非常纯的沙子",大家就会一下子明白:原来是这么回事。而如果读者对象不是普通读者,而是专业人士呢？作者还能这么补充注释和调侃吗？那一定会被人批评不严肃的。

3.结论是否确定无疑？

大陆漂移学说可能是定论了。但是恐龙灭绝的原因,文章也还没有说那么确定。是否将来有材料可以证明有新的原因呢？也是不敢说的。这篇文章毕竟写作时间较早了,不知现在最新的观点和材料是什么。而且,将来科学肯定有新的发现与进展,对这个原因的探究,可能更有把握。

我们同学们,将来是否会参与这些研究？这是完全有可能的。到时候,看你们的啦!

4.课后练习三说,"在一个科学领域的新发现肯定会对其他领域产生影响",可以从我们生活或学习中来举例子吗？

在我们身边就有呀。互联网改变我们的生活和学习。人们的信息交流比过去快多了。比如布置作业吧,以前你们要用纸抄下来,回家给父母看。后来发展了,可以校讯通发给爸爸妈妈的手机里。现在呢,可以发在QQ群、微信圈里,怎么样,更快捷了吧! 这是科技发展对教育的影响。将来呢,我们拭目以待吧!

生活也是呀。以前我们家炖骨头,要用草锅;后来用炉子;再后来用高压锅,效果就快多了。现在,用电高压锅,速度快多了,给人们的生活带来许多便捷。这是科技对生活的改变,是一个领域的进展,对另外一个领域的促进与影响!

——将来我们同学们记忆知识,是否有比较快捷的方式呢？呵呵,同学们一定很期待吧!

## 二十九、第19课《生物入侵者》(2015.12.21,周一,多云,雾霾)

周一,教室里灯亮着,暖暖的,孩子们穿着红色、蓝色、黑色的羽绒衣或棉袄,看上去暖暖的感觉。双休两天彼此没看到了,有一种又见面的亲切感。课程快结束,可能又有一种轻松感。

于是,调侃一句:双休做什么呀?不吭声,听到一声低沉的叹息,大概是抱怨作业太多。我赶紧转移话题——哇,看你们教室多亮呀,要是三十年前,窗户要用东西堵着,蛇皮袋什么的。看你们穿得多漂亮呀,花红柳绿的。学生于是笑开了。

1.整体感知。预习了课文,有什么强烈的感受,心得,疑问?有说斑贝的损失,有的对课文末段有疑问。总体看来,双休做作业去了,对课文虽然之前预习了,但是有生疏感。

让大家速读,整体感知文章段落。是能概括的,但是不完全正确,毕竟不深入。

轮读。有两个好些,总体还是不够好,漏字,添字,读断,回读,看来不容易。

品题。让学生说说从题目得出的含义。茹说题目运用了打比方,给人亲切感,拉近与读者的距离。如果说"生物从别处移来",效果可能就不够好。

"生物入侵者",可以在"生物"或"入侵者"处填上别的词语吗?学生不太明白。我说人类呀。我们本地,现在大概有一半人都是外地移居者,——不过我们欢迎移民呢。

2.文章结构可以调整吗?文章分几个部分,分别是:什么是生物入侵者;生物入侵者的危害;原因;两种态度;今天的应对措施。

如果按照常规,我们会如何安排结构?可能是解释—原因—危害—态度—措施。

这样安排,是先原因后危害。那么,文章先安排危害对不对呢?应该是对的,这样,危害就得到了强调。

需要注意的是,两种危害,谁在先?文章先后顺序是不同的。按照第1段的介绍,是先破坏生态,后经济损失。而在后面的介绍中,是先经济损失(第3段),后生态危害(第4段)。二者不一致。为什么呢?是有意为之,还是无意造成?应该说,这大概是不够严谨的。

3.文章举例有些问题。看看这篇文章,"美国"的字眼出现得太多!第3段两个事例都是与美国有关。第4段有两处例子都是美国的案例。第7段的例子是美国例子。最后一段举的例子还是美国的案例。而相反,中国的案例却没有！是中国缺乏这些资料？还是作者没有去找？这篇文章的读者是中国人还是美国人？举例随意了。

4.生物入侵者有没有克星？文章虽然举了生物入侵者带来无穷灾难的例子，但我们还可以问问：生物入侵者有生物克星吗？如果有克星，是否就可以缓解问题呢？

还有，事物都是辩证的。生物入侵者除了造成巨大的灾难外，还有哪些好处？如何巧妙利用，使之为人类服务？

比如加拿大一枝黄花那么强大的生命力，能否从中提取基因，植入水稻、麦子的粮食作物，从而提升它们的生命力和产量？这不是不可能的吧。

5.(2015.12.22，周二，阴)"人为干预"的力量有多大？

在文章第2段说到以前的物种，都是在"没有人为干预的条件下缓慢进行的"，言下之意，是"人为干预"太有力量了。

其实，这句话要细一点分析。人为的力量并不是就一定大，因为人类是在不断进化与进步的。在工业文明之前，人类的力量是不大的。那个时候，生产力比较低，人要完成一项工程，是比较麻烦的。人类自己想漂洋过海都是很艰难的，还能带着物种漂洋过海吗？但是今天，人类的物质文明高度发达，机械化、电子化，对世界的破坏力就更大了。但即使如此，也不必过分夸大。比如，人类还不能对月球怎么样。要是一百年以后，会不会到月球上去种个菜园？到火星上搞个生产？那个时候，人类就更强大了。那么，人为干预力量也就更大了。

6.此文的一点缺陷。文章第7段末，说"仅在美国，每年由'生物入侵者'造成的损失就高达两千多亿美元"，这句话是有点问题的。这里的"每年"，是什么时候统计的数据？如果文章写作时间是2005年，那么现在已经是十年后的2015年了，最近的损失是多少？文中应该是加以注明的。

说到这里，我想看看此文写作的时间，从什么作品中选的。结果，没有看到此文是从哪个报纸杂志图书里选的，文下压根没有注释！这也太不严肃了吧！不会此文是编者自己编写的，直接编进教材的吧！即使如此，也是应该加以注释的。

## 三十、第20课《落日的幻觉》(2015.12.22,周二,阴)

让学生们说说读此文的感觉,但都不怎么谈好。可能是对文章读得不深,还有就是文章涉及的知识,让大家不太好懂。教师自己也是这样。

问同学们,为何夕阳比中午时好看?学生说中午太阳太毒,太刺眼。我说,这是什么觉?"毒"是触觉,刺眼是视觉。我说,夕阳之美,也许是在色彩,在造型。而中午时的太阳,色彩单调,造型也少。至于为什么中午太阳没有夕阳和朝阳美丽,可能是因为光的折射之类吧,看书上怎么说。

1.整体感知。让学生说说文章的段落。三个学生中,只有一个说得较准。为什么如此?这与本文的非常规段落有关。本文分两部分,与我们经常接触的三段式的文章,有些不同。其实,本文也是可以三段式的,不过作者没有这样写。再者,作者本来可以多用中心句,比如4、5、6段,可以让中心句在前,或者在后,这样文章结构就清楚了,学生也就好找了。

2.本文是描写太阳的范文。看文章的第2段,写太阳写得多好!先是颜色,同时是形态的变化,且用拟人。接着写背面天空,写蓝弧。再是写紫光。写出来那么美丽,有层次,实在值得学习!

而且细究起来,一些词语的使用是很值得推敲的。比如"如此之大""那样深黄"中的"如此""那样",用在这里是有表达效果的,起到强调、感叹的作用,对读者就是一种诱导。接下来,"神秘的蓝灰色暗弧""迷人的紫光"中的"神秘""迷人",都是形容词,起到评价、强调、诱导的作用。去掉,效果就不一样了。

3.(2015.12.23,周三,阴)文章有一些可探究之处。

品题。文章的题目是有情感的,如果换一个题目,情感就不一样。如果平实说来,可以叫:太阳光经过折射后所看到的情景。这样写,就一点也没有诗的味道了,没有情感了。

如果写成"旭日的幻觉",那给人的是朝气蓬勃之感,而不会有惋惜、伤感之意。

文章首段最后的几个词有点问题;"就连我们的古人不也留下了'夕阳……'的诗句吗",这句话,单独看似乎没有问题。但是,联系前一句引用的

"日薄西山,气息奄奄"就有问题了。后面说"连我们的古人",难道这一句不是古人说的吗?这肯定是不严密的。

文章的结尾是否就这样?有学生提出,文章似乎没有结尾。确实,按照习惯,文章多是三段式,文章是应该有个结尾的。比如可以说:落日是这样的美丽,我们就经常关注她,享受这美妙的景色,感受大自然的魅力吧!——这样写,多一点文学性,也给文章添彩。

同时,第7段只写现象,没有解释,按照文章的思路,其实是应该加以阐释的。留下这一点不作解释,实在没有什么道理。

而且,班班通里罗列了许多古人写落日的诗句,如果结尾引入,既与开头是个很好的照应,给文章增添诗的色彩,不也多了文化味吗?

此文较难理解,其中一点也是作者不善于使用中心句。其实,文章的4、5、6、7段都是可以使用中心句的。比如第5段,在文章的开头用个中心句:天空中出线的暗弧、亮弧是因为地球的投影。如果有这个中心句,文章就好理解得多。

# 八年级语文下册

## 一、第一课《藤野先生》(2016.2.23,周二,阴)

1.昨天是周一,开始上第一课。先跟同学们说说八下的特点跟八上的异同。同学们确实不熟,毕竟小嘛。于是跟学生介绍,八下的重要性,就文言文而言,把中考要考的诗文都画出来。果然,学生感觉到了本册书的重要性。

然后跟学生说说单元、文体。跟八上相同的是,有说明文,但八上是两个单元,本册是一个单元。说明文是八年级的重点,八下巩固八上的成果,要完成对说明文的要求。有一个散文诗单元,这好像是第一个散文诗单元,要求对散文诗有一个较深入的了解。散文有两个单元,一单元基本上是写人的单元;四单元是散文单元,从内容上是民俗单元,文化单元。

然后进入一单元的提示;进入第一课的学习。

先让学生说说对此文的整体感触。学生由于刚刚开学,介绍比较片面、零碎,质量不高。

对字词的预习,少数不自觉同学不行,"读一读"里面的词都不能读准;但自觉的同学对字词掌握就比较好了。

然后让学生划重要注释;轮读注释。然后是整体感知,先轮读课文。没有读完,下课了。读的不好,不流畅,明显不如上学期;学生自己也感觉到了。这是放假的原因,不怪学生。

2.在板书课题之后,忽然想到问学生,你们知道多少日本人的姓名?学生有点发愣,于是有人说小野、冈村,此外好像就没有了。然后我问,知道我问你们这个问题的潜台词吗?学生当然不知道。其实我有两个隐藏的问题:中国学生知道的日本人,男性多少,女性多少?好人多少,坏人多少?——由此可以看到,中日之间的隔膜与仇视有多深!

3.今天早晨散步时忽然想到,鲁迅写此文时是1926年,正是中国四分五裂,弱小而受欺,对日本国家崇拜、羡慕之时。写的是对藤野先生的感激与敬佩,是否也包含了对强大而繁荣的日本国家的崇拜与羡慕呢?应该是有的。

假如,鲁迅在今天,2016年这个时候,中国GDP世界第二的时候,对日本的感觉一样不一样?肯定有变化吧。那么,对于藤野先生的感觉,是否有些变化呢?

假如,鲁迅是在抗日战争的1940年时,回忆藤野先生,是否因对日本国家的仇恨,而影响对藤野先生的感情呢?或者,文章的行文是否有变化呢?应该是有的。

4.藤野先生的相片是几寸的?

文章结尾写藤野先生的照相,挂在寓所对面墙上,那么,疑问来了:照片多大?是独自占一个大相框,还是在一个相框中有几十张一寸二寸相片,藤野先生是其中之一?

如果是前者,那就非常不一般了,可见其中的崇敬之情。

但是,从师生角度看,藤野先生不会给学生过分大的照片吧,一寸、二寸才是适当的;六寸、八寸,应该是不妥的吧。

5.(2016.2.24,周三,晴)品题。题目可以怎么写?

慧说,我觉得用"藤野先生"不如用"藤野老师",因为先生有别的意思,而老师就专指教过自己的人。

我说不是。鲁迅是很清楚这个分别的。如果用"老师",就只是从职业的角度去体现了。事实是,藤野先生在鲁迅心目中,不只是教过自己的人,也是特别值得自己尊敬的人。鲁迅对藤野,是从心里恭恭敬敬地喊先生的,是十分尊敬的人。"藤野先生",是最能体现鲁迅对藤野情感的。

茹说能否改为"师恩难忘——记藤野先生"。

我说,这样看上去是可以的,但比较啰唆,不够突出。而且,这样造成的印象是藤野先生是诸多老师之一。而事实是,鲁迅心目中,藤野先生是独一无二的,没有谁可以取代的。既然如此,就只能是"藤野先生"这个最简洁、最凸显的题目了。

从资料看,鲁迅对三位老师比较尊敬:寿镜吾老师,章太炎老师,藤野先生。但是,这三位老师中,谁在鲁迅心目中最重要?是藤野先生。对寿镜吾老师,没有专门的文章写他。毕竟只是私塾老师,对于鲁迅的作用也没有那么大;而且,当时鲁迅学习之外的家庭环境、社会环境都是很好的。对于章太炎老师,毕竟他已经是成年了,只是在知识、思想上受些影响。

藤野先生呢?其实也不是知识上对作者多么重要,可能更多的是对比中,在恶劣的环境中,在对待弱国学生普遍不够友好的环境中,才显得那么突出。

从这个角度上看,本文的写作是非常妙的,考虑很是深刻:在一个大环境里,才显得藤野先生的伟大。

一边是清国留学生的腐朽气味,一边是"爱国青年"的侮辱,国内同胞的思想落伍,在这样的环境中,才显得藤野先生是多么高尚! 打个比方吧,什么温度是高的? 39度? 16度? 不一定。经过漫天冬天的煎熬,经过冰封大地的折磨,现在温度到了0度、2度,到了融化冰雪的温度了,于是,这0度、2度被看作是非常温暖而宝贵的了! 在那语言隔绝、人际交往极少、没有亲友可以交流的二年呢,谁给了作者一点点精神的慰藉? 是藤野先生呀!"万绿丛中一点红"之可贵,不是这抹红多么特别,关键是万绿之背景的衬托呀!

6.文章的一些妙处。

大师就是大师呀,文章中一些看似不经意的地方,都是很了不起的。

此文写了几个人? 除了当时早已死去的朱舜水先生外,唯一一个人名字就是藤野先生! 必然如此吗? 不是,是作者精心安排的;当然,从中也反映了藤野先生在作者心目中的地位。

其实,这篇文章是完全可以多出现一些人名的。为作者食宿操心的日本职员;教其他科目的日本老师;跟自己熟识、帮助自己的日本同学;托辞检查的日本同学。那么,为什么他们的名字都没有出现? 作者可能是这样考虑的,那些对自己不友好的日本学生,即使提一下也是不情愿、不值得的,不要让他们的名字污损了自己的笔,不要让他们的名字有损于作者对藤野先生的干净的感情。

至于对自己友好的日本职员和师生,可能也没有好到那种程度;就干脆略去,以突出藤野先生吧。

文章的一些议论句。文章第一句"东京也无非是这样",是非常有力的。这句话给文章定下了一个背景基调:嘲讽的,轻蔑的,灰色调子。是的,樱花是美的,但是这一点美丽的景色,哪里抵得过清国留学生们给作者带来的不快呢。而且不仅如此,到了仙台就不是这样了吗? 也不过如此吧! 景色也未必多好,尤其是这点美丽的景色,也无法抵消很讨厌的一些学生的侵扰。

情绪如此,但作者不好也不必多说、明说呀,于是用了这样一句,既发泄了自己的情绪,又比较适度。

实际上,文章的开头是可以有许多种的;就这篇文章来说,完全可以说:从日本回来多年了,可是我难忘我在日本的老师藤野先生。

或者这些写:教过我老师的有很多,我一直难以忘怀的有⋯⋯

可是作者都没有这样的选择,而是突兀的来了这么一句,这可以说神来之笔呀!

"大概是物以稀为贵吧",用这样自嘲的话来解释自己到仙台受到的优待,是比较妙的。而且下面举了两个例子来证明,给文章增加了玩笑、轻松的色彩。这样的处理,一方面没有掩盖仙台医学校职员对自己食宿操心的事实;另一方面,联系自己后来在学校所受到的侮辱与震动,自己也无须对这样的好意过度的感谢吧。于是以调侃的口吻叙述。

反语的使用。鲁迅喜欢用反语,这是他的风格之一。第1段末的"实在标致极了",29段的"中国是弱国,所以中国人当然是低能儿⋯⋯"是反语。前者可能更突出了嘲讽,后者可能更表现了自己的愤慨;要是直言,效果可能不如反语好。

特写与丑化功夫。第1段末"也有解散辫子,盘得平的,除下帽来,油光可鉴,宛如小姑娘的发髻一般,还要将脖子扭几扭。实在标致极了。"这一段,真是美妙,短短几句,写了外貌,动作,打了比方,活画了哪些思想落伍的清国留学生的丑态。尤其"还要将脖子扭几扭",大概是丑之最了,于是下面跟着的是反语，就水到渠成了。

7.文章的表达方式。

文章运用了记叙、描写、议论、抒情的表达方式，丰富而适当。

第1段开头，第5段开头，29段开头，37段，这些议论与记叙、描写结合起来，使得文章有情感、有力量。尤其是29段的"中国是弱国，所以中国人当然是低能儿……"，用在文章的此处，在叙述了自己作为一个弱国学生受到的屈辱的来龙去脉之后，读者的感情也很自然的达到了一个高潮，于是这几句议论，似乎是从心里流淌出来一样，那么自然，那么痛快，有力量！

8.文章的最后一段是非常有力量的。先是叙述了藤野先生改正讲义的结局；然后写到他的照片，"每当夜间疲倦，正想偷懒时，仰面在灯光中瞥见他黑瘦的面貌，似乎正要说出抑扬顿挫的话来，便使我忽又良心发现，而且增加勇气了，于是点上一枝烟，再继续写些为'正人君子'之流所深恶痛疾的文字。"这里，藤野先生的面貌不空泛，而是"黑瘦"；神情不是空泛的，而是"似乎正要说出抑扬顿挫的话来"，啊，藤野先生似乎活起来了，由此看到，对作者的激励多么大呀！可见作者对藤野先生的怀念，藤野对作者的激励。从这个角度看，真可以看到藤野对作者的影响，在作者心目中真是"伟大"的！

这个结尾，真是充满了力量！

## 二、第2课《我的母亲》（2016.2.25，周四，晴）

上午仔细读文章，发现一些问题：前三段其实是可以删的，跟全文主题不合拍；胡适妈妈冯顺弟是不简单的一个女人，其教育理念有着徽州人的传统，有胡家的风气吧，总体显示中华民族的文化吧。

一些用词也是很讲究的。还有文章的详略。当然，文章也免不了有些片面和偏见吧。

1.文章全文主体是写母亲的性格与品德。从此主题考虑，前三段删掉才好。就从第4段开始，略作删改。前三段，作为自述，是没问题的。作为写母亲的文章，则不合主题要求。文章也没有表现出后者与前者的必然关系："我"缺少游戏的能力，缺少学音乐、美术的机会，与下文母亲的性格没有必然关系,选在文中,不太协调。

2.母亲与父亲的婚姻关系。跟同学们说胡适父母的婚姻关系,同学们都睁大了眼睛,有诧异、不解和神秘感。一个48岁,一个16岁,结为婚姻,在旧社会可能是司空见惯的;在今天,是比较稀少的。

3.善良是好的,但是一味善良是不行的。

"善有善报",是的,善良是有回报的。但是"人善被人欺,马善被人骑",善良而没有对恶者回击的力量,是会受侵害的。作者的母亲,虽然是很能忍的,但也不是一味忍下去。一味忍耐,一方面自己不断受到侵害,牺牲太多;另一方面,人的忍耐都是有限度的,不反击自己也无法遏制。

不过,值得注意的是,作者母亲回击的巧妙,注意方式方法的不同。对大嫂、二嫂是一种方式,对五叔又是另一种方式。这里面,可能是男女有别,对待男人的态度与方式跟对待女人是不同的。也有内外有别之意。大嫂、二嫂都是家里人,辈分上是自己的儿媳妇,晚辈。而五叔呢,是外人,是同辈人,对自己名誉的伤害范围也更大。所以对后者,就是在家族范围内,堂堂正正地处理,以打击邪行,维护名声。

作者文中11段对于母亲与嫂子斗法,写得真是美妙。看,她只是哭,哭丈夫,哭自己命苦;没有责怪谁,没有指桑骂槐,——母亲即使在不得已出手时,也是有礼貌、有风度的,真是了不起!但是哭媳妇们的公公,哭死人,对于借故斗气的媳妇就是打压。于是对方心照不宣的来道歉,沟通,捋顺关系。真是妙呀!母亲做得妙,作者观察细,写得妙。

4.(2016.2.26,周五,晴)文章的组织是值得学习的。

文章写了母亲不少事情,如何组织这些事情呢?按照时间顺序?那样肯定是不行的。作者是分类的,这是记许多事时,文章顺序必须要考虑的一种安排。作者按照管教我,管理家庭及与二个嫂子相处和斗争,对待损害自己名誉时的所为,三个方面来安排顺序。这种顺序安排是成功的。

管教我,涉及5、6、7三段,也是分成几个层次写的。5段大概是常规教导,也是一天中最早的时候。作者妈妈这个晨训的做法,不知是否作者爸爸教的经验,或者是自创的。这个教子习惯当然也是十分好的;同时反映了一个寡妇,把一切希望都寄托在儿子身上的现实:儿子好,以后就好;儿子不好,未来就完了。这个殷切的期望,应该说是作者成功的一个强大而不竭的动力,是不可以小视的。当然,其成功还要有物质条件,就是作者父亲家的家业,可以从物质上保障孩子读书,考学,乃至留学。

接下来是写对我的惩罚。6段是概括,7段是详写。

如何安排详略?事情多,就要考虑详略。比如写持家及与二个嫂子的相处与斗争,8段详写了对付大哥讨债鬼之事,11段写以哭对付一个嫂子的事。而有些事,就未必值得详写,点到即可。比如12段写对本家五叔的处理,既是智慧的,又是适当的,也没有必要详加渲染,点到即可。

5.一些妙处。

关键句子。如第4段,"……究竟给了我一点做人的训练。在这一点上,我的恩师就是我的慈母。"这可以说是全文的定睛之笔。父母是孩子的第一任老师,也是终身老师。但这个老师教我们的是什么呢?有的父母,可能同时也教了许多知识。而作者的母亲,主要是从做人方面给了作者训练。需要注意的是,"训练"这个词语不是随意用的,而是非常准确的。每天早晨的晨训,犯错误后的严惩,当然就是训练啦。

第12段的开头,"我母亲待人最仁慈,最温和……"。作者虽然下面是转折,但是这里面二个"最",这不是随意写出来的,而且也没有在"仁慈、温和"之外随意加词语,比如"豁达,智慧,大度",这些词语并没有用。

中心句。文章有几处中心句,这对于叙事之清晰是很有帮助的。如第6段、第8段、第10段、12段的开头。中心句出来后,作者只管按照这个意思叙事,读者也比较轻松;而文章思路清晰,不会混乱。

议论句有力量。上面提到的中心句,基本上都是议论句。此外像第9段最后的议论,文章最后一段的议论,不多,但很有力量。

补叙。文章的补叙是不可忽视的。如第8段最后一句"这样的过年,我过了六七次"。不要小看这句话,要知道,作者的妈妈因此要受到多少煎熬呀,她的当家持家是多么不容易呀!还有11段,"奇怪的很,这一哭之后,至少有一两个月的太平清静日子"。这句话,写出了作者母亲以哭为武器的智慧和力量了,从中可以看到作者妈妈的了不起。

文章一些用语的分寸感与谦虚态度。比如练习二中提到的三处,"不能不",三个"如果",用语的分寸是很好的。

但是作者对母亲的极高评价是不吝啬词语的。如12段开头的"我母亲待人最仁慈,最温和",13段开头写的"受了她的极大极深的影响",这些都如实反映了母亲的性格特征,和对自己的极大的影响。

6.(2016.2.29,周一,晴)文章写作妙处。把文章一些好的地方总结一下,板书,便于学生学习。

写作妙处——

(1)写人,事情多的时候要分类。本文就是,先写母亲管教我;然后是母亲当家;最后是母亲对待荣誉之事。

(2)注意顺序和详略。详略是为主题服务的。本文中,母亲对待荣誉之事略,因为在本文不是重点,但是又不能不写,所以略。而母亲对待二个嫂子,就是重点,要详写。本文这个事例写得真精彩。

(3)中心句和议论句。中心句有助于使文章脉络分明。如6段、12段的开头。有些议论句使文章增添了力量。比如9段的末尾。本来把生气的脸摆给旁人看,是否有这么下流,一般人是不会这么认识的。但作者这么认识,是因为体验深刻。那么另一方面呢,作者以后会不会这么做了?估计不会了。

(4)用语的分寸。一方面,像练习二的几个例子,"不能不","混",三个"如果",都是很谦虚,有分寸的。但另一方面,写母亲的影响的词,是一点也不吝啬的,如12段的"我母亲待人最仁慈,最温和",13段开头"我在我母亲的教训之下度过了少年时代,受了她的极大极深的影响",用了"最""极"这样的词语,是一点也不谦虚的。

(5)补记的几句很重要。如8段末"这样的过年,我过了六七次",这句话是什么概念呀?六七次,六七年,而不是偶然的一次,从中可以看到母亲受到的折磨有多少呀!这个补叙实在太重要了。

还有10段末"她从不和两个嫂子吵一句嘴",这句话,品一品,母亲的委屈有多少,修养有多深?

7.补充一点:母亲仅是仁慈、温和吗?教参对练习一第1题的参考回答是,"作者母亲为人方面,主要是克己谦让,宽容善良,温和仁慈;而在教子方面,主要表现为严格,有时过于严厉"。

这好像有点溢美之词吧。作者母亲仅仅是仁慈、温和吗?仁慈、温和是有底线的;到了忍无可忍、必须回击的时候,是要还击的。事实也是如此。

母亲对两个嫂子,忍无可忍的时候,就使出了高招:哭。这是她思考出来的,且效果好的一招。她不仅是哭,哭的内容很有讲究。她有没有哭自己的父母?哭自己的身体?不是。是哭自己的丈夫,他们的公公!虽然自己是后妈,身份、力量也许不够,但是他们的公公是够分量的,拿这个死人压你活人,于是那个胡搅蛮缠的嫂子,知道厉害了,便过来表达歉意,于是矛盾暂时和解了。

至于自己的荣誉,更是不容玷污;于是请来本家的权威来整治,于是浪人五叔,只好低头。——从中可以看到作者母亲多么刚强和智慧!

作者母亲的教子方式是值得学习的。她是每天早晨教训孩子。为什么不是晚上?因为晚上可能影响孩子睡眠,孩子做噩梦。而早晨,一天之始,清算昨天的错误,避免今天再犯,实在是好的时间。"一日之计在于晨","吾日三省吾身",早晨实在是很好的时间。

当然,"拧我的肉",这在当时可能是一种惩罚,在今天便不合适了吧。

还有练习三,联系自己的经历,说说母亲对自己的影响。有的学生只注意"言"的一面,当然,这一面是重要的。在文中,母亲要孩子向父亲看齐,走读书做官之路,这是很好的路径。但"行"的作用不可小视。作者母亲是如何对待大哥的债主的?如果对待二个嫂子的?有天生的度量,也有难得的气度与修养吧。这里,遗传可能也给了作者很重要的基础,另一面就是母亲行为的影响了。到了后来,自己会不知不觉按照母亲这么做。这或许是潜移默化的影响吧。

对于联系自己家庭,说到母亲对自己的影响,学生多是说母亲对自己的好的影响。比如一个女同学说母亲孝顺,对爷爷奶奶是如何做的。——颂扬母亲,是否有的是套话呢?为什么一定是歌颂母亲这种思维定式呢?这是否有虚假成分呢?可不可以批评母亲的缺点?

当然,学生这么小,母亲的影响暂时还未必看清楚。待中年以后,可能更清晰。

### 三、第3课《我的第一本书》(2016.3.1,周二,晴)

备课研读文本,觉得文章有意思,比如祖母在文中的作用,一方面很有情趣,一方面,如果是规范的作家,可能不会这样随意写。

今天早晨读有关资料,读到牛汉是蒙古族,小时候问父亲为什么不回到草原去住;其母亲是蒙古族后裔,姓呼延,竟然曾经去刺杀山西王阎锡山;没有成功,被吊起来三天三夜。——哇,这是女英雄呀!那么,诗人牛汉就是英雄之子呢!

再读班班通他写的《鹰的诞生》,果然与众不同,或者像他自己说的,有草原的精神与情感。

1.学生的感受不够深。这一课,依然是先问学生总体感觉,发现,疑问;轮读课文;整体感知;同桌交流之前的批注与品读;班上交流;教师主导品读;讨论课后练习;最后是做基训。

语文水平高的同学,认识也深些。比如茹说不能忘本,本指的是哪个内容。反映了她思考较深了。

同学们品读课文,也能够把老师之前介绍的内容用起来。比如对于第3段的开头部分,作者在看着晾晒的小麦,"新打的小麦经阳光晒透发出甜蜜蜜的味道",说很有画面感。这是对的。作者运用多觉,写出现场感,画面感,就容易感染人。像第3段的结尾,"父亲……愣了半天……我垂着头立在他的面前",都很有画面感,值得学习。

2.父亲形象。父亲形象不是要歌颂,但是要有个性化。在文中,父亲形象是突出的。有一系列的词写父亲,如形容词"温厚",表情"愁苦","深深叹着气",还有"看见父亲在昏黄的麻油灯下裁了好多白纸",第二天早晨,"两本装订成册的课本递给我"。

父亲是个温和的人,对儿子有这样的耐心。作者在写父亲的时候,心里一定涌起甜蜜、幸福的感觉吧。

当然,稍微遗憾一点,文中父亲形象很突出,祖母的形象也二三次出现,就是母亲只提了一句,是否有点遗憾?当然,这不是文章主题的需要。

3.祖母形象是必要的吗?

文中的祖母形象很可爱。在2段、3段里,都写到了祖母。第2段是对我的嘲笑,"你这叫瞎狗看星星"。第3段,父亲问我的成绩,祖母插话说"他们班一共才三个学生","第三名是二黄毛"。祖母是这样可爱,奶奶和孙子,一家人关系多么融洽!贫苦的生活并不是就没有味道。

但从文章的立意与材料需要看,祖母的形象是否必要呢?未必。而且,祖母的形象既然是必要的,后面几段,是否要有点照应呢?文章也没有。

——要是鲁迅他们这样的散文高手,同时也是规范的散文,大概就不一定写入祖母的语言了吧,或者换种方式写吧。

但祖母形象,也是文章的特色,有自己的特点和味道。

4.第12段合乎主题需要吗?

第12段写的是作者在课堂上,因为调教狗叫而产生的矛盾;这件事与文章题目"第一本书",关系不是很大,似乎应该是另一篇文章所需的材料了。

作者可能因为是诗人,具有跳跃的思维。于是介绍了第一本书的来由后,还忍不住补充介绍自己在家乡学校读书时的情景。从详略来看,跟13段简单介绍二黄毛和乔元贞后来的命运看,12段属于详写;看来,课堂上的调皮故事,大概是诗人很喜欢的吧。当然,这也是荒寒岁月中的自由、快乐。

5.注意文章关键句。

文章总体也是三段式。需要注意首尾段一些关键语句,有它们,有利于理解文章。

像开头一段最后一句"只有从荒寒的大自然感应到的一点生命最初的快乐与梦幻",第14段,"如果不写,我就枉读了这几十年的书……人不能忘本",这些都是作者精心选用的词语。前者定下了全文的基调,后者是对情感的强调。

为了让学生理解这些词语,通过介入法来加深。比如,"荒寒","快乐","梦幻",如果联系我们今天,可以换成什么词?

"荒寒"——多彩,艳丽,五彩缤纷……

"快乐","梦幻"——甜蜜,温馨,进取,幸福……

这样,学生不会认为这些词语是理所当然的,而是作者精心选用的,是与作者当时的实际情况相适应的。

6.第3段第一句话的一个标点应该是点错了。

第3段第一句"我是开春上的小学,放暑假的第二天,父亲回来了。"第一个逗号"我是开春上的小学"处,应该是一个句号。后面放暑假的第二天,明显是另一句话了。

文章还可以这样写? 表扬人用这种方式? 真是大开眼界。

对茨威格这样的文章,西方人的文风,有点拿不准。与中国作家的严肃、认真比,显得轻松、飘逸、夸张,文学味十足,文学性突出。

1. 先让同学们说说读此文的感觉,发现,疑问。从中可以看到,学生对文章理解不深。毕竟这是西方文学,学生比较陌生。

然后让学生读读文章的生字词。本文生字词较多,对一些词语要加以强调。

接着通过轮读,来整体感知,了解文章的段落、结构。首先我读第一段,然后学生一人一段。

结构梳理。二位同学都说分三部分,这是可以的,就是把文章最后一段作为结尾。教参里是一分为二,1—5是写外貌;6—9写眼睛。

可是,外貌要这么多段落吗? 每段有什么主要内容呀? 跟学生一起概括。时间较紧,对学生的阅读速度与概括能力,都是一个挑战。

——昨天,我还在思考,本周的练笔题目是什么呢? 我想了几个题目。今天早晨,忽然想到,哪里要想别的题目呀? 就是仿照本课写同学就最好呀! 运用比喻,夸张,铺排,欲扬先抑,或者欲抑先扬,写同学。可以是实写,也可以是虚构;可以是小学同学,也可以是初中同学,想象中同学。

学生听说后,很是吃惊,"哇——"地夸张地说了出来。

准备在下节课,当堂训练学生的比喻、夸张、铺排。这样出了题目,也是仿写,这样,学生对课文的文学与技巧,可能更多注意了吧!

2.(2016.3.3,周四,晴)文章的妙处。

今天先让学生交流品读,然后展示。学生的品读确实不够深,一般就是在修辞上打转转。其实,此文不仅是修辞,也包含了多种技法、风格。

于是学生展示时,我一边评价、一边引申,分析文章的几大妙处。

(1)文章总体写法:欲扬先抑。

这个欲扬先抑,不是中国人的写法,稍稍抑一下,就转到扬了。他的抑却是很有篇幅的,很有想象力和情感的,而且也有抑中寓扬,贬中寓褒的,总体包含了作者对托尔斯泰的强烈的敬意与爱。

抑中寓扬,贬中寓褒:如第1段,在对眉毛、鬈发、须发进行描写比喻之后,却来了一个惊人的作比,说他"像米开朗琪罗画中的摩西一样,……他那天父般的犹如卷起的滔滔白浪的大胡子",我在"天父般"的旁边批注:"哇"。这句话不要一滑而过,这不是一个简单的词语。什么人,就算他有一个很大很长的胡子,能够用"天父"来形容他? 能够有这样崇高的地位? 很少。从这句话中,可以看到作者对托尔斯泰的崇敬之情。

4段开头,"永远流浪的天才灵魂,竟然在一个土头土脑的俄国人身上找到了简陋归宿",这句话,是贬多还是褒多? 应该也可以看作是寓褒于贬中的。"永远流浪的天才灵魂",这不是对托尔斯泰智慧的极力歌颂吗? 有这样伟大的灵魂,就算长相土一些,又有何妨?

4段末尾"他拥有一张俄国普通大众的脸,因为他与全体俄国人民同呼吸共命运"。"同呼吸共命运"是什么意思呀? 这只能用在为人民谋利益的民族领袖身上才可以呢! 可见对托尔斯泰评价之高。

(2)比喻、夸张、铺排。

跟同学们找文中的比喻、夸张,哇,十几处吧。什么眉毛像树根,鬈发像泡沫,须发热带森林般,等等。这些比喻、夸张,要多大的想象力,多么高涨的热情,多么消耗作者的精力与激情呀! ——不要以为比喻、夸张是技巧,是想象力,也是极强的热情和爱呀!

铺排。如第2段连写额头如何,皮肤如何,鼻子、耳朵如何,非要极致渲染才觉得过瘾!

第7段,写眼睛,"它们可以",连续写了三句,写其表情多样、丰富。最后,引用高尔基的话以强调。

(3)抑中之扬。

这是与中国人的写法不同的。如第1段,虽然眉毛、鬈发的喻体都不怎么高级之后,却说其须发,如摩西一般,"天父般",这还是贬抑吗? 这是极度的夸呢!

在第4段,在突出托翁平庸之后,却用一句夸语总结:"他拥有一张俄国普通大众的脸,因为他与全体俄国人民同呼吸共命运。"哇,这是多么不简单的夸语呀? 能够这么说的俄国人,肯定是领袖人物,肯定不简单。

（4）文章强烈的情感,极活跃的联想。

文章对托翁有这么多的比喻,说明了其活跃的想象力,联想能力。而这活跃的背后,正是对托翁的爱与敬佩呀! 没有这样的情感为基础,作者想象力的翅膀能够打开吗?

基训里选的茨威格的《最美的坟墓》,实在是美文。看对林中风景的描写,其中暗含着对托翁的崇拜之情,多么强盛而饱满,甚至可以说到了极限了。

## 五、第5课《我的童年》(2016.3.4,周五,多云)

虽然教参里,不少人把这篇文章评价较高,但我感觉还不是很深。作者的文字功夫是不简单的,老到;但是文学味不是很足。或者是因为不太习惯,感知不深?

可是,渐渐悟到,文章不简单:比如开头,不简单,有个性;文章的主线仅仅是"穷"与"苦"吗? 不是的,包含了奋斗,家族的凝聚力和极强的发展欲望!

1.初步感知文章。

字词的认知。

文章总体结构,整体内容。

2.(2016.3.7,周一,多云)再深入研读文章。

让学生谈谈对文章的感觉。有的学生很不简单。茹说,第3段,写穷中包含着调侃。——这个发现很不简单。

让学生交流对文章的品读。发现,文、茹等少数几个同学,真有自己的发现,而且眼光不简单。其他同学,总体上还是专注于词句品读,这已经不能适应八年级的阅读水准要求了。八年级,要在语句的前提下,多涉及写法了,包括章法,结构,详略,句式,表达方式等了。

——看来,这是要强调与突出的。

文章是不简单的。

3.文章的开头。

文章的开头是值得品读的。首先属于开门见山似的开头,单刀直入,毫不啰唆。但是,也是很有艺术性的:用了比喻;用了否定与肯定。

如果开门见山地说,比如这样说:"我的童年是非常贫穷的",这是简单了,但缺乏形象感,文学性。现在,比作"灰黄",形象而准确地概括了自己的童年。

而否定句呢,"没有红,没有绿",不是随随便便写的。"红"是美丽的,"绿",是有生命力的。而这,作者的童年都是没有的。

那么,联系我们同学们的童年,我们没有什么呢?没有苦,没有酸,没有辣,只有甜蜜蜜,美洋洋!如果用颜色呢,是否没有灰,没有黑,没有黄?我们可能正好相反吧?当然,也不能这么说。幸福也好,快乐也好,是比较的。也许与人家比,我们吃着面包,但我们羡慕人家的奶酪,于是我们觉得日子苦?

不过,从全文看,作者的童年真的只有"灰黄"吗?在文中不是有几处写出了幸福与甜蜜,而且终身难忘吗?

需要注意的是,作者写此文是老年之后,是回忆录,其心情与当年是有不同的。——我们同学们也是这样呀,回忆起来,可能觉得有的事情有意思;而当时呢,可能都急死了。

4.(2016.3.8,周二,雨)继续研读文章。

(1)小标题的作用。这是文章结构的特点。是否一定要小标题?长文章是需要的,也可以用"一、二、三"这样的序号;否则,要许多语句衔接,很麻烦,甚至做不到。

而且,这样写,有利于对事件进行选择和分类,内容容易集中。

(2)写法品读。文章第2段是比较高的。作为写自己的童年,可不可以直接写第3段,出生于1911年?当然是可以的,但是缺乏背景,下文涉及贫穷的内容,就感觉缺少依据。而有了这个背景,作者的出生,就有了依托感,实在感。

3段结尾有几句?三句,就是为了强调、渲染自己家里的穷。那么,能否概括为一句呢?"我们家是全省最穷的家",这样写,简洁了,但是不生动,没有感染力。

4段"据说"一词的丰富含义。堂伯父"曾养育过我父亲和叔父,据说待他们很不错",这个"据说"表达了什么情感?如果是感激,就不能这么说;但是如果是虚无,又不能写入。真实的情况是,事实是真的,但是其中又包含了许多怨言,于是用了这样的词语。

列举。文章第6段,先介绍家里穷,采用的不是详写而是列举的方式。先一句总括句,"家境异常艰苦",然后从三个方面举证:吃什么;吃不起盐;没有香油。

然后才是详写举人家奶奶给自己馒头吃。

最后是补写。"在长达几年的时间内……",这句补写是很有分量的,一句顶多少句。

(3)苦中的甜。作者说生活是灰黄的,这是总体说。其实,孩子的心里,哪里全是如此?

6段举人家奶奶给吃的馒头,就是甜蜜呀!一次偷吃饼子,即使赶到水里,还是吃完了;这难道不是童年可爱的地方吗?

(4)几处语言很有味。

第7段末尾"我当时是赤条条浑身一丝不挂,逃到房后,往水坑里一跳",这句话一定要这样表达吗?

如果简写,可以说"我往水里一跳",多么简洁呢?但作者用了"赤条条浑身一丝不挂",突出了形象性,突出了趣味。虽然这个趣味不够雅,有点低俗。

第10段末尾:"我每次想到这样一个光着屁股游玩的小伙伴竟成为这样一个'英雄',就颇有骄傲之意。"这句话,突出了"光着屁股游玩",多了形象性、趣味性。其实,也是可以简写的;当然,这样少了趣味性。

(5)小伙伴成为"英雄",该"骄傲"吗?

按说,一个大师级的人物,小伙伴成了绿林好汉,私下里也许可以说说;写进文章里,是不敢这样说出"骄傲"的话来的。这毕竟不合正道呀?

课后练习做了解释:作者的思想里是"士"与"侠"的结合。原来如此。

另一方面,作者这样坦然说出自己的思想,也是很真实可爱的,这也是作者文章受到喜爱的原因之一吧。

(6)几处议论有力量。第8段的议论,是对苦难生活的总结,揭示了所受苦的意义。

第12段的后面,是议论和抒情。作为老人,想想一生的命运,真是感慨万分！这些,都使文章多了情感力量。

## 六、第21课《与朱元思书》(2016.3.10,周四,多云)

骈体文,确实是美的。

1.内容探究。"鸢飞戾天者……",他们都忘记了功名利禄,要是我们同学去,会忘记什么呀?作业的烦恼,成绩的担忧……。不过,恐怕两天就要想家了,想妈妈了。而且,吃住,谁负责呀?

最后几句"横柯上蔽……",文章已经完了,已经议论抒情了,为什么又多出这一句呀?可以放在什么地方吗?

晞说可以放"千百成峰"后面。是的,这里是写山,再加上这几句,大体是可以的;虽然与上文"争高直指"的情绪有点不同。

2.写法探究。比喻,夸张,侧写,拟人,多觉,抒情,叠字等等。

比喻,夸张。"急湍甚箭,猛浪若奔。"前者是对比,后者是比喻;同时也是夸张,写出了水急。与前者也形成了对比,写出了由静态到动态的变化。

侧写。"游鱼细石,直视无碍",侧面写出了水清。"鸢飞戾天者……"也是侧写,写景色之美,让人忘记了功名富贵,可见美到了什么程度。

拟人。"负势竞上,互相轩邈",运用拟人,写出了动态感。

多觉。前面的水与山,都是从视觉角度写。后面,"泉水激石,泠泠作响;好鸟相鸣,嘤嘤成韵。蝉则……猿则……",从听觉角度描写。多觉描写,丰富感官,立体呈现景色之美好。

感悟、抒情。"鸢飞戾天者……",景色的美丽,让人们都忘记了世俗的事情。当然,这也是侧写。

叠字。"泠泠","嘤嘤",叠字的使用,拟声,给文章多了一分美感。

## 七、第22课《五柳先生传》(2016.3.11,周五,晴)

开头很有情趣,传主竟然没有姓名,这对当时风气是一种反讽,鲜明地表达了作者的思想。但也有文学性,用屋前的几棵柳树来做代号。可以用别的物品吗?当然是可以的,比如职业相关的,丁铁锤,李瓦匠,这当然是作者所不屑的。用花呢？不可以。用贵重的树木呢？违背作者的本意。柳树是最平凡的，也特别有生命力，于是用在这里。

1.（2016.3.14，周一，晴）今天先让同位同学相互翻译，然后让同学站起翻译，并突出以下词语：许——处所；详——知道；因（以为号）——于是，就；或——有时；既（醉而退），已经（而不是既然）；颇（示己志）——稍微（而不是很的意思）。

"不戚戚于贫贱"的"于"，是"对于"的意思，整个句子是倒装句，就是对于贫贱不戚戚。

"以乐其志"，《译注》上是"以这种乐趣为乐趣"，教参上是"为自己抱定的志向而无比快乐"，后者更达意。

结尾二句"无怀氏之民欤？葛天氏之民欤"，这两句不能一读而过，要品。联系今天，你是五四时期人？——表达的意向就不一样。

2.品析。

先生的名字。传主却不知道名字，籍贯，如何写传？这自然是另类之人。但是要给个代号呀，于是就用五柳代替。那么，宅边可能栽别的树吗？同学们家门口栽什么树呀？比如果树，比如用于遮阳挡风的树，作为用木材的树，等等。柳树，很容易活，但不是很有材，一般就栽在水边，就不管不问了。一点也不贵重的树，好像也不是有意栽植的树，——这自然说明其平易了。

"闲静少言，不慕荣利"，前者是性格，话不多，比较安静。同学们是话多还是话少呀？既是性格，也看场合。比如同学之间，好友之间，话说不完。如果遇到的是不投脾气的人，则话很少，甚至懒得说话。而后者"不慕荣利"，就是一种品质了，或者是天生的，或者是人生历练之后的修养。这在文中是很关键的词语。

接下来，好读书是四小句。"不求甚解"，对于科举是否适当？陶渊明那个时候还没有科举。对于今天的同学们，许多事情是要求甚解的，要求真。当然，在陶渊明那个时候，信息很不发达，加上他年龄不小了，也不想从读书这条路，当然是可以不求甚解的。但是，后面还有一句"欣然忘食"，这就突出他爱书的状态不一般了。这是个有点书痴的人，也是其志趣所在吧！

接着写爱喝酒。注意，用的篇幅怎么样？比较多，渲染了陶渊明对酒的爱好。"亲旧知其如此,或置酒而招之",这句话含有哪些信息?可能说明陶渊明亲旧的经济不一般吧。因为陶渊明自己是大官的后代,其亲旧也不都是老百姓呢。

"期在必醉",哇,喝酒就喝个够,可见其对酒的痴迷和率真的态度。

"既醉而退,曾不吝情去留",注意,"去留"何意?没有"留",只有"去",就是离开。作者这句话是强调自己对于亲戚的招待,不是装模作样说谈友谊,而是表明我就是冲着酒来的,——不怕人笑话,真是一个很率真的性格!

接下来写贫穷,但注意句子:前面四小句是从几个方面写穷,"环堵萧然,不蔽风日;短褐穿结,箪瓢屡空",如果就到这里结束呢?那是写作者如何穷。但是作者又以三个字结尾"晏如也",这三个字一出,就写出了作者对贫穷的态度。

不要小看这种态度啊,这种态度很不容易做到。害怕贫穷是人的天性,改变贫穷是人的本能。那为什么作者还安于贫穷呢?这已经是一种境界与升华了!作者曾经是生于富裕之家的,自己的人生也是可以富裕的,那为什么选择的是贫穷呢?陶渊明著名的话是"不为五斗米折腰"!作者把良心,内心的宁静,看得更高。如果违背了自己的良心,自己也许很容易改变贫穷的面貌。可是这样的改变,却让自己内心不得安宁。于是宁愿选择贫穷!所以,选择贫穷,是一种心安理得,甚至是一种光荣!

"以乐其志",要注意其意思。以——把,其志——自己的志向,整个句子是为自己的志向而感到快乐。就是说自己的志向,人生的选择,是一种理性的选择,是快乐的;贫穷,但是生活干净、高尚,于是快乐。相反,如果选择的是与黑暗的官场同流合污,违背自己的良心,那自己是很不快乐的。

至此,我们知道作者为什么要赞自己了。自己活得穷一点,但自由,快乐!

3.(2016.3.15,周二,阴)如何看待陶渊明先生的一些性格?

从基训看,多数学生是敬佩陶渊明的,但有少数几个学生对陶渊明有看法。比如说他没有执著精神,有一些困难就放弃了;没有以天下为己任的那种执著。这个说法是不错的。

陶"好读书不求甚解"。这个观点对于他那个年龄的人是可以的,对于我们学生来说,要求甚解。我们学生对于课本知识,对于需要掌握的知识,

179

都要持求真的态度,不要有畏难情绪。——当然,时代不同了,在陶渊明那个时代,就是想问,也不好问呢。

对于"不为五斗米折腰"的看法。陶渊明做县令,因为督邮态度可能不好,于是辞官不做。对于这个问题,我们要一分为二地看。如果这份工作对自己很重要,甚至即使是从养家糊口的角度看,这个工作不可少。那么,遇到难缠的领导,难解决的问题,我们是否可以谨慎面对呢?是可以的。未必一定要折腰吧,谦虚一点,多笑一点,不可以敷衍过去吗?

陶渊明不为五斗米折腰,那也是因为自己的生活有底气吧,不然,真要饿肚子,不是开玩笑的。

有一点必须清楚,时代不同了。在陶渊明以及后来直到清代的农业社会,人们的发展途径很少,农业之外大概就是做官了,于是人们的择业很有限。今天不一样了,选择余地大,工业商业农业公务系列,个人创业,职业多得很。对于我们同学们来说,只要好好读书,有学历,有技术,工作与发展的选择余地大得很,完全不必有陶渊明的那些苦恼,自然也就不需要他的一些怪癖习惯了。

180

## 八、第23课《马说》(2016.3.15,周二,阴)

以前觉得《马说》很神圣,今天再读,觉得文章比较简短,思想虽然新颖犀利,内容也不是多么丰富呢。而且,作者分析了千里马的出现、培养,但是有没有注意千里马会变化?比如蜕化,退步?

1.(2016.3.17,周四,阴)品题。"说"何意?然后引出一些说,让大家对这种文体有较多的认识。

——《爱莲说》,《龙说》,《捕蛇者说》,都是说道理且很有文采的名文。

题目还可以怎么写?学生有点茫然。我说,写出记叙文呀,——马的故事。写成说明文,——马的特征、分类、演变、作用。这样看,其实是可以有许多选择的。

2.观点。让大家说说对文章的感悟。文说,是有伯乐才有千里马,还是千里马可以自己存在?——是的,这里面就有不同的认识了。

有一句话,"是金子总是要发光的",那么,从此文看,金子不是最终可能被埋没吗？——其实，这句话是不全面的，金子有可能就不发光。当然，作者说千里马就取决于伯乐，也不是绝对的。但这是作者的认识和发现，还是很有意义的。

3.关于主题。有关资料说文章是对封建统治者摧残人才的抨击。但是，这种说法其实不是很公平的。

封建社会是什么社会？是农业社会。农业社会，决定了生产力的低下，政府工作岗位很少，许多人都想谋求一个官位。正因为如此，科举才那么有吸引力。但是，科举了，进入仕途了，进入官僚机构了，大家都是人才，谁想平步青云，是比较难的。千里马，谁知道哪个是千里马呢？不就是个文官吗，做做公文，喝喝茶水，迎来送往，大家都能做呀？也就难以显示谁是千里马了。

再说，喝喝茶水，迎来送往，需要千里马吗？不需要呀。好比大家在乡村土路上游玩，需要速度在一百公里以上的飞车吗？

而且，韩愈真的就是千里马吗？真的就适合做宰相吗？也未必。

也许，正因为没有得志，牢骚多，不平则鸣，于是韩愈才写出好文章，成为唐宋八大家之首呢。——所以，任何东西都是辩证的。

既然"是金子总会发光的"，千里马，难道一定就被埋没？不能自己显露才能吗？比如一次次战场拼搏，千里马没有机会显示才能？每次都必然因为吃不饱而失去显露自己、从而被发现的机会？这反而是很难的。

金子是可以发光的，千里马，总体上是有机会显示才能的。——事实上，许多英雄，出生于草野间，不就是自己不断崭露头角从而天下皆知的吗？刘邦如此，曹操如此，李渊家族的发达不是也如此吗？

所以，完全把千里马的黯然结局说成是伯乐的错，是不完全公平的。

4.一些词语。虽然有译注，也许是受到这个限制与干扰了，学生对一些词语反而没有充分注意。

比如"不以千里称也"的"以"，"马之千里者"的"之"。后者涉及定语，而学生不懂。看来，要先带着学生把后面附录的语法讲一讲了。

5.韩愈的文章是至文吗？未必。感觉韩愈太性急了。比如第一段就得出结论："故虽有名马，祇辱于奴隶人之手……"，这个结论是否快了些？

第三段结论说"策之……，食之……，鸣之……"，从中知道，作者也清楚千里马的被埋没原因不少,但是第二段只从喂养的角度去论证,这种论证太简单了吧。

而且,在"策之"等三种表现之外,有没有其他的呢?有。比如"任用之而留余地",怎么样?承认你是千里马,但是,留一手,因为害怕你会损害主人的利益呀?

还有,先是信任,后是猜疑,乃至抛弃,为敌,怎么样?可能会更惨。刘邦对韩信,是把他作为千里马吧?结果怎么样?朱元璋大杀功臣,千里马们没有被埋没,但结局是悲惨的。

所以,不要以为韩愈的这篇短文就是多么完美,深刻,其实还有许多问题需要讨论。毕竟是一篇短文,是不可能那么完美的。

当然了,文章这么短,却结构完整,思想犀利,见解卓越,确实是佳作,不容怀疑。

## 九、第24课《送东阳马生序》(2016.3.18,周五,阴)

182

这一课蕴含的写作技巧和人生经验很不少呢!宋濂作为明初文学家,真不一般。

学生虽然预习了,但让他们读,却怯生生的。毕竟文章较长,同学们还不易把握。

1.品题。文章题目值得注意,因为是文章的眼睛呢。问同学,果然不太明白,因为教材和译注都没有翻译课题呢。文比较自信,就说是送东阳马姓年轻人的赠言。这个回答就适当。

于是对"序"做了提示。文下注释有,本文属于赠序,赠言。

2.整体感知。因为是要背诵的,想先让大家整体了解文章。于是在齐读之后,让大家默读概括文章。

学生说三件事,借书,求师,求师之苦。我提示说如果说四件事,第四件呢?是与同舍生的对比。这也是作者着力写的一件事,值得注意。

然后让学生找起始点。这样,有利于学生的背诵。

3.文章写法真不简单。首先是一句有分量的话总起:"余幼时即嗜学。"这句话既简洁,又有力。下面的四件事,可以说都是对它的阐释。

选材。作者学习阶段的事,何止二十件、三十件?但作者从中选典型的四件事,也是合乎写作目的的四件事,写求学之勤与艰。得书之难,求师之难,求师之苦,衣着之差,可是怎么样呢?作者都克服了。选材要典型。作者求师有没有在春暖花开时求师?有没有在清风明月时求师?那时,不仅是得到知识,也欣赏到了美丽的风光呢。但这不苦呀,不能作为本文的材料,于是选的是最苦的材料。

总结语。在文中很突出。不仅是篇末的"盖余之勤且艰若此",文中多处有总结,给文章增添了力量。第一件事叙述结束用"以是人多以书假余,余因得遍观群书",这句话是多么好的总结,也写出了自己用心读书、不怕吃苦、诚信做人的极好的结果。"遍观群书",对于一个家贫的学生来说,是多么不容易!

求师之后的总结语"故余虽愚,卒获有所闻",写谦虚求师的结果。

在写与同舍生的对比时,总结道"以中有足乐者,不知口体之奉不若人也",揭示自己苦读、不在意衣着的根本原因。自己的乐在哪里?同舍生的乐在哪里?这对于学生来说,不是有很多启示吗?

4.学生忽视的一些词语要强调。

学生可能满足于可以翻译掉,或者教师强调不够,没有强调字字落实。虽然字字落实过了点,但是确实对于实词、虚词不能一滑而过,自己骗自己;而是要搞清楚。

比如"以观"的"以"与"以还"的"以";"弗之怠"的"之";"与游"的"游",都要落实。

5. 对同舍生的描写表达出什么情感?

"同舍生皆被锦绣,戴朱缨宝饰之帽,腰白玉之环,左佩刀,右备容臭,烨然若神人",在这里对于同舍同学的描写是很细的,在多少年后回忆时还写得这么细,为什么呀?可能包含了嫉妒和嘲笑吧!这些富家子弟,衣着——物质类享受是多么好,可是结果呢?有我今天的学问吗?

从描写的角度,是一种细描了;写法上,是一种渲染。正是这样的渲染,下文写自己的"缊袍敝衣"形成对比,才有强烈的效果。为什么作者可以"略无慕艳意"?"以中有足乐者"。那么这个"足乐"是什么呀?作者没有点出来。其实呀,是知识的快乐,进步的快乐,离人生理想更近的快乐呀!跟这些相比,吃的穿的这些低层次的东西,算得了什么呢?

那么,如果不这么细描和渲染,只一句话呢? 比如说"同舍生都穿得好吃得好",怎么样? 就没有现场感,没有渲染力,对比也就不强烈了。

6.作者宋濂成功给我们什么启示?

抄书。抄一遍可能超过读十遍。宋濂抄那么多书,"因得遍观群书",那么吸取的知识比只是读书的人要多出许多!

坏事变成好事。宋濂本来家是很贫穷的,不得不抄书。谁知道,坏事变成好事,抄书却让宋濂的知识获取量更多。

乐在其中。读书苦不苦? 其实,什么都是苦的,吃饭难道不累吗? 让你一天二十四小时都去吃吃吃,你会很烦、很累,承受不起的。同样是读书、学习,为什么有的人很烦,有的人很喜欢? 就看你是否乐在其中了。读书、学习之乐是很多的,获得新信息,知识增长,不断进步,对外界世界的探究,离人生理想更近,能够解决许多实际问题,等等。读书、学习的作用太大了。跟读书学习相比,一时之间,吃的穿的享受,算得了什么呢?

诚信。宋濂还书按时,哪怕自己吃些苦。这样,在人家那里建立了信用,于是就可以源源不断地借到书,这样才能遍观群书。

谦虚。看宋濂对先达的态度。是呀,你为的是求知,不必在意老师的态度是否好呢。当然,老师态度好自然更好了。

兴趣。文章开篇说"余幼时即嗜学"。因为嗜学,所以读书学习就是自己快乐的事情。这也启示我们,做自己喜欢做的事,就容易获得成功。当然,即使是自己喜欢的事,也要上心,也要下功夫。否则也是不能成功的。

7.如何看待宋濂对老师毕恭毕敬的态度?(2016.3.22,周二,晴)

从同学们的基训中,可以看出对这个问题的认识是比较局限的,只从毕恭毕敬这个角度去看待问题。

首先,毕恭毕敬是外表,内在是对师长的尊重。对人都要尊重,何况是对师长呢? 何况,尊重师长,对自己只有好处没有坏处呀!

其次,古代对老师的毕恭毕敬,是当时的大环境如此。那个时候不仅对老师,对长官、父母、长辈都是礼节很隆重的。对老师,只是一种表现而已。

第三,其实,真正尊敬老师,最大的尊重是对知识的态度。不要仅仅从毕恭毕敬去看宋濂,有没有注意他毕恭毕敬的同时,"援疑质理",那是对知识真去探求呀！而且，老师生气了，他是如何做的？他没有放弃，而是等待，"俟其欣悦，则又请焉"！看，对知识是多么执著？所以，表面是尊敬老师，实质是对知识、学问的求索精神。这样的学生，老师会不喜欢吗？老师是最欣赏这样的学生的。无论古代还是今天，只要勤奋求知，是否毕恭毕敬不是关键；关键是对知识、学问的态度！

## 十、第25课《诗词曲五首》（2016.3.23，周三，阴）

从古代无数诗词中选出来的，确实都是精华，其中有许多创新。把其中有关句子与其他名句联系起来，会让诗歌教学拓宽出更大的天地，增加许多趣味。

同学们对诗歌感悟如何，看看他们能否读懂。诗歌与散文的区别是什么？

1.读通。上学期末，在《译注》上为大家捋了一下字词。但是从这节课的齐读，以及轮读文下注释看，很是陌生。

2.（2016.3.24周四，晴）品读《酬乐天扬州初逢席上见赠》。

这节课先是让大家齐读五首，然后放班班通里的录音。录音的朗读水平不是都高，但读音基本是准的，对学生是好的。

品题。本来没想到品题，但后来注意是"诗词曲五首"，跟"诗五首"是不一样的。于是让学生看看诗、词、曲。然后又对前三首诗进行分类，目的是介绍律诗和绝句：律诗八句，绝句四句。它们都有五言、七言。对律诗，介绍、复习首联、颔联、颈联、尾联的知识。

全部齐读之后，我再看看大家的感觉，问：从这五首中，看出比较突出的表达方式是什么吗？有学生说抒情，议论，比如"兴，百姓苦……"。我问"折戟沉沙铁未销……"这一句是什么表达方式？是记叙。——通过这个提问，想提示同学们注意，诗歌也是讲究不同表达方式的。

品读《酬乐天扬州初逢席上见赠》。先给题目断句。三四四。什么意思？简单地说是对白居易的酬谢的。酬谢他什么？白诗怎么说？白诗的末句是"亦知合被才名折，二十三年折太多"，对刘禹锡表示了同情。白诗的首句"亦知合被才名折"，什么意思呀？就是太突出了，太有才了，枪打出头鸟呀！可能容易遭受挫折。过去农村有风俗，如果某个孩子太过聪明，家长是害怕的；怕不正常，怕活不长。刘禹锡太过突出了，于是有一点挫折就理所当然了。

刘禹锡怎么样呀？大家了解吗？同学们提起他的《陋室铭》，于是我让大家齐背《陋室铭》。品道：看，这个刘禹锡，多么傲呀！"南阳诸葛亮，西蜀子云亭"，乖乖，跟他们两人相比，还怪有人嫉妒你，有人要整你吗！

再回头看，刘禹锡当然要酬谢大诗人白居易。酬谢的方式很多，内容也多。而此作为名作，肯定不一般。

先让学生同位、前后位一人一联，用自己的话说。然后叫四位同学在班级展示。教师分析。

"巴山楚水凄凉地"，"巴山楚水"是"凄凉地"吗？是的，曾经是凄凉地，山多水多，农业社会不容易搞生产，人们不容易生存。今天哪些地方是"凄凉地"？学生说沙漠。其实，今天社会的发展也是不均衡的，比如上海、北京这样的大都市，当然发展更快了。

"二十三年弃置身"。不要忽视"二十三"年这个数据啊！人生有几个二十三啊？古代人寿命多数不到六十，如果从二十岁算成年，不到二个二十三呀。可是，多才的刘禹锡就这样被"弃置"了二十三年！

不过，对于这个屈辱的二十三年，我们该如何度过呢？是在眼泪与后悔、仇恨、自暴自弃中虚度时光，还是仍然积极面对，做自己喜欢的事情呢？我们对刘禹锡的情况知道还不多。

额联用两个典故，是对时光、遭遇的感叹！唉，二十三年呢，一言难尽啊！

但是，诗歌就按照这样的情绪走下去吗？如果这样，就不是倔强、自傲的刘禹锡啦。且看颈联。"沉舟侧畔千帆过，病树前头万木春"，这两句诗，表达了什么情绪呀？是一种积极的情绪。不错，诗人自比"沉舟""病树"，但是，事情没有停止在此，而是有积极的、无限的未来。在我的旁边，是"千帆过"，"万木春"，写出一个多么豪迈、积极有为的场景呀！所以此联，成为后世的励志联。

如果不这么写，还可以怎么写？如果写成"沉舟侧畔千帆坠，病树前头万木枯"，怎么样？那样就太悲观了。当然，也不符合实际情况。

还有,数字的使用是很妙的。"千"与"万",如果用的是"几"和"多",就没有这样的效果了。

还有比喻之恰当,"沉舟""病树"。能否用别的什么比喻?"破车旁边千车过,瘸腿侧边众人飞",这样的比喻行不行?肯定不如原诗恰当呢。

诗人在最后两联,表达了积极乐观的精神,与前二联形成强烈对比,对读者也是一个很大的激励。

值得注意的是,作者写这联的时候,强调的是自己遭遇之差,同年、后学们的进步,自己心里的不平衡。但是后世读者读此联时,不是把自己想成"沉舟""病树",而是"千帆过","万木春",于是很是励志,充满了力量。

是的,同样是生活,二十三年,苦也过,乐也过,哭也过,笑也过。既然命运如此,哭哭啼啼除了让自己不开心以外,有什么作用呢?

教师品析痛快,不过一节课就上完这首诗,确实进度慢了一点。

3.(2016.3.25,周五,晴)品读《赤壁》。

先让学生品析一下全诗。可以说诗歌大意,也可以逐句分析。

首先是叙事,从地下的沉沙中,翻起一个折断的戟,是什么时候的呢?原来是三国时打仗留下的。于是引发作者的思考:哦,这一仗,是曹操输了,孙权他们赢了。可是,曹操输得很亏呀。在作者看来,要不是偶然的东风之便,孙权、周瑜是失败的。

如果直白地说,该怎么说?如果不是偶然性,孙权一定会打输。但是,没有形象性。如何增加形象性呢?其实,选择余地很多。"东风不与周郎便,金陵城头曹家旗。""东风不与周郎便,曹军直扫权宫殿。"这个也可以吧。但是,作者却拿二乔来说事,有点调侃,当然也多点味道。

那么,这首诗哪些词语用得有味呢?学生回答有"磨洗","折戟",没有注意到"春深"。问学生是什么意思,学生没有体会出来。我说可以换成什么词语?"秋深","暮春","月明照二乔",然后问学生表达出什么情感。

学生说秋深,有种秋凉感。

那么,这种凄凉是对谁的?二乔的。可是作者愿意对二乔同情吗?不会的,他用"春深"来表达对二乔的戏弄,其实是对孙策、周瑜君臣的戏弄呢!由此可以看到用词的微妙吧!

至于"月明照二乔",好像二乔在那里很惬意,这已经是另一个层次的意思了,肯定不是作者愿意使用的。

4.品读《过零丁洋》。这一首诗的精华在末联,真是浩然正气,充盈在天地间。当然,作者是大忠臣,这么说的,更是这么做的。但是,从文学的技巧看,尾联的艺术性也是相当高的!

(2016.3.31,周四,多云。因为周二、周三考试,耽误了课程,周四订正试卷后,接着上这课)先让学生个体读此诗,发现情感出不来。然后小组轮读此诗,效果好一些。

让同位同学,一人一联介绍诗歌的内容。然后请四位同学一人一联,介绍诗歌内容。再请同学总体概括诗歌内容。

——诗歌回顾了自己的人生起点,最近几年的总体情况,山河破碎,风雨飘摇,最后表达自己的人生抉择:宁死不降,做个永照史册的大写的人!

注意诗歌的情绪。全诗是什么情绪?有什么变化?首联是回顾,颔联、颈联是写这几年的情况,情绪是低沉、悲伤而无奈的。但是尾联呢?却发出了最响亮的声音:宁愿死,也做一个大写的光荣的人!结尾的情绪很是高涨,响亮。

做一做:我们仿照前三联的情绪,模仿写尾联。让学生写出这一联。后来,让同学们介绍自己的尾联,茹和文都写出来了,意思比较清楚。当然,都没有作者原诗的响亮。不过,我们看出可以有许多选择呢。

王老师说出自己的想法:一种是这样的思路,明年今日余在哪,松岗清明烧纸钱。——表示自己不会投降,但是会死去,请后辈纪念自己。

也可以表达这样的意思:人在屋檐是低头,顺水推舟且活人。——表达出自己要投降敌人的想法。

从中我们看出,选择余地是多的,包括人生的选择。由此,我们更能看出作者的崇高与伟大!

最后一联赏析。最后一联好在哪里?哪些词语?学生说"丹心","史册",但没有注意到"自古",其实这个词语、思路,是非常不简单的。如果稍微改一下,就看出来了。

"人生在世谁无死","自古"改为"在世",立马就缺少了什么?缺少了历史感,力量一下子减弱了许多。很明显,作者是站在历史的高度,历史的坐标上来看待自己的行为。作为一个熟读史书的进士,作者很清楚自己的所作所为在历史上的影响。是投降成为历史谴责的败类,还是为国尽忠,成为一个世代歌颂的英雄,这是一个很大的界限。作者呢,选择做一个为国尽忠的人,而不是一个缩头苟且活着的人。

同时,"丹心""史册",都是非常响亮而大气的。但是如果换成别的语句,就未必有这样立意之高。比如这样写:"且以吾身报君恩",或"且以吾身报君王",或"且以吾身报国恩",立意就不同了。后者,报国恩还好一些,报君恩,就显得平淡了。

这一联,站在历史的高度,对人生进行了思考与抉择。人固有一死,可是在一些关键地方,可能面临方向性的、两难的选择,或上天堂,或上地狱。作者选择了眼前的地狱,以后的天堂。一个看似文弱的书生,做出了坚强的选择,于是赢得千古的崇敬与敬仰! 今天,文天祥牺牲近八百年了,我们还在学习他的诗篇,崇敬他。这就是"留取丹心照汗青"的力量!

5.(2016.4.1,周五,晴)今天二节课上完后二首,比较带劲。

《水调歌头》品读。

品题。"水调歌头"是什么呀? 词牌名。可惜这首词没有名字,如果要称呼可能就要加上首句"明月几时有",就像《诗经》命名一样。

让同位同学把词的意思逐句交流一下。再在班里交流。然后让学生分析、概括一下写作思路。结果,几位同学都没有概括清楚,说明没有读进去。

其实,词的思路是很明显的。上阕说的是天上的事情,下阕说的是人间的事情。作者对天上有疑问、想象、畅想:月亮什么时候诞生的? 有没有朝代之分? 天上今年是谁执政? 有没有君臣矛盾? 我也想到天上去,该怎么去? 去了,那里冷不冷? 待我好不好? 最后呢,想想上天虽然是美好的,但是虚幻的,还是老老实实在人间过日子吧。

需要注意的是,作者想的其实是很多的,但因为字数的限制,主题的限制,许多内容就没有写入了。但作为读者,我们要思路开阔些,不能认为就是写进词里的一点点。这样,才能更全面地理解。

月亮多美呀! 亲人们品赏着月亮,哪里能入睡呢? 但时间在向前走,月亮大概已经到了中天了,可是作者的头脑还是非常活跃的。月亮啊,中秋月圆人为何不圆呀? 如何让我们人也像你一样的圆呢?

但作者不是从这个角度讲,而是反问一句,问月亮,为什么在人不能团

189

八年级语文下册

圆的时候,你却是圆的? 你是否故意呀? 当然,作者这是问天,其实是问自己。毕竟是豁达的苏东坡呀,终于从不满、委屈、抱怨中走出了,自我做了安慰。哦,原来呀,月亮也是如此,有阴晴圆缺,那么人间有悲欢离合,不也是正常的吗? 下面的这一句是很有分量的,"此事古难全",这句话中的"古"字不一般呀,一下子让这句话有了历史感! 如果不是"古"字,而是别的字,比如"必""很",就没有了历史感。而这个历史感,不是作者心血来潮,而是在前面就有铺垫呢:"明月几时有",看已经有了历史感了吧?

至此,作者心思确实想开了,但是,对弟弟的情感还没有出来呀,于是有了下句:"但愿人长久,千里共婵娟"。弟弟呀,天下的亲人们呀,中秋不能团聚,怎么办呢? 其实呀,我们都在一样美丽的月亮底下,我们同时赏月。从这个角度讲,我们同时赏月,不也是一种共赏吗? 共同拥有吗? 虽然不如聚会,毕竟也多了一点安慰了。

这就是苏东坡呀! 他的这首咏月词,写出了其他人没有写出过的新意,包括李白、杜甫都没有写过。于是,苏东坡的咏月词成了千古名词!

6.《潼关怀古》。先让学生分层,然后同位说说大意,再让学生找亮点。

品题。为何是"潼关怀古"? 不要以为自然而然。选潼关为什么没有选别的? 称之为"关"的有哪些地方? 山海关,雁门关,玉门关等等,或是边境要地,或是军事要地。

从地理位置看,从曲中看,潼关重要性体现在哪里? 西都和东都之间的要地吧,是防御北方民族入侵的战略要地吧。从曲中看,"山河表里",这里多么险要,是否有"一夫当关万夫莫开"的险要? 正因为如此,在这里才上演许多历史故事,让人有许多感慨!

但作者的感慨指向是明确的,就是后面一句话:"兴,百姓苦;亡,百姓苦。"那么,如果我们在现场,有没有另外的感慨? 让学生用铅笔写一写。

过一会,提问。学生不怎么写出。毕竟他们对历史不熟悉。我说,能否这样说:宫阙虽然不在了,但历史故事、英雄人物和文化还永远留存着。秦汉不在了,可是刘邦、项羽、韩信的故事,至今还传颂着。唐朝不在了,可是李世民和他手下的诸多将领的英雄故事和业绩还一直被传扬着。

还有,比如,这些宫殿为什么不存在了? 什么原因? 可以说是时间淘汰了一切。谁伟大? 不是帝王,不是谁的破坏力,而是时间的威力! 让你一切都化为灰烬！

还有别的想法。其实宫殿之所以变成了土，很重要的一点是材料问题。在那个时代，农业社会，建筑材料是土木，房屋是土木结构。不像今天，是混凝土结构，房屋可能会几百年不动呢。

当然，这些都不是作者本意。作者本意就是对百姓苦难的怜悯。确实如此，一个朝代兴起了，要战争，要建筑，于是很多人流血流汗。一个朝代灭亡，也要战争，许多人流离失所。这种对百姓的同情，比起无关人民痛痒的人，确实是高尚的。

但今天我们的历史观，可能更清楚地看待过去朝代的更替。这是社会发展的阶段性痛苦，是绕不过去的。中国如此，外国也如此。战争离开我们时间不长呀，甲午战争，辛亥革命，抗日战争，国共战争。今天，台湾还没有统一，日本蠢蠢欲动，美国南海多事，战争的危险与威胁并没有远离我们。

怎么办呢？那就是要好好应对呀。发展是硬道理。发展好了，强大了，国家和人民可能会更安宁、更幸福。

当然，这是世界人民的共同心愿，是世界历史的大趋势。

不过，这个大趋势要等待，要努力，要付出许多苦痛！

## 十一、《雪》（2016.4.5，周二，阴）

《雪》是杰作，是不简单的。虽然，其中叙事部分，未必是散文诗的特征，但是作者对雪的精神的发掘，是很有深度的。

当然，雪的形象不止一个；与不同的环境相联系之后，也可以得出雪的不同形象。

1.初步感知。让大家说说对课文《雪》的总体印象。从中看到，预习不够深；还有对散文诗毕竟刚刚接触，还不好把握。

然后让学生说说要掌握的字词。

再让学生轮读课文，以整体感知课文。请了几个学生谈文章整体写了什么，这样渐渐明确：作者写了二种雪，南国的雪和北国的雪。那么，作者的情感倾向呢？

问学生，萍说是对南国雪的歌颂；茹说是对北方雪的歌颂。——答案不统一、不正确不要紧,只要真去品读了。

学生交流和展示品读内容。从展示的内容看,学生主要是对语言品读,对修辞的感觉比较突出。对于散文诗的特质,了解还少。这是正常的,毕竟刚刚接触散文诗呢。

2.美点品读。

注意从散文诗的特质上去品读。

(1)象征、比喻、拟人。这对于散文诗来说,可能是必不可少的。像《海燕》,没有象征,可能就无法构思与写作。

本文也是。雪是什么形象?作者正是将之赋予了某种形象,才能大声、充满激情地去描写与歌颂。如果单纯就是雪本身,作者有没有这样突出的感情呢?可能是没有的吧。

就本文讲,有多少比喻呀?"青春的消息","处子的皮肤","包藏火焰的大雾","死掉的雨","雨的精魂"等。不要以为这些仅仅是比喻,这其中包含了多少想象力呀!最好的、最有创新的比喻,大概就是"包藏火焰的大雾"。雪跟雾确实有相似点,但是大雾又太轻了,缺乏力量;于是作者创造出一个新的东西,"包藏火焰的大雾"。自然中有包藏火焰的大雾吗?没有。但作者从精神的角度去理解,于是把大雾加上了"包藏火焰",于是形似了,神也似了。这是多么了不起的句式创新呀?

(2)赋予雪强大的冲击力量。作为一个南方人,作者对雪的了解是带有南方特点的,就是美艳滋润。文章紧扣这个特点写雪。看,雪中有多少颜色呀,"血红","白中隐青","深黄","冷绿",雪中色彩缤纷,这南方的雪是多么温柔呀!不仅如此,还有花朵开放,蜜蜂嗡嗡闹着,雪天还是这么热闹和富有生机。

但是,一旦作者接触了北方的雪,那感觉就不一样了。首先是静止状态,"如粉,如沙,他们决不粘连"。但是,这时的雪,如果是静止状态,毕竟是不怎么壮观的,作者没有对此种情况下的雪,有多少描写;不描写的背后,是作者没有为之动情。

但是,一旦朔风来了,雪可就二样了。原先松散的、静态的雪,此时有了巨大的力量,"旋转而且升腾,弥漫太空,使太空旋转而且升腾地闪烁。在无边的旷野上,在凛冽的天宇下,闪闪地旋转升腾着的是雨的惊魂……"这里,看出作者的思考、认识:旋转升腾着的是什么呢? 其实答案不唯一。是一种力量,是一种精神,具有强烈的冲击力。有这样的一种力量,如果施之于困难与障碍的身上,会有多么强大的力量? 当然,也许有人会这样思考:或者是冥冥之中谁在控制? 其背后是谁在起作用? 如果这样想,可能就会走到宿命这条路上了。

正因为作者对风中的雪的力量是如此的认识,于是便希望借助这样的力量,来冲击黑暗势力。于是,对之歌颂,歌唱。

(3)结构。由于使用比对,江南的雪与北方的雪的对比,文章分两部分。江南的雪是美艳滋润;朔方的雪,具有无限的冲击力。

那么,前后两部分可不可以调整顺序,把朔方的雪放在前面呢? 大概是不可以的。毕竟,作者歌颂的是后者,重点是后者,于是放在最后。如果先是具有强烈冲击力的朔方的雪,后面是美艳滋润的江南的雪,那文章重点是什么呢?

文章的开头是不简单的。作者不是从雪开始,而是从"暖国的雨"开始。为什么要如此开头呢? 可能是作者认为雪与雨有着紧密的关系,雪是"雨的精魂"。这样,开头是雨,结尾也是雨,前后是照应的。

需要注意的是,作者写的是雨,可是关注的却是雪。你看,"暖国的雨,向来没有变过冰冷的坚硬的灿烂的雪花",写雨,却一下子联系到了雪。而且,"冰冷的坚硬的灿烂的",都是什么呀? 都是朔方雪的特质呀! 有触觉,有视觉,是多么有表现力的词语呀!

文章第1段是描写江南的雪,第2段叙述塑造雪罗汉的事情,第3段呢,是写雪罗汉的尾声。注意其中的详略。第2段详写,是写情趣。第3段呢,是简写,写几个阶段。

第3段能否略去? 可能不行。如果第2段直接连着第4段,觉得突然了。明明雪罗汉正是高潮,读者正充满期待呢,怎么就突然进入朔方的雪了? 读者能接受吗? 还是待雪罗汉快消融了,朔方的雪才出场,这样,才能展示其力量之伟大。——前面的低音,不是才更突出后面的高音吗?

第4段在写出朔方雪的几种形态后,突出写旋风中的雪,对之进行了展示、渲染。第5段是重复,突出。第6段,是总结,是评价,是歌颂。于是在高潮中结束全文。

需要指出的是,可能鲁迅对描写还是不够细腻,其实第4段的描写还是不够细,否则会更好吧。

第4、5段的写景都带入了背景,这是值得学习的。4段加入了"在日光中灿灿地生光",注意,这引入了太阳,空间一下子扩大了许多,也让背景丰富、立体了起来。第5段"在无边的旷野上,在凛冽的天宇下,闪闪地旋转升腾着的是雨的精魂……","无边的旷野上"写出其面的开阔,"在凛冽的天宇下"写出其高度的开阔,哇,在这样无边际、无空域限制的巨大空间里,雪的旋转升腾,是多么的壮观呀!要是没有这两句呢,就没有了空间感!

(4)文章可议处。作为大家,鲁迅的文章是不容小觑的。《雪》是有自己的发现和强烈的力量的。

但是,从散文诗的要求看,文章2、3段的叙述,似乎不是很好。如果不用叙述呢?应该也可以吧。

这两段写出了江南雪的特点,写出其温柔,为下面朔方雪的出场做好铺垫。就是叙述是否过了?

另外,文章最后1段写"那是孤独的雪,是死掉的雨,是雨的精魂",其中"死掉的雨"是否不够美?雪是雨的另一种形式,按照作者说是"雨的精魂",是雨的升华吧?当然,作者此处的"死掉的雨"不是贬抑,而是说是雨的另一个阶段。但是,毕竟人们对于"死"字有些忌讳。如果把这句改为"涅槃的雨"呢?意思也就是雨的升华,是否更好些?

3.在仿写中加深对文章的学习。

同样是雪,不同的人,不同环境下,人们对雪的认识是不同的。

雪,从不同角度看,人们对它是如何认识的?

比如对于农业的作用:"今年雪盖三重被,明年枕着馒头睡。"这是说雪对麦子的好处。

衬托的作用。"大雪压青松,青松挺且直。"(陈毅诗)是作为衬托作用认识的。

对雪的歌颂。《我爱你,塞北的雪》,可能是以雪为主角、由头,表达自己对北方天地特征的喜爱。

也可以从多个方面去认识吧?比如,雪的实质是水,可以从这个角度去认识。

雪的形态特征,增加了它的功效性和危险性。雪对麦子可能具有保护作用;但是要是即时化为水,就不具备这个作用。

雪对房屋有压迫、破坏作用。而其实质——水,就不具备这样的作用。

团队作用。雪成为固态,才能发挥其特有的作用。可是,离开了气温,则雪就不成为雪,就成了另外的形式,不能发挥雪这种形态的作用。

根据这些特征,我们如何写雪呢?用哪些比喻、拟人呢?让同学们试试。通过尝试,可以增加对文章艺术性的认识。

可否这样写:

你是天使,是上天派来人间的爱的使者。

你是天平,称量出大地丰富的物产与巨大力量。

你是辛勤的耕耘者,不辞劳苦,在天地间做出巨大的贡献。

你是画师,为天地造型,造出一个银白的美丽世界。

## 十二、第7课《雷电颂》(2016.4.6,周三,雨)

品读《雷电颂》,觉得本文想象力不够,好像就是呼喊一样,没有充分表现出诗人屈原的本色。

对风雷电的呼唤是没问题的,但是,以大诗人屈原的想象力,语言应该更瑰丽,内容应该更有魅力吧。感觉内容比较空洞。或者是不好写?或者是当时的抗战形势太紧,使得作者难以从容?

本文最大的特点就是象征。屈原不能直接表达出心里的想法,当然就只能借助形象来表达思想。

1.学生齐读不整齐。因为前六段要背诵,我让学生六个纵排一排一段齐读。小组齐读看出学生预习的不整齐,有的同学不敢读,整体对课文不熟。当然,这是开始,也不怪学生。

2.(2016.4.8,周五,晴,周四外出学习)让同学们品读。先同位同学交流,然后班级展示。学生对精彩片段进行了赏析,对我也有启发。仔细品读,文章可圈可点处不少,有层次与波澜。

文章的思路。不能只见树木不见森林,没有整体感知,对文章理解是不全的。第1段写树木。"一切都睡着了,都沉在梦里……",由此我们知道作者为什么呼唤风的咆哮了,是希望风把睡着的人们吹醒。联系现实,指哪些人呀?是统治集团呀,他们都睡着了,不知楚国的灭亡就要来了。怎么办?希望咆哮的风把他们吹醒!

第2段呢?进了一步。对这些统治者可能是没有办法了,但至少有一些表面的变化吧,吹走灰尘、花草树木呢。最重要的是使洞庭湖、长江、东海为你翻波涌浪,与你一起大声咆哮。洞庭湖等指的是什么呀?是广大人民群众吧。屈原对统治者失望了,于是寄希望于广大人民。

第3段呢,接着2段,歌颂人民的力量。用了几个比喻,是跳舞,音乐,诗。

第4段,接着歌颂的同时,最后是要风雷电把这黑暗的宇宙爆炸了。

第5段不同了,是要漂流到一个小岛上去,这是什么岛呀?用三个"没有"来限制,"没有阴谋、没有污秽、没有自私自利",那么,就是一个自由的、让人舒心的小岛吧!

第6段,呼唤电,用比喻,比之为剑,让它劈开黑暗,显现暂时的光明。

第7段,歌颂、呼唤光明。

第8段,呼唤电把一切的污秽与黑暗烧毁。

下面几段,都是对黑暗的斥责与诅咒。

3.品析文章。

学生品析"风,你咆哮吧!咆哮吧!"我问,风除了咆哮,还能如何?学生说怒吼。我说仅仅怒吼吗?我们不要完全按照作者的思路呀。作者说风是咆哮的,我们现实中的风呢?比如朱自清笔下的风,春风,像母亲的手抚摸着你。啊,风是多种多样呢。按季节,有春风,夏风,秋风,冬风。按大小,风是分级的,最高是12级,台风,还有暴风。平时呢,比如今天,就是微风。——我们同学们喜欢什么风?一般情况下,肯定是不太喜欢风的;但是也不一定。夏天天热的时候,我们呼唤风,啊,此时要是有个三四级风吹着,多么凉爽呀。夏天人们乘凉,是找风的。但是,夏天乘凉的时候,我们要不要暴风、飓风、台风?不需要,太大了,虽然凉快,但让我们害怕。

有没有什么时候我们呼唤台风、飓风?只有特殊情况下,比如我们希望飓风把敌人的什么东西捣毁。虽然飓风会对我们造成伤害,但是等不及了,我们也希望飓风刮来,这样,与敌人一起受到飓风的整治,做出牺牲也是甘心的。

　　我们喜欢雷吗？害怕吧。一般情况下是不喜欢的。但是，如果对某个太顽固的势力，我们既是痛恨它，又没办法扫除的时候，也许我们希望雷来解决这个障碍。

　　其实，雷来了，我们希望如何化解呢？人类还在试验吧，希望把雷化作电，储备起来，那真是非常好的结果呢。

　　那么，作者欢呼雷，有没有副作用呢？对作者，对人民群众，是否有伤害呢？有的。只不过，可能更有利于对黑暗势力的清理吧？不到万不得已，我们是不愿意要这么大的力量来干扰我们的生活的，因为付出太大，牺牲也多。

　　其实，作者要把宇宙一切都毁灭了，同学们听到这个有感觉吗？想一想。当时的楚国，如果真的被这风雷电都毁灭了，对当时的人民，有什么影响？——我们安徽在古代是哪国人？多数都是楚国人！那要是一切都毁灭了，我们祖先怎么办呀？学生笑出声了。是的，这不是简单的事情。此时，作者可能太情绪化了。注意，仇恨，可能会淹没我们的理智！不要一味追求痛快，要理智呀。

　　4.楚国的灭亡，是否都是坏事？

　　作为楚国的贵族，屈原爱楚国是没有错的。但是，从历史的角度看，楚国的灭亡是好事还是坏事？

　　历史大势其实是任何人都阻挡不了的。国家统一是大势。秦的统一，虽然伴随着流血，但是历史大势，有利于国家的发展。没有秦的统一，就没有大汉朝的几百年，对中华文化的奠基起到很大的作用！

　　如果我们用文艺的语言来表达，如何表达？黑暗来了，黑夜来了，怎么办？学生说是黎明。是呀！黑夜确实讨厌，但是黑夜的明天就是黎明呀！这是历史的规律。不要过于担心，乐观看待世界的变化，黑夜的背后，是黎明的到来！放心吧。当然，具体到人与事，谁都希望没有黑暗，只有光明。即使黑暗来了，也希望短之又短。

　　5.深入品题。题目叫"雷电颂"，那我们模仿一下，在"＿＿颂"的空处，可以填上什么词语？

　　学生一开始思维没有打开，渐渐在启发下活跃了。

可以有哪些颂呢？

黎明。背景是什么？黑暗。黑暗的时候，当然想黎明了。

春风。背后是什么？是严冬嘛。严冬多让人痛苦呀，于是歌颂、盼望春天。

春雨。背后是干旱。

莲。周敦颐写《爱莲说》，其实不就是"莲之颂"吗？那么，按照这个思路，还有许多呀？

菊。陶渊明爱她，隐逸者，跟官场是相对的。

梅花。多么顽强呀！对应的是那些没有骨气的人。

牡丹。也确实美呀！丰满，香，大方。有人就象征牡丹呢，而不是瘦弱的梨花之类。

这么说，可以有许多颂的。这也打开我们的想象思路。

6.对比上次（三年前）上这一课，这次解读深了，对文章美点的发现也多了。

## 十三、第8课《短文两篇》(2016.4.12，周二，晴)

巴金的散文写得比较实在。《日》的倾向是清楚的，但《月》有点费思量。感觉教参的分析是否拔高了？

1.整体感知。先让大家概括二文；然后让学生提示有哪些字词要加以注意。接着让学生轮读课文，大家整体感知文章。

默读，说说文章的主要内容。一个同学说过，可能不全，再让另一个同学补充。我从旁追问。

然后，同位同学交流批注。班级展示。

介绍作者巴金，介绍文章背景；让学生读课后练习，带着课后练习，深入研读课文。

2.《日》品读。

文章思路。作者前二段引入了二个神话故事，"飞蛾扑火"和"夸父逐日"，然后由神到人，表达自己的观点，第4段从反面强调，最后一段，用形象描写，写自己愿意为光和热献身。

整体思路清晰,写得实在,但是在形象、句式、表达方式等方面都是可圈可点的。

文章在第1段先简要叙述了飞蛾扑火的故事后,就写出了自己的观点:"飞蛾是值得赞美的"。这句话很实在,也很明确。但是,作者并没有就这样结束,而是强调飞蛾得到了什么:"在最后的一瞬间它得到光,也得到热了。"这里,突出了"光""热"二个关键词。

文章第2段引入夸父逐日的故事,加上的情感词语是"怀念"。但这一段是否写得过于简略?可否展开描写,突出夸父的形象,或者细节?比如夸父未到大泽,死在路上,化为邓林,这其中值得写的东西不少呀?比如这样写:他虽然倒下,他留下的桃林仍然造福人民。也可以这样写:他虽然死了,但是精神屹立不倒。

当然,作者如何写,是根据需要而定的。

第3段."生命是可爱的"后面是句号,那么此处逗号行不行?从语法角度看,是可以的,逗号是通的。但是,从意义表达上讲,不如句号,停顿时间长,也突出了这句话。生命是可爱的,这不是一句空话,确实是重要的。同时,"可爱"可以为别的词代替吗?"珍贵","宝贵",都是可以的。

这一段最后一句"但寒冷的、寂寞的生,却不如轰轰烈烈的死",后面是四字短语,前面可否换成四字短语?比如"百无聊赖","苟且偷生",不过,后者与下文有"生"字重复了。当然,作者突出的"寒冷、寂寞",是与"光和热"严密相对的,使用是合理的。

第4段从反面去突出"光和热"的重要性,使用了反问句式,加强了情感。

最后一段,是否可以简写呢?比如这样写:"我要飞向太阳,死了算了",行吗?学生笑。当然是不行的。没有形象感,也没有突出"光和热"。所以作者说"我要飞向火热的日球,让我在眼前一阵光、身内一阵热的当儿,失去知觉,而化作一阵烟,一撮灰"。作者既写了受太阳炙烤时的感觉,也形象地写出了最后的结局,"一阵烟,一撮灰",写出了牺牲以后的轻飘飘和微小。

当然,这是作者这样写自己的。其实呢,就只是"一阵烟,一撮灰"吗?如果站在我们的角度看,同时也是什么?是显目的墓碑,是永远传扬的荣耀呀!抗战烈士们,牺牲几十年了,人早已化成灰了,可是姓名、形象、精神呢?不是浩然长存吗?

3.（2016.4.13，周三，晴）《月》品读。

文章思路。开头简洁，引出皓月，提出问题。第2段突出明镜，再次提出某某人。3段、4段是写感觉，突出凉与冷。第5段得出结论，死了的星球不会发出热力的。最末一段提出自己的疑问：既然月亮是死了的星球，为何嫦娥要奔月呢？她可以让这个星球再生吗？或者是因为某个人的面影而去的？

主旨。按照教参的说法，嫦娥妄想改变这个冰冷的星球，她的精神是值得赞颂的；她也是作者理想的化身。这种说法可能是牵强的吧。对于《日》，作者明确是歌颂的，对于《月》，作者是怀疑的。这个怀疑也没有错呀，从反面肯定了飞蛾与夸父对理想的执著追求呀！

品读。开头简洁，直入话题。直接引入皓月，省却了许多麻烦。其实月亮不只是皓月，有弯月，半月，还有阴雨天没有月亮。但作者的性格是直率的，直接引入皓月。但下面其实是可以有许多写法的，比如对皓月的联想、想象，对皓月的感觉。不知为什么，作者会想到：在这时候某某人也在凭栏望月吗？为什么要写这一句呢？这是作者写此文的一个动机或出发点？

某某人在文中出现三次，第1段，第2段，最后一段，这三个某某人，前二个是同一个人吗？这个某某人是谁呢？恋人？故人？亲人？敌人？

第2段在第一段的前提下有点延伸，突出其明镜的一面，说"我们的面影都该留在镜里吧，这镜里一定有某某人的影子"。这段是作为过渡，闲笔，没有多少用意？如果深入地想，则会想到古语的"以铜为镜，可以正衣冠……以人为镜，可以明得失"，那么，在这个明镜的意思里，有没有包含着以谁为镜的意思？从后面看，有没有以嫦娥为镜，不要去那个死去的星球的意思？

第3段、第4段写自己的感受。突出了什么？寒，冷，凉。第一句，是写面，"在海上，山间，园内，街中……露台上"，这样广的面，是为了突出对月亮感觉的必然性，而不是偶然性。第二句"冬夜的深夜……"，这是什么写法呢？是列举，也是渲染，是为了突出冬天的寒冷的感觉。如果不是为了突出这一点，这一句是可以不要的；但是没有这个具体的情景，情感就不够突出。那么，列举只有这个选择吗？不是的。赏月，何必在冬季的深夜，中秋月明人难寐呀！也可以写春天的夜晚赏月，一边赏着明月，一边闻着花香，多美呀！但这不是作者文章的需要，所以作者列举的是冬夜的月亮。

第5段亮出自己的观点："的确,月光冷的很。我知道死了的星球是不会发出热力的。月的光是死的光。"在以上铺垫的基础上,得出结论。

那么,作者的态度是什么呢?在《日》里,明确表示,自己甘愿做人间的飞蛾,会扑向太阳,死了也情愿。但是对于月,这个死了的星球,作者就不愿这样做了,不会为了这个死了的星球,而抛弃自己的生命。

作者借对嫦娥故事的质疑,来表达自己的观点。嫦娥呀,你为什么奔向这死了的星球呢?然后作者猜测道:嫦娥可以使这个已死的星球再生吗?可是如果是这样的话,现在的月亮应该有生气呀?可是事实呢,并非如此。说明即使有这个心愿,也是不可能实现的吧。于是作者又做了另一个猜测:或者是在那一面明镜中看见了什么人的面影吧。这句话让人费解:这某某人是谁呀?恋人?是奔着恋人去的?敌人?是躲着敌人去的?不知作者的本意是什么。

## 十四、第26课《小石潭记》(2016.4.14,周四,晴)

这一课的字音过关,大概有半个月了吧,学生早读也读了。当时利用双休吧,布置预习第六单元。后来26、27课字词是先过关的。

再读26课,觉得作者真是大文豪,写作技巧好,写出了景物的美,技法也十分让人欣赏。

1.朗读。虽然是提前预习了,但是毕竟教师没有讲解,学生有陌生感,让一排学生齐读一段,还是怯生生的,不整齐。当然就是要加强读,读课文,读文下注释。

2.整体感知。按说可能应该先翻译吧。但觉得让学生整体感知一下课文的思路,对把握全文,对文章翻译,肯定是有好处的。

于是,先介绍作者,介绍"记"。作者的介绍里有哪些信息?寿命不长,才46岁。是唐宋散文八大家。那么,是哪八个人?学生知道。他的文集称作《柳河东集》,这是一种什么称呼?姓加上籍贯。哪些人有这样的称呼?李合肥——李鸿章,包合肥——包拯,一般人是没有这个资格的。

介绍作者的作品,学生背《江雪》,"千山鸟飞绝,万径人踪灭。孤舟蓑笠翁,独钓寒江雪"。从诗里,感觉作者也太有点不食人间烟火了,太有孤独感了,不知这与他早日离开人世有没有关联。

记呢？基础训练里有,这里指的是散文。

读文章,整理文章的思路。叫几个同学站起概括。

逐渐明确:发现小石潭,来到小石潭边,小石潭全景。——小石潭里的鱼。——小石潭的源流。——坐在潭边的感触。——附记,跟随游玩的哪些人。

每段分别用几句？如第2段,写鱼,先写静景,再写动景,第3句写感受。——不简单呀!

3.(2016.4.15,周五,晴)翻译课文。先同学们一人一句翻译。然后在班里展示,看看对错,以矫正。

结合《译注》里的难字、词表格,理解字词。让学生二人一组,读这个表格,有通假字,一词多义,词类活用,特殊句式等。对读出来,印象更深些。一些词语教师加以强调,比如"可","许",多义词。比如"斗折蛇行",教师解释,如果理解为"北斗星""蛇",文章就不通。但解释为名词作状语,斗——像北斗星那样,蛇——像蛇那样,就通顺了。

4.美点品读。翻译时,对文章美点加以解读。如第2段,哪些地方写的妙?"皆若空游无所依",这句看似简单,其实是妙的,写出了鱼在清水中游动的那种无挡无碍的情景。"若空游",不是比喻,但是比方,其实是否空游呢?有水呀,当然有阻力。因为潭下,也浅,水又干净,清,才能有如此感觉呀。接下来呢？又有变化了,引入日光,写鱼的影子了。这只有在清水、水浅、底部是石头的情况下,才可以做到。要是浑浊的池塘,是不可能看到的。日光——光线很重要。许多景,在不同光线下,就有不同的景象,人的情感也随之变化。早晨,中午,夕阳西下,月光下,黑夜,景物不同,人的心情也就不同。这里是什么写法？是侧写。

然后又写鱼的静态与动态,这样动静变化,乐趣也就多了起来。最后一句"似与游者相乐",不要忽视了。这句话写得很自然,也不啰唆;但是要是删了这句话,效果就差多了。这叫什么写法？写感受。下文里"凄神寒骨,悄怆幽邃",也是写感受。要是没有的话,文章的情感可能就出不来。

那么,在第2段里,还可以不可以写上什么了？学生没有回答。我说,不知这是什么季节,如有花开,是否可以写花之美艳和香味呀？竹子也可以写,写其色彩、状态、精神。还有风呢,微风一吹,会使水面变化,鱼儿也可能做出反应。当然,这不是说作者就要这样写。

归纳一下,本段写景,有哪些特点?打比方,侧写,引入光线,动静结合,写感受。

5.有个疑惑:"皆若空游无所依,日光下澈,影布石上。佁然不动,俶尔远逝,往来翕忽","影布石上"后面,是否可以是逗号,然后到"佁然不动"结束用句号,或者用分号?这按说是可以说通的。比现在这样标点,是否更自然,更能表现动静结合的感觉?

6.文章写景的总结。

本文是写景的范文,总结起来,写景有哪些特点值得学习?

移步换形。先是听到水声,然后伐竹取道,发现小潭;小潭全景;小潭鱼儿;小潭源流;整体感受。

分层写景。远—近—特写—变化—感受。

运用多觉。写声,写形。

比喻写景。"斗折蛇行"等。

写入感受。"心乐之","似与游者相乐"。

## 十五、第27课《岳阳楼记》(2016.4.15,周五,晴)

这一课,也是之前让学生们接触过的,扫除了字词障碍。

文章很大气,立意很高。就写景的技巧而言,不如上文。但是抒情味浓,思想上有创新。

1.品题。重点是"记"和"阳"。关于"记",班班通里,基训里都有介绍。"阳"呢?学生不知道。我启发道,还有哪些地方叫"阳"?学生说洛阳,绵阳等。叫"阴"呢?淮阴,江阴。山南水北谓之阳,反之是阴。淮阴,应该是淮南了。

2.整体感知,让学生理解其框架。这对学生朗读、背诵和尽快理解,应该都有好处。

在整体感知的时候,不断问学生,本段有几句?这对学生理解文章脉络是有好处的。

让学生默读,概括文章各段写了什么。然后学生发言。中等生概括力比较差,优生概括就要好一些。比如文就注意了3段的悲,4段的喜。关于第1段,一开始一位同学只是说滕子京贬谪巴陵郡,这显然没有抓住要害;后来有同学才说到范仲淹做这篇记的缘由。

写作思路。滕子京贬到岳阳当地方长官,有政绩,重修了岳阳楼,让范仲淹写文章记述这件事。——岳阳楼地理位置好,景象雄伟,可是前人已经说得很多了。那么"览物之情,得无异乎"?接下来,就写二者对比的情感,用一个字概括就是一个是"悲",一个是"喜"。——但是,作者真正要提出的是什么呢?第5段的要点是"不以物喜,不以己悲","先天下之忧而忧,后天下之乐而乐"。这是别人没有提出过的观点,使此文的立意一下子得到了极大的升华!

具体来看,第1段几句? 4句。前三句写滕子京的事情,后一句说到本文写作的缘由:属予作文以记之。

第2段几句呢? 四句,但内容丰富。第一句是判断句,"巴陵胜状,在洞庭一湖",这大概是没有问题的。第二句概括描写巴陵胜状,用骈句六小句来描写,三字二句,四字四句。接着却忙打住:前人之述备矣。作者不准备多说了。接着一转,地理位置是这样好,迁客骚人多会于此,览物之情呢?

第3段写悲情,第4段写喜情。3段多少句? 学生数出,二句。但第一句分号多。第一句有三个分号,可以说是四小句。用分号,说明它们是并列的,从不同侧面去写悲情呢。去掉首句起连接作用的"若夫",都是四字句,一共是十小句,十个四字句。第二句,"则有"的后面,去掉"者矣",是四个四字句。骈句的使用,使文章增添了韵味和美感。

第4段三句。第一句是写阳光下的美景,有两个分号,除去开头的"至若",后面是八个四字句。第二句写月光下的美景,"而或"的后面是六个四字句。第三句"则有……者矣"的中间是四个四字句。

第5段散句和骈句结合,可能与有问有答有关。一共七句。第三句是回答句,有两个分号,其实是二联句子。最终得出"先天下之忧而忧,后天下之乐而乐"的伟大结论。

3.一处标点的疑问。第5段"不以物喜,不以己悲;居庙堂之高则忧其民;处江湖之远则忧其君",后面的分号是有疑问的。按说"不以物喜,不以己悲"是上下联句;"居庙堂之高则忧其民;处江湖之远则忧其君"也应该是上下联句,中间的分号应该是逗号。

4. 翻译与品读。对关键词语进行阐释。一段一段来。先让同位同学一人一句翻译,然后让同学在班级翻译,教师对有疑处、重点词句进行阐释。

第1段。"守巴陵郡",守,是做州郡的长官。按照今天的说法,就是做市长了。

政通人和。这句话好翻译,但是真实意思呢?要注意。政通,现在可以叫令行禁止;相反,就是令不行禁不止。上有政策,下有对策,政策贯彻不下去,政府就没有力量。比如交通混乱,交通规则没有遵守,结果交通事故多,对人们的伤害大。

人和呢?官民关系和谐,百姓之间和谐。可是如果官员腐败,给钱就办事,不给钱就不办事,这样官民的关系就不好。百姓之间呢?如果家族之间经常斗殴,邻里之间不断争吵,这样还是人和吗?——当然,这里面,范仲淹也可能有点吹捧滕子京吧!不过,文章的主旨则是暗含批评,对滕子京有规劝之意。

(2016.4.18,周一,晴)第2段。一些值得注意的字词。"观夫"的"夫",那。"前人之述备矣"的"备",详尽。"得无异乎"的"得无",怎能没有。

一些句子的理解。"予观夫巴陵胜状,在洞庭一湖",这句话不难理解;但是,从中我们看到了什么?看到了洞庭湖在巴陵的地位。如果问你,合肥最美的地方在哪?大蜀山?天鹅湖?逍遥津?恐怕我们要思考一番,不能随意说吧?从中可见洞庭湖的重要性。

"衔远山……横无际涯",突出了洞庭湖的什么?广阔,是从大处写洞庭湖的。"朝辉夕阴,气象万千",是从景象的变化角度写的。选取的是两个场面,一个晴一个阴。这与下文是合拍的。

"北通巫峡,南极潇湘",突出洞庭湖的什么?地理上的中心位置。水运,有着陆地运输难以比拟的优势,比如长江水道,人们说相当于二十条铁路,这在古代,是多么重要。而洞庭湖范围之广,与南北水道相连,它的运输功能是非常巨大的,北方可以到长江的三峡,南边可以到潇湘,影响自然广远。"迁客骚人,多会于此",这里是列举。其实会于此的还有哪些人?或者什么人最多?商人,渔人,打工的人。可是,作者没有选他们,因为他们忙于工作,而且可能没有多少情绪的变化。而"迁客骚人"呢?本身就是文化人,加上此时心境的变化,当然就有许多话要说,许多情要抒。作者也没有选升官的人,因为他们可能是太兴奋了,只有喜悦,没有悲哀,与文章所需要的情绪不合拍。

第3段写什么?用一个字概括就是"悲",为了写悲,我们看作者是如何选景抒情的。写的环境,天气是淫雨,阴风,浊浪;时间有薄暮,动物是"虎啸猿啼";人是商旅。这样的环境一出来,人们的情绪自然就出来了:"去国怀乡,忧谗畏讥,满目萧然,感激而悲"。可以选其他天气、时间、动物吗?当然可以,但可能是另一种情绪了,比如皓月千里,这当然引发我们美好的情绪。但这是下一段的内容了。

第4段,用一个词概括就是"喜"。季节是什么?首先选的是春天。内容呢?首先是大背景,湖光山色;在其中是鸟、鱼、花。写了几觉?视觉,听觉。然后是写月色之下,总写皓月千里之后,写月下的浪,月亮的影子,写渔歌互答;后面是一句话的感受:此乐何极。

那么可以选别的景物吗?比如秋风飒飒,落叶满湖;比如骄阳似火,人有不堪?那是第3段的景。作者是把3段与4段对比,目的是引出第5段的内容。

(2016.4.19,周二,晴)第5段。用一个感叹句引出"古仁人之心",提出"不以物喜,不以己悲","先天下之忧而忧,后天下之乐而乐"的思想。"古仁人"是什么人?书上解释是品德高尚的人,那么哪些人是"古仁人"呢?姜子牙,管仲,诸葛亮,应该都是他们中间的翘楚。仁者就是责任者,爱惜人民,对人民的疾苦感到痛苦的人。作者以他们为榜样,可以见到他的志向与境界。段末"微斯人,吾谁与归"是什么句式?反问句式,一是加强了语气,二是针对滕子京说的,我要与这种人一道,你呢?是否也一样与仁人一道呢?如果改为一般的陈述句:我要与这种人一道,效果就大打折扣。

5.文章赏析。先让同学们赏读。先同位同学交流,然后在班级展示。毕竟是文言文,学生感受不深。不过,有的同学认识确实深一些。比如文提到对"微斯人,吾谁与归"的疑问,问是针对谁说的,这就比较有深度。

文章的立意。作者不仅是作为文章来写,而是借文章把自己似乎急不可待的观点表达出来。"不以物喜,不以己悲"是一种修养;而"先天下之忧而忧,后天下之乐而乐"则是一种追求。后者虽然是从孟子"乐以天下,忧以天下"化出来的,但是不是简单重复,而且改变了对象。孟子是对国君说的,范仲淹是对臣子说的,要求提高了。孟子把"乐……忧……"并列,范仲淹提出的是先忧后乐,其实强调的就是忧,这确实具有很了不起的责任感与使命感。当然,做到是不容易的。毕竟不可能人人是圣人。范仲淹也许是做到了,一些臣子也许争取做到了,多数人,是难以做到的。但不管怎么说,作为一种思想提出来,对于后人的引导与激励,也是必要和重要的。

但是,作者毕竟是文学家,不能生硬地提出来,而是借助文学的形式,自然表达出来。作者在2、3、4段,对于景物的描写与表达出的情感,都是很不简单的。富有文学的魅力,采用了多种写法。比如多觉;以景衬情;直接抒情;对比;多种表达方式的运用;骈散结合;文章几次转折与波澜,都是了不起的。

6.可以把忧的范围降低一些吗? 文章提出"先天下之忧而忧,后天下之乐而乐",这当然是了不起的。不过,毕竟离一般人较远,能否降低一些要求呢? 不是先"天下",而是忧多数人可以发挥作用的部门,比如班级,学校,乡镇,县市。其实,即使这些部门,一般人也是没有机会忧的。

还有,忧愁是可以分类的。比如这样分:家庭;职业;社区;公民责任。这样在不同角度去忧,去尽力,不也是可以的吗?

其实,在今天的时代,忧与乐正常情况下是可以同步的。工作也是连续五天后,休息二天。学生,有暑假、寒假,公务员,有正常的休假。休息好,从而工作好。忧,不如从岗位做起;每个人都做好岗位的事,国家还有多少需要忧的呢? 再说,不在其位不谋其政,现在国家的领导人都比较勤勉、能干,还需要普通民众那么多忧愁吗?

## 十六、第9课《海燕》(2016.4.20,周三,雨)

《海燕》是了不起的,背景合适,形象准确,富有激情,文学性强,可学习地方甚多。

首先让学生说总体印象。然后再细读文章,整体感知文章的结构。几个同学一说,文章的结构就差不多明晰了。接着同位同学交流自己的批注内容。再班级交流。学生从写法、语言的角度来品读文章。

放班班通里带的朗读，声音很有感染力。但文章版本跟教材有几处不同，几处读音也未必正确；语气处理，有几处似乎也未必正确。

然后教师为主品读。

1.第一部分（1—6）开头，直入主题。一开始就呈现大海、狂风、乌云，这个故事发生的背景和主要角色。很简洁、干脆。在这样的环境里，海燕出场了。出场是讲究的，是一个如何的亮相？作者给出的是非常有力的形象，创造性地给了一个比喻，用了一个赞美的词语。

"黑色的闪电"，这一句不简单呀，不要一读而过。自然界哪有有黑色的闪电？只有白色的闪电。可是，作者想以闪电来比海燕，却因为颜色差距，而存在欠缺。于是作者创造了一个黑色的闪电出来，形象地写出了海燕的快速与力量。"高傲地飞翔"，用"高傲"，写出了海燕的情绪、气势，也合乎海燕在大海上飞越、穿行的自由自在的形态吧！可以用别的词语吗？"勤奋"，"快乐"，"藐视"等？也许，这个词语是最恰当的吧。

第2段，先描写其飞的特点，从大海到天空，然后写其声音，从形、声两个方面写。"乌云听出了欢乐"一句，是很妙的，侧面写出海燕的乐观与预测。

接着第3段对其声音做了特写般的描绘、渲染，海燕的叫喊声里有这么多的因素：对暴风雨的渴望，愤怒的力量，热情的火焰，胜利的信心。这写得已经够多了，赞美够充分了。但是也巧妙，都似乎与作者无关，是乌云听出来的。那可不可以说是大海听出来的？没有必要，因为乌云是反对势力，作为对手，可能是敏感的，也会让他很害怕。而大海是人民的力量，没有必要在此处写出反应。如果写反应，大海当然是开心的，激动的。

接着写海鸥、海鸭、企鹅的表现，从侧面表现出海燕的勇敢。这几位，根据外形、行动特点，写其声音、外形、动作，后面跟着的是作者的调侃与讽刺。

2.（2016.4.21，周四，多云）第二部分（7—11）

这一阶段的写作顺序是与上面一段一样的，就是先写背景，后写海燕。

背景一样不一样？不一样了，形势变化了。波浪出场了，跟狂风在激烈斗争。这预示着什么？波浪象征什么？人民群众。狂风呢？反革命力量。看他们的斗争是多么激烈呀。波浪的行动是积极主动的，"波浪一边歌唱，一边冲向高空，去迎接那雷声"，"波浪在愤怒的飞沫中呼叫，跟狂风争鸣"。

波浪的斗争是主动的,人民已经觉悟了,行动起来了。这也是海燕为代表的革命先行者的成绩。

不过,狂风当然不是省油灯,看作者是如何描述狂风对波浪的镇压与蹂躏的,"狂风紧紧抱起一层层巨浪,恶狠狠地把它们甩到悬崖上,把这些大块的翡翠摔成尘雾和碎沫"。看,此时狂风的力量还是比较大的,它的凶狠还是很突出的。

在这样的情况下,海燕出场。这次跟上次有哪些变化呢?这次又多了一个形象:精灵,也许是从精灵古怪的角度去写的,写出其神秘、力量。他的行动是"大笑""号叫"。哇,恶劣的环境不仅没有让他紧张,而是让他更兴奋,更自信。因为他听出了雷声的困乏,看似凶狠的敌人已经比较虚弱了,敌人的力量已经不强大了,乌云遮不住太阳,革命一定会成功。

3.第三部分(12—16段)。这一段的背景再次发生变化了,波浪不是像在第二阶段那样,被狂风蹂躏,而是主动进攻,说明人民的力量已经十分强大了,"大海抓住闪电的箭光,把它们熄灭在自己的深渊里"。海燕告诉人们:"暴风雨,暴风雨就要来啦!"

这时,海燕又有了新的形象:"胜利的预言家",他预言革命的风暴即将到来,并且希望革命风暴来得更猛烈,革命的胜利将更彻底!

4.联系现实:在现实中,海燕、海鸥等指哪些人?海燕是革命先行者,就中国而言,比如李大钊、毛泽东等人。李大钊成为烈士。毛泽东是革命领袖,带领全党、中国人民迎来革命的胜利和中华人民共和国的建立。

5.仿写散文诗。革命先行者——海燕,不革命者——海鸥、海鸭、企鹅,反革命者——狂风,人民群众——大海。

那么,我们要仿写散文诗,该如何写?可以以学生的成长为题,成长中经历风雨、挫折,该用什么形象象征?比如花朵、小树苗象征学生,风雨象征什么,太阳、月亮象征什么,还有其他的角色看如何设置。试试。

再比如,面对桃花、香樟树、梧桐树等,我们想写成散文诗,如何写?

## 十七、第28课《醉翁亭记》(2016.4.22,周五,多云)

再次研读《醉翁亭记》,觉得还是有一些新的感受与发现。作者之乐,总觉得是充满了苦涩,也包括了释放与自得。从介入的角度去看文本,作者在许多地方有自己的用心,或详或略,很不简单。

教学过程。之前是预习,主要是扫除字词障碍。然后是学生读一段时间,争取读熟。

到上的时候,先让学生说总体感觉。但毕竟是文言文,学生把握不够准。于是让学生再读,逐段概括。然后学生朗读文下注释,读《译注》里的重点字词解释。

逐段翻译。先同位同学互译。然后在班上逐句翻译,师生一起对疑难字词句进行讨论。

教师为主进行品读赏析。

1.第一段。本段想写什么?是为了引出醉翁亭的。于是按照这样的路线,慢慢推出:滁州城—琅琊山—酿泉—醉翁亭。

为何从滁州城写起?学生茹说,他是滁州城的主人嘛。这确实是个原因;不仅如此,后面重点推出有滁人游,此处如果不铺垫,后面就被动了。

据教参里的资料,本来作者的开头有数十个字,结果改为五个字:“环滁皆山也”,简洁有力。这里,写出了滁州城与山的关系,也突出了滁州城的中心位置吧。

文章开头不是只有这么一种写法,能否起笔就引出醉翁亭,说醉翁亭在滁州城西南的琅琊山上?这不是不可以,但这与作者全文的思路可能是不一致的。全文各段都是先推出场景,再交代名目的。而且在现存文章的第1段,作者是有意识一步步引出醉翁亭的,好似人们解开百宝囊一样,层层揭开之后,才露出宝贝的真容。现在如果一下子就把这个宝贝呈现在读者面前,这是多么令作者扫兴的事情呀!

醉翁亭好在哪里?醉翁醉在哪里?首先是山水之乐。在文章的第1段,作者就重点突出了这一点。“林壑尤美”,“蔚然而深秀”,“水声潺潺而泻出于两峰之间”,“有亭翼然临于泉上”,可以想见,醉翁亭的周边山水是美丽的。正是在这层层美好的山水之中,隆重推出醉翁亭。

不过,按说醉翁亭推出来了,到“名之者谁?太守自谓也”,本段应该完成了。但是不,作者接着用三句话来阐释“醉”字。第一句是说“醉翁”名称的来历;第2句说明醉翁的情趣原来不是在于酒,而在于山水之间。本来,这已经交代清楚了,不必再说了;但是作者还不愿就此停下,而再次强调,"山水之乐,得之心而寓之酒也"。这几句,突出,渲染,写出自己自得、自慰的情绪,也许还有比较复杂的情绪。这复杂的情绪,是否还包括苦涩、无奈?是否还有说给暗中盯着自己的政敌们听:我活得好好的,也没有发牢骚,大家都省事吧?

同时这最后一句,与第2段的末句,与第4段的几句,都突出了一个"乐"字,这是作者有意识在文中突出的主题。

2.文章第2段、第3段。

文章第2段写了几个场景?二个,一个是朝暮,一个是四季。与第3段写了四个场景相比,第2段是否简单了?能否增加场景?学生说,比如写风雨。是的,风雨可以写,雪景可以写,月色可以写。后二者,作者来滁州时间不长,可能印象不是很突出。再说,作者心目中这山水风景可能不是最重要的,最重要的是借此景为平台,与滁州人民、滁州的朋友们,饮酒作乐。

其实,进士出身、家在江西、已经人到中年的欧阳修,见过的山水肯定很多,滁州的山水真的有什么突出的地方吗?而且,从所写的朝暮与四时看,风景平平常常,没有什么突出的地方。远没有达到"奇山异水,天下独绝"的程度。从中可以感到,作者对滁州山水的喜爱,更多的是一种排遣,一种消遣,哪里是爱到怎么样的程度呀。

正因为是排遣、消遣,于是,人的聚会,被看作是更突出的事情。当然,这里面包括了对作者政绩、人脉关系的肯定与安慰,也确确实实是作者很在乎的事情。

作者对滁人游,太守宴,众宾欢,都做了细致的描绘,也写出了情趣与可爱,从侧面写出了作为滁州太守的满意与快意。

这一段,没有多强调"乐"字,但是也还是点出了:"宴酣之乐……"。

经过第2段点到为止的描写,第3段繁复场景的描绘,作者在第4段要好好抒一下情了。

3.文章第4段。这一段的写作是十分用心的。跟2段、3段的描写真实存在的场景不同,第4段多是议论,见人所不易见、想不出的东西。

这一段,可能是作者最想表达情感、也最满意的地方吧。其思路是:禽鸟乐——人之乐——太守乐,重点和焦点是"太守之乐其乐也"。

文章故意设层层悬念,禽鸟知山林之乐而不知人从太守游玩之乐,人们却又不知道太守之乐。这里,是否有讽刺政敌的意思?你们挤走了欧阳修等人,确是乐了;然后,你们知道欧阳修他们的乐趣吗?他们也找到自己人生的乐趣呀!

当然,也许作者没有想到这么复杂,只是想表达自己心里的那种踏实感,满足感。

作者被贬,心情肯定是不好的,对前途、对被贬地的工作、生活肯定是担心的。但是经过一段时间的体验,感觉很好呀!滁州的人与事,可能让作者有踏实、放心感。何况,滁州的风景,滁州的生活,还竟然出乎意料,让作者感到很是享受呢!所以,人们啊,你们跟着我一道游玩是快乐,可知道我内心的快乐有多重意思,多重含义呢?

就翻译而言,"太守之乐其乐也",教参上翻译成"太守以他们的快乐为快乐",好像是不准确的。也许应该是"太守有他自己的快乐"吧!

这第4段,如果是平庸的人,可能就把文章写平了。如果只是写太守与众宾客回城,那这篇文章如何出彩?

从中可以看到,构思立意之重要,结尾升华之重要!

4.(2016.4.25,周一,多云)文章一些艺术赏析。

骈散结合。介绍教参上的分析。

21个"也"字的妙用。教参上有分析。

"太守之乐其乐","乐"什么?按照书上注释,是"乐人之乐",这个"人",包括哪些人?滁州人民,众宾客,还可能包括作者的亲人。那么,为何包括滁州人民呢?几个学生不知道,茹说人民乐,说明作者的政绩。这说的好,说到点子上了。——如果人民温饱都解决不了,还有闲心来游山玩水吗?来游山玩水,说明人民生活得如意呀!作为知州,欧阳修当然是开心的。

当然,不止如此,作者都是"乐"吗?有没有酸与苦呢?可能是包括在内的吧!

为什么有酸与苦呀?——作者是贬官到滁州的。贬官有什么打击呀?学生思考,讨论。对于学生来说,确实离这个话题比较远。贬官,物质打击:官位变化,官阶降低,收入降低,生活条件降低。精神打击:官场受挫,人生受挫;住所由比较舒适的都城之地,改换到各方面条件差许多的地方;名誉

212

受损;别人如何评价自己;对人生前途的担忧。

面对失败与挫折,每个人都会有负面情绪的。但是,面对这样的情况,是消极情绪还是积极态度,这与此人未来的命运与幸福感是密切相关的。同样是被贬,滕子京牢骚不少,让范仲淹为他担心:在封建时代,这可能是很严重的事情。范仲淹呢,则是持积极的态度:不以物喜,不以己悲;先天下之忧而忧,后天下之乐而乐。这个境界是非常高的。至于是否有点高调,看你自己是否做到。

欧阳修呢,也是面临二种选择:是消极情绪,还是积极面对。从文中看,作者是积极的。可能包括积极施政,积极投入到与同事、与友人的交往中去。于是,一段时间之后,释放酸苦,生活中的快乐逐渐多起来。而且这样的快乐,可能是在京城里原先的官所不具备的。像滁人游,太守宴,众宾欢,这些可能是原先所没有或较少体验过的;而在这里,可能因为闲暇较多,民风特点,于是可以经常享受。这不是一种难得的乐趣吗?从这个角度说,真是"乐其乐"也!是难得的体验。

5.文章关键段落品析。

从立意、写法的角度讲,哪一段最关键?

首先,作者每段都是精心设计,哪怕是铺垫,也都是不可缺少的。

但有些段落,可能是比较平的,作者可以写出,人家也可以写出,并没有独特性。比如第2段,第3段,技法上,立意上,并没有高不可攀的艺术高度吧?要论独特性、创新性,要论立意之高,艺术性之高,大概是第4段。

这一段,如果处理不好,文章就可能平庸。比如如果把这一段的第2句、第3句"……游人去而禽鸟乐也……而不知太守之乐其乐也"去掉,这篇文章就比较平淡了。那不过是一个心态较好的太守而已。

可是有这两句就不同了。禽鸟知山林之乐不知人之乐;人知从太守游而乐,不知太守之乐其乐。这样层层追问,抬高了太守,让太守的"乐其乐"成为一个谜,成为一个待追寻的命题,这是多么神奇而浪漫的事情呀!于是文章结束,意犹未尽呀!

由此可见,这第4段是多么神奇呀!

## 十八、第29课《满井游记》（2016.4.26，周二，小雨）

《满井游记》确实给人清新之感，一股春天的喜气扑面而来。当然，这都是作者的高超艺术所达到的效果。文章确实不简单，比如第1段的铺垫；第2段的写景顺序，语言与技巧。

先让学生预习字词，扫除字词障碍；然后整体感知；翻译课文；品读课文。

1.整体感知。让学生读课文，概括文章，看各段落写了什么内容。

学生发言。教师提示。

明确。第1段是记游之前。第2段是游玩的经过。第3段是介绍以后将经常出游。层次是简单的；但是，其实写作中是比较玄妙的。

第1段。这一段可不可以不写？按说记的是满井，是可以不写第1段的。但如果不写第1段，直接从"廿二日天稍和"进入记游，文章的表现力是要打折的。这就好比歌曲没有前奏一样，情感缺乏铺垫，出不来。

而且，作者第1段不只是写了之前天冷的情景，而且是用心写的。首句"燕地寒，花朝节后，余寒犹厉"，点明了地点、时间、总体情况，既简洁，又全面。接着是列举，"冻风时作，作则飞沙走砾。"然后写自己，"局促一室之内，欲出不得。"试想，如果不写自己的感受，下文的"若脱笼之鹄"的快感，就未必能出来。而且，作者还不止简单写感受，接着用了列举："每冒风驰行，未百步辄返。"这样，就充分写出了城里冬天的境况。这些，就为下文做了很好的铺垫，读者也有了阅读期待：哦，是这样难受呀，那后来呢？

第2段的层次。第2段层次是很清楚的。首句"廿二日天稍和……"交代了时间、天气、人员、地点。接着第2句"高柳夹堤，土膏微润，一望空阔，若脱笼之鹄"，属于总写。接着分别写水，写山，写柳条与麦苗，写游人，写自己的感受，总写动物，最后一句议论作结。层次很是清晰。

比较而言，第3段只是一般的话语，没有特别的地方，只能算是一个正常的结尾段吧。

2.（2016.4.26，周三，阴）美点品读。

让学生品读文章的美点。但学生对此文美点认识不太深入。

美点有：首段铺垫，也是欲扬先抑。第2段总写之后，清晰的层次，最后议论作结。

具体写景：白描。教参上有介绍。问学生，还有哪些文章用到了白描？学生说《湖心亭看雪》。哇，二篇美文，都用了白描，也都成了名文。

比喻、拟人。有五处比喻，有的比喻跟拟人合为一体。一篇短文，有五处比喻，这是本文出彩的重要原因。如果感受不深，试试自己去给文中的景物来二个比喻如何？如此，就知道比喻不容易了。

比喻的好处，是把大家不熟悉的事物，用大家熟悉的事物作比，以呈现其形象，让大家接收。

这里，对水与山的比喻，都是很有意思的，"晶晶然如镜之新开而冷光之乍出于匣也"，"倩女之……"，比喻细而充满情感。单用前面一个作比是行的；但加上后者，更多情趣。真是突出"性灵"。

3.情感。注意了写法、层次、修辞、语言，这些都是对的。但是，有一点不能忽视，就是情感。作者写出了满井早春的美，充满了喜爱之情。喜爱之情，从2段第2句的"若脱笼之鹄"，到"毛羽鳞鬣之间皆有喜气"，一以贯之。

情感是文章的内在线索和力量，也是作文的首要因素。——曾经有个演员，朋友去看她，发现她情绪很低落。心想，她现在状况不错呀，跟我关系也很好呀，为什么这样呢？后来才明白，原来她进入了角色，已经沉入角色的情绪中了。——那么，我们写作也是这样，没有情感上的投入，技巧、修辞、语言就未必出得来！

## 十九、第30课《诗五首》（2016.4.28，周四，晴）

之前早已扫除字词障碍，让学生多读。但是，学生显然没有花多少时间在上面。

五首不同时代、不同形式、不同主题的诗歌集中在一起，很有意思。注意了钻研文本，仔细读教参，但还是觉得理解不够深。

几首诗的教学顺序，一般是先概括介绍这首诗的主要内容；然后是同位、前后位同学一人一句，翻译其内容；层次梳理；重点、难点句子品析。

1.《饮酒（其五）》。

（1）品题。从题目看，诗歌会写什么？饮酒故事？饮酒中悟出的哲理？或者，根据诗歌的内容，给它重新起个名字？慧说《山居》。我说，"山居"，仿照《山居秋暝》吗？作者住在山的旁边，但不是山里。

"种豆南山下，草盛豆苗稀……"，他是住在南山下的。

（2）主要内容。本诗主要写什么内容呀？写自己隐居的惬意吧！看，住在人们聚居的地方，却没有车马的喧闹；这是怎么做到的呢？心远离官场，居住地就远离官场了呀。那么，远离了官场，没有了车马的喧闹虽然是好，但是日子过得怎么样呢？接下来，写生活的惬意：采菊，悠然看见南山傍晚的情景，鸟在归巢。哇，这里有生活的真谛呀！

（3）词句品析。

"采菊东篱下"，如果写成"采菊院墙下"，如何？不好。"东"不仅是个方位词，也给人温暖、温馨、希望的情感。如果是"院墙下"，也失去了以上这些感觉了。而如果是"西"，情绪中可能就多了一种凄凉、失望感。

"悠然见南山"，改为"悠然望南山"，如何？"望"，有远望之意，是主动的。而"见"，似乎是被动的，是南山的形象撞入了我的眼里，这当然是一种特别的感觉，一种温暖、温馨感。同样，如果"南山"改为别的词语，比如"苍山"，感觉也就会有一些变化，减少"南"字带来的温暖、温馨感。

"飞鸟相与还"，有何用意？可以改成别的语句吗？学生不知何意，改不了。我这样改："飞鸟歌正欢"，如何？如果这样改，下一句就无法出来了："此中有真意，欲辨已忘言"。"飞鸟"此时指谁呀？指作者呢，就像这鸟儿一样，倦了想回到家中休息了。

"此中有真意"，"真意"到底是什么？真意大概是对待官场、名利、事业的态度吧。从事业的角度看，应该是往前走，往上走。但是，实际情况呢，上进，给自己带来的可能更多的是痛苦，是危机。既然如此，为什么不能彻底想通呢？

2.（2016.4.29，周五，晴）《行路难（其一）》。

（1）让学生给文章的情感思路画图。多数同学都画出了几起几落的折线。首先是高起点：金樽清酒，玉盘珍羞，可是呢？接着的是低点：不能食，心茫然。接下来是更低点：冰塞川，雪满山。

那么，就到此结束了吗？不是，诗歌又陡然升至：垂钓碧溪，梦日边。那么是否到此就是顶点呢？不是,立刻又感叹:行路难! 行路难! 多歧路,今安在?

那么,诗歌会在这个低潮中结束吗? 强悍的作者哪里甘心? 于是仍然期待理想的实现:长风破浪会有时,直挂云帆济沧海。

这就是大师呀,一首短短的诗,却二落三起,真是波澜起伏,充满情感!

(2)品题。文章题目叫"行路难",说白了是什么呀? 实现人生理想之难!

(3)写法与修辞。夸张。如开头二句:"金樽清酒斗十千……值万钱",运用夸张,写酒菜之好。这样好的酒菜却吃不下,可见自己的心情了!

比喻。"冰塞川","雪满山",其实都是比喻人生理想中的巨大困难。"长风破浪会有时,直挂云帆济沧海",写的是航船,比喻的是人生理想的顺利与通达。

反复。"行路难! 行路难!"通过反复,强调了人生之路的艰难与感叹。要是仅仅是一句,就表达不出这种情感。

设问。"多歧路,今安在? 长风破浪会有时……"通过设问与回答,作者表达出对未来理想的信心。

用典。短短的诗歌,作者用了三个典故,姜子牙,伊尹,宗悫,比较容易地表达出自己崇高的人生理想。

3.《茅屋为秋风所破歌》。

(1)主要内容。让学生概括。对诗歌,学生确实不如读文章,不怎么会概括。

——诗歌写秋风卷走了茅屋上的草,草被顽童抱走,自己很狼狈。晚上,整夜挨淋,彻夜难眠,于是想到,有没有那么一天,有千万间宽大的房屋,让天下寒士俱欢颜。

(2)层次与表达方式。

诗歌主要使用什么表达方式? 叙述与议论、抒情。前面白天与黑夜发生的事情都是叙述,后面是议论、抒情。

这一点跟前面的《行路难》不同,那首诗主要不在于叙事,而在于抒情。

(3)美点品读。开头直接入题,直接写狂风的侵袭,"八月秋高风怒号,卷我屋上三重茅",我们似乎听到风怒吼的声音,和茅屋上茅草被卷走的情景。

接下来是三句描写，似乎有点渲染与欣赏，写茅草的走向，高的挂在树梢上，低的沉到塘里。这里，作者是有意识写出这种画面感的，否则，寒士的境况，如何让读者感知到呢？那么，下面"安得广厦千万间"的呼吁与心愿，就难以得到落实。

在这里，作者可不可以对茅草的纷飞、茅屋的破败，多做一些描写？不是不可以。比如写茅屋上好像张着嘴，要吞下什么似的。但这样的描绘，不是文章主题所需要的。

作者写茅草，便于接下来的叙述："南村群童欺我老无力……"。这里，作者用了五句来写孩子们抱茅草这件事，可谓是很详细了。那么，作者可不可以简写呢？比如就是前两句，"……忍能对面为盗贼"，到此结束。

但是，如果仅仅客观叙述，作者的狼狈相没有出来，情感铺垫不够，下面出来的抒情、议论，感觉就不够火候。所以作者用了五句来叙述孩子们抱茅草这件事，其中最后一句"归来倚仗自叹息"是写自己的狼狈与感受。正是这样铺垫充分了，于是下面的呼喊才显得顺理成章。

而且，作者的呼喊是充分而突出的。本来嘛，你喊出"安得广厦千万间，大庇天下寒士俱欢颜"，不就表达出心愿，就可以了吗？但是，沉痛的经历，使得作者不愿意这样一声呼喊就结束了，而是要突出突出再突出。"风雨不动安如山"，是从正面写寒士们的那种舒服。这样的舒服，是作者多年流浪多年、期盼多年而不得、暂时看不到希望的强烈心愿啊！

不仅如此，作者想到了如果有那么一天，寒士们遮风避雨的愿望真的实现了，哪怕自己已经看不到了，甚至自己已经冻死、饿死，就算是这样沉重的代价，作者也感到满足！这样一写，心愿就更加迫切，希望就更加强烈了！

确实，用五句来写自己的心愿，不是二句的效果所能达到的。这也是大诗人过人的地方呀！

（4）拓展延伸。问同学们，杜甫所抱的希望，什么时候实现了呀？

学生沉默。

教师：在封建社会，遇到好的统治者，和平的时代，天气也好，这个愿望也许是可以实现的。但是，遇到统治者不好好统治，遇到战争，遇到自然灾害，大概就难了。

那么今天呢？是否实现了？应该来说，是实现了。原因在哪里？时代进步，人们都富裕了。科技发达，生产力普遍提高了许多。今天的房屋是框架结构，使用的是钢铁水泥，是很结实的，七八级地震都没有问题吧。今天的粮食产量也提高了许多。今天的科技发展也是达到了很高的地步。同时，几十年的和平，让人们充分享受红利。如果有战争，再坚固的房屋也不结实，再好的田园也可能荒芜，这样，就会面临同样的灾难。当然，这也是世界历史的共性，也不要怕，相信未来更加美好！

（5）把立意再推高一步。

教师：每次读到"安得广厦千万间，大庇天下寒士俱欢颜"，一方面为杜甫忧国忧民的情怀而感动，一方面也为杜甫遗憾。"寒士"问题解决了，其他人呢？封建时代，毕竟是"士农工商"，"士"排在第一位呀，是官员的来源呀。排在第一位的"士"如果命运都差，在其后的"农工商"是否更差呢？尤其是农民，又辛苦，又缺乏保障，他们的生命利益谁来保证呢？

于是我想，能否在杜甫的基础上，把这首诗给予升华呢？让学生试写，没想起来。于是，我说出三年前，我教这一课时升华的句子：

安得广厦亿万间，大庇天下苍生俱欢颜！

219

房子再多几倍，让人民都过上安慰的日子。怎么样？今天的人民，是否已经实现了呢？是怎么实现的？有学生说，是邓小平路线，改革开放，发展是硬道理，于是十几亿人民都过上了温饱、小康的日子，未来更是达到中等发达国家的水平吧！

当然，作为中国人，我们眼里的"苍生"还是狭窄的，就是我们中国人自己，还不包括非洲、拉丁美洲、亚洲其他地区。那是下一步事情，而且也不能只靠中国一家呢。

4.（2016.5.3，周二，晴）《白雪歌送武判官归京》。

边塞诗人。思路。美点赏析。

（1）写作思路。诗歌先从外部写起，写边塞八月的天气突变；然后到室内，从人的感受，将军、都护的感觉写寒冷；再转到外面的天与地。接着写室内的送别；最后六句写送别。

作者按外—内—外—内—外，就好像今天的电影镜头一样，真是很有画面感，有变化，突出边塞的特点，特别的天气，特别的情意。

这里面,有没有可以去掉的环节?试一试,比如中间的"瀚海阑干百丈冰,愁云惨淡万里凝",似乎是可以去掉的。但如果去掉,诗歌一是缺少时间的间隔,毕竟"中军置酒"的时间没有那么早;同时也缺少环境变化,一直在室内活动,比较单一。

(2)美点赏析。

从修辞的角度讲,有比喻、夸张。"忽如一夜春风来,千树万树梨花开",这句比喻好在哪里?如果说雪比喻成"梨花",这不是岑参的首创,许多人都会这么比喻。想想看,树枝树叶上都被雪覆盖了,不就如同万千朵梨花一样吗?颜色白,树叶多。但是,这是八月呀,如何来这么多梨花呢?梨花是三、四月开放的呀。作者是内地人,也许是第一次看到这样的场景,非常震撼与诧异。于是联想开了:昨夜刮了一夜春风,于是今天千树万树竟然开满了梨花?

于是产生了这个创新的名句了。

夸张。"瀚海阑干百丈冰,愁云惨淡万里凝"。实际上这个地方的冰有多厚?如果是天气预报,会怎么说?结冰有三厘米厚?有十厘米厚?这就是如实说明了,而不是文学。作者是个诗人呀,于是就夸大冰的厚度,云的范围,极写边塞天气变化之快,寒冷之厉害。

侧写。写边塞之寒冷,用了六句,其中四句是侧面描写:"散入珠帘湿罗幕,狐裘不暖锦衾薄。将军角弓不得控,都护铁衣冷难着",写天气之寒。"狐裘不暖","锦衾薄",八月天要穿这些衣服,且感到冷,说明天气是很寒冷的。

送别用了六句,可见情意之深。"纷纷暮雪下辕门,风掣红旗冻不翻。"雪还在下,可是行程已经定下,不能推迟,于是在傍晚也要启程。辕门外有什么呢?不是只有"红旗",还有诸人、马,有军营的围墙等。但是红旗是军营的象征,写出来,似乎红旗也在见证这样的送别场景。在一片白雪中,"红"很是突出、显目。"轮台东门送君去,去时雪满天山路"。不仅送到辕门外,还送到轮台东门,从中感觉到战友之间的依依难舍。

"山回路转不见君,雪上空留马行处。"这里镜头对的是谁呀?是武判官,还是送别的人?是送别的人。是送别的人一直目送着武判官的离开,直到山势拐弯,山路转到那一边了,这边送别的人还没有离开。只是,他们这时已经看不到人了,看到什么?是雪上的马蹄印迹。它的主人已经走了,路

上安全吗？可以顺利到达京城吗？可谓是言有尽而意无穷。这个结尾写得非常美,给人许多想象,

开头与结尾。此诗的开头与结尾是很好的。"北风卷地白草折,胡天八月即飞雪。"开头是直入主题,而且是描写开头,很有突兀与震撼感。这也是作者的目的。本来,作者也是可以缓冲一下的,比如先做一下介绍,说边塞之地天气的不寻常,给读者心理准备。但是,作者没有这样写,而是直接入题,给人震撼。

诗的结尾,也是描写结束,"山回路转不见君,雪上空留马行处",读者的视线如同作者描写的一样,似乎也在关注空空的马蹄印,担心着,想象着:武判官走了,一路平安吧!

（3）质疑。

武判官穿什么？诗中写了将军与都护的角弓与铁衣如何如何,那么,武判官呢？他穿什么,准备了什么？还有送别的其他人呢,比如作者是什么感受？诗里并没有写。可能这不是重点,所以不要渲染,不必多给镜头。否则,作者是会细加刻画的。

送别的场面还可以如何写？在本诗中,作者用"中军置酒饮归客,胡琴琵琶与羌笛"来写送别场面。我们从中感受到了西域文化,军营文化,用音乐、用乐器来给送别助兴。那么,我们也可以问一下,送别酒宴喝的是什么酒,吃的是什么菜呀？是否李白诗里的"金樽清酒斗十千,玉盘珍羞直万钱"？有没有跳舞？有没有致辞？这些都不是重点,于是一句带过。

诗末可否议论结束？像杜甫的《茅屋为秋风所破歌》,结尾用那么升华的抒情、议论来结束？但这不是岑参的思想与认识,就没有这样写。事实上,本诗的"山回路转不见君,雪上空留马行处",是充满情意的,给人留下丰富的想象。这样的结尾,不是很好,很有特色吗？这也是诗人、诗作的特色,这正是可贵之处。

5.《己亥杂诗》。

名句赏析:"落红不是无情物,化作春泥更护花",这句好在哪里？

学生注意从比喻的角度来赏析。但这里不仅是修辞,其实首先是认识。之前可能没有人写过这样的句子。按照常规,落花,既然离开了母体,也就跟母体没有关系了,也就没有了爱了。但是,作者从生活中发现,落花

虽然脱离了母体,但是化成了泥之后,保护着母体的根部,其实比在落下之前,对母体的贡献与爱更大。于是,就把这个生活中被忽视的哲理用在这里。如果没有这个对生活的发现与总结,这句诗就难以产生,这首诗也就难以突出了吧!

引申。这两句诗,蕴含了怎样的思想?这里包含了辩证的思想。所谓辩证,有时候表面看是好的,其实是坏的;有的表面是坏的,其实是好的。比如有些父母的爱,是溺爱,是不得法的爱,结果呢,却是害。有的父母呢,表面是严格的,撒手不管的,其实反而是爱,对孩子的成长更有好处。

就作者而言,既然在朝中已经难以发挥作用,再做下去,对朝廷和自己都没有好处。那么,离开可能就是一个合乎实际的选择;离开之后,或许可以从另一个角度来为国家做贡献,最终可能对国家更有好处呢!

疑问:为何"浩荡离愁白日斜,吟鞭东指即天涯"?这首诗的前两句是否前后矛盾?既然是"浩荡离愁",按说心情很不好呀,为何"吟鞭东指即天涯"呢?是否因为离愁而舍不得呢,并且三步二回头呀?看来,作者没有这样的眷恋。而是恨不得挥起马鞭,迅速离开,走得远远的吧?可能作者心中对京城的无限失望吧,此时,走得越快,离京城越远,也许自己心情就更好一些吧!于是就恨不得扬鞭催马,快到天涯。

## 二十、第10课《组歌》(《浪之歌》《雨之歌》)(2016.5.5,周四,多云)

纪伯伦的散文诗确实不简单,文学味、异域味十足。与鲁迅的散文诗有差异,与高尔基的《海燕》这样的散文诗也有许多不同。当然,以中国文学的传统看,也不是没有介入的空间,也不是每个地方都完美。比如《浪之歌》的结尾就比较平淡;中间也可以增加比如十五月圆之夜的浪情浪意呀,等等。

《浪之歌》

1.浪的形象。浪有哪些形象?其实,在不同作者,不同民族、不同风格作者眼里,是不同的。

在纪伯伦的此篇文章里,浪有哪些形象?情人的形象,爱的形象,劳动的形象。

情人的形象。是海岸的情人,因为风与空气的媒介原因,而相亲相近,或相离相分。来了就与他合为一体,要让他冷却一些。清晨与傍晚,我与他怎样相亲相爱。我的性格如何,他的性格如何。潮水来与去,我与他的两种身体动作。

爱的形象。用列举的方式,写我与美人鱼、礁石的互动,对有情人的陪伴。托起过许多人的躯体,给人们带来许多珍珠。

劳动的形象。彻夜不眠,歌唱或者叹息,以至形容憔悴,这是我满腹爱情造成的。

最后是总结:这就是我终身的生活与工作。

2.品析与拓展。作者赋予海浪的形象是美好的,是海岸的情人,是爱的使者,是辛勤的劳动者。

作者是如何表现这些形象的?

比如第2段,拟人,写与情人的拥抱、亲吻。如果没有拟人,这个情感就难以写出来。在第5段中,浪变成了爱的形象。

——我们经常说拟人,可是拟人不是只能拟一种人呀?比如我们说某种花如同少年一样。可是,少年不是只有一种呀,顽皮的,童真的,勤学的,有许多种呢。如果我们来写海浪,可以拟成什么人?这里有没有写刮了台风后的海浪?那个时候的浪是什么形象?是疯子吧,是歇斯底里者,我们还能写出心平气和、温柔如小女人的浪吗?

浪还有其他形象,比如执著。不管是阴晴圆缺,不管是春夏秋冬,浪都在那里歌唱与呼喊呢,这是多么了不起的力量与性格?

赋予浪的性格:执拗,急躁(第3段)。既然如此,可不可以写出一两个故事呢?还有,哇,海浪长年累月地拍打着海岸,海岸有没有后退乃至崩溃呀?是的,许多质量不够坚实的海岸,是已经崩塌了的。从这个角度讲,浪又是坚韧而执著的;我的情人海岸呢,也够顽固,够死板的了。

结尾一段写道:"这就是我的生活,这就是我终身的工作。"这个结尾是比较实在的,但是显得力量不够,情感也不够。

如何换一个有力量、有情感的结尾呢?学生茹和文都尝试,比如从与情人的关系的角度去写。

是否可以有这样的结尾:海岸呀,我爱着你已经是多少万年;再过一千年,我们还是如此相亲相爱吧!

3.如果加入中国文化元素,可以增加哪些内容?

一千个读者心目中有一千乘N个林黛玉。那么,每个民族作者心目中的海浪是不可能完全一样的。要是加上中国文化元素,可以如何写海浪?

比如,我们是否把月亮元素加上去? 事实上,月圆月缺与海潮就是有关系的。那么,农历的初一与十五,月亮圆缺不一样,海上景色不一样,浪的表现,不是也可以不一样吗? 十五的夜晚,浪在与月亮调情,与月亮诉说相思。这样写,当然也就多了一个形象了。

当然,还可以加上中国的神话故事,增加文章的表现力。

《雨之歌》

1.本文写了哪些内容?

雨的来历,作用,形成与终结的过程,雨的活动,总结。

作者眼里,雨是一个使者和奉献者形象。

开头,写雨的出生很不简单,是神的主意,是从王冠上散落下来的,这多么珍贵呀。然后写自己的作用:让山河欢笑,花草绽开笑脸;为云彩与田野解除干渴与相思。之后是形成与终结;后面是雨的活动。结束全文。

2.(2016.5.6,周五,多云)品读与拓展。

文中作者把雨比成信使(第4段),比喻真是贴切而别致。第7段,说雨的敲击声构成乐曲,启迪敏感的心扉,这把人们的生活经验与情感融入了其中,给文章增加了想象力。

文中的类比很新颖。第5段,把雨的产生与终结与尘世人生相比,一下子拓展了雨的形象与含义。

拓展:

(1)那么,在汉文化里,雨有哪些比喻和说法呢? 及时雨,"春雨贵如油",都是写雨的珍贵。但汉语里,雨也是分季节和性格的。春雨珍贵,夏雨突兀,秋雨绵绵,冬雨无聊。雨,既有温柔、缠绵、宝贵的一面,也有烦人、暴虐、破坏的一面。

当然,作者本文的立意在于歌颂,就没有必要写负面的东西了。

(2)作者纪伯伦,作为阿拉伯人,其文章是带入阿拉伯文化的。比如文章前二段,说的是雨的来历,都引入了神话传说,这是阿拉伯文化,而不是中华文化。

但是,不要因此忽视中华文化。在中国文化里,比如杜甫等诗人的诗歌里,雨的形象是新的,独特的。如"随风潜入夜,润物细无声",写出了春雨的情态,是多么微妙。"清明时节雨纷纷……"也写出了春雨绵绵的特点。

(3)还可以写我们眼里的春雨呢。比如春雨与花儿,草,在文中就一句,我们可以为此写出其中的味道与缠绵。

文中写雷声为雨开道,其实,许多雨,并没有雷声相伴呢。比如多数的春雨,冬天的雨,就没有雷声。那么,我们可以写出自己感受到的雨。

## 二十一、第11课《敬畏自然》(2016.5.9,周一,阴)

越看,此文越不简单。思维好开阔,论据多,层次清晰。文学性也强。

1.同学们搞不清文章的段落层次。毕竟刚刚接触议论性散文,而且此文层次多,学生搞不清文章的段落层次。这也与对文章接触不深有关。也不急着把结论给大家,按照教案里的"引论——本论——结论"的议论文结构,或者按照"提出论点——论证——结论"的结构,分析课文,让同学们深入研读。

2.(2016.5.10,周二,晴)层次分析。

(1)先让学生整体感知。然后同位同学品读交流。再在班级交流。

在明确开头是引论,结尾是结论的前提下,学生分析中间为三个层次,2—5段,6—7段,8—10段。

概括三段分别说了什么。2—5段,说的是人类的智慧与自然智慧的差距。6—7段,是说人是自然的一部分。8—10段说宇宙处处都有生命。

学生交流语言、修辞、写法等。由于对这种议论性文体不熟悉,学生品读有些谨慎。这也难怪,毕竟对这种文体、风格比较生疏。

(2)为了让大家对层次和层进有清晰的了解,我让大家从后面开始捋层次。

大家看,第10段的"因此……",是紧接着什么说的? 第9段。第9段是承接什么说的? 第8段的几个反问呀。于是我们知道,8—10段,说的是一个意思,就是宇宙中充满了生命。这无疑是一个单独的层次。

再往上看,哪几段说的是一个意思?6、7段,说人是宇宙的一部分,由此说明人并没有特别高明之处,特殊之处。

再往上,就是2—5段,是人的智慧与自然智慧的比较。这样的比较,作者有没有明确说出观点?在第5段开头,明确说出:"人类的智慧与大自然的智慧相比实在是相形见绌。"

值得注意的是,人与自然的对比,作者并不是一开始就对比。在2、3段,是人与人自身的对比,嘲笑人类:今天的成就,在后世看来,是可笑的。在第3段进而嘲笑人类,所谓的成就,哪些矿坑,是不是陷阱呢?第4段,才开始人与宇宙智慧比,第5段,得出了结论。

这样一看,我们看出作者是从不同方面在论证观点的,分了三个层次,后面的层次与前面层次相比,是递进与深化。于是,文章的论说就比较全面和有力了

3.文学性品读。

反问句。课后练习三专门讲了反问的作用。为了更突出,我让二组学生对比读第8段,一组负责读原句反问句,一组负责改成一般陈述句,比较其效果。这样对比,能突出反问的作用,也锻炼了句子改换的能力。

同时引申一下,反问句有加强语气、语意的作用,就不能乱用。比如对妈妈,对奶奶用一连串反问句,她们可能就不爽,认为你不够礼貌。

比喻。如第1段说自然的智慧是大海,人类的智慧只是大海中的一个小水滴。这样的比喻,就鲜明地突出了人类智慧的微不足道,就不必不自量力去宣称要征服自然。比喻的效果非常之妙。

类比。如第2段开头,"看着人类这种狂妄的表现,大自然一定会窃笑——就像母亲面对无知的孩子那样的笑。"这里运用类比,浅显易懂又生动形象地表达了意思。如果不用对比,这个意思,就不容易表达清晰。

哲理句。第9段最后一句,"在物质中,有无数的生命在沉睡着,一旦出场的时间到了,它们就会从睡梦中醒来。"这句话什么意思?学生讨论。茹反应快,说比如地震,积累到一定时候,就爆发了,于是惊天动地。之前,一直是默默运动着的。

当然,还有火山爆发,还有沧海桑田的变化。

4.思考:研究自然,挑战自然,也是人类的必要抗争和使命。

本文说敬畏自然,当然是对的。尤其是过去过分强调征服自然,自然哪是那么好征服的。

但是,面对自然,人不只是敬畏,正在做、必须做的有哪些?让学生在"____自然"空格处填词。学生有填"爱护"等,思维还是不开阔。

教师明确:研究,学习。大自然是我们的老师,有许多东西是值得我们慢慢学习的。大自然其实在明明白白地告诉我们,但我们未必看穿。比如地球绕着太阳转,日出日落已经好多万年了,可是人类却认为是太阳绕这地球转。直到哥白尼才让我们改变认识。

挑战自然。自然并没有把什么都给我们,许多东西是要我们去探寻、追求的。自然中,晚上就是黑夜。可是人类需要光明呀,于是人类发明、使用了各种灯。今天有电灯了。为了电灯,人类就要发电,于是,对自然的利用与挑战,就是一个成功了。挑战自然,是人类的使命与责任。

## 二十二、第12课《罗布泊,消逝的仙湖》(2016.5.12,周四,晴)

作者对罗布泊消逝是非常痛心的。不过,若干年前有一则报道,好像是说罗布泊地区,又是水波荡漾了。不知今天怎么样了。再过若干年,随着人口减少,降水量提高,会不会再还原罗布泊呢?

1.先让学生整体了解文章的层次,然后再分析、品读文章。

先让学生一句话概括文章。然后整体感知文章的段落层次。

二位学生概括都差不多:开头引出罗布泊,接着是过去的仙湖美丽状况,然后是罗布泊消失的原因,最后是升华,表达对环境问题的极大忧虑。

都少了一个内容,就是15—25段的现场观感。没有这一部分,文章的感染力就要差一点了。

2.自由品读。

学生从语言、修辞、句式的角度品读。

学生注意了句子独句成段。第5段"罗布泊,'泊'字左边是三点水啊!"学生分析说,单独成段,更突出地表达了罗布泊当年的美丽状况。

我追问,不仅如此,还有什么?感叹词,感叹句,还有"啊"字怎么读?如果句子改为"罗布泊,'泊'字左边是三点水",这样不是不可以,但是情感色彩与程度就没有这样强烈了！"啊"在"水"的后面，读成"呀"了。学生有的知道，说我过去说过了。

第3段描写的罗布泊的可怕。茹品析，二个"没有"，三个"一"，写出了干涸后的罗布泊的可怕。——这个分析很好，语感很准。

但总体感觉，学生对这种文体较生疏，对课文读的遍数还不够多，品读还不够深。

3. 质疑：第25段写道："这出悲剧的制造者又是人"，"人"是谁？为何出现"又"字？（2016.5.13，周五，阴）

让同学们分析这一句。有同学说人贪婪、自私。有同学说，那些人如何如何。

我笑道：为什么"人"这么坏呀！人有这么坏吗？为什么没事干，要修这么多水库，掘堤修引水口这么多处呀？要不要人力、物力呀？

——不是人坏，而是人的需求呀！人要喝水，要使用水；牲畜没有水也要死亡呀！庄稼要用水；工业要用水。这里面可能是有浪费的地方，但是，毕竟正当需求是主体。

要说问题，可能较大的问题就是人口增多。不过，文章里没有这样的数据：罗布泊地方1920年人口多少，1950年、1960年、1970年人口多少；这些年代，牲畜头数多少，庄稼面积多少，产量多少，等等。这样，也许就更能说明问题了。可惜，作者没有这个数据。

另一方面，人的责任，是责任平均分吗？还是决策者责任大一些，普通群众责任小一些？

有同学说人类的责任。我开玩笑，人家白人不同意呀，说罗布泊干了不是我们去喝的呀？黑人也不同意，我们旅游去都很少。黄种人的日本也不同意，我们很少去呢。即使是中国人，我们安徽人好像责任不大吧？

当然，作者是很急迫的。但是，如果是一个宽心的人，会不会不那么急呢？

比如庄子，他一向是看得很开的，会不会平静地说，唉，再过八百年，也许就又恢复了仙湖呢？——罗布泊干了，人们走了，塔里木河水增多了，于是罗布泊又回到仙湖的状态了？这不是没有可能呀！

还有"又"字，可能是因为节选的缘故。如果不是节选，前文应该表达过一次这样的意思,于是这里就是一种重复,强调"人"的危害。

4.几处文学性很强的语段。20段,22段,24段赏析。

(1)今天跟学生说说自由品读的内容。每篇新课文,让学生批注,自由品读。那么,我们品读什么呢?部分学生,总是在语言、修辞上花功夫,这当然是对的;但不止如此。

品读什么呢?可能包括如下方面:文体,立意,结构,写法,语言修辞,特色等。

文体。记叙文、说明文、议论文,品读重点是不一样的。

立意。文章的主题是什么,如何表达主题的。

结构。文章的顺序,段落层次;开头,结尾;承上启下等。

写法。这个很多了。比如记叙文中的写景、抒情;议论文中的论据使用;说明文的说明方法等。

语言修辞。用词、造句,修辞,表达方式等。

特色。作家作品的风格,特点等。

(2)就这篇文章来说,哪些地方值得我们品读?

文章是报告文学。既有真实性,又有文学性。从真实性的角度看,哪些地方引起我们的关注?——数据呀,或者说说明方法里的列数据。正是这些数据,让我们真切地感受到了人们用水的疯狂。

另外就是文学性。哪些段落体现了文学性? 20段,22段,24段。

20段,"那奇形怪状的枯枝,那死后不愿倒下的身躯,似在表明胡杨在生命最后时刻的挣扎与痛苦,又像是向谁伸出求救之手。"这段文字是很有感染力的。这里,是对胡杨的定格描写,运用拟人,是渲染、抒情的文字。如果去掉这句,就减少了多少情感?"挣扎与痛苦","求救",只有真正与胡杨感同身受的人,才能感受到胡杨的痛苦。

22段,"站在罗布泊边缘,你能看清那一道道肋骨的排列走向,看到沧海桑田的痕迹,你会感到这胸膛里面深藏的痛苦与无奈。"这里,作者把没有生命的罗布泊,看作一个人一样,写其肋骨,写其胸膛,这样的比喻本身就充满了感情。这里,作者的情感可能到了高潮,引出了第二人称"你",把读者带到了眼前,让读者直面罗布泊裸露的痛苦,从而更能突出情感。"痛苦与无奈",写出了罗布泊的痛苦心情。

在这里,教师有意识跟学生拓展一下,如果庄子和苏轼来写,他们会怎么说? 庄子可是个很达观的人,看淡人世间的一切。苏轼呢,明明对着"何事长向别时圆"的月亮很是不满,但是,也很快自己转了思想,最后发出这样的心愿:"但愿人长久,千里共婵娟。"那么,按照这两个人的达观,会给罗布泊加上什么情绪? 学生议论。可以加上"从容与平静"之类的词语。也许庄子会说,罗布泊消失了,变荒凉了,这不也是一种形式、一种自主吗? 再说再过三百年,上游水多了,罗布泊不是又回来了吗? 何必过于紧张与在乎呢?

24段,"那一片巨大的黄色沙地深深刺痛着我们的心。"这是什么写法? 是写感受,是直抒胸臆。如果作者不这么写,读者也许是感受不到这种痛苦的,至少也是不充分的。但是,作者这样一写,文章的情感就更明显、更突出了。

当然,这一段的最后一句,"30年前那片胡杨茂密、清水盈盈的湖面就在这瞬间从我们眼中消失了。"这个"瞬间"似乎用得不妥。事实上,我们根本就没有看到这湖面,哪里谈得上"瞬间"消失呢? 是否可以说"30年前那片胡杨茂密、清水盈盈的湖面,在我们眼前再也看不到了"?

## 二十三、第13课《旅鼠之谜》(2016.5.16,周一,晴)

文章可以改写吗? 旅鼠之谜都罗列了出来了吗? 文章的小品味道体现在哪里? 作者位梦华值得介绍介绍。

初读时,觉得文章主要是内容,行文等没有多少重要的东西。但再细读,觉得文章还是充满情趣的,突出了小品味,这在文章许多地方都得到了突出。

先让同学概括介绍一下文章;然后整体感知文章内容、结构;再同位、前后位自由品读;在班里展示品读;教师主导品读。

1.可以如何改写?

为了深入理解文章,教师提出如果改写,可以如何改?

——一问一答,完全的知识介绍。位梦华问,丹尼斯答,就是知识对话,科学知识介绍。这是可以的,但作为小品文,则是不合规的,不好玩,没有情趣。而作者目前这样写,似乎使用记叙的手法,内容则是科学知识,于是就多一些情趣。

——形式上,可以使用三个小标题,这样,读者一看就很清楚。当然,可能也让文章不够自然了。

——直接作为文章写,说明这三个之谜,不用问答形式。这也是可以的。不过,缺少了一点过程性情趣吧。

——以这个知识为中心,写成科幻小说,充满悬念与疑问。

2. 还有哪些之谜没有提出来?

学生读课文,容易被文章带着走。文章说三个谜,大家可能就认为是三个谜了。其实,真如此吗?

比如就说繁殖吧,一窝到底多少,这是理论计算,有没有实例? 比如,什么地方就逮住了一对旅鼠,然后一年内,繁殖了多少只?

还有,比如留少数旅鼠在家看家,这里面就有问题。要是人类留谁在家看家,那恐怕要打破头了。旅鼠是如何解决这个复杂问题的? 是家里的最小的那一代? 留的数量是多少? 留下来的旅鼠,是否在下一次一定迁移跳海? 迁徙跳海的几百万只,是同一个或者较近家族的吗?

3. 文章的小品味道与情趣。

文章的开头、结尾与叙述方式是记叙式的。

文中有许多描写,包括对话、神态、动作、心理描写。

需要注意的,这些叙述与描写,不仅是为了小品的情趣与味道,也是行文的需要,对文章内容的说明,起到积极的作用。如第20段,"我还是觉得难以置信,也许它们只是聚在一起,到处乱跑,而把大海当成它们经常穿越的小河沟也说不定……"这不仅作者在怀疑,其实是替读者在怀疑的;当然,这也是文章进一步深入的必须。

4. 拓展与质疑。

(1)为何文章没有让人嗅出北极原野的味道?

这里的故事背景在北极原野呀,读者也很希望感受到北极的滋味呀。可是,这里面的对话,没有北极原野的现场感,而是与在温带的中国没有什么区别。这就是作者忽视了对景物的描写,没有写出现场感,让人有如临其境之感。这也是文学性之不足。

(2)疑问:丹尼斯多大? 个子多高?

文中对丹尼斯的身份做了介绍，而且是单独成段。那么，大家想过吗，是否对丹尼斯做更多介绍？比如年龄，相貌，个头，职称，著作情况？作者都没有介绍，可能这些情况对文章内容是没有必要的。——由此，我们可以看到文章详略的必要。

### 二十四、第 14 课《大雁归来》（2016.5.17，周二，晴；5.18，周三，晴）

仔细研读文本，觉得作者的文章是很有魅力的，写得那么有情趣，有味道，有感情。

但习惯性地思考一下，本文是什么体裁呀？说明文？什么说明文？文章选自的作品《沙乡年鉴》是本著名的散文集，于是，本文是否散文？应该是的，是诗意散文，虽然作者文中也有许多说明性因素。比如写大雁的一些特点：大雁什么时候来，大雁雁群的数字，大雁的叫声等。某种意义上说，本文是作者非常用心用情之作，它不是从资料上来的，而是用心去感触、谛听、感受，得来的，所以，文中充满的情感，是一般冷静的说明文作者所不具备的。

看了相关介绍，得知《沙乡年鉴》这样的作品，竟然与梭罗《瓦尔登湖》相比，不由得对文章多了一些认识，觉得文章更厚重了。

课堂仍然按照这样的程序推进：总体介绍—再读，整体感知—轮读—同位交流品读—班级品读。

但是，经过对学生读书的批评与强调、指导，发现从上节课开始，学生的朗读水平就整体上了一个台阶。比如有几个一贯朗读差的同学，竟然比较顺畅。是不是之前意识差，胆怯呢？真是让人高兴。

从学生的品读看，学生对此文是不太适应的，品读也多是从修辞等常规的方面去品。其实，这篇文章是很另类的，不能用之前比较规范的文章模式去套它。

1.整体感知。由于感觉到学生对于文章的主要内容没有把握，所以，干脆让学生再读一遍，看看文章每一段写了什么。果然，让学生说每一段内容，可能因为此文跟中文差距大，学生有些把握不住。

第 1 段，用一只燕子来比较，一群大雁来了，春天就来了。这个判断也许是比较新的,可能还不是人们通常的认识吧。

也许是因为这里的判断跨度有些大,读者不能一下子理解;或者作者意犹未尽,于是用第2段来阐释。第2段用一只主教雀、一只花鼠来对比一只大雁,一旦做出了判断,决定在夜里飞200英里,再撤回就难了。从这个角度来说明,大雁对春天的判断可能更谨慎,更有说服力。

那么,大雁有没有判断错的时候?我们人类对春天有没有判断错的时候?春天迟早的标准是什么?花儿开的时间,每年都是一样的吗?当然不是。也许,大雁也会出错;但相比较,大雁的错误,可能比其他鸟类要少。作者说的是这个意思。

接下来,大雁出场了。可是有的同学概括第3段,说11月的大雁如何如何。我问,第3段开头一句,"向我们农场宣告新的季节来临的大雁知道很多事情,其中包括威斯康辛的法规",这句在文中有什么作用?具有中心句的作用,是对3、4段的概括。它所说的法规,其实是什么?是3月份,不允许猎杀大雁。所以,3月份的大雁来的时候,是放心的。

这样,11月的大雁目空一切地飞过,看到沙滩与沼泽,也不动心。为什么?知道11月份是危险的。

第5段,以大雁数字说明春天之富足。

接下来6—10段,写大雁觅食,孤雁,雁群数字,大雁集会。

11段、12段是夸赞雁的联合观念。

13段是总结,是对大雁到来的赞美。

2.文体:诗意散文。

这篇文章写的是大雁,其中也介绍了不少大雁的知识,比如什么时候归来,觅食,集会,雁群的数字等。那么,文章是说明文吗?至少不是严格的说明文。作者的出发点,也许是爱大雁,表达对大雁的喜爱与夸赞之情。

从说明的角度,还有哪些要介绍的?有呀。比如大雁归来后做什么,是生育吗?它们的饮食有什么特点?什么时候离去?毛色、体重等情况是怎么样的? ——这些,都没有做介绍。也是,它不是说明文,为什么要介绍这些呢?

这些诗意与文学性,在哪些段落比较多?4段、6段、9段比较集中。

4段,是写雁群刚来的情况。如果老老实实地写,也是可以的,但却失去了味道。现在呢,运用拟人、打比方,描写出其情态与情感来。大雁们向每个沙滩"低语","如同向久别的朋友低语一样",向每个刚刚融化的水洼和池塘"问好"。这样充满情感的描写,写出了大雁的可爱和情感。

称呼中透出情感。"一触到水,我们刚到的客人就会叫起来,似乎它们溅起的水花能抖掉那脆弱的香蒲身上的冬天。"称呼大雁什么?"我们刚到的客人",多么有感情呀!感觉作者、当地的主人在等待着客人的到来,表达出喜爱之情。

实写与虚写结合。"溅起的水花"是实写,而"能抖掉那脆弱的香蒲身上的冬天",则是想象,是虚写。大雁飞落在池塘,当然会溅起水花。当然,这里也可以在水花上做些文章,比如写水花好似奏出美丽的乐曲,等等。但作者意不在此,而想说大雁的到来,给整个池塘带来的春天的气息,喜悦的气息,于是说"能抖掉那脆弱的香蒲身上的冬天"。这里,把香蒲写进,同时也增加了真实感,画面感。

6段,写大雁的觅食。大雁觅食如何写呢?实写是没有什么意思的。作者从听觉与比拟的角度去写。"喧闹","辩论","争论","低语",看看它们的活动,是多么热烈而有味道呀?从中,我们是否注意到,作者在观察的时候,是多么用心,倾注了多少情感呀!

再看大雁觅食归来的动作描写,"不再在沼泽上空做试探性的盘旋,而像凋零的枫叶一样,摇晃着从空中落下来……",为什么呀?因为已经熟悉这里了,已经住在这里了,当然就不需要试探了。为何又"像凋零的枫叶"呢?吃饱了吧,一种满足感,一种幸福感。

虚写。"那接着而来的低语,是它们在论述食物的价值。"哦,是说玉米粒的营养价值吗?跟麦子比,哪个味道更好呀?

这段的最后是一段补充说明,因为玉米粒被厚厚的积雪覆盖,才没有被其他鸟类发现、吃掉。现在这些鸟儿在这里吗?大雁不需要跟它们抢食吧?

9段. 写大雁的集会。这个集会,作者不是一下子就推出来,而是由静到动,由低到高,最后以安静结束。这是写大雁,写鸟,从中,是否看出作者对鸟类、大雁的挚爱呢?作者能区分不同鸟的叫声,这不是谁都能做到的吧。

3.品读结尾段。

文章结尾段好有胸怀和诗意！伊利诺伊的玉米粒穿过云层,带到北极的冻土带,这是多么神奇的事情呀！而这,是大雁的杰作呀。那么,大雁这样的行为,人们获得的是什么呢？作者说,是从3月的天空洒下来的诗歌。谁在作诗呀？大雁,大雁用自己的回归,在蓝天上作诗,作给整个大陆的人们看和听。

作者的胸怀是多么宽阔,好像是与大雁一样,把路径和大陆、北极,都装在了胸中。也非常有诗意。正是作者心中有诗意,才能感知大雁穿越大陆的这种诗意。其实,大雁的飞行与周期性迁徙,岂止是一种感觉,一种滋味？可以说五味杂陈呢。如果从悲观的角度看,每次迁徙,都免不了损失,这是多么悲伤的事。或者,我们从中看到生命力的强大,于是从生命力角度去歌颂;这样,就是另一种说法了。当然,作者这样写,是很美的,充满诗情画意。

4.一处病句。第4段倒数第2句,"一触到水,我们刚到的客人就会叫起来,似乎它们溅起的水花能抖掉那脆弱的香蒲身上的冬天。"水花——抖掉——冬天,动宾搭配应该是有问题的。水花抖掉的是冬天的寒气吧,如何抖掉冬天呢？

## 二十五、第15课《喂——出来》(2016.5.19,周四,晴;5.20,周五,雨)

小说情节要花一些时间捋捋。情节出来了,主题总结出来了,主体就完成了吧。小说的细节有意思,也是小说吸引人的因素之一。

既学又用,本周练笔,让学生写一篇小说。

学生品读环节,发现大家对小说这种体裁比较生疏。也不怪,接触毕竟少,老师自己也不熟。

1.高潮在哪？

为了让学生注意情节的几个阶段,问学生高潮在哪？茹知道高潮在什么地方,就是许多垃圾都被填进洞里的段落。包括哪些呢？原子能反应堆的废料;外交部、国防部用不着的机密文件;大学实验室动物尸体;订了婚的姑娘以前的日记本;警察没收来的假钞票等。

结果怎么样？"海洋和天空又变成了美丽的蔚蓝色"，从这个角度看，环境变得是多么的好呀！只是，到了高潮，也就是转折了，接着就是结局了。

于是最初喊的、当时没有回声的"喂——出来"，现在回来了；那块当时没有听到落地声的小石头，也回来了。——想轻而易举就轻松解决垃圾问题，是一种妄想吧！

2.小说的构思。

如何理解小说的构思？怎么会想到这样的情节？

——来自生活和需要。在生活中，不论中国还是外国，人们都面临着垃圾如何处理的问题。设想一下，人类有史以来的垃圾有多少？都是如何消化的？工业革命以来，随着生产力的极大提升，垃圾是多了还是少了？对环境的影响是小了还是大了？答案是不言而喻的。

就同学们的现实生活而言，是如何处理垃圾的？今天政府是如何加强对环境保护的？前者有垃圾分类，垃圾集中装运，垃圾运到垃圾填埋场。那么，垃圾填埋场面积多大？要不要挖洞？多大的洞？多长时间就会填满？填满之后，要不要覆盖？覆盖之后，是否就万无一失了？其中垃圾中蕴含的有毒成分，会不会随着渗透到地下水中，从而影响地下水源？

于是，我们知道，垃圾问题真是个大问题呀。唉，要是有个又深又大的洞，把生活和生产的垃圾都填进去，多好呀！可能，作者就是由这样的现实问题，想起设计小说情节的吧！

3.小说的情趣。

小说虽然反映现实生活，但不是社会报告。小说是让人读的，一定要生动、可读。此文也是如此。

比如对于科学家和学者们，作者带着嘲讽的语气，说他们"每个人都显出一副极其渊博、无所不知的神色，镇定自若地朝洞里张望着"。这里，目的也许不是嘲讽这些人，但如果老打老实地写，可能就枯燥，没有味道。

还有写学者用扩音机往洞里灌声音，可是没有回声；于是学者感到挺纳闷。但又不能直接承认呀，于是"他装着镇定自若、胸有成竹的样子关掉了扩音机，用不容置疑的口气吩咐道……"。这样写，让小说情节曲折生动，多了情趣。

还有这样的细节："还有的人把从前同恋人一起拍的照片扔进了洞里，

然后又心安理得地开始了新的恋爱。"这样的细节,让读者会心一笑,让小说多了味道。

4.试写小说。我们读了这篇小说,还有其他小说,那就试试写一篇小说吧。

什么叫小说?简单讲就是故事。实写也可以。比如把在亲戚中、在邻居中发生的事情,用化名写入文中,就是小说了。当然,要写好,就看大家发挥所能了!

## 二十六、第16课《云南的歌会》(2016.5.23,周一,阴;5.24,周二,晴)

作者的笔下,云南是美的,有特色的。给我们读者,带来了现场感,情感,美感。要是换一个作者,或者作家,可能这三感就未必出来,或者不是很充分。

当然,也有不足:比如,歌会的内容是什么,这是可以大量写入的;虽然这不是音乐专业的文章。有几处标点是有疑问的。

1.教学过程:先让学生预习,批注。课堂上,先读"读一读"中的生字词,注意其音准;再让学生提示文中哪些字词读音需要注意。教师提出文下一些注释需要掌握。

用一两句话概括文章。

再看文章主要写了哪些内容?这个问题学生不太回答出,是因为没有对文章段落进行概括。于是让学生默读,概括。读毕,再让学生说。几个同学的发言相互补充,对文章的概括就比较准确了。

三个部分:山野对歌;山路漫歌;村寨传歌。

这三个四字短语概括,先不说出答案,让学生试着概括。说出答案以后,也不要以为这就是唯一的答案,其他答案也是可以的。比如概括为"山野对歌",其实"村野对歌"也不是不可以。

然后同位、前后位交流批注。教师巡视。

在班上展示批注内容。教师对学生的批注,加以延伸、拓展,以加深品析。

2.美点品析。

姑娘真有地方特色。第3段写这种年轻女人,"生长得一张黑中透红枣子脸,满口白白的糯米牙……腰间围个钉满小银片扣花翠绿布围裙,脚下穿双云南乡下特有的绣花透孔鞋,油光光辫发盘在头上。"后面练习里说,这是工笔描绘。是呀,我们看作者写得多细,肖像,穿着,发式,从中,是否能感受作者的欣赏与喜爱之情呢?且用词亲切,"枣子脸","糯米牙"," 油光光辫发",这应该也是当地人这么称呼吧!再看对衣着写得多么细呀,围裙上有什么,鞋是什么样的鞋。要是粗心的作者,根本就忽视了,哪里会写这么细呢?

顺便问一句:"枣子脸"是什么呀,美吗?枣子脸,是一个造型,跟"国字脸"肯定就不一样。"国字脸"一般是形容男人、夸男人的。要是用"国字脸"夸女人,那就不同了。但女人"枣子脸",形状是长圆形,比较好看。颜色呢,按说"枣子脸"可能有些红,不白,是不够美的。但是劳动的少女,经常日晒;或许也因为云南是高原,可能少女们都是这样,是一种健康的美。

山野真美。文章第4段概括出来叫"山路漫歌"。可是,写"漫歌"的内容并不多,比较多的是写花、写鸟的文字。这是否有偏题的嫌疑呢?"歌会"嘛,没说仅仅人在唱呀,鸟的歌唱,应该也是呀!

不过,这一段写的是真美呀!作者如何写报春花的?颜色——粉蓝色,动作——在微风中不住点头,联想——疑心是有意模仿天空。同时呢,听到山鸟呼朋唤侣,三三五五赶马女孩子唱着各种山歌。有声有色,有实有虚,有静态有动态,有拟人有联想,这是多么美丽的画面呀!

3.为何会有这样的风格?作者的童心,个性。

文章把歌会写得这么美,具有特有的风格。为什么呀?除了作者的文字功夫以外,作者的童心,对美丽细微事物的敏感度,是不可缺少的。

有的人喜欢轰轰烈烈的题材,有的人呢,就喜欢一些细微的美丽。前者是需要的,后者也是可贵的。

——对于同学们来说,这不也是一种启发吗?

4.缺憾:没有记录一些民歌的内容。

作者对民歌是熟悉的,写作时也用心做了分析、总结。在第2段中,从四个方面对民歌进行概括;前三个方面大概是情歌,后面一个是其他故事。看看这个分析是比较细的,是用了功夫的。

但是,遗憾的是没有记录下来这些民歌的内容,哪怕只是少数民歌,或者只记部分。整篇文章竟然没有记下一首民歌的歌词,这是为什么?这至少是一种缺憾吧!如果记下精彩的民歌内容,不是更使文章生色吗?

三处标点有疑。第3段最后一句太长,其实应该是包含三句话的。大致可以是这样:"那次听到一个年轻妇女一连唱败了三个对手……表示胜利结束,(此处用句号可能更合适)从荆条丛中站起身来……显得轻松快乐,(此处用句号可能更合适)拉着同行女伴,走过江米酒担子边(此处加个逗号可能更合适)解口渴去了。"

## 二十七、第17课《端午的鸭蛋》(2016.5.25,周三,晴,5.26,周四,雨)

汪曾祺先生是有个性的人。一个鸭蛋,人家写得这么有趣味。这就是个有趣的人。

虽然如此,看似简单、平易、闲适中还是很讲究技巧和语言的。

1.品题。题目包含哪些元素?

节日,物品——特产。按照课文内容,能否换个题目?比如"高邮鸭蛋"。这不是不可以。可能作者不愿意这样突出吧,用"端午的鸭蛋",突出节日;同时,文章里也突出了家乡,也许这样要含蓄一点吧。

按照"节日——特产",或"家乡——特产",我们可以写出句子吗?比如"合肥——?",可以吗?这要看合肥、长丰什么比较突出了。

2.整体感知。

默读课文,看看课文写些什么?几分钟后,让学生说。学生说的,有的概括比较差,有的比较好。教师明确:作者题目叫"端午的鸭蛋",但没有直接写鸭蛋,而是从与端午鸭蛋有关的端午习俗开始。写端午的七种习俗。然后,才写家乡特产鸭蛋。最后一段,以囊萤映雪的故事结束文章。

对家乡鸭蛋作者从哪些方面写的?先写家乡鸭蛋在外地的名气,再写特点和吃法,孩子们挂的鸭蛋络子,接着写孩子们吃了鸭蛋后装入萤火虫玩。

问一下，结合我们现在的生活，比如端午，吃鸭蛋，假设文章再添写内容，该添写什么？

——是否可以引入统计数据，高邮每年养鸭数目达到多少，鸭蛋达到多少？是否可以推究原因，以高邮湖的面积、水质、产业传统、腌制特点等说明高邮鸭蛋好的原因？是否可以添加吃鸭蛋时发生的故事？比如姐妹俩为吃鸭蛋发生的争执？

3.细品文章。从同学们的品读展示看，还不够深入，对文章一些细枝末节的好处，没有品出。其实，文章的美点是多的。

叙述有味。"文似看山不喜平"，文"平"是不好的。但是，如果内容本身比较平，如何才能写得不平呢？本文就是个好例子。

文章的第2段中心是什么？是高邮鸭蛋的名气。因为既然以家乡鸭蛋为题，前提应该是家乡鸭蛋很知名。作者先举二例，一是高邮鸭蛋在苏南、浙江的知名；二是上海人卖咸鸭蛋，必用纸条标出"高邮咸蛋"。这两个例子，比较充分说明高邮鸭蛋的名气了。接着是点出高邮的双黄鸭蛋。然后是自己对家乡鸭蛋的感知。最后是引入袁枚的《随园食单》中"腌蛋"的文字。这些内容，本是可以老老实实写的，但作者的文风与习惯可能不允许如此吧，于是文字"平白"中多了些"波澜"。

在这些叙述中，作者加上这样一些情趣性议论，"双黄鸭蛋味道其实无特别处。还不就是个鸭蛋"，这样一个看似"抑"的口气，让文章多了些真实与亲切感吧！接着插入一句议论，"我对异乡人称道高邮鸭蛋，是不大高兴的……"，这是真的还是假的呀？是有真有假吧。高兴是真的，高邮有名产呀！不满足也是真的，就是高邮是宝地呀，岂止鸭蛋，还有呀，比如本人也是有名气的作家呀，并不止鸭蛋有名呀！当然，这里的所谓不大高兴，也许是有意秀秀吧，也许是对心里自豪感的一种平衡吧。接着是对袁枚的调侃，亦庄亦谐，让文章有味道！

该简则简。文章第2段开头"我的家乡是水乡。出鸭。"这二句就是二句，都是句号，不能展开说了？不是的。高邮是水乡，是很值得说的。高邮湖是大湖，水面面积，地域面积，出产，都是很可以说的。出鸭，有几种类型的鸭，每年的数量多少？因为这些不是文章的重点，于是作者一句结束，很是简洁。

这一段的开头几句，一句一个意思，从地域，到出产，到鸭种，到鸭蛋多，到善于腌鸭蛋，到第6句"高邮咸鸭蛋于是出了名"结束。句子都是短句，好像作者不大情愿写这些信息一样。也许是这些信息不好写，难以写出味道了，所以作者是能简就简。

文言加口语，语言有味道。在文中，作者叙述中几次用到了、或引用了文言诗句，如第2段的"所食鸭蛋多矣"，"曾经沧海难为水"，"与有荣焉"，用这些词句，可能让文章多一些典雅的味道吧。但是，另一方面，作者也用了大量的口语，"他乡咸鸭蛋，我实在瞧不上"（2段），3段末句"这叫什么咸鸭蛋"，4段结尾"白嘴吃也可以"，使用口语，可能也让文章多了些平民味，亲切味道。典雅与亲切结合，让文章多了味道与特色。

谈天说地，自由自在。文章由高邮鸭蛋说到袁枚的书，苏北的名菜，北京的咸鸭蛋，又引入了囊萤映雪的典故，真正显示了散文的自由自在，读者读了是多么的舒适与愉悦呀！

4.最后一段可以改写吗？作者在最后一段，由囊萤映雪写到鸭蛋壳装萤火虫，又说看书的字号，真正做到了散文的"形散"，自自在在。那么，我们可以改个结尾吗？

学生有几种改法：一是回到端午的鸭蛋来，说鸭蛋多么好吃。二是拿出鸭蛋，吃起来，扣着题目。三是，作者在外地工作，说自己什么时候才能吃到自己家乡的鸭蛋呢？

——这三种结尾并非不可以。当然，这样一改，我们也感悟到作者文章的风格与不简单了。

## 二十八、第18课《吆喝》（2016.5.27，周五，雨）

此文不简单。设想一下，对于我们生活的集市上的买卖，我们也比较熟悉，但是，我们能写出来吗？能有这个效果吗？如果我们写，该如何写呢？

进而想想，从《云南的歌会》，到《吆喝》，作者靠什么写出这些美文的？教师把这个问题向学生提出来，师生一起来探讨。

我们平时较多从文章写作的角度去注意了，着重突出的可能是文章的章法、语言。但是，许多文章的好，不仅在于此，很大程度上，在于有生活积累,有分析、总结。生活,可能很多人都有,但是,分析、总结的水平,就不简单了。需要文化,技能,水平。

1.整体感知。

可能文章的层次比较清晰,学生比较容易理出来。由外国人的作品引出吆喝;吆喝的内容;对吆喝类型,方式,特色的分析等。

2.文章品读。先同位、前后位同学品读;然后班级内品读。

师生品读。

第1段。有同学提到开头了,认为开头可以不要引用外国的作品,就直接开门见山,写吆喝。教师问,其他同学觉得呢?

这个疑问是很棒的,敢于疑,而且有质量。作者是可以舍去外国人写的作品,直接写吆喝的。但是,可能是这个《北京的声与色》影响太大了,或者作者的印象太深了,加上与本文所写的"吆喝"确实是姐妹关系,所以作者不愿意舍去;或许也有要以自己文章与之比一比的想法呢。

作者引入此文,不是一笔带过,而是认真的。我们看作者如何引入的?首先是概括文章内容;然后是列举,列举了三种器具,引入了作者的情感。可见引用是认真的,是为文章所用的。而且在第1段的末尾,还引入了阿隆·阿甫夏洛穆夫的交响诗。从中可以看出,作者引入外国作品的认真,和开阔的视野。

第3段。有同学品析了第3段的第2句。这句是很见功夫的,不可以忽视。这首先是对吆喝人功夫的一种总结,没有广泛的了解和深入的体会,是写不出这几句话的。同时,我们看句式,是很见功夫的。叫卖者的本领是怎么来的?我们读者不要一读而过呀。打个比方,就像打拳要练功夫一样,唱歌也是要练功夫的。早晨练声,咿咿呀呀,不练好基本功是不行的。然而作者的文字功夫也十分了得,首先是二个三字句,"力气足,嗓子脆",然后是两个四字句,"口齿伶俐,咬字清楚",文字表达真是不错。

第4段。这一段起到什么作用?领起下文。作者真是很精心,很体贴读者,把下文的条理安排得这样清楚。

这是一种什么功夫?同学们想一想,你们中间有不少同学天天从街道中心过,让你写两边的买卖,你能不能写好?学生摇头。老师也写不好。了解不够;分析、总结不够。或者说功夫不够吧。

吆喝,你收集了多少个吆喝? 比如五十个,是不是五十个一个个引用出来,文章就完了? 不是,这是资料,不是文章。而作者呢? 给它分了类,按照早晚、四季来分类。这样,叙述时就不乱。

问一句,是否只能按照早晚、四季分类?

不是。虽然文章很高,但是也不要迷信。对吆喝的分类,不是只有一种方法。比如按照饮食、日用品、家用器具等来分类,这是可以的;虽然未必有作者分的好。按照传统商品、时新商品来分类,也是一种方法。

5—10段的层次是怎么样的? 5—9段是早晚,10段是四季。在5—9段中,写早上和白天的只有第5段,写晚上的则有6—9段。

第5段。这一段有什么特点? 前两句是写大清早卖东西的,第三句是白天卖东西。这里,作者没有引用吆喝。是因为这些吆喝不够水平而略去,还是作者也记不清这些吆喝的内容了? 但我们看第2句的总结是很完整的,"讲究把挑上的货品一样不漏地都唱出来,用一副好嗓子招徕顾客。"第3句是白天所卖,没有说卖什么,也没有引用一个吆喝,但是用了一个比方,"就像把百货商店和修理行业都拆开来,一样样地在你门前展销。"这里也有点夸张吧,写出了商家推销得卖力。

第6段第7段。这两段写了几个吆喝? 一定要这样写吗? 这两段,一段只写一个吆喝,可见是多么详细了,尤其是第6段写馄饨。为什么如此详细? 可能是商品本身更有可写的空间,加上作者的印象更深,情感更浓吧。

在这里,作者是否仅仅写完吆喝,叙述过相关的内容就完了? 不是。都含有情感。第6段,叙述了"火门一打,锅里的水就沸腾起来。馄饨不但当面煮,还讲究……"这里,叙述如此生动,是否感受了作者对快熟馄饨的期待,读者的胃口是否也有被吊起来的感觉? 第7段,"我更喜欢卖硬面饽饽的",就直接抒发了情感。

第9段。我们从中看到对乞丐叫声描述的细致而真切。这里用了哪些写法? 语言,声音,节奏,多个角度叙述与描写,再现了乞丐乞讨的现场,这多么了不起! 再分析一下,乞丐的叫声里,包含哪些内容? 首先是恭维与祈求,"行好的",这是暗示人家会帮助自己;然后是尊称"老爷——太(哎)太",其实街巷里这些居家之人,就是平民,大爷大妈,大哥大嫂,但是,叫老爷太太尊重人呀。祈求的内容是什么?"剩饭——剩菜——",不要你家好饭好菜,有剩下一点饭菜就可以了。其实,家里没有吃完的,可能就是计划下顿吃了,并不能说就是剩的。但这么说是客气呢,暗示你能给一点。那么是给我吗?不是,是"赏我点吃吧",是"赏",这样,就抬高了施舍者。"吧",是一种商量的语气。

如果乞丐是这样说,"大哥大嫂,给二碗饭。"怎么样?语气生硬,效果肯定不好,大哥大嫂可能就会说"去去去,这么没礼貌"。还有,如果乞丐在今天,遇到同学们,会如何称呼?——"帅哥美女"嘛!谁听了都是高兴的。

问一下,卖商品的和乞丐怎么如此有水平?他们是在运用语言呀!他们在生活中有体会,反复体会,看怎么说效果好。可能还包括向同行学习,看怎么说更好。这里,有对人物心理的揣摩,有对语言含义的品味,真是有学问的。

第10段。这一段写四季叫卖。春夏秋冬,有详有略。

第11—13段分别写什么?11段是写吆喝的分类,12段写吆喝的方式、风格,13段写特色,这里是选合辙押韵的分析。

第11段写了哪些内容?四种类型,一是从效果上讲,"小玩意儿赛活的"。二是告诉过程,以突出自己商品的好。三是运用比喻,突出商品的美好,"栗子味儿的白薯",哇,味道多好。四是通过戏剧性抓人。

作者的分类是很不简单的,要动脑筋。那么,有没有别的类型了?应该是有的。作者毕竟不是统计学家,社会学家,不是做专门的资料,没有这个要求。

第14段。"冰棍儿——三分嘞",这句吆喝好在哪里?简洁,只有六个字;顺口,前面三个字,后面三个字。语气词"嘞"用得好,好像是说价钱降下来了。那么,换个语气词怎么样?什么词语表示现在是价钱涨上去了?当然,这是消费者所不愿意的。

3.文章的味道。

此文说的是吆喝,这么一个看上去很低俗的话题,如何写得生动有味呢?

打个比方,烧土豆,就是水烧熟了,然后拌上盐,就能吃了;可是,大家愿意吃吗?不愿意。但是,如果炒出来,放一些作料,我们就觉得味道好了。

就本文看,如果把二三十个吆喝一个个引用出来,完了,怎么样?那就

244

是统计资料,不是文章了。但我们读此文,却感到生动有味,就在于作者的组织。

一是对吆喝进行了分析,总结,归类。这样,本来没有顺序的吆喝,现在有各自的位置。

二是文章的情感。在文中,我们从作者的描述中,可能对馄饨都有了食欲了吧!对于"硬面饽饽"等,也因为作者的情感表达,而让我们有了情感。

文中,作者表达情感的词语不少,这些都是文章的味道呢。

4.文章的疑问。

换个角度看,文章也是有可议处的。文章第9段说胜利公司的那个狗在听唱片的商标,作者说简直是在骂人。那么,我们看看,就是在骂人吗?不一定。其实,这不是一种幽默吗?狗都那么喜欢,可以想到它的主人会多么喜欢呢。当然,作者如此表达情感,无所谓对错,反正就是表达一种情绪。

第10段,作者说卖柿子的吆喝有简繁二种。对于繁做了一些评论性介绍,可是最后却没有举例。这是一种遗憾呢。

文章11—13段,对吆喝进行了分析、评价,这个内容是很好的。但是,不要以为文章就只能如此了,换个角度看,还可以如何写?学生答不出。我说,比如吆喝跟籍贯的关系,山东人、安徽人、湖南人、广东人等地域的关系;吆喝跟民族的关系,比如蒙古族,藏族,维吾尔族等,他们的吆喝有怎样的区别?还有,吆喝与民俗的关系,与传统文化的关系等。——可见,对同一问题的认识,是多角度的,不是只有一个思路,一个方向。不要认为作者一个人把文章写完了。

## 二十九、第20课《俗世奇人》(2016.5.30,周一,多云;5.31,周二,雨)

冯骥才的文章具有鲜明的津门风格,也似乎有一些说书人的风格:语言口语化,带有不少方言;叙事节奏明快,好恶清晰。文风也许未必多雅,因为书中人物就是俗世传奇;但绝对有味道,值得好好品品。

生字不少,要多花一些时间。

1.结构层次。让学生感知两文的结构层次。层次是不难的,但层次中的事件,就未必好概括。

比如《泥人张》的层次。开端呢,泥人张在天庆馆里饮酒,海张五来了。接下来是众人对海张五的好奇与重视;而泥人张呢,没把海张五放在眼里。于是矛盾向前发展。海张五不断拿泥人张找乐子。泥人张呢,会怎么应对?会直接用泥去打海张五吗?不是,是用鞋底的泥,把海张五的张狂样子塑造了出来。接下来呢?海张五说了一句不适当的话:"贱卖都没人要。"结果坏了,泥人张在大街上成批卖海张五的泥像,还贴着广告:"贱卖海张五。"这就是故事的高潮了吧!接下来会出现什么事?海张五会不会找人报复泥人张?故事很快到了结局,海张五看来不准备把事情搞大,于是低了头把泥像买来,息事宁人算了。

——如果从今天的法制看,泥人张有什么问题?泥人张侵犯了别人的肖像权,是违法的。但那个时代,是乱的,当然没有今天这么进步了。

2.文章品读。

学生的品读是不错的,包括疑问。比如,有学生问,《好嘴杨巴》里面前4段写杨七的本领,从题目看,有必要吗?

——应该是有必要的。杨巴的本领,必须建立在杨七的基础上,否则,后面的故事就无法展开。没有杨七能把茶汤做这么好的手艺,杨巴再会说,也没有机会呀?

(1)《泥人张》品读。

开头第1段,有什么特点?简洁明了,直白,夸张,渲染。第1句话不简单呀!"手艺道上的人,捏泥人的'泥人张'排第一。"手艺道上的人有多少呀?一下子就能这么肯定泥人张如此地位?这不是随便说的。"而且,有第一,没第二,第三差着十万八千里。"哇,这是多么突出的优势呀!"十万八千里"是多大距离呀?也太夸张了吧!而且,没有第二?如果实际说起来,不管你第一多优秀,都是有第二的,这是数学里的常识呢!但这是文学呀,而且是由民间文学为基点的,所以是可以的。

但是,如果我们换一种方式说,可以吗?比如说"这个第一,前无古人后无来者",这也是夸张,但是可能过分了,太狂了,也没有那种幽默感了。或者"他的第一,是大众一致公认的",又显得太平实了一点。

同时我们注意一下,也不要以为这种夸张就是多么多么好。这种夸张,在这样的故事和文风里，是可以的。但如果用在比如朱自清、鲁迅的文章里，可能就是不适当的；风格也有冲突。

文章第2段。该段第1句是"泥人张大名叫张明山"。如果我们读者注意一下，可能会有想法：是呀，你告诉了我们他的名字，那么他的籍贯呢？出生年代呢？他的从艺经历如何呀？老师是谁？但作者都没有介绍。接下来就直接说他常去的地方有两处。真是该简则简，该详则详。

当然，就泥人张历史而言，简单介绍一下，还是适当的。一点没介绍，是有缺憾的。

第3段．对海张五初次出场的介绍。"这当儿，打外边进来三个人。中间一位穿得阔绰，大脑袋，中溜个子，挺着肚子，架势挺牛，横冲直撞往里走。"这是海张五的初次出场，怎么样？有没有写出一个骄横的人的特点？穿着，大头，气势，充分写出了其特点。主体是四字句，很上口。

那么，另外二人是高还是矮？穿什么服装？没有写，因为对情节没有什么必要。

第4段。有同学对当面称呼和背后称呼，搞不太清楚。分析一下。"张五爷"，表达的是什么情感？尊重呀！"五爷"，称"爷"了，可见身份地位。"张"，是他的姓，点出来，有突出的意思，否则这个五爷跟那个五爷，到底是张五爷还是王五爷，就不清楚啦。但可以称为"海五爷"吗？恐怕不能。虽说是义子，未必改姓；即使改了姓，中国人是很讲究血统的，恐怕也是不高兴的。至于"海张五"，把人家"海仁"的姓放在前面，这无疑是有点贬低"张五爷"的，当然不可以当面叫了。

最末一句，"天津卫是做买卖的地界，谁有钱谁横，官儿也怵三分。"对这句话有感觉吗？学生没有感觉。那我们联系身边，合肥现在是怎么样的社会？学生说是法制社会。是呀，不是旧时代天津卫的做买卖的地界吧。

第5段．对4段是一个转折。"可是手艺人除外。……泥人张只管饮酒，吃菜，西瞧东看，全然没把海张五当个人物。"泥人张是手艺人，并不害怕你骄横的海张五呢。不仅如此，泥人张是什么神态呀？对海张五是什么态度？人家吃饭人是"都停住嘴巴，甚至放下筷子瞧瞧这位大名鼎鼎的张五爷"。而泥人张呢，根本没把对方当个人物，还"西瞧东看"，瞧给谁看？瞧给海张五看吧，意思是你在我眼里，没什么。

这一段,是详写还是略写? 不是详写,也就简单写几笔。但是,不能不写,不写,故事就无法出来。

第6段。"有个细嗓门的说……",注意这个措辞,为什么这样说呢? 我们完全可以这样写呀:有个穿什么衣服的说;有个什么长相的人说。这里,可能是为了突出人群里的这个声音;好像讲故事的人也在现场,但是只听见声音,没看到说话人。当然,另一方面,也是为了和"海张五的大粗嗓门"对比,这样,可能更有戏剧性吧。

第7段. 不可以忽视这一段。这一段,通过观众的反应,来写故事的发展;也是在提醒我们读者,下面有戏!

第8段。对泥人张捏泥人的动作描写真是棒,也比较详,用的是特写。泥人张用的是那只手? 左手。泥从哪里来? 鞋底下抠下一块泥巴。我们要问一下,为什么泥人张脚下有泥呀? 前面第3段不是说"那天下雨"吗? 看,叙事多严谨。

13段。"估衣街上来来往往的人,谁看谁乐。乐完找熟人来看,再一块乐。"这一段虽短,可是比较重要呢,实在少不了。没有这一段,就无法突出泥人张动作的效果。当然,这一段可以详写吗? 可以,比如语言描写,比如写人们是如何购买海张五泥像的。但这些没有必要。这不是重点。

14段。故事结尾是很简洁的,就是海张五妥协,买下了自己的泥像,息事宁人,算了。

这个结尾可否详写? 可以的。海张五的表情、语言、心理描写,周围人的话语,表情。但这些都不重要了。

(2)《好嘴杨巴》品读。

文章的3段、4段,用的是什么表达方式? 说明。不要以为记叙文就都是叙述与描写,这两段就是说明,写出了杨七手艺之高超。

第5段。"说"真有这么重要吗? 在今天,有哪些现象有些类似呀? 学生说广告。是的。而且,广告也要讲究艺术呢。比如"绿箭"口香糖,是如何表现的? 是熊在送口香糖! 那么,产品重要不重要? 这二者是相辅相成的,不要只迷信一端。注意最后一句,用了四个四字句,"逢场作戏、八面玲珑、看风使舵、左右逢源",读起来,说起来,多么痛快。

第6段. 在说到天津卫小吃的时候,用了什么写法? 用了列举:"熬小鱼刺多……炸麻花梆硬……"。这里,没有列举,就不充实。

杨巴的成功要点是什么？他熟悉杨家茶汤的特点,这一点,是其他官员可能不了解的。于是,他很快想到李鸿章是把碎芝麻当作脏土了。但接着又来难题了,不能直接指出李鸿章的错误呀,人家是尊贵的官员;不解释,又等于承认自己的错误,那么接下来就是灾难了。也与杨巴经常跟人打交道有了经验有关,他很快就拿定主意:以请罪的形式,向李大人说明。

需要注意一下,杨巴此举,有没有风险呀？是有风险的。但是,作为一个与人打交道反应很快的人,杨巴这样做,只要道理上是对的,推理上是赢的,就值得冒一点险。世界上哪有百分百呢？结果出人意料,杨巴成功了。

3.文中有几处有点粗俗,需要注意一下。

一是《泥人张》的第6段,"在哪儿捏？在袖子里捏？在裤裆里捏吧！"这个话是不太文明的。但如果去掉,可能要影响作品。

一是《好嘴杨巴》的第7段,"李中堂……满心欢喜,撒泡热尿……",这句话有些不文雅。

## 三十、第19课《春酒》（2016.6.2,周四,雨;上课时间6.12,周日——上周五课,阴）

因为上面"一师一优课"活动,要把本课录像,所以准备时间长一些;同时,也要摄像老师准备好。

1.文章题目是春酒,其实是写什么呢？

应该是对母亲的怀念,对童年的怀念,对家乡的怀念。

看总共10段文字里,多少段写到母亲,多少段以母亲为主？

1段介绍新年习俗和春酒情况。提到自己是母亲的代表。第2段引出母亲泡的八宝酒。3段重点介绍八宝酒的做法和效果。4段写喝八宝酒的情况。5段是介绍喝会酒的情况。6段介绍人家借我家花厅喝会酒,母亲捧出八宝酒给大家尝尝。7段重点写母亲介绍八宝酒的情况。8段引申开介绍母亲,勤快,做出东西与人分享;写母亲给人介绍做法。9段是我泡的八宝酒。10段以反问句"到哪儿去找真正的家醅"结束文章。

5、6、7段,会酒段落,母亲不够突出,家乡更突出。

还有，看全文各段总是跳动一个童年的身影。这里，可能也是对自身童年的难以忘怀。

总体看，母亲为主，童年、家乡次之。值得注意的是，写母亲、写童年，都是以家乡生活为背景的。这不是必然的。许多写母亲、写童年的文章，事情可以发生在家庭内部，甚至就是母女（子）之间的事。而此文，则都是在家乡的背景下写的。地点是家乡；时间是正月；活动背景是春酒、会酒的背景下。

春酒——怀念母亲，童年，家乡。

2.文章的层次。默读，感知文章的结构层次。过新年——喝春酒，喝会酒，自己泡酒。

3.美点赏读。

（1）题目。"春酒"，一指风俗，正月十五之后，大家相互请吃酒。二指八宝酒，母亲泡的八宝酒。

换个题目如何？"八宝酒"如何？是否太单一了，狭窄了，只是突出了酒；没有突出习俗了。也缺少了诗意。

（2）1段是否太长了？前面四句引出春酒，这是没有错的。接下来写"原因是……"，是否啰唆了一点？可以不写吗？可以另起一段吗？

确实有点啰唆。但也有好处，就是如话家常，如跟人谈心一般，自然过渡。同时，也有好处，就是反衬、诠释春酒受到欢迎的原因。

另起一段可以吗？这是可以的。

2段。自然引出母亲泡的八宝酒。开始一句，写"我家吃的东西多，连北平寄来的金丝蜜枣、巧克力糖都吃过……"，介绍这些干什么？是为了自然引出八宝酒。如果没有这个做衬托呢，比如直接介绍母亲泡的八宝酒，如何？效果可能就差了。或者先说自己家里生活如何苦，然后引出八宝酒的好喝，如何？也不好，是因为你没什么吃的，才觉得八宝酒好。现在，用巧克力等好吃的东西衬托，才显得八宝酒的宝贵呢！——注意其中不经意间的巧妙。

接着，很生动地写母亲的话与表情，还有跟我说话的场景，真是很自然的笔墨。接着写我偷舔八宝酒的细节，写出了我性格的可爱，母女之间的和谐，童年生活的美好。

3段，用哪些表达方式？首先是说明，然后是叙述，还有描写。写法上，有写感受，"恨不得一口气喝它三大杯"。接着写一个细节，酒洒在衣服上，小花猫舔后醉了。后面还紧跟一句议论，也是调侃："原来我家的小花猫也是个酒仙呢。"注意，这里的情感，是一种调侃与欣赏的情感。要是不写呢？情感就出不来。要是这样写："这个馋猫！"效果也不一样。

4段。虽然简短，但是内容不少呢。写母亲的行为：对女儿，"总要闻闻我的嘴巴"，不是问问了事，而是闻闻嘴巴，母女多么亲密呀！这里既有担心，更有爱呀！我的回答母亲为什么高兴？一是暗夸母亲的八宝酒，二是我说只喝一杯，母亲也放心了。再写母亲的行为是母亲请吃春酒时，一定给他们每人斟一杯八宝酒。然后是写我的细节，"我呢，就在每个人怀里靠一下，用筷子点一下酒，舔一舔，才过瘾。"这里，表达了什么？是我喜欢酒吗？是的，但不仅如此。是邻里关系的和谐，"我"受到大家的喜爱呀！否则，怎么会这么做呢？这里，仅仅是喝酒吗？是否有个调皮、撒娇呢？如果只是喜欢酒，就写我拿个杯子，一个个碰杯，如何？那就是小大人的做法了。

5段。主要是什么表达方式？说明。介绍会酒是怎么回事，"十二碟"是什么。但如何跟文章融为一体呢？文章最后一句，"眼巴巴地盼着大花厅里那桌十二碟的大酒席了"，用这句话，使文章衔接起来。

251

6段介绍会酒的热闹场景。哪些可以突出其中的热闹？阿标叔把煤气灯擦得更亮；大家划拳吆喝，兴高采烈；我坐在会首旁边，得吃得喝。母亲捧出八宝酒给大家助兴。

这里，有许多可议之处呢。会首是谁？可否举例？阿标叔名字写出来了，会首要不要写？大家喝会酒时有许多精彩镜头，可以描写出一两个吗？十二碟，我最喜欢的是那几种菜，可以列举出，进而写出感受吗？——都没有。可以看出作者的剪裁取舍。

7段。主要写什么？我得了二条印花手帕；母亲高兴地介绍八宝酒的做法。注意其中情感性字眼：我"开心得要命"；母亲"得意地说了一遍又一遍，高兴得两颊红红的，跟喝过酒似的"。看，给母亲是一个特写，一个较长镜头呢！其实，可以写的还多呢，比如会首感谢的话，送客的情况，等等。

8段。顺便展开写母亲，表达了对母亲的赞美，其中包含了对母亲的思念之情。这里，有对母亲的哪些方面描写？表情，语言。还有作者直接的评价与赞美。

9段。是为结尾做准备吧。但是,也是确确实实对家乡的怀念的行动。以儿子的话,引出结束的话。

10段。以反问句结束全文:"可是叫我到哪儿去找真正的家醅呢?"这句话,同学们感受深吗?你们如何回答呢?——过年回去呀!用地道的家乡材料呀!可是,海峡阻隔,台湾人回不了大陆,对他们是刻骨铭心的遗憾呀!

——不过,也许这一天不会太远吗?2026年可以吗?2046年可以吗?完全可能的!真正的家醅还在呀!她的后代,是一定赶上的!

家乡的春酒,仍然是醇厚美味的!

4.过程记录

程序:导入;二三句话概括;生字词;作者介绍;捋层次;轮读课文,然后同位同学品读;班级内交流;教师主导品读;作业。

一是导入。

(1)导入。同学们品尝了《春酒》,味道怎么样?有什么感觉、疑问?我们课堂上再交流、对话。

二是初步感知。

(2)用二三句话,概括全文。叫了三个同学,各人说的不同,但是对文章的主体都有涉及;或多或少。

教师板书课题,问学生"琦君"的"琦"什么意思?学生不知道。教师明确:一是一种美玉,二是不平凡的,珍奇的。——明白名字的意思,有助于我们对作者文章的理解。

(3)生字词。先是"读一读"中的字词,然后是文中的。一些多音字,有学生果然不太清楚,如"炮制"的"炮",páo;"撒开"的"撒",sā。

出示课件。

(4)作者介绍。学生跟前没有资料。教师课件资料,让强读出来。教师指出一些地方:作者永嘉人,其上的地区是哪里?温州。作者活了多大?88岁。什么时候出生?1918年.那么,作者回忆童年时,大致是什么时候?1925年前后。而作者什么时候写此文呢?1997年前,可能是作者六七十岁的时候,回忆的是什么时候的事?五十年,甚至六十年前!

三是品读文章。

(5)梳理文章层次。学生默读文章,分析文章的层次。

叫二个同学说自己划分的层次,都差不多。喝春酒(1—4),喝会酒(5—8),自泡酒(9、10)。

教师板书三个关键词:春酒,会酒,泡酒。问学生,文章通过这些,表达出了什么?

几个学生回答,包括对母亲的怀念,对家乡的怀念。但都没有说对自己童年的怀念。

于是教师说:好,我们带着问题,来研读课文。

(6)轮读课文,准备品读展示。轮读时,教师先读开头一段的前几句。然后前二排同学轮流读。

(7)品读课文。先同位、前后位品读交流;然后在班级展示。

在学生展示过程中,教师有意展开问题,以深入理解和探究文章。叫了十来位同学品读,一般是语文成绩好的同学。

如学生品读第1段结尾处"我是母亲的代表,总是一马当先,不请自到,肚子吃得鼓鼓的跟蜜蜂似的,手里还捧一大包回家"。学生大致从修辞的角度来分析。

教师问:这几句从哪些角度写的?我是母亲的代表,一马当先,注意其中的情绪,什么情绪呀?一种喜爱,期待。然后呢?是结果,吃得饱饱的。单单这么说,表达不出可爱了;加上跟蜜蜂似的,就多了可爱了。"手里还捧一大包回家",捧什么呀?要列举吗?比如饼干,年糕等?不需要,这不是文章的重点呢。

2段后半段:"她又转向我说:'但是你呀,就只能舔一指甲缝……'其实我没等她说完……已经不知舔了多少个指甲缝的八宝酒了。"学生品析过教师问,对于喝八宝酒,母亲什么态度呀?是禁止,还是纵容,还是限制?学生听第一个问,愣住了,没想到老师会这么问。后面跟了三个选择,学生知道是限制了。教师:我们从中看出母亲的喜爱,母女关系的亲密。

3段末品读:"我端着,闻着……原来我的小花猫也是个酒仙呢。"学生从动作描写、比喻角度去品读。教师问:如果对结尾加以改造,比如说"这个馋猫",怎么样?味道不同了吧?"酒仙"是一种欣赏与喜爱,"馋猫",就没有这种感觉了。

学生萍问第8段,为什么母亲前面说"大约摸差不多就是了",后面还是仔细地告诉别人？茹回答，前面是谦虚，后面是实在。——是的。就如同学们爸爸妈妈烧菜，盐放多少？是大约摸，但是也是很有分寸的。如果你问放多少克、多少毫克盐，他们说不好；但是放盐时，他们的尺度、分寸是很讲究的。

还有别的品读、探究。

(8)总结品读，板书要点。作者写了春酒，会酒，泡酒这样的事情，那么是要表现哪些？怀念谁？母亲，家乡。还有呢？学生没有答出。教师说，还有自己的童年，50年甚至60年前的自己。我们看文章里有多少自己童年的片段呀？

于是板书三个要素：怀念：母亲，童年，家乡。

四是深入研读。

(9)让学生品读最后一段。

问：运用什么句式，表达什么情感？学生说反问句，表达出遗憾之情。反问句比肯定句，语意语气更强烈。

问学生：作者写此文是1997年前，现在已经是2016年了。那么，作为我们现代的学生，联系今天的环境，我们可以替作者如何回答？

学生不知如何回答。

教师说：时代不同了，从哪里寻找家醅呀？回故乡呀！从美国坐几个小时的飞机，就回到温州了！家乡的酒不还是那个味道吗？时代已经不同了，两岸已经不是多么阻隔了。当然，要是到了2046年，或许台湾已经回归祖国怀抱，"到哪儿去找真正的家醅"，还是问题吗？

再问同学们：文章开头按照什么顺序？时间顺序。那么，只能用这一种顺序吗？从结尾看，能否采用倒叙呢？比如把文末移到开头一段，用倒叙的方式，可以吗？思考一下。

五是布置作业。

思考课后练习，做基训，在训练中继续品读课文。

暑假作业（2016.6.21 周二，雨）

1.印制的《暑假作业》《暑假总复习》。两种作业，都是先用黑色水笔做，后用红笔订正。

2.预习、抄写九上课内和课外十五首诗（使用《文言文译注》，用专门的

本子,也便于以后复习)。(C本)

3.读完九上的名著导读:《水浒》《傅雷家书》。每五页不少于一处批注(用铅笔)。

4.抄八篇美文(专门有个较厚的美文本,以后继续用)。(美文本)

5.练字。用楷书;或一周楷书,一周行书;一周五页,共四十页,家长五页评判一次,划圈,打等级,签名,写日期。(练字本)

6.五篇练笔(用新的A本,大作文本,开学后继续用)。

题目或范围:一、记某天或某个节日的场面。二、写一个人,可以是亲人、邻居、社会上的人,注意详略,注意表达方式,叙述、描写,可以适当抒情、议论。三、记一处美景,写景抒情。四、写一篇读书心得。五、自由命题一篇。

以上作业,开学后认真检查。没有完成的,开学后要补做。

(暑假假期从7月1日到8月31日。)

# 九年级语文上册

## 一、第1课《沁园春·雪》(2016.9.1 周四，晴)

1.开学第一课上《沁园春·雪》

今天过瘾，刚开学就连上二节课，嗓子有点哑。

考虑到一个暑假没见了，让学生聊聊暑假生活和收获、感悟。一来是了解一下，二来是想拉近距离，不然一个暑假，师生、同学之间，有陌生感。

开始是叫几个比较突出的同学聊，学习委员、班长等。后来是人人轮流聊。从中，确实发现一些问题，会给学生一些感悟。

暑假做什么？做暑假作业，补课，少数回老家和爷爷奶奶一起起花生，也有一个同学打了半个月工。

暑假作业何时完成？有一个同学说订了计划，每天做一点，一直到暑假结束做完。有几个同学说，计划提前十天、二十天完成。这样就很好。这样一对比，就显得前者的计划不周。

暑假作业苦不苦？有几个同学叙述的时候，感觉做暑假作业很苦。于是，我问同学们，刚才他讲话时，用了几种表达方式？同学们议论。我说叙述和抒情，表达了对暑假作业的畏难。其实，暑假作业既有负担的感觉，也有充实的感觉，还有做的过程中的体验和最后收获的滋味。如果一味强调累，是错的。

同样的一份工作，主动做与被动做，感觉是不同的。主动做，可以是积极、快乐的,感觉就没有那么累;被动做,就会抵触,别扭,就会感觉格外累。既然作业是我们应该做的,为什么要去被动、抵触呢?这其实是跟自己过不去呢。

有几位同学,熟读并背诵了九上的古诗,这个主动精神很好。

有同学介绍自己读的一二本书。从中看出,读书不多。可能也是因为家里没有书。

近四分之一同学说自己参加了补习班,补习数理化,或者英语。

不少同学说自己看奥运会的情况。比如乒乓球夺冠,女排比赛。这个好呀。

2.与同学们一起说九上书的特点。

九上书有什么特点?问同学,大家一时无语,可能还没有细看。于是让大家看看,说说总体印象。由于对一些单元陌生,说不到点子上。

九上,从课文篇目看,比八下的30课少了5课,多数单元只有4课。可能是为了减轻毕业班的负担吧。

九上,从文体看,突出了议论文,有两个单元。八年级突出什么文体?说明文。九年级就是议论文。九上,文学单元有三个,诗歌单元一个;小说单元二个,一个是古代小说单元,一个是现代小说单元。可能是为了增加同学们的文学素养。

文言文单元一个,比八年级少一个。课外古诗仍然是10首。

另外是三个名著导读和附录。

3.《沁园春·雪》的教学。

先看单元提示,大致了解一下单元要求。

然后还是按照之前的思路:先总体感知诗歌;师生一起对一些字词的提示;然后小组交流自己对诗歌的品析;再在班级里发言;教师主导品析。

由于是诗歌,这个文体较陌生;加之刚开学,还没有进入状态,学生小组交流还比较冷清。发言时,对诗歌的感觉也比较陌生。

4.教师主导品析。

"北国风光",是总起全文,其后的标点是什么?书上是逗号,其实呢,也可以是冒号,下面就是北国风光的内容呢:千里冰封,万里雪飘。

对"千里冰封,万里雪飘"该如何理解?千里的地方都结了冰,万里的范围都在下雪？是不是结冰跟下雪的范围不同呀？不是的。这是互文，就如同"将军百战死，壮士十年归"一样，要放在一起理解：北国千万里的范围里，都结了冰，飘了雪。

当然，如果联系现实，北国风光是什么呀？——我们今天的风光是什么？是晴天，太阳照耀着已经有落叶的秋天。我们这里是北国吗？现在是什么景象呀？——学生有些莫名其妙，没有意识到我们这里也算是北国，不过更是江淮之间吧。

"千里冰封，万里雪飘"是总体感觉，接下来应该怎么写呢？写长城，写黄河，写山，写原。"大河上下，顿失滔滔"，我们可以从中看出作者的艺术处理吗？实际上，作者此时看到的是什么？"千里冰封"呢。可是，为什么说"顿失滔滔"呢？是从"冰封"之前的状况写起呀！作者的思路，不只停留在现在，而是联通过去、今天和未来。想一想，黄河滔滔流水的气势是多么壮观！可是，被这极大的寒冷给冻成了冰！这是多么伟大的力量呀？面对这样的力量，人们是怎么样的态度？是否更加激起英雄的豪情？于是，我们就想到，"江山如此多娇，引无数英雄竞折腰"，不是随意写出来的，而是作者这样的英雄人物，面对壮丽景色所引发的冲天豪情！

为何说"山舞银蛇"呀？大家理解吗？我们看到的山是什么形态呀？是金字塔形状吧？那为何说银蛇形呢？那是从高处看山顶的走向，是尖细的线形，因为被雪覆盖，才说"银蛇"。

"欲与天公试比高"是什么写法？是实写吗？不是，是想象，是作者情感、内心状态的反映。确实，下雪的时候，天有浓云，显得天很低。此时，可以说山与天相连。但是，如此说，没有动感，也没有反映出作者内心要挑战甚至打败反动统治者的激动之情。作者这样写，运用拟人，写出了山的豪情与冲击力。

"须晴日，看红妆素裹，分外妖娆"是什么写法？是写想象之景，是虚写。本来，现在还是冰天雪地，无边无际。但是，把祖国山河和历史装在胸中的作者，脑海里的北国山河，早已呈现出多种姿态。可能包括春夏天的景色，秋天的特点，在这样的风光里，在伟大的北国，发生的故事。于是写道，天晴之后，红日出来之后，北国风光不是更加美丽吗？各路英雄对之的争夺，不是更加精彩吗？

259

这个虚写,自然为下阕做了准备。"江山如此多娇,引无数英雄竞折腰"。江山如此美丽,不怪历史上的英雄都为之倾倒,奋战,搏斗了。那么,可以举哪些英雄呢?作者举的是五位英雄人物,如果我们再举,可以举谁呀?

有学生说莫言。其他同学不同意。莫言是名人,是成功者,但他是文人;而这几位都是帝王,是国家的统治者。我说,能否举张飞、关羽这样的英雄?不可以,他们只是武将。曹操行不行?也不行。曹操毕竟没有统一中国,跟这样几个大英雄相比,还不是一个等级。

作者在评价他们的时候,用的是什么词?"略输""稍逊""只识",有差别吗?前面二个词是差一点,后面的"只识"就差多了。

最后三句,"俱往矣,数风流人物,还看今朝",什么意思呀?一来,这些英雄人物确实都不在了,二来,这些英雄人物还有一些欠缺呢,所以,点数英雄人物,还要看今天。看今天的谁呀?是以毛泽东为首的中国共产党团队。哇,这才是1936年,中国共产党还很弱小呢。但是,作者就有这样的气魄,敢于与对手斗争,敢于争胜,而且对自己充满信心!

"略输""稍逊"可以换词吗?首先是"输""逊",是差的意思。那么可以用别的词语吗?比如"秦皇汉武,文高武强",这里就没有差的意思,而是赞扬的意思。即使是低评,也是可以用不同词语的,比如"甚输""文采","大逊""风骚",这样,差距就很大了。这都违背作者的意思。作者之前就表达出感情了:"惜",可惜,惋惜。

(2016.9.2周五,晴)"惜"字的分寸与情感。只能用"惜"吗?当然不是。比如可否用"叹""怜""笑"?用了这几个词语,对这些英雄人物的否定就过分了,这不是作者的评价与情感。秦皇汉武这几个人都是中国历史上的大英雄,是封建帝王中出类拔萃的人物。作者对他们是尊敬的,敬佩的。他们的文治武功都是了不得的。

但是毕竟是写诗,不是历史。诗歌是允许夸张,允许浪漫的。为了突出今天,为了表达自己内心的激动之情和伟大抱负,作者免不了要调侃一下古代英雄了。于是说"惜"他们,"略输""稍逊""文采""风骚"了。到了成吉思汗,因为是外民族入侵华夏的,也确实在文治上差距较大,于是就用"只识""弯弓射大雕"了。从感情上看,对前四位英雄,是微微的惋惜,后者可能就是哈哈大笑了。当然,这也正好为下文写自己、写今天的事业蓄势了:"俱往矣,数风流人物,还看今朝。"

读到"只识弯弓射大雕"的时候,读者可能是很有疑问,很有情绪的。作者这么傲呀,这些大英雄都有这些差距,那还有谁强呢?谁强呀?作者首先用"俱往矣"三个字,把历史上的英雄放在一边,干脆有力。历史已经过去,英雄都已作古,今天的中国面临新的挑战,新的机遇,谁能成为今天时代的主宰?啊,"数风流人物,还看今朝"!这几句诗,表达了作者伟大的抱负和极大的自信。

## 二、第2课《雨说》（2016.9.5,周一,晴）

1.上周五开始布置预习,周一开始上。环节还是:初步品题—整体感知—概括诗意—自由品读—教师主导品读。

从学生自由品读看,明显不热烈,因为对诗歌有些陌生。不仅学生,教师也是。

但学生的疑问和品读,还真有些独特的东西。

教师带学生品读,同时自己也深入些。

2.诗的总体思路。

诗歌一共9节,诗人是很够耐心的。要是一个急性子的抒情诗人,可能四五节就完成了吧。

诗歌的第1节是雨告诉大家,我来了。但是,不是直接告诉,而是先渲染大地的需要。

第2节,写我来时的状态,情形,用拟人的手法,写出春雨的特点。

第3节,是希望大家别拒绝。

第4节,进一步写希望跟雨亲近,跟着雨的脚步踩踩。

第5节,要大家跟着雨去亲近大地,感受大家的开心。

第6节,介绍自己来处。这一节很有意思,可以放在别的地方吗?

第7、8节,是雨对大家的教导:勇敢地笑。注意这二节不是简单地并列,而是各有自己的作用。

第9节,是雨的归宿,同时是对秋天的预言与祝愿。

3.感悟与疑问。让学生品读,说出诗歌的佳处和自己的疑问。学生的视角真不可小视。

比如茹提出疑问:感觉第7节开始说出"第一件事,我要教你们勇敢地笑啊",是否突然了?

这个疑问是有点道理的。确实,前面都是语气亲近地叙事,现在突然就提出教导,跟前面的风格有点不协调。

4.诗中值得品读的地方真不少。

第1节。还有哪些事物等待久了?在诗歌的第一节,作者说等待久了的是田圃、牧场、鱼塘、小溪。那么,还有别的事物吗?让同学们想。同学们比较茫然。其实,这就是一种介入,一种思考。于是我开玩笑问,山峰是否等待久了?虎狼是否等待久了?——田圃等都是对水、对雨有很大需求的。

关于田圃等四句,不是一个简单的句子,都是二个谓语句,表达更丰富,对水的渴望更加突出。如"当鱼塘寒浅留滞着游鱼",如果仅仅是"当鱼塘寒浅",这只是强调了起因;如果只写"鱼塘留滞着游鱼",只写结果,读者不知道原因是什么。

第2节。写出了雨的什么特点?诗歌从什么地方突出了雨的特点?"走得很轻","温声细雨","雷电不喧嚷","风也不拥挤"。是否雨就是这个特点?不是。这是四月的雨,这是春雨。作者强调、突出的是声音。如果是夏天的暴雨,就不能这么写,那是暴风骤雨,电闪雷鸣,是另一种风格了。

第3、4节。第3节,如果用一句话概括,是什么?别拒绝我。如果这样写怎么样?简洁是简洁,没有形象性了,没有诗意了。那么,如果要再写一句,要"你别……",那还可以写什么呢?学生没有想出来。我说"别穿胶鞋",赤着脚来迎接我;学生笑了。

3节、4节是紧接着的。3节是别抗拒我,4节是亲近我。"为什么不扬起你的脸让我亲一亲","为什么不跟着我走,踩着我脚步的拍子?"这里注意一下,作者使用了反问句,"为什么不",加强了语气。如果去掉,效果就差一点。

第5节。要大家跟着雨一起,去感知大地欢快的场面。田圃等现在都怎么样呀?都是那么的欢快。写出了喜雨之后,万物欣喜、快乐的场景。注意一下,第5节跟前面是什么关系呀?跟第一节是照应,这样,更能突出雨来后大地、万物的欣喜。

第6节有点特别，是雨在介绍自己。为什么要介绍自己？是因为孩子们的疑问吗？可以把第6节移动到别的地方去吗？比如3、4节之间？或4节之后？或者此时是因为想跟孩子们拉近距离，于是交交心？交心、亲近之后，下面的教导于是就比较自然了。

如果删除这一节，是否影响效果？是影响的。感觉第5节与第7节跨度太大，有些衔接不上。

第7、8节。这二节都是"我要教你们勇敢地笑啊"，但是内容是不同的。第7节着重从形象上写，第8节呢，则很有哲理。第7节，柳条儿笑弯了腰，石狮子笑出了泪，小燕子笑斜了翅膀，哇，多么有感染力的场景呀，孩子们呀，你们一定会深受感染，也一样笑起来吧！

这样，孩子们已经勇敢地笑了，于是作者就准备结尾了："只要旗子笑，春天的希望就有了；只要你们笑，大地的希望就有了"。这两句诗很有哲理。为什么旗子笑，春天的希望就有了？是简化了过程吧。旗子笑，是因为有人高举着旗子，高举旗子，表明旗子下面的人们在奋斗，努力。旗子如果倒下了，说明队伍就散了，那就没有希望了。

5.（2016.9.6，周二，晴）结尾一节品读。

品析第9节。问：诗句云"有一天，你们吃着苹果擦着嘴……"，那么，我们只能这么写吗？可以写成别的诗句吗？生贤说麦子如何如何。我说，可以这样写：

有一天，你们吃着米饭擦着嘴

要记着，你们嘴里的那份香呀，就是我祝福的心意

这样可不可以？是可以的。要知道，结尾、表达意思不一定是唯一，要看作者的习惯。当然，写苹果，还是不错的，读者会喜欢的。

6.课后练习处理。布置完成基训。预习第3课。

## 三、第3课《星星变奏曲》（2016.9.7，周三，晴）

1.教师自己多遍品读、思考，也有一些新的发现。在教的过程中，不断跟学生交流，让课堂的互动多起来。

2.程序。先让学生说说总体印象；再把诗歌中的较生疏的字词提出来；整体感知诗的结构；小组互动交流；班级交流；教师主导赏析。

因为之前刚刚学了二首诗词，学生对诗词品析的方法也要好一些了，今天的赏析就积极些了。

3.诗的结构。诗一共二节，每节内部的结构呢？起初学生对这个是不太注意的，教师提示大家，看每节是怎样的层次？学生找出来，每节都可以分四个小层次。再进一步看，以句子的数量看，每节都是4、5、3、4。

如果从内容上看呢，这二节的层次各是怎么样的？ 第一节是："如果大地的每个角落都充满了光明……谁不愿意……谁不愿意……谁不喜欢"，第二节是"如果大地的每个角落都充满了光明……谁愿意……谁愿意……谁不喜欢"。第1层、第4层都相同，中间二层则不同，正好相反，也许这就是"变奏曲"形式的表现吧。

那么，每节的句子分别是4、5、3、4，这是必然的吗？ 可否在形式上有所变动？ 是可以的。比如第一节的第2层"谁不愿意／每天／都是一首诗／每个字都是一颗星／像蜜蜂在心头颤动"，是五小句，五行。但是完全可以把"每天／都是一首诗"并成"每天都是一首诗"，这样就成了四句。而且，第3层是三句，其实第一句"谁不愿意，有一个柔软的晚上"，是可以改成二句的："谁不愿意／有一个柔软的晚上"，这样第三节也就改成四句了。如此，则4、5、3、4的层次形式，则可以改成4、4、4、4的层次。而且，也可以像一些诗歌一样，四句一节，这样第一节就成了四节，全诗就成了8小节。但是，这样分开，在效果上可能会减弱，所以，不可以这样改。

4.诗的形象与想象。哇，为什么这首诗这么美呢？写的是星星，星星我们都见过呀？

我们见到的星星，如果只是单独的星星，就比较单调，意思、形象、情感就可能单调而模糊。但在这首诗里面呢，则出来那么多的形象，引发、调动我们多重的感觉，于是诗形象了，有情感了。

在诗里，美好的事物有哪些呀？ 诗，星星，蜜蜂，湖，萤火虫，睡莲，鸟，声音，白丁香。不美好的事物也不少：寒冷，寂寞，苦难，颤抖，冰雪，冻僵，僵硬，瘦小，疲倦。这些美好的事物，不美好的事物，都是作者想象与编排出来的，呈现在读者的面前。当然，这样的想象，不是只有作者可以做到，我们读者也是可以做一点的;虽然效果可能会有区别。

5.在适度介入中深化品读。

诗歌的好坏,效果如何,有时候通过换词语、句子可以感受到。在诗歌的品读中,教师有意识通过这种适度介入的方法,引领同学们去感受诗歌语句的美好。

比如,"像蜜蜂在心头颤动",先让同学们品味其意思。蜜蜂,是甜蜜的,心头颤动,是令人激动的。这是词语给我们带来的意味。但如果换一个词语,意思就可能大变。比如这句改为"像马蜂在心头颤动",学生一听笑了。这样一改,不仅甜蜜、激动没有了,反而是害怕得跳起来。

"柔软得像一片湖",写出了什么? 柔软,美好,心里美得很。这都是"湖"字给我们带来的感觉。如果换一个词语呢?"柔软得像一个抹布",完了,意境整个破坏了。由此,我们可以从反面感受到想象的妙用!

6.作者的思维跳跃是很大的。

作者写出来之后,我们读者就是读,觉得本来就是如此。实际上,诗歌的思路、层次和语言,都是作者精心安排来的。

首节,开头一层是展开想象,第2层写希望每一天有美好的生活,第3层写希望每个晚上的美好生活,最后一层是希望有美好的春天。

第二节,第1层是说寻找希望,第2层说谁愿意一年又一年过苦难的生活,第3层说谁愿意过冻僵的夜晚,最后一层写人们喜欢金黄的星星去照亮太阳照不到的地方。

层次都是跳跃的,充分展开想象的。也许,这是星星的好处吧,可以让作者展开如此自如的想象,而没有让读者觉得突兀。当然,语言的组织也是比较精心的,作者用"谁不愿意""谁愿意"这样的提示语作为抒情句的开头,这样开合就比较自由了。

7.结尾似有深意。结尾说,"谁不喜欢飘动的旗子,喜欢火/涌出金黄的星星/在天上星星疲倦了的时候——升起/去照亮太阳照不到的地方。"这"金黄的星星"是什么呀? 不是太阳,也不是月亮,却去照"太阳照不到的地方",这应该是一种思想,一种智慧吧。虽然它不能跟太阳相比,但是,它的作用也是非常不简单的。

联系后来的发展,是否可以说像改革开放这样的思想,改变中国命运的思路,是否就是作者这里呼唤的"星星"?

8.每个层次都少不了"星星"。

作者是精心安排的,前后二节,每节四个层次,每个层次都含有"星星",或者是实体星星,或者是喻体星星。这不得不让人佩服作者的心思之缜密。

9.同学们还认识星星吗?诗歌题目叫星星,教师忽然想到,今天的孩子,晚上的时间都被电视或者作业占了,他们关注、认识多少星星吗?于是问他们是否认识牛郎星、织女星,学生都摇头。于是,我说到我们小时候,好多人睡在大场地上。晚上那么早,也睡不着,就数星星。还经常看到流星,引起一阵惊呼。

然后跟同学介绍牛郎星、织女星的认法。这是小时候祖母教我认的。牛郎星有个特征是挑担子的,三个星一排,中间那颗星最大,是牛郎星。织女星在银河另一边,呈三角形状,是织女背包袱呢。学生听得瞪大了眼睛,既感兴趣,又有陌生感。——唉,事物的利与弊呀。时代进步了,学生对自然的接触可能变少了。

## 四、第4课《外国诗两首》(2016.9.8,周四,晴)

《蝈蝈与蛐蛐》。

1.先让学生谈谈总体感觉。然后抽同学读。再放班班通里的朗读给大家听。班班通朗读的也不够好。然后小组交流对诗歌的品读;之后班级交流品读。教师主导品读。

将一将层次。《蝈蝈与蛐蛐》一共多少行?十四行。可能就是他们的十四行诗吧。

由于十四行诗的排列,学生果然有点迷糊。一学生问,为什么"沉醉于盛夏的豪华,它从未感到/自己的喜悦消逝……",为何说"它从未感到沉醉于盛夏的豪华"?但有同学了解了这诗的蹊跷,原来是上一行的"它争先"与下一行的"沉醉于盛夏的豪华"是一句,而"它从未感到/自己的喜悦消逝",虽然有"/"隔开,其实是一句。

诗歌是两个层次,一个是写蝈蝈,一个是写蛐蛐。再细看两个层次内部的结构。写蝈蝈,是否一上来就写其声音?不是。首先是写环境,鸟儿因天热都隐藏起来了,这个时候蝈蝈在鸣叫。然后不是写其声音特点如何,而是写其情绪。最后是它唱疲劳了,也栖息了。

然后是蛐蛐,是在寂寞的冬天夜晚,它开始唱歌。然后,人们感到那声音仿佛就是蝈蝈的声音。为何又回到蝈蝈呀? 大概是为了照应吧,让整首诗成为一个整体。

2.诗歌如何写出蝈蝈、蛐蛐声音的美好呀? 用了哪些写法?

铺垫、对比。因为环境的静与寂寞,蝈蝈、蛐蛐的声音才显得可贵。也是动静相衬。

注意写美丽的环境。蝈蝈、蛐蛐鸣叫,本来其声音又有多大吸引力和美感呢? 但配上优美的环境,就增加其美感了。蝈蝈的声音在"新割的草地周围的树篱上飘荡",蛐蛐"在寂寞的冬天夜晚,当严霜凝成/一片宁静",蛐蛐弹起了歌儿。

抒情。蝈蝈就是鸣叫,有什么特别的情感吗? 但诗人多情,从中感受了不同的情感,蝈蝈是"沉醉于盛夏的豪华",原来它的叫声是这样的意思。至于栖息,也是"舒适地栖息",于是,蝈蝈的情感就出来了。——这哪里是蝈蝈的情感,是诗人的情感呢!

3.诗眼。这首诗呀,如果去掉什么,就会很平淡呢? 学生说,"大地的诗歌从来不会死亡",这是对的。原来,在作者心目中,把蝈蝈、蛐蛐的叫声,当作大地的诗歌,这是多么高的判断呀。也是非常高的立意。正因为如此,这首诗才显出不凡的价值呢。

《夜》

4.四小节,分别写了什么? 第1节从声音的角度写夜的宁静。第2节,先从声音角度写,再从光线角度写。第3节,从光线角度写。第4节跟第2节一样,先从声音角度写,再从光线角度写。总体上,突出夜的宁静与月光下神秘般的美丽。

第4节跟第2节三句基本上都是一样的,只第二句不同,不知是否这类诗的规矩?

5.一些语句品析。第1节首句"河水悄悄流入梦乡",什么意思呀? 河水悄悄流,是从声音角度写的;"流入梦乡",什么意思呀? 是说河流也睡了吗? 应该是的。如此,则突出了夜晚的安宁与美好。

267

"大自然沉浸在梦乡"。哦,大自然也沉沉睡去,夜多么安宁呀?而且,天上的月亮还撒下光辉,给周围的一切披上银装,由此看出,夜是多么的美丽呀。

当然,不足的是,河水、大自然流入、沉浸的都是"梦乡",是否可以换个词语呢?

6.这首诗的押韵:压"昂"韵。

## 五、第21课《陈涉世家》(2016.9.9,周五,多云)

考虑到有双休,再说文言文应该开始了,于是今天下午开始初教这一课。之前学生已经初步预习了。但是,成绩好的,预习认真;成绩不好的,预习潦草。

这一课,主要问题是生字、多音字多,有二三十个,教师自己都感觉有些麻烦。

于是,就叫十来个同学点出生字;学生忽视的地方,教师提出来,让大家解决。教师自己都读错一个:苦。三年前的版本,没有注音,新版本注音为hu,学生给我指出来了。呵呵,学海无涯呢!

1.(2016.9.12周一晴)学生三分钟预备时,齐读课文。教师听来,觉得不齐,明显有些同学字词、断句有些问题。

课堂开始时,让学生轮读,且有意识让后排同学读。果然,生字不少,断句也有二处问题。

翻译课文。先让学生小组合作,一人一句。然后,再在全班喊人翻译。对其中的字词,提出来,让他回答。

不过,这样,占用的时间比较多。从下节课开始,大家在课下一人一句翻译,课堂上,就直接喊同学一人一句翻译了。

为了检验同学们掌握情况,我刚刚讲过后,立即提问成绩较落后的,结果发现问题了。比如"法皆斩"的"法",刚刚讲过,"按照秦朝的法律",名词作状语,多数学生都记了;接着让峰回答,却说是"秦朝的法律"。真是马虎。后来到他跟前看,书比较干净,这些重要词语,没有记!——教师要注意严格要求和检查。

2.(2016.9.13,周二,多云)这一课较长,想尽快上结束,但是,走不快。今天是第二课时了,才串释到第三段开头。上节课,让同学们先小组互译,后来觉得时间确实慢;这节课,直接让同学翻译,但还是不快。看来,急也不行呢。

让学生轮读,但读的还是不够熟练,成绩不好的同学,还有错字。

上课过程一般是:让学生翻译一句,让他提醒重点词语。如果他没有提出,教师就提出重点词语,以引起大家对重点词语的重视。古今义,一词多义,词类活用,都是重点。

3.(2016.9.14,周三,多云)今天串讲完了,有轻松感。

基本程序依然是抽学生一句句翻译,对重点词语、句式,要他解释。这往往让学生有点紧张;这也就起到了突出的作用。

比如"十六七",十分之六七,在古汉语里,没有"分"这个词,需要注意。

古今义。"比至陈"的"比",等到。这与现代汉语不同,要特别加以注意。

词类活用。"功宜为王"的"功",解释为"论功",名词作状语。

句式。"祭以尉首",是倒装句,翻译的顺序应该是"以尉首祭"。

注意跟学生顺便对一些写法、文句作点探究。

如"吴广素爱人,士卒多为用者"这句,问学生,作者写了这句后,列举了吗?比如士卒没饭吃,如何帮助他;士卒缺钱,如果帮助他。文中没有列举,可能觉得这不是重点。但这句能否略去呢?也不行。因为这是他们下一步行动的一个基础。

"复立楚国之社稷",这句话真不真呀?不全真实,这可能是三老、豪杰的奉承话。楚国社稷,政权归谁呀?按说应该归楚王的后代呀?为什么国王改姓陈了呢?所以,不能全信,要带点怀疑。

引入练习三,分析陈胜得失。陈胜是有志向的,他的首事之功还是不小的。但也许这就是他的命运吧,短命的王。当了王,很快就忘记伙伴了?那你信任谁呀?谁信任你呀?政权还没有稳定,就在宫里享受了,如何能长远呀?

4.(2016.9.18,周日,多云,中秋假调上周五课)本来,放假前布置今天听写文下注释和补充解释的。但通过让学生一问一答,发现掌握不够,于是决定明天听写。

跟同学一起把班班通里的资料过一过；课后习题讨论讨论。基训已经做过了，订正过了。

## 六、第5课《敬业与乐业》(2016.9.18，周日，多云)

备课时，发现《敬业与乐业》是不简单的，不愧是文章大师，其中的技巧，比如论证与引用，都是自如而多彩的。而学生初步接触议论文，理解起来是不容易的。

当然，不要以为作者写的都是权威，换个角度看，或者换个结构、材料，文章可以是另一种形式。

1.让学生一二句话概括文章。当然，题目就是"敬业与乐业"，文章主体是清楚的。但是，说到结构，大概就还没有涉及了。

接下来，让学生说说文章的生字词；对一些平常不出现的字词，比如"亵渎"，"聒"，学生确有陌生感。

然后，学生读读文下注释。因为不少知识是历史知识，或者出自古代经典，学生确实有陌生感。

2.(2016.9.19，周一，多云)对议论文，学生初接触，如何逐步去解读？在初步接触之后，还是要整体感知。

议论文的结构，大体上分三部分，开始提出论点，中间是论证，最后是文章结束。当然，这是常规形式，并非唯一结构。也可以是二段，四段。我们可以根据三段论，来分析本文的结构。

让学生快速默读课文，看看文章的结构。学生默读。喊了三个同学，逐渐清楚。

本文的结构并不难，也算是常规结构。开始一段提出观点；中间是论证；最后是强调。

中间部分，作者自己也有提示：首先说有业之必要，然后阐述敬业，最后阐述乐业。后二者都有中心句提示。

这是主要结构。更具体、细化的层次还要分析。这对学生可能就不太容易。

3.通过变化来深化理解课文。

文章题目叫《敬业与乐业》，关于"__业"，还可以填哪些词语？学生散答，比如"无业"，"农业"，"失业"，"创业"等。说到"失业"，学生笑了。说到"创业"，学生比较感兴趣。我说"创业"好呀！个人发展需要，团队发展需要，国家兴旺也需要。

题目叫"敬业与乐业"，那么，从论点的角度看，完整的话语应该是什么？不能仅仅是"敬业与乐业"吧，这样，一句话不全呢。实际上作者说的是什么意思？谁要"敬业与乐业"？我们要"敬业与乐业"；中国人要"敬业与乐业"。注意，这个问题就不是简单的问题了。为什么中国人要"敬业与乐业"？而不是其他？比如歇业，无业，择业？理由是什么？这就是文章要论述的事情。

4.(2016.9.20，周二，晴)学生品读、分析文章论证部分层次。

文章的论证部分是2—8段，分三个层次。这三个层次内，是如何论证的？

先让同位、前后位学生交流自己的分析(给几分钟时间)，然后在班级发言，交流。

让学生在班级发言。注意请不同层次的学生。成绩不够好的学生，可能就分析不好；而语文成绩好的同学，品读就很像回事。

教师在品读时，注意"适度介入"，开拓同学的思维，开阔同学的眼界。

(1)先看第一层(2—5段)。首先是第2段提出"有业之必要"，然后开始论证。

第3段先是引用孔子的话，说明无所事事很难。接着，作者议论几句，说明无业之可怕。

那么，这里是用什么方法在论证？是引用论证，也是从反面去论证。如果再跟4段百丈禅师的事例放在一起看，就是对比论证。

注意这里作者的叙述与议论，对孔子语言、语气是怎么写的？"摇头叹气说道：'难！难！'"注意，这里是孔子原话吗？不是，是作者根据当时的情景，想象、加工的，于是有了"摇头叹气"，有了"难！难！"的语言描写。这样，就增加了感染力，和嘲讽效果。

第4段关于百丈禅师的文字，使用的是什么论证？举例论证。与第3段相配合，又是对比论证。

第5段呢？是讲道理，道理论证。

（2）第6、7段是如何论证的？让学生品析。这里，要分层次，要花时间，学生不太容易。

6段，首先是解释"敬"字。然后开始论证："业有什么可敬呢？为什么该敬呢？"运用设问句，引发读者的注意。其实这里是可以另起一个自然段的。作者通过讲道理，来证明人们要敬业。

7段，作者从劳动效果上来说明敬业的必要和重要。先举佝偻丈人粘蝉的故事，正面论证；然后引用曾文正的话作为对比，来证明敬业的重要性。

（3）第8段如何证明"乐业"？这一段的论证，跟前面不一样。它先是引出"做工好苦呀"这个靶子，然后是以自己为例来批驳。接着从反面说明第一等苦人是无业游民，第二等苦人是厌恶自己本业的人。然后正面阐述"凡职业都是有趣味的"，这里从四个方面来详细阐述，真是很充分。最后，引用孔子的话，结束这一层次，也结束文章的论述部分；真是很有力量。

5.自己可以试着论述吗？结合课文的练习二，来训练学生的论述能力。

为"凡职业都是有趣味的"提供几个例子。先让学生说。学生说得好不好不重要，这个过程就是训练，就有所得。

教师补充：司马光用十九年时间完成《资治通鉴》。十九年，如果只是辛苦，只是烦恼，能坚持下去吗？其实，十九年，作者为这样崇高的目标而奋斗，这十九年过得多充实呀？每一年、每一月都有进步，作者从中感受到的快乐有多少呀？

比尔·盖茨休学创业。这虽然不足以做大家的榜样，但从中我们可以看到创业对比尔·盖茨的吸引力有多么强大！其中有多少乐趣！

## 七、第6课《纪念伏尔泰逝世一百周年的演说》（2016.9.21，周三，阴）

雨果的文采真不简单，句子这么形象、优美而有力量。

1.首先让大家说说总体感受。几个学生说了，虽然不全面。这样的议论性文章，又是外国文章，不容易理解。

然后让学生提示生字词。文章确实有不少生字词，包括声音和字形。

让学生提出来,对他们自己是个检验,对别的同学,也是提示。

接着轮读课文。教师先读开头,然后同学轮读。

整体感知,划分层次。这样的过程,就是整体感知和概括的过程。即使不正确,其过程也是有意义的。

2(2016.9.22,周四,多云)让学生小组交流对课文的品读,或者疑问;然后班级交流。有些疑问,比较有水平。在大家的品读中,教师适时提出自己对文章的品读、疑问与认识,深化对文章的理解与品析。

(1)伏尔泰的贡献。这是文章2—9段的内容。伏尔泰用笔,用作品,用思想与落后势力作斗争,战胜了敌人。

注意这几段的写法。首先是背景:社会建筑是怎样的,人类社会是怎样的(2、3段)。然后写伏尔泰与之斗争的表现与过程(4、5、6段)。然后是写斗争的结果(7、8、9段)。

伏尔泰的微笑。微笑是什么意思?仅仅是笑?——多问一句,可以不写其微笑,写别的吗?比如横眉怒目,怒发冲冠。可以吗?可以这样写吗?历史上有这样怒发冲冠的人物吗?有,在某些阶段可能还是必要的。但就伏尔泰而言,可能微笑是他一个很突出的特点,或者说是他突出的斗争方式。由于时代的原因,人物性格的原因等,对敌斗争难以一蹴而就;这就迫使与之斗争的人,要有耐心,要坚持。在这样的时候,微笑也许是最恰当的手段和方式。

需要注意的是,这里的微笑就是单纯的笑?不是,对于强者是嘲笑,对于弱者可能就是怜悯。

注意这一句:"这微笑里含有黎明的曙光。"哇,是什么句子?比喻句,把微笑比成黎明的曙光,这样的微笑会带来光明呀!这是多么高的评价呀!

那么,微笑有这样大的力量,我们还可以用什么句子来说?微笑是炸弹?微笑是太阳?微笑是暴风骤雨?看,不同的句子,不同的意思,表现力就有区别。

(2)注意人称变化。对伏尔泰,用了哪些人称?第二人称"你",第三人称"他"。在4、5段,用了"你",更便于抒情,情感更强烈。而在其他段落,比如7、8、9段,用"他",更便于客观地叙述。

(3)句式赏析。排比句。文章充满激情,排比句是激情的表现之一。第

8段,赞颂伏尔泰的战争,一连用七个分句来表达:"这是一场伟大的战争……温柔的战争。"9段的最后,"他以微笑战胜暴力……以真理战胜愚昧",五个句子并列使用,对伏尔泰是多么有力量的评价呀!

偶句。文中多次用到两两并排的句子,二者或者是并列的,或者是对比的,既有形式上的美,又有节奏上的美,更有强大的力量。如第1段的最后一句"他的摇篮映照着王朝盛世的余晖,他的灵柩投射着大深渊最初的微光",既富有形象,又有强烈的抒情。文章的最后,"既然黑夜出自王座,就让光明从坟墓里出来",黑夜与光明对举,既有力地抨击了王权,又强力歌颂了伏尔泰思想的光辉。

### 八、第7课《傅雷家书两则》(2016.9.23,周五,多云)

家书为什么安排在这个单元? 教师有点怀疑这个问题。文章的体裁也不是特别突出。问学生,果然也是。

从总体感觉上看,学生对两则家书的把握不够好;这也与书信这种体裁的特别性有关。比如议论文的观点,开头就会提出来,论证也比较明显。但书信里面,论点的位置,就未必在前面。论证也不是那么明显。

1.首先让大家总体说说两则家书的主要内容。学生对第一则把握要好一些,就是对波折的态度。对第二则,也因为篇幅长,就有点把握不住。比如有学生说是"赤子之心",或者是以后的内容。

然后让大家提示重要的字词。教师做一些补充。

教师和同学一起,欣赏傅雷家书墨迹,一起读了前三四行。因为是繁体,学生有的字不认识,教师基本认识。傅雷的小毛笔字是很漂亮的,很工整。从信中可以看出一个父亲对儿子的深深的爱。这个爱,并不孤立,许多父亲母亲也是这样爱子女的。只不过今天爱的形式可能不同了。比如今天是手机信息更多,因为今天是信息时代了。

2.让学生轮读课文。轮读之前,先读一读文后练习,这样,大家也可以带着这些练习,来研读课文。

轮读之后,再让学生概括第二则主要说什么。这一次,就比较正确了。要求孩子在成功之后,依然保持对艺术的谦卑。要具有赤子之心。

接着是学生小组交流品读，或者质疑，研讨。学生或三人、五六人，一起热烈讨论，表达自己的观点。一共五六分钟，但是这五六分钟，几乎每个学生都得到发言的机会。学生真在交流、研讨、谈笑，每个同学都有一二分钟的机会。

然后在班上交流品读。有的品读比较浅显，有的品读就比较有水平。

比喻说理。"太阳太强烈，会把五谷晒焦；雨水太猛，也会淹死庄稼。"作为文学家，作者不自觉中就用文学的语言来表达思想。这里用比喻句和偶句的形式，来说明对人生高潮与低潮的防范。这样的句子，使文章说理容易，更有情感，也具有形式美。

排比与反问。"心中的苦闷不在家信中发泄，又哪里去发泄呢？孩子不向父母诉苦向谁诉呢？我们不来安慰你，又该谁来安慰你呢？"用排比与反问，更能表现一个文学家的父亲，对孩子的那种关爱之情。

感叹句，"最"字句。"世界上最高的最纯洁的欢乐，莫过于欣赏艺术，更莫过于欣赏自己的孩子的手和心传达出来的艺术！其次，我们也因为你替祖国增光而快乐！更因为你能借音乐而使多少人欢笑而欢乐！"这里连用三个感叹句，表达对孩子取得成就的极为喜悦的心情。而第一句，用了两个"最"字，表达了一个父亲因为儿子取得极好成绩的极度快乐的心情！

3.（2016.9.27，周二，晴，昨天请假，今天接着周五上）与同学讨论文下练习。从中看出亲子关系。

问同学，跟父母亲用信交流吗？基本上没有。因为他们还住在家里，天天面对父母，没有形成以信沟通的条件。

再问，如果跟爸爸妈妈产生矛盾了，如何处理？学生比较谨慎，不太敢说。看来，矛盾是不可避免的，至于如何处理，还没有明确的方法。有一个女同学说，有一次跟妈妈产生矛盾，用爸爸的手机发短信给妈妈，把妈妈斥责一通。其他同学有些同情，共鸣。

教师提示，生活中，自己跟自己都会有矛盾，哪怕舌头和牙齿，虽然是很好的关系，也会碰到。亲子也会出现矛盾，也会造成伤害。社会上有时亲子之间会出现极端的事例。当然，这是非常不可取的。

注意沟通。同时要注意方式方法。书信，手机短信，都是婉转一些的方式。

## 九、第21课《唐雎不辱使命》（2016.9.28，周三，晴）

仔细想想，有些怀疑唐雎这次使命是否成功了。从文章看，似乎秦王服输了，唐雎赢了。但是，先赢一局，是否就最终赢了呢？后来，安陵国什么时候灭亡的？唐雎威胁了秦王的性命，秦王是否会报复安陵国？

再则，从记叙文的角度看，事情的起因、经过、结果，是很有意思的。

周二学生开始接触文章，初步扫除字音、断句的障碍。

1. 品题。题目还可以怎么写？如果写成"唐雎完成使命"，按说是肯定句，语气更强烈一些吧。不过，效果可能不够好，缺乏悬念吧。而"不辱使命"，也许给人联想：看来，这个使命有些麻烦；中间可能会有波澜。如果改成"唐雎的故事"，则太宽泛了，针对性不强，也不能起到吸引读者的作用。

2. 让同学们按照记叙文"起因—经过—结果"来复述文章。学生由于对文章还不太熟悉，起因没问题，经过就不熟悉了。本来，我还想让学生按照小说情节"起因—发展—高潮—结局"来复述这个故事。本故事中，秦王的话"伏尸百万，流血千里"是发展；而唐雎的回答和"挺剑而起"是高潮。

3. 让同学轮流逐句翻译文章，同时对重点、难点词语、句子，加以解释。这个过程，让大家增强注意力，注意关键词语。

如古今义的不同。

"虽然，受地于先王"中的"虽然"，与今天不同，是两个词，"虽然这样"。

"天子之怒"的"之"，不能解释为"的"，是用于主谓之间的，现在翻译不出来。

句式。"受地于先王"，是倒装句，翻译时"于先王"在"受地"前面。

翻译时，注意不同版本的不同说法，总体是以教参为准。

4. 文章赏析。

故事的起因是什么呀？秦王要用五百里的土地换安陵国五十里土地，安陵国君不愿意，秦王不悦，于是安陵君派唐雎去出使。

那么，出使的目的是什么呀？是哄秦王开心呀，高兴呀，不要生气啦。那该怎么办呀？多讲好话，求求秦王开恩了。或者再带些礼物，等于赔个礼道个歉。

但唐雎是怎么说的呢？有没有说好话，哄秦王高兴，请秦王开恩？

我们看秦王的话语，是什么情绪？生气，愤怒的情绪。句式都是反问句，"安陵君不听寡人，何也？……而君逆寡人者，轻寡人与？"

对此，按说唐雎该用很恭敬的态度去解释，去劝慰，去恳求呀？可是，唐雎是怎么说的？"受地于先王而守之，虽千里不敢易也，岂值五百里哉？"怎么样，我们国君是继承先王的，就应该守护，怎么能丢失呢？不要说你就五百里，就是一千里，我们都不换！这个语气多么硬，多么骄傲呀？是反问的语气，讥笑的语气。也是跟秦王针锋相对的态度。

这样不好吧？秦王本来就生气了，你来出使是化解他的愤怒的，怎么可以用这样的话来激起他的怒气，让他更生气呢？

其实，唐雎是否一定用这样的话语回敬秦王呀？不一定。唐雎也可以就从"受地于先王而守之"这个角度去说的。比如说当年先王谁谁如何不易，如何艰难维护这片土地，用情感来打动秦王。

但也许唐雎觉得哀求不一定管用，不如就激怒秦王，然后以攻对攻，短兵相接，挫败秦王。

于是，下面秦王就发出威胁的话："天子之怒，伏尸百万，流血千里。"哇，真可怕呀！这样的场景真的有吗？是可能有的，但是不可能很多。这里，秦王用极端的场面，来威胁唐雎，目的是让他害怕，从而软弱下来，屈服秦王。

这样，唐雎就按照自己的思路，说出"布衣之怒"，恐吓并制止秦王的疯狂。

不过，这里很讲究文学性，感染力。文章不是一下子就写出唐雎的最终答案："若士必怒，伏尸二人，流血五步，天下缟素"，而是再来一个波折，给文章增添波澜。

唐雎不是一下子说出最终答案，而是先设问："大王尝闻布衣之怒乎？"于是，骄傲、狂妄的秦王就讥讽对方："布衣之怒，亦免冠徒跣，以头抢地耳。"

胸有成竹的唐雎自然亮出"士之怒"的情景——地动山摇，日月变色："专诸之刺王僚也，彗星袭月……怀怒未发，休祲降于天，与臣而将四矣……"说完，挺剑而起！至此，秦王完全处于弱势，既是言辞的弱势，更是生命的弱势。于是，只有暂时投输，唐雎取得完全的胜利！

故事充满波澜，具有极高的文学性。

## 十、第22课《隆中对》（2016.9.29，周四，小雨）

读隆中对话，很有意思。这是中国历史上的经典场景呢。事后的历史演变，好像都是这次预言的现实版呢。是否有这样的神奇呢？孔明分析形势的时候，刘备没有质疑，没有疑问之处？当时的场景，是否就一定如此？在流传过程中，没有一丝走样？还是后世根据历史发展，而设计的对话内容？

（2016.9.30，周五）为了国庆长假同学们能够学习后面的23课《出师表》和24课的《词五首》，跟同学一起把这两课过了一遍，先解决朗读问题。

（2016.10.8，周六上周四课，阴）继续上《隆中对》。

1.先让同学们整体感知：课文总体说什么呀？以"＿＿对"来填空，还可以填什么呀？

可能是长假书不熟了，让学生整体感知，真不熟。于是，让大家再看看，文章的主要内容。然后教师跟学生一起看看各段写了什么。

首先第1段出现的是谁？诸葛亮。首先出现他，有什么意味吗？可否出现刘备？先出现诸葛亮，可能意味着文章是以他为主角，而不是刘备。然后第2段开始是刘备，故事开始展开。主要内容在哪里？是第4段"对"，这是文章的主要内容。

第6段呢？有没有注意到这一段的用意？为什么要写关羽、张飞等人的不悦呢？学生回答，是侧面写刘备对诸葛亮的信任。是呀，这么一个很正规的史书，也用了侧面描写了！

本文是"隆中对"，那么，我们还听说哪些"＿＿对"？——历史上，这样的君臣故事是有一些的，虽然未必用"＿＿对"的形式。比如姜子牙与周王的君臣关系，有"姜子牙钓鱼，愿者上钩"的传说留下。那么，这对君臣的对话，也是非常精彩而有价值的。这样的对话，可能就是一个全新的思想、思路、道路、方案。这样的思路一出，之前感觉无从下手的政治问题就不难解决了，成功就会很快到来。

刘备是个英雄，刘关张兄弟够强大呀？但是，找不到路径，就无法实现目标！可是现在，"听君一席话"，通往帝王的道路，一下子就清晰起来，你说刘备高兴不高兴？诸葛亮高明不高明？

2.翻译文章。先让同位或前后位同学一人一句翻译，然后在班上，一个一个同学喊起来翻译。对于疑难字词、句式、写法，单独提问。

诸葛亮个子高吗？诸葛亮"身长八尺"，那么诸葛亮高吗？学生有回答，这是汉尺，用今天的市尺量，大概是五尺。

"时人莫之许"，"莫之许"是什么句式？倒装句，是"莫许之"的倒装。

"凡三往，乃见"，我们对这句话有什么思考？在别的书上有没有看出什么故事？比如《三国演义》中，三次见面，有怎样的故事。但在我们这篇文章里，就是一个"凡三往，乃见"，省去了多少文字。——那么，从本文的主旨看，可不可以引入"三往"的故事？不能，因为主要目的是写"对"的内容，而不是之前的故事性。

"然操遂能克绍，以弱为强者，非惟天时，抑亦人谋也。"这里出现了"天时""人谋"，由这两个词语，我们想到哪些词语？学生回答"天时，地利，人和"。这是我们中国人分析政治形势时，爱用的三个概念。天时，有自然的季节，比如冬天过冷，不利于缺衣少食的群体。还有政治气候。地利，比如军队驻守在山区，有利于防守，但是不利于解决饥饿问题。地方大，又富裕，地形适于攻守，对于一支军队就是地利。而对于他的对手，就是不利。人和，既包括上下团结，也包括一定的数量。孟子的"天时不如地利，地利不如人和"，把这三个概念放在一起进行了比较。

在文中，作者分析了中国大地上的几支政治力量？刘备的发展空间在哪？

北方有曹操，江南有孙权。这二支力量都比较成熟，难以撼动。那么，只有益州、荆州，因为其现在的主人不能守，这是将军的好机会。——诸葛亮在家里，就将清了天下政治形势的走向，为刘备指明了发展的方向！刘备这些年东奔西走，不完全是没有军事力量，一个重要的问题就是没有找到奋斗的路径，努力的方向！现在，由诸葛亮一席话，把云雾拨开，见到了太阳！

文章如何写刘备听诸葛亮分析后的态度？"善！"这就是刘备的回答。虽然只是一个字，但是，可以想象出刘备的兴奋。当然，如果此处连用三个"善"呢？应该也是可以的，或许更好呢。

## 十一、第23课《出师表》（2016.10.10，周一，多云）

之前，让学生预习，解决了读音和节奏问题。今天学生读，总体还不错。

先让学生说说文章总体说了什么，然后主要解决翻译问题。翻译，一般是先让同位、前后位同学互译，然后在班上翻译；翻译后，让该生说说重点词语，教师也提出疑难词语，跟学生一起去解决。

1.解题。题目什么意思？出兵之前，给后主刘禅的表章。

——给帝王上书，有"表"还有什么？学生说有"奏章"等。

2.翻译。先逐段让学生互译，然后请学生在班里翻译，并指出重要、疑难的字词；教师同时提出学生没有提到的疑难字词。这样的节奏，松紧比较适度，同学活动频率高。

有些重点、疑难词语，比如一词多义，古今义，特别提出来，以引起学生注意。比如"痛恨"，不是今天的痛恨之意，而是二个词语"痛心遗憾"。"卑鄙"，不是今天的道德低下，而是"身份低微，见识浅短"。

3.品析文章。（2016.10.11，周二，小雨）

这篇文章指名道姓，说依靠谁？有没有指名说谁不能依靠？——当然不能指名，这是太损害人的事，会造成仇恨呢。其实，即使作者没有点名，也是得罪人的，——刘禅周围的人，肯定对诸葛亮不高兴的：你诸葛亮要君主信任谁，我在他身边，很亲近，你没说信任我，不就是对我的不信任吗？

但这是没办法的事。诸葛亮只能如此了。

"愚以为宫中之事，事无大小，悉以咨之"，从这句话中读到了什么？"事无大小，悉以咨之"，就是你刘禅大事小事都不要自己做主，让这几个臣子为你做主。从中，可以看出刘禅的平庸与糊涂是多么严重！

"先帝"在文中的重要位置。表是写给刘禅的，可是第一句话却是"先帝创业未必而中道崩殂……此诚危急存亡之秋也"，一下子把那种悲哀和紧张的情绪投放了出来，笼罩全文。在这样的情绪下，作者对刘禅的规劝，作者的北伐行动，都有了充足的依据。之后，多次提到"先帝"，给文章增添了分量。试想，如果此文去掉"先帝"，就完全是一个大臣给君王上表，文章的力量可能就减轻了许多呢！而且，作为臣子，有些话可能还不太好说出来。

文章的结尾充满感情："今当远离,临表涕零,不知所言。"按说,到上一段的结尾"深追先帝遗诏,臣不胜受恩感激",文章就可以结束了。但是,也许作者真的就是心情沉重,同时也想以情感人吧,于是把这个很有情感的话语,写在了表文的最后。

4.(2016.10.13,周四,小雨,周三在外面学习,没有上课)评价诸葛亮。

师生翻译完文章,又一起讨论课后练习;布置学生背诵课文。

课后练习三有对诸葛亮的评价。如何评价诸葛亮?首先是回顾诸葛亮创造的奇迹。学生回顾有"草船借箭"等。这确实了不起,也很有神话色彩。

但是,另一方面,这么神奇的人,为什么没有统一中国?唉,这么大的事情,多么不容易呀!三国时人物,谁完成了这个伟业?司马懿父子。跟诸葛亮相比,他们有什么优势?

人家司马氏是接着曹氏家族创下的基础,又加上二代接力,而且,司马懿长寿呀!

而诸葛亮呢?刘备是个英雄,可是其子刘禅是个傻子,缺乏英雄的接力,如何能完成要几十年才能完成的伟业呢?

如果刘禅是个英雄,加上诸葛亮的辅助,或许是可以成功的。如果诸葛亮不是只活五十多岁,而是活七十多岁;如果诸葛亮的儿子也如诸葛亮一样智慧,那么,最后是否蜀国一统天下呢?不是没有可能。

——原来,天下大势,除了人的因素,是有命运的因素在其中呢!

## 十二、第24课《词五首》(2016.10.14,周五,小雨)

备课时,跟着古文人的思路与情感,游了一趟;不过,也被眼泪泡了一趟。是古人喜欢在词中写悲哀吗,"为赋新诗强说愁"?还是编者有意选的这些悲哀之音?当然,是有一点爱国作用的。

在教学时,先让同学们说说各首词的主要意思;然后让同位、前后位同学交流自己对词的品读;再各自发言,在班级里品读。最后是教师主导品读。

教师主导品读时,注意在比较中品读,通过改换字词,甚至句子,来比较、体会诗句的意思。

1.《望江南》。

问同学们,这首短短的词,写了什么样的生活?多长时间?哪些词语值得注意?

写的是一个闺中女子,在等着自己的丈夫吧。她早晨梳洗之后,就等着丈夫过来了。她在哪里等?望江楼。为什么在这里?是等着丈夫坐船回来呢。她是什么样的姿态?“倚”。这个“倚”反映了她怎么样的心情?如果换一个词语怎么样?她“端坐望江楼”,怎么样?姿势似乎更好看了,但是情绪呢,就不一样了。“倚”望江楼,反映她的期待之情,希望离江面更近些,更早些看到自己心爱的人的身影。而“独”“倚”,可能既说明她独自一人,在等待着心爱的人回家,也说明她可能还没有孩子。当然,“独倚”,那种神情,是更能打动人的。

“斜晖脉脉水悠悠”,有没有注意到这句话的情绪?要注意呀。“脉脉”,是一种含情脉脉的情绪呢。“悠悠”,是感情波动的情态呢。不用这两个可以吗?比如,中午的太阳,阳光直射,就没有“脉脉”的情绪。或者即使是接近傍晚的太阳,也可以说“斜晖默默”,“夕阳无力”。大江呢,也可以说“水浑浊”,“水荡漾”,“水急流”。如果写成“夕阳无力水浑浊”,那就没有思念之情了,而是另一种情绪了。

注意到“过尽千帆皆不是”了吗?注意,不可以一读而过呀!想想看,这位盼归的女子,倚着窗口,看着一艘艘帆船,用了多长时间?有过多少个情绪的变化?这一艘艘船有哪些类型呀?哪些像自己家的船?哪些,最可能坐着自己的亲人?于是有过多少次的希望——失望?从早到傍晚,一天的时间呀!正是一天时间,千艘船只,多少个盼望——希望——失望,到了太阳落山的时候,今天再也没有希望了,于是有了最后的一句——

“肠断白蘋洲”,这句是直接抒情了。“斜晖脉脉水悠悠”,是借景抒情,间接抒情。到了最后,作者的情感到了高潮,于是就直接抒情了。哇,因为见不到自己的爱人,自己的亲人,一天的时间过去了,渴望的心一次次失望,最后让自己肝肠寸断呢!

《渔家傲 秋思》。这首词写的是什么情景下的故事?表达的是什么情感?

地点是塞下,时间是秋天,景物呢?衡阳雁去,四面边声,连角声,千嶂里,长烟,落日,孤城。

这样的景物给了我们什么感觉? 突出的孤单感,不安全感。在这样一个边境之地,四周都是大山,只有一个孤城,多么孤凄!

在下阕里,写了对家乡的思念。回不去,"将军白发征夫泪"。

总体上看,情感是悲伤的。

那么,如果回到当时,除了悲伤的感觉外,有没有甜蜜、幸福的感觉,以及与之相适应的景物? 有落日,自然有朝阳;有孤城,也有众多热闹的军民;有衡阳雁去,也有早晚的鸟鸣。

如果我们写入这样的情景:早晨太阳鲜红,鸟儿欢唱,军民说笑着出入城门;夜晚明月升起,军人奏起嘹亮的歌曲,人们唱着跳着,尽情地欢乐。

——这样写,边境之地的生活,就是美丽的,和平的。

当然,作者这样写,确实反映了中国人对待边塞的态度,是真实的。

2(2016.10.17,周一,多云)完成后三首的品读。

《江城子 密州出猎》。场面描写和典故运用,是这首词的特点。

场面有两个,一是"老夫聊发少年狂,左牵黄,右擎苍,锦帽貂裘,千骑卷平冈。"哇,这是一个多么豪放的场面呀! 另一个是想象中的场面:"会挽雕弓如满月,西北望,射天狼。"哇,多么强的本领,为国家建功立业!

用的典故有两个,一是"亲射虎,看孙郎",这个典故,写出了作者的英雄气! 虽然可能是暂时的,是"酒酣"之后的兴奋。二是"持节云中,何日遣冯唐"。

但是,这样的兴奋劲是怎么来的呢? 可能是一时兴奋吧,是"酒酣"之后的想象吧! 词中也是有伏笔的,开头就用"老夫聊发少年狂",是"聊发",不是必然的。但是,这样的"聊发"可能是不能持久的,因为自己已经是"鬓微霜",已经老了,还能怎么样呀?

《武陵春》。李清照是善于抒情的,我们从词中读到的是什么情景和情感? 上阕给我们勾勒的就是一副让人悲伤的情景:"尘香花已尽",花落了,尘土里带有落花的香气;"物是人非事事休"。自己是怎样的表现呢? "日晚倦梳头",为什么呀? 肯定是情绪很差呢。"欲语泪先流",这只有在非常悲伤的情况下,才会有的低落情绪呢。

但是,作者是善于表达情感的。她不是就按照上阕的情绪继续写悲伤之情，而是故意用"闻说双溪春尚好，也拟泛轻舟"，来舒缓情绪，似乎低落的情绪快要结束了，要进入新的喜悦的情感之中了。如果按照这样的思路写，那么到了双溪之后，作者的情感可能就舒缓多了。但是，作者的构思是很清晰的，这里的舒缓性内容，其实正是让词结尾的悲伤之情更加突出的过渡："只恐双溪舴艋舟，载不动许多愁。"想一想，作者如果去了双溪，在玩耍中，是否能缓解自己的悲伤情绪呢？可是，作者是如何看待的？自己的愁有多少？愁是看不见摸不着的，如何写呢？这里，作者化虚为实，把看不见、摸不着的愁，用重量来表示，说这个愁多么重，双溪的舴艋舟，可能载不动！可见，作者的愁有多少！

在品析这最后一句时，教师故意问学生，愁有多少？有的学生答不出，有的学生答：白发三千丈，缘愁似个长。我跟同学们讲，愁如何写？可以从长度、重量、容量几个方面去表现。李清照是从重量的角度来写愁的，化虚为实，富有创造力地写出了愁之多，愁之惊人，非常具有艺术性，具有语言的创造力！

《破阵子 为陈同甫赋壮词以寄之》。作者描写了什么样的场面？是沙场上与敌人战斗的场面，场面壮观。"八百里分麾下炙，五十弦翻塞外声，沙场秋点兵。"又是奏乐，又是分牛肉犒赏部下，沙场点兵，准备出战了。那么战场情况怎么样呢？"马作的卢飞快，弓如霹雳弦惊"，可见对敌人的攻击力是比较强的。目标呢？"了却君王天下事，赢得生前身后名。"对君王来说，天下事能够了却；对自己来说，有了名声。这一切多好呀！可是，结尾一句"可怜白发生"，把这一切都否定了！白发生了，人已老了，这一切都还没有看到影子呢！这是谁的责任呢？

这结尾一句，非常有力量。

但这个结尾，也不是很突然的，前面其实已经有伏笔："醉里挑灯看剑，梦回吹角连营"，原来这一切战斗场面，都是"醉里""梦回"中才有的，并不是在生活中实际产生的！后面的"可怜白发生"，就是对它严密的照应，原来，这一切都是很难实现的，大概只有梦中才见到吧！这当然就是对当权的一些人的有力批判！

## 十三、第8课《故乡》(2016.10.19,周三,多云转阴)

再读鲁迅的《故乡》,觉得真是好文章,很真诚,也真用心。许多地方的写法,都是恰到好处。人物构思,少年闰土——少年的我;现在的闰土,现在的我。闰土儿子——我的侄儿,未来呢,会怎么样呢? 这是一种希望吧!

题目为"故乡",简单干脆,有没有深意呢? 故乡,是过去了的意思吗? 未来的家乡呢,是什么样子?

三类人,辛苦辗转,辛苦麻木,辛苦恣睢。那么,还有什么人生道路可以选择吗?

景物描写真不简单! 看"深蓝的天空中挂着一轮金黄的圆月……",多美呀!"瓦楞上许多枯草的断茎当风抖着……"多么简洁而恰到好处!

再细读文章,发现13段这句话有个小毛病:"……忙不过来,他便对父亲说,可以叫他的儿子闰土来管祭器的。"之前,没有介绍闰土的父亲,此处,却突然出来了"他",这是不妥的,是作者的一个疏忽。

1.(2016.10.21,周五,雨)先总体感知:"故乡",写什么呀? 写回故乡搬家,在故乡时的见闻与所感。

跟学生一起梳理情节,其中也包括了人物,主要人物、次要人物、叙述时需要出场的人物。主要人物的标志是什么? 事情多。比如闰土,杨二嫂。宏儿是主要人物吗? 是叙述时需要出场的人物吗? 母亲呢? 是需要出场的人物,但是否主要人物? 可否写母亲的几件事? ——从本文的主题看,没有必要,所以作者也没有写。杨二嫂的事情可以略写或不写吗? 不行,她是主要人物,是主题所系的人物之一。

主要情节:我回故乡。

到故乡:见到母亲,谈搬家事宜,提到闰土。

回忆闰土:一个英俊少年;叙述雪地捕鸟的神奇;夏夜猎兽。

杨二嫂出现,姿势丑陋;回忆"豆腐西施";要求给些便宜。

闰土来了。身材,外形,恭敬称呼"老爷";说话吞吞吐吐;沉默,苦楚。夜里谈天,一笔带过。

离开故乡:宏儿说水生约他玩;提到闰土和杨二嫂;我的心愿和希望。

学生同位前后位品读交流。在班上发言。

学生的品读，大多还是从记叙文的角度，品析描写、语言等，还不能从小说的角度去品读，比如品析人物。

问："我"是什么人物？线索人物。这是一篇以第一人称为叙述人的小说。小说一般是以第几人称为叙述人的？四大名著，以第几人称叙述的？学生有些茫然。也是因为可能没怎么读过。

——四大名著，当然都是以第三人称为叙述人的。第一人称，就没办法叙述。比如，如果知道林黛玉的心理活动呀？"我"不在现场，如何叙述呀？

2.(2016.10.24，周一，小雨)分析小说美点；讨论文下练习。

让学生品析小说的美点，或者疑问。学生晞提出疑问：宏儿和水生的作用。让学生回答，答得也差不多。

美点品读。

鲁迅的《故乡》是优秀小说。鲁迅是文学大师，在《故乡》里，也有显现。

小说的人物安排，主次分明，感染力很强。主要人物是闰土，次要是杨二嫂，次第出现，都有追忆，但详略不同。

小说的主题。小说并没有以闰土、杨二嫂的出场结束，并没有以悲观结束，而是以宏儿、水生的关系结束，体现了作者的希望；也是作者对未来的期盼与信心。这反映了作者具有很高的思想高度，而不仅是一个关心民生的文学家。

非常出色的描写。人物描写：肖像，语言，心理，都是很具有神采的。比如对闰土小时候和中年时候的肖像描写，写出了特色，写出了神采。

景物描写。写闰土小时候的景色："深蓝的天空中挂着一轮金黄的圆月"，只一句话，就写出了一个好美的月色景色。写回故乡时的荒村："苍黄的天底下，远近横着几个萧索的荒村，没有一些活气。"只几笔，就勾勒了贫困、衰败的景象。

——如何让荒村形象变好？让学生换一些词语，写出一个美丽的村落形象来。比如：在温暖的太阳下，远近卧着几个安静的村庄，让人感到好温馨。——怎么样，词语一变，情感就变了！由此我们可以感受到大师的笔下功夫！

议论抒情。文章的后面三段，集中了议论抒情。作者希望宏儿和水生有怎样的生活？可能还没有想好，但是，却不愿意他们有自己、闰土、杨二嫂这样的生活：辛苦辗转，辛苦麻木，辛苦恣睢。

在文章的最后一段，作者提出：希望是本无所谓有，无所谓无的。这正如地上的路；其实地上本没有路，走的人多了，也便成了路。

虽然作者对下一代人要走怎样的路，还不是很明晰；但是，总体上还是充满信心的。因为道理在这：对希望的追求，就如同在平地上开路一样，多努力，许多人都去开辟，就可以开出新路。

## 十四、第9课《孤独之旅》（2016.10.15，周二，阴）

可以为小说增加或改动哪些情节呀？可以增加什么内容？题目叫"孤独之旅"，还可以叫"____之旅"？成长之旅。梦幻之旅？那就好极啦。

首先让学生概括文章。然后梳理文章的字词。再概括文章的情节。之后，同位、前后位同学交流预习心得。然后在班内交流。

跟前面《故乡》相比，本文在艺术上是有改动空间的。所以，有意识让学生编造情节；这样，即锻炼了阅读能力，又训练了作文能力。

比如，往芦苇荡去的路上，头一天晚上，月亮升起，却只说他们父子吃饭。饭后，在这美丽的月光之下，可否进行一些抒情呢？比如回忆在家乡生活的情景，以加强快乐的因素？当然，这不是作者的意图，所以作者没有在月亮照耀下，做一番文章。

还有，文章的高潮是暴风雨中父子分头找鸭子。这个高潮当然是很不简单的。但是，高潮之前，是否还可以设计情节，来锻炼杜小康呢？比如父亲外出有事，忽然有一批鸭子到别处去了，杜小康去追，于是从中得到了锤炼。

如果从好学的角度看，杜小康是否可以有作为？比如从家里带去二本书，在那里一边放鸭，一边读书。怎么样？这也是很不错的情节呢。当然，不一定合乎作者的设想。

287

九年级语文上册

很精致的小说。情节变化富有戏剧性，人物表现真实而有表现力。

1.跟同学一起梳理情节。

文章先介绍家里的情况，然后写出，每到周日都要衣冠整齐地到海边栈桥去散步，看到大船开进港口来，父亲总要说那句永不变更的话："唉！如果于勒竟在这只船上，那会叫人多么惊喜呀！"

于是引出对于勒的介绍。于勒行为不正，糟蹋钱，于是被打发到美洲去。却在那里发了财。发了财，说要去旅行几年，然后回来与哥哥一起过日子。于是菲利普一家就盼望于勒回来。接着情节在这里又往前发展：一个看中二姐的公务员，因为看到了于勒的信，决心向二姐求婚。

在船上，父亲发现卖牡蛎的人很像于勒，十分不安。母亲去看看，觉得是他。又让父亲去跟船长打听一下。船长证实是于勒。父亲很狼狈，母亲暴怒起来。让约瑟夫去付牡蛎钱。约瑟夫同情叔叔，给了十个铜子的小费；被母亲一顿斥责。一会，到哲尔赛岛了。

一家人回来的时候，改乘另一艘船，以免再遇见他。

2.看看文章是如何写父亲发现于勒，又是如何描写的，菲利普夫妇是如何处理的。

先是父亲看见"一个衣衫褴褛的年老水手拿小刀撬开牡蛎，递给两位先生，再由他们递给两位太太"。父亲被这种吃法打动了，于是情节向前发展。注意，这里，已经给了于勒一个镜头了，只是突出他的衣裳和身份吧，还没有突出其脸。

然后是父亲请家人吃牡蛎。母亲为了省钱，说自己怕伤胃，又说若瑟夫是男孩子，不能惯坏了。这既反映了母亲的节省，也正好为若瑟夫下一步近距离看父母的表现，奠定了基础。

然后是"父亲突然好像不安起来……脸色十分苍白"……

这些描写，充分写出了菲利普夫妇的担心与不信，写得真切而细致。

3.品题。题目一定要这样写吗？

可否写成"于勒的故事"？或者"哲尔赛岛的旅行"？但写成"我的叔叔

于勒",是很恰当的,包含了对父母的批评之意吧。

4.(2016.10.27,周四,雨)今天跟学生互动分析很畅快,包括学生提的问题。有些同学提的问题,很有水平呢。比如萍提的问题,42段末,"这是我的叔叔,父亲的弟弟,我的亲叔叔",为什么要这么强调?

于是,师生就为此展开讨论。可以简化吗?"这是我的叔叔",结束,作用有没有这么大?肯定没有。没有提到父亲,没有一个"亲"字。作者这样写的目的是什么?是对父亲的批评呢!这是你的弟弟,骨肉兄弟,可是看他到了这个穷苦的地步,却躲避,不管,怎么这么狠心呢?

那么,这里可否突出母亲呢?比如加上"这是母亲的小叔子",呵呵,可能已经没有必要了,因为已经批评父亲了,母亲其实也包含在其中了。

不仅如此,我们看看这一段的内容:"我看了看他的手,那是一只满是皱纹的水手的手。我又看了看他的脸,那是一张又老又穷苦的脸,满脸愁容,狼狈不堪。"这里,运用了什么写法,表达的是什么情感?是特写,表达的是同情。如果我们不想突出同情,可以如何写?比如突出他的肮脏:那是一只好像几个月没有洗的灰黑色的手。这样一写,同情就不在了吧?——从中可以看出,写作的妙处!

文章的主人公是谁?有学生说是于勒。教师问,会不会是两个姐姐?学生摇头。为什么不是姐姐?文章不以她们为主角,对她们的笔墨很少,主题也基本与她们无关。那么,文章的矛头主要针对谁?是于勒吗?他占的篇幅多还是少?他是主动者还是被动者?

这么一问,我们可能能够判断主人公是"我"的父亲母亲,是他们。

——反过来问,"我"的父亲母亲,在船上遇到多年盼望见到而还没有见到的于勒,却对他现在的极为贫穷的身份难以认同、接受,于是不敢、不愿去认,这是因为什么呀?怕他再回来拖累他们。

但从另一方面讲,多年兄弟终于见到,却是这样的穷困潦倒,作为哥哥,是否有兄弟情、手足情,把弟弟领下来,领回家,照顾其生活?如果这样,当然是好了。但这不是文章的主旨。

有没有注意到,母亲对于勒是坚决回避的态度,作为亲兄弟的父亲,有没有一些同情心呢?可不可以表现一点具有这种同情心理的言行、神态呢?

——从这些角度看,文章可以品读的地方是很多的。不愧是名作呀!

### 十六、第11课《心声》（2016.10.31，周一，雨）

"心声"是什么？是对爷爷的思念，是这种情感在课堂的表达。文章采用双线的形式，明线是课堂朗读，李京京想读，但老师对他印象不好；暗线是李京京对爷爷的感情。

1.初步接触课文。梳理结构、情节。跟标准的结构不同，不是"开端、发展、高潮、结局"四部分，本文是发展占了二层，高潮与结局在一起。

注意线索，是双线索。表面是李京京想读书，暗线是李京京对爷爷的思念。

2.（2016.11.2，周三，晴）先轮读文章，同位、前后位交流，然后班级交流。同学们交流比较热烈。发言，有不少有价值的东西。

注意其中描写之细致。如57段。写京京掉眼泪了，可是，用多少语句，从多少个角度，去细细描写呀！写泪珠，用"晶亮"去修饰；写泪珠掉下，用"啪嗒"的拟声词；接着写感觉："声音那么响，把他自己都吓了一跳。"接着后面写自己的心理，写众人反应的场面。看，描写的角度有多少呀！有多么细呀！

注意其中关于语气的描写，如15段、16段，这是文同学品析的。京京"结结巴巴地说"，程老师"干干脆脆地回答"，用"结结巴巴"和"干干脆脆"分别来修饰京京和程老师的语气，是一种鲜明的对比，二者都是叠词。是否京京只能"结结巴巴"地说？换其他词语怎么样？痛痛快快，犹犹豫豫，吞吞吐吐，怎么样？不是只有一个选择呢。当然，"结结巴巴"，更能反映京京的心理。而程老师的"干干脆脆"，也反映了她对京京的不看好，这也为下文她的表现，做出了对比。

### 十七、第12课《事物的正确答案不止一个》（2016.11.3，周四，晴）

此文显示外国人的文风，虽然未必周密，但是观点鲜明。关于创造性思维，创造力，是有启发的。

1.首先让同学说说全文的主要意思。虽然未必完善,但可以查看他的概括情况。几个同学一比较,能看出深还是浅。

文章的主要意思说了什么?是说创造性思维和创造力的事情。对此,我们是否有自己的看法?

品题。有没有从题目中看出什么特点?不比较可能不知道,一比较,可能就不一样了。本单元课文的题目,基本上是完整的一句话,或者是动宾短语。比如本文,就是完整的一句话。下一篇文章题目《应有格物致知精神》,是个动宾短语。14课"短文两篇"的《谈读书》,《不求甚解》,都是动宾短语。15课《中国人失掉自信力了吗?》,也是完整的主谓句。

可是上一个单元呢?《故乡》,《孤独之旅》,《我的叔叔于勒》,《心声》,基本上都是词语,或者是偏正短语。为什么有这样的区别呢?文体不同呀。记叙文,是写故事的,一件事、一个词语为题,就可以了。可是议论文呢?是表达观点的,而观点,基本上是一个完整的句子,或者至少是一个省略了主语的动宾短语。

结构梳理。让同学分段。大致差不多。教师讲解:议论文有自己的结构特点,那可能是:提出论点,论证部分,结论部分。大致是三部分。当然,是有变化的。比如有的文章,最后得出论点,这当然也是可以的。

2(2016.11.4,周五,晴)细化、深化品读文章。

师生一起品读。有时,学生品了,教师往深处品,引导大家品析文章。

举例论证。文章的7、8段是举例论证。论证什么?论证第6段,运用知识,不断尝试。是否只有这两点了?其实,应该暗含着第5段的内容,就是积累知识。不积累,如何运用?约翰运用知识之先,是积累了知识,他因为熟知这两种机械,所以才会想到运用。否则,是无法去尝试的。

当然,有了知识,却不去多想,不去尝试,就无法创新。需要注意的是,约翰不简单呀,他怎么会想到把二种机械合并成一种机械?单单这种想法,就是很不简单的;或许这就是下文说的灵感吧!这是创新的非常重要的因素。

对第8段的举例,有没有什么想法?比如我们跟记叙文比较,有没有注意到叙述的不同?第8段叙述很短呀,只有起因,结果,没有经过。如果写经过如何写?他如何试验的,开始如何做,接着如何做,又是怎么想的。怎么样,过程生动有趣吧？那作者为什么没有写此经过呀？是因为体裁的原因。这是议论文,不是记叙文。

所以,同样的事情,记叙文与议论文,叙述是不同的。

还有,有没有注意到第11段的文字。中间写道,即使是贝多芬、爱因斯坦、莎士比亚他们,"在大多数情况下,即便是他们,也并非轻而易举就能获得如此非凡的灵感。"有没有注意到,这里没有举例论证呢！如果举例,比如举他们某次想完成什么项目,可是费了多大的劲,用了许多的时间,都没有完成。——怎么样,这样一写,一个举例论证,是否前面的观点就立得住了呀？那作者为什么在这里没有论证呢？——因为这不是文章的重点呀,没有必要。

文章的起承转合。文章是注意关联的,比如第4段开头的一个"然而",将上下文联系了起来,同时也将文章引入了新的层次。接下来的"那么,创造性思维又有哪些必需的要素呢？"是设问句,很好地把文章引入了下面的内容。

这样的结构特点,第9段也是如此。

文章结尾也值得注意。中间一句是个长句子,有几个分号？二个。这是对全文的总结,包括三个方面:积累知识;运用知识;不断尝试。

对一些词语的解读。第6段说"持之以恒地进行各种尝试",第13段说"锲而不舍地把它发展下去",这里的"持之以恒","锲而不舍",都如何解读呀？学生不解。我启迪说,指多少次呀,一千多次？多长时间？一百天,三百天？多少钱？多少资金？——从这里可以看到,对词语的深化理解！

## 十八、第13课《应有格物致知精神》(2016.11.7,周一,小雨;2016.11.8,周二,阴)

这篇文章不复杂,也不是多有文采,但其中一些信息还是不简单的。

结构是简洁的,开头,结尾,中间论证。

1.有些词语是很有力量的。如第12段的"最使我彷徨恐慌的",一个"最"字,还有"彷徨恐慌",都是值得品品的。

结尾一段包括不少信息,也有延伸,提高。结尾一段开头就写道:"我觉得真正的格物致知精神,不但研究学术不可缺少,而且对应付今天的世界环境也是不可少的。我们需要培养实验的精神,就是说,不论是研究自然科学,研究人文科学……我们都要保留一个怀疑求真的态度……"

这已经是延伸了,提高了。不仅是学习自然科学需要实验精神了,原来对待这个世界,都是需要的了。

文章接着写道:格物致知真正意义的两个方面:"第一,寻求真理的唯一途径是对事物客观的探索;第二,探索应该有想象力,有计划,不能消极地袖手旁观。"

在这里,这话是很深刻的,但是否有点疑问呢?"寻求真理的唯一途径是对事物客观的探索"?那么,一些社会科学方面的真理,如何对它进行客观的探索呢?

2.对于传统,不要以为就是错的,就是今天,也还是有价值的。今天"修齐治平",也还是很有意义的。

"修齐治平",在中国古代起到不小的作用。它在引导中国青少年的人生之路,读书,修炼,然后为国家服务。把优秀的人才,选拔到关键的岗位上来,为国家、为人民服务。

不然,国家谁来建设?人们追求什么?像一些地区,国家的统治者采用世袭的制度,结果可能越来越平庸,最后导致国家的灭亡,民族的消亡。

即使在今天,人们不是都要去实验、探究,去创新。许多人,就按部就班,把国家、社会管理好就行了。创新,有一部分人去做,就可以了。并不是要人人做。

3.实验精神变成中国文化的一部分了吗?

文章的最后一句话是很有分量的:"希望我们这一代对于格物和致知有新的认识和思考,使得实验精神真正变成中国文化的一部分。"

这篇文章是1991年写的。那么,至今25年过去了,如今,实验精神真正变成中国文化的一部分了吗?恐怕还没有。这是值得我们思考的问题。

## 十九、第14课《短文两篇》(2016.11.9,周三,阴)

1.《谈读书》。

读优秀的文章，是一种愉悦呀！读培根的《谈读书》，真是一种享受呢。不要以为今天科学很先进了，对问题的认识就超越古人了。未必。今天传播信息的媒体多了，外界的吸引力多了，人们分心了；于是对于读书的认识，可能停滞了，甚至退步了。

梳理结构之后，再小组品读、交流文章。但发现学生不够热烈。问学生，对这议论文的品读，有没有记叙文品读有话说？学生说没有。——议论文确实难一些呀。

问学生，读此文的时候，是否对它的形式有些看法？雨说，感觉要多分段。——是呀，可以多分一些自然段呢。

"读史使人明智，读诗使人灵秀……"，那么，今天的我们，可以如何写呢？读漫画书使人幽默？读文学书使人敏感？等等。看来，总结起来并不容易呀！也可见培根读书真多，思考真深呢！

2.(2016.11.10，周四，多云)《不求甚解》。

作者对人家的批评，是很有文化味的。首先从原文找出依据，原文不仅说不求甚解，还有"每有会意，便欣然忘食"，这是多么投入呀！

在引用之后，作者是充分地议论，最后对不求甚解作了二点阐释：一是表示虚心，二是说明读书的方法。这样，不求甚解就有了充分的依据了！作者的这种文字、文化功夫是十分了得的。

接着是正反对比论证，普列汉诺夫的反面例子，诸葛亮的正面例子，都是批判对方观点，支持自己观点的。

最后，还引用宋代理学家陆象山的话，有力地证明了自己的观点。

注意，作者在议论中，字里行间可能是有所指的。比如在引用列宁批评普列汉诺夫的例子，后面的议论中有这样的话："要学习得好，就不能死读，而必须活读。""活读"二字，是有意思的。是不是暗指有些人，过分咬文嚼字了，而没有领会经典的本意？

文章的结尾是值得注意的。不求甚解，可是如何领会书本的意思呢？文章用了有三个分号的长句子，阐释如何做。最后，文章的结尾句是"重要的书必须常常反复阅读，每读一次都会觉得开卷有益"。作者不是为不求甚解辩护，而是提倡反复阅读，不断思考，于是可以深入理解。

## 二十、第15课《中国人失掉自信力了吗》（2016.11.11，周五，晴）

鲁迅的文章是不得了的，从标题，到找靶子，到批驳在关键部位，批驳之巧妙，用语之得当，都是不简单的。当然，也不是就没有不足，比如，犀利、深刻是有的，但是厚重就未必够

1.题目之意。

学生雨提出疑问，题目为什么用问句呢？我就追问，你觉得这是什么问句？用什么句子好？

题目是反问句，当然，也可以说是设问句；如果加上"难道"，反问的特征就很鲜明了。

那么，用别的句式呢？比如用陈述句，可以改为：中国人没有失掉自信力。这个句子，是否合乎作者的意思和情绪呢？可能不行。

2.结构梳理。

让学生梳理一下文章的结构。学生梳理比较一致，前二段提出靶子，中间驳论，结尾一段总结。

文章品读。先让学生同位、前后位品读文章，然后提问。学生的品读与疑问不少。比如有学生问，开头一句"从公开的文字上看起来"能否删掉？删掉会怎么样？会让人怀疑，你的这些材料、结论是从哪来的？是私下得来的？是某些地方的人在做？这样，就不好了。

现在，用"从公开的文字上看起来"提示，就是告诉读者，我文章的材料来自报刊、公告等，是很有代表性、权威性的。这样，作者引出的结论"中国人失掉自信力了"，就比较确凿，而不是作者的臆造。

3.（2016.11.14，周一，多云）文章品析。

通过改变句式，深化理解文章。

第6段，"然而……我们有并不失掉自信力的中国人在"这个句式可以如何改变？改变之后的意思是否变了？

学生改."我们大多数中国人都是充满自信力的。"这改成肯定句了，意思有没有变化？有的。前者是否定句，感觉似乎只有少部分中国人还没有失掉自信力。这也是符合当时实际的。而所改句，则是肯定句，似乎百分之

七十的中国人都是充满自信力的。这个句式虽然漂亮，但是并不合乎当时的实际。

第7段开头，"我们从古以来，就有埋头苦干的人……"，作者连列举了四类人，然后是省略号。那么，我们还可以举出什么人呢？让学生列举，却多是列举不出。再让大家举例，"埋头苦干的人……"有哪些？比如包拯、岳飞算哪一类？

第8段最后一句："说中国人失掉了自信力，用以指一部分人则可，倘若加于全体，那简直是污蔑。"有没有注意到这一句的情感？把"那简直是污蔑"，改一下，就可以看出其中的情感了。比如"那可能不妥当吧"，这样一改，语气就和缓多了。但这样的和缓，是不合乎作者的认识和情感的，所以作者用"那简直是污蔑"这样愤慨的句子来表达。

## 二十一、第16课《智取生辰纲》（2016.11.15，周二，多云）

生字不少，要花些时间。古白话与今天的异同，比如"那里"，是今天的"哪里"，需要跟学生提一下。

1. 品题。题目是编者加的。"智取生辰纲"，主语是谁呀？是吴用他们。可是文章主体是写谁呀？是杨志他们。那么，如果以杨志他们为主语，题目是什么呢？是"杨志失去生辰纲"吧！

概括文章。请几个同学概括文意。杨志和老都管、两个虞候带着十一个禁军，挑着财宝胆子，往京师赶去。却在一处松林被吴用等人用智劫走。

梳理情节。杨志带着众人挑着生辰纲去京师。因为担子重、路途远、路上担心，而先后与十一个军汉、两个虞候、老都管发生矛盾。接着在土冈子上遇到吴用一伙。最后，被人在酒中下药麻翻，生辰纲被劫走。

轮读课文。熟悉课文内容，把握文章情节，为分析人物、品读文章服务。

2.（2016.11.16，周三，小雨）人物和情节分析。杨志的结局当然是不好的。那么，一定如此吗？如何避免呢？

杨志是精明的。他对江湖上的险恶，是清楚的。你看他对于生辰纲的伪装，行走的时间，对于要害地点的防备等等。

但是，他还是有欠缺的。如果准备充分，至少吴用他们在黄泥冈是可以做不成的。

在黄泥冈，大家很渴是吧。那么，作为熟知江湖险恶的人，应该早有防备呀！自己如果早已准备了饮水，甚至一点酒水，并且早已明确纪律，不允许在半路上喝有疑问的酒水，那么，至少这一次是可以避免的！

杨志是粗暴的，不善于组织、协调。看看杨志一行十五个人，杨志取得了谁的信任？跟谁关系较好？对十一个军人，比较粗暴。对于三个重要人物，老都管，二个虞候，都是简单粗暴的。结果，导致他们一齐反对杨志，最终导致失败。

我们看黄泥冈上的遭遇，如果老都管支持一下杨志，就避免了这次危险。杨志不允许大家歇息在这危险地方，这在道理上是没问题的；如果处理得好，人际关系好，是可以避免的。但是，前面已经多次渲染杨志的粗鲁，军人们对他的反感；两个虞候和老都管对杨志的抵触。军人们反对杨志时，如果老都管仍然支持杨志，这次危险也是可以过去的。可老都管不但不支持，甚至干脆明白地反对杨志，结果造成了生辰纲被截。

## 二十二、第17课《杨修之死》（2016.11.17，周四，小雨）

首先让学生说说题目的意思；再说说主要内容。本文的结构是简单的。让几个学生上去板书生字词。这篇文章生字不少。

品题。题目是编者加的，只能如此写？学生多没有感觉。萍说"曹操杀杨修"。这个改法很有启发，"曹操杀杨修"，与"杨修之死"就有些不一样。前者似是叙述一件客观的事情。后者呢，似乎后面是省略号，给大家留下疑问。

或者改为"杨修被杀"，"杨修死了"，怎么样？跟课文题目相比，更多的是陈述，而不是疑问。

层次划分。文章层次是简单的，三个部分，曹操杀杨修，追述杀杨修的原因，杀杨修之后的情况。

注意中间部分，曹操对杨修的感觉。用了哪些词？忌，恶，大怒！怎么样，曹操对他是什么感觉，感情？

那么，曹操有没有喜欢过他，欣赏过他？可能是有的，但在此处，都略去

297 正文右侧竖排：九年级语文上册

页码 297

了，只写曹操对杨修不满乃至厌恶甚至憎恶的情感。

（2016.11.18，周五，阴）文章写的这些事，哪些最有可能招致杨修被杀？第9段，杨修为曹植做答教被曹操知道，曹操此时已有杀修之心。想一想，为什么曹操对他这么恨，以至于有了杀他之心？从曹操这个角度讲，确实是严重的，这是对他曹家江山的威胁呢！说明杨修之才，是十分可怕的，可畏的。那么，曹操的恨也是真切的。从这个角度讲，杨修也是令人畏惧的，竟然也令曹操这样的大人物畏惧呢！所以，我们不要以为被害者杨修就是弱者，其实他在一些人眼里，在曹操眼里，是很可畏惧的。这也是他的死因之一呢！如果他真是不值一提，也许曹操犯不着杀他呢！从这个角度讲，杨修之死真可叹息呀！

设想一下，杨修如何可以不死？首先可能是站错队了。如果他不是曹植的人，而是曹丕的人，会不会有这样的结局？会不会让曹操这样恐惧？可能就不会。

还有，杨修的死，真的是曹操一个原因吗？我们设想一下，谁最想他死？可能是曹丕呢！因为有杨修，曹丕可能担心自己接班人位置不稳，于是很想杨修死去。事实上，杨修做的许多事情，曹操怎么知道的？是否有曹丕安排的眼线？而曹植与杨修，是否又太幼稚了？如曹操试曹丕与曹植过城门，曹植用杨修计策过去，结果有人告诉曹操，这是杨修教的。这是私密话呀，别人如何知道？杨修与曹植多么不慎呀！

那么，思考一下，从杨修的角度讲，我们可以汲取哪些教训呢？

学生有说杨修智商高，情商低。是的，情商低，也是做不成事情的。

注意跟领导人处理好关系。曹操是你的绝对领导呀，跟曹植贴心，跟曹操呢？也要搞好关系呀！在那个时代，性命可能就掌握在军事领导人手里，怎么可以掉以轻心呢？

不要让一些不值得的小动作惹人生气。比如第5段里，与众人分食曹操的酥，跟领导开这个玩笑，在不是十分亲密的情况下，不能这么开。

——当然，这都是封建社会的事情了。在今天的和平社会，我们可以如何做？这个领导不行，我可以换个领导；哪个领导，也威胁不了自己的生命安全了。

## 二十三、第18课《范进中举》（2016.12.21，周三，雨）

情节梳理。文章主要写了什么事？范进中举前后发生的事。突出了哪些人物？范进，胡屠户，次要的人物有张乡绅这样的人。那么，如果从当时的实际情况看，哪些人其实可能是主要人物，但是作者没有突出？范进母亲，只在需要的地方提了几笔，有没有突出？详细加以描写？没有。范进妻子更是如此。

为什么？作者的笔墨重点不在这里，立意不在这里。那么在哪里？在谁的身上？在胡屠户的身上，于是，就对他进行了详细描写。——从中我们知道描写的重要！描写技能的必要！需要时就要细加描写。

品题。题目是编者加的。这个题目包括哪些信息？人物，事件。"中举"是什么概念？如果是"中秀才"呢？一样不一样？不一样。中秀才，是中举人的必要条件，但还不是改变命运的条件。在中国封建社会，中了举人，就获得了做官的资格，身份与地位就发生了突变。当然，如果是中了进士，身份、地位就更不同了。

范进有哪些优点？在文中，范进是窝囊的。看胡屠户如何臭他，他也不回嘴。但是，其实我们透过现象，也可以看出范进是执著的。他考了科举二十多年，仍然没有放弃，即使借钱做盘缠，也要去考试。要是没有这样的执著，范进肯定早已放弃科举考试了；那么，这次科举的成功，也就不能发生了。

## 二十四、第19课《香菱学诗》（2016.12.23，周五，晴）

这个香菱，真是不简单。那么痴心学诗。当然，这里面有没有虚构的成分呢？她的学诗过程，其实也是比较简化的。一来，她毕竟不是主角。再说，细写读诗，学诗，也是不容易的。

香菱初学写诗，在用词、用典上，就能达到这样的水平？感觉这是一个读书较多的人，把许多诗句凑成的诗。——让一个成熟的文人，去摹写初学者的诗，其实是不容易的。作者可能也是避实就虚了吧。

大观园里人虽多，在指导和评论方面，也是比较虚的。比如宝玉就没有直接评词句。作者的安排上，二处是宝钗评论，其他人都比较虚。——如果让其他人一一评论，可能既没有必要，也很费脑筋吧！

黛玉教诗是得法的。先是读诗，读名家的诗。黛玉安排的是读王维、杜甫、李白的一共几百首诗。有这些诗歌做底子，赏析诗歌的水平高了，作诗的水平大概也起来了。

而且黛玉没有从"难"的方面去吓唬香菱，而是从"易"的方面去引导香菱。这样，香菱入门就容易得多。

这是值得我们语文老师学习的！

# 九年级语文下册

## 一、第17课《公输》（2016.11.25，周五，阴）

前二天开始布置预习《公输》，学生也各自读了。但真正开始学习，才感觉大家预习不够。可能是生字太多，或者《文言文译注》的形式跟语文课本不同，学生也许不太适应。

为什么题目叫《公输》？慧答，说老师之前说过的，最初文章的题目，就引用前面的两个字。其实，从文章的内容看，应该是什么题目？是墨子止楚攻宋。而不应该是公输。

1.（2016.11.28，周一，晴）翻译文章。今天开始跟同学们翻译课文。先让同位同学互译，然后在班级里翻译。同时找重难点，疑点。

赏析文章，觉得古代的墨子真是不简单，一个思想者，一个行动者。是一个了不起的领袖。要多少钱才能养活自己手下那么多人呀？财源从哪来？

一边翻译，一边提出一些重点词语。通假字，一词多义，古今义等等。

2.（2016.11.29，周三，晴）翻译完文章后半篇。墨子论辩的思路，跟前面一样，先打比方，用很有气势的排比，让对方说出必然结果；然后说对方的行为就是"与此同类"。

可是，楚王更看重利益呀，"善哉。虽然，公输盘为吾为云梯，必取宋。"说不过你，但是我就是要做你反对的事，怎么着？

最后还要实力取胜。通过演练,公输盘输给了墨子,却还不愿意收手,而是要用谋害墨子的阴谋,来达到自己的目的。然而,墨子不是一个人,而是一个团队,其弟子三百人已经带着防守工具在宋城上待楚国人侵了!

这里,是否墨子的后人在美化自己的老师?当然,也可能墨子当时确实是一个很了不起的集团,并有着先进的防御器械,足以捍卫弱国的安全。在那个国家不统一的时代,有些政治力量也许能找到自己的位置,发挥自己的作用。这样的政治集团,如果发展壮大,那可能就是建立国家了。

到后来大一统的时代,墨子这样的政治力量,就肯定要消失;因为专制的政府,是不能任由你起这类作用的。

## 二、第18课《〈孟子〉两章》(2016.12.1,周四,晴)

孟子文章是不简单的,有思想,有感情。首先让同学们扫除字词障碍,读顺课文;然后是整体感知,梳理文章结构;接着是翻译课文。翻译课文时,先让同位同学互译,然后在班级里翻译。叫同学翻译一句或二句,并要他提出哪些重难点词语;他如果没有发现,教师帮他提出来。

在讲解过程中,注意联系其他知识,联系现实,这样,一方面深化认识文章的思想性,同时也拓展了文章。

1.《得道多助,失道寡助》的结构。

让学生先说,教师补充,强调。

首先提出论点:天时不如地利,地利不如人和。

然后证明。如何证明的?举例论证。首先举三里之城,七里之郭的城市,没有攻下来;以此证明论点的前半部分:天时不如地利。

再举"城非不高也……委而去之",证明后半句话:地利不如人和。

举例证明之后,就是推论了,"故曰,域民不以封疆之界……",得出了"得道者多助,失道者寡助"的结论了。

问:对于战争,决定它的胜负,只有"天时""地利""人和"三种因素吗?从后世看,可能不是这么简单。比如武器。人家有了飞机大炮,你只有长矛,就算你得了天时、地利、人和,也是不行的。还有粮食,水。战场上没有这些资源,如何取胜?

还有，人和虽重要，就能概括人的所有因素了吗？比如还有人的多寡呢。你虽人和，但人过于少；人家也人和，但人比较多，是你的二倍、三倍，这就不容易打败人家了。

同时，这三个因素都是个对个比拼吗？不是。比如甲方可能是占有天时、地利，乙方占有人和，这时，如何判断？

当然，作者在那个时候，就认识到人和的重要性，这还是很了不起的。

2.《生于忧患，死于安乐》的结构。

跟上一篇先提出论点不同，本文是先举例论证，然后道理论证，最后才是得出论点：生于忧患，死于安乐。这个论证是比较有力量的。

作者能见人所未见，是了不起的。人们一般都是讨厌、害怕忧患的。但作者能从历史的角度看出，忧患虽然可以打败、毁灭一些人，但是对于一些强者来说，确可以让他们崛起，从而奋起！

问："生于忧患"，还可以"生于"什么？学生不太能说出，因为他们没有想到过这个问题。

"生"是什么意思？生存与发展。如何发展呢？我们今天的时代，个人发展，要注意什么？知识呀，学习呀。我们同学们不是接受义务教育吗？国家为什么要花这么多钱、这么多力气来进行开展教育？就是要提高国民素质，使国家强大呀？所以，从这个角度讲，是否也是"生于教育"？

还有，从改革开放的历程看，是通过体制的变化，来充分发挥人的力量，从而创造出更大的价值。这样是否可以说是"生于"优秀的体制？

### 三、第19课《鱼我所欲也》(2016.12.2，周五，晴；12.5，周一，晴)

文章的论点很微妙呢。不是"舍生而取义"，而是人不可失去本心。当然，后者可能更禁得住疑问吧。

孟子善于说理。

"生"与"义"的选择是不容易的，判断也是不容易的。因为绝大多数人都没有这个经历；至于初中生，就更不容易了。如何让大家接受呢？孟子很聪明，用比喻说理，而且，选的两个对象，差别是那么大！让大家很容易就做出了选择。

我们试着用另外的比喻来说理,看能否这么容易?

用鱼和鸭比喻行吗?用土豆与大米呢?——看,真不是那么容易。

但是鱼与熊掌,价值、稀罕的程度差距很大,于是就很快作出选择。这样,作者的说理就比较容易了。

但是,说理虽容易,但人们实际的认知未必这么容易。一旦遇到生与义的选择,人们心理上是很复杂的,未必有认知这么简单。

"呼尔而与之,行道之人不受;蹴尔而与之,乞人不屑也"是一定的吗?

文章把这个事实作为论据,来对比、批评人。但是,这个事例真的一定靠得住吗?恐怕只是个例吧!饥饿是非常可怕的,贫穷也是很可怕的。我们今天看那些街头乞丐,有些就在那里一直跪着。为了生活,为了钱财,是否顾得了尊严?

所以,作者用这样的个例来对比、批评人,也是未必可靠的。

## 四、第20课《〈庄子〉故事两则》(2016.12.7,周三,晴)

庄子,又是一种形象了。跟孟子不同吧,是一个不爱权力,很是飘逸的绅士形象,优雅,潇洒。

优雅、潇洒表现在心态、话语上。大家看,惠子竟然在国中搜了三天三夜,作为朋友的庄子,多么生气呀!生气之下,他可以有哪些选择?与之断交,从此再也不见面:原来你是这样一个人!品质多低,为人多差!或者是一声不吭,悄悄走人:从此各奔东西。

但是,潇洒的庄子,还是去见了惠子,而且还搞了个故事来嘲讽惠子。这个故事很有幽默感呢!用比喻的形式嘲讽了惠子,惠子大概只有苦笑了。

当然,潇洒的庄子,有时也赖赖皮。在后一篇,庄子用偷换概念的方式,来狡辩、驳倒惠子。那惠子服气吗?当然不服气,可能在下一个回合再来找庄子的茬。不过,这些都不重要,生活本身就充满笑意和幽默呢!

## 五、第21课《曹刿论战》(2016.12.8,周四,晴)

对题目的思考。曹刿论战,他认为决定战争胜利的原因是什么?庄公三个回答,他否定了前二个,认可第三个。这里面的意思就是民心的重要。如果联系当时的背景,是否意味着在鲁国,人民中间有一些不满意,甚至冤情? 二人对话以后,庄公具体怎么做的? 文章里没有交代。

对方击三次鼓,自己才击第一次鼓,知道当时的场面吗? 古代作战,双方约定地方,摆好阵势,然后一起冲击。按照常规,是同时击鼓,往中间冲;接触了之后,兵对兵,将对将,厮杀在一起。按照习惯,是双方同时击鼓进军。但是,这次曹刿的指挥,却是与平常不同。两军摆好阵势之后,齐军击鼓进军了,将士们往鲁军阵地冲来了。可是怎么了,鲁军为什么不动呀? 这对齐军有两个不利,一是两军的距离,比如是几百米,是齐军跑的多,那么消耗体力也多。二是齐军心理紧张:怎么自己在进攻,对方不动呀,是否有什么阴谋呀?

而鲁军呢,眼看敌人就要冲到自己跟前了,为什么我们的主帅还不击鼓呀? 于是憋足了劲。而且,齐军跑了不少路,体力消耗有许多。因此,鲁军一旦发起攻击,力量可能就是齐军的几倍! 由此可以看出,曹刿策略的威力!

## 六、第22课《邹忌讽齐王纳谏》(2016.12.12,周一,阴)

文章题目很讲究。"讽",而不是"直"。

学生可能会对题目一跳而过,其实,这个题目是值得好好品读的。首先是两个人物,邹忌,齐王;然后是事情,邹忌让齐王纳谏。而纳谏的过程、手段呢? 是"讽"。看,题目的概括性,表达的丰富性。

而什么叫"谏"? 词典上说,旧时指规劝帝王、尊长,使改正错误。看,是专用的名词。

从题目可以看出,此文的不简单!

文章是巧的,多个"三",三问,三答,三变。那么,是否只能是"三"? 当然不是。我问了妻、妾、客,就没有问别人了? 比如兄弟,挚友,长辈,当然也是可以问的,回答可能会有微妙的区别。

只不过,"三"已经表明了"多","一","二",都没有这样的效果;"四","五",是否又太麻烦了些?

## 七、第23课《愚公移山》（2016.12.13，周二，雨）

1.中国人的浪漫主义情怀！不知古代人如何看待愚公，就从今天看来，愚公的目标是否太过浪漫主义了？

当然，这确实伟大。但伟大的东西，不是那么好完成的；一旦完不成，其损失也是很可怕的。后世不是有一些教训吗？比如跑步进入共产主义，其损失多大呀？

愚公带着子孙荷担者三夫，寒暑易节，始一返焉。这仅仅耗费的是时间吗？一日三餐怎么办？晚上住宿呢？还要带换季的衣服呢！愚公家为此支出有多大呀！

虽然结局是美好的，但是这种美好的结局是否虚无缥缈呢？

而且，家中的生产怎么办？收成如何保证？如何保证对一日三餐的供应？愚公的计划，是否实行过早了？

2.（2016.12.15，周四，晴）愚公的胜利是什么的胜利？哲学的胜利。

智叟的观点是不错的。你愚公这么大了，还能移山吗？能移动吗？

这个问题，引发了愚公，当然也是作者的思想了。我愚公确实大了，老了，可是我有子子孙孙呢，以这样近似无限的人力资源，对付"不加增"的山，以无限对有限，何愁山不能消平呢？

从思想、哲学上去认识这件事，读者就会支持愚公，确信愚公是可以胜利的。与之相比，只能静止看问题的智叟，只是表面的聪明，小聪明，其实是缺乏大智慧的！

当然，"大"智慧，也不是就一味值得歌颂。虽然，从长期看，愚公的目标是可以实现的。但是，想想看，为了完成这个近似不可能完成的任务，愚公家族多少代人要赔进去？要做多大的牺牲？这个牺牲、代价，一个家族可以承受吗？应该承受吗？必须承受吗？这是可以多加思考的。

## 八、第24课《〈诗经〉两首》（2016.12.16，周五，晴）

人性是相同的，美丽的。看我们的古人，就细腻感受了爱情，追求爱情。而大人物,比如孔子,就很是高评这样的情感。

看男人对女人的追求,少男对少女的追求,由远及近,左追右堵,爱情的力量就是这么大。

而且是文人的爱,诗人的爱,在大地上的爱!山水,植物,鸟儿,都是爱情构成的一部分!

## 九、第1课《诗两首》(2017.1.17,周二,阴)

《我爱这土地》作者的构思真是了不起。

爱祖国的题目太大,如何写?让学生们说说。学生们说不好。但作者就了不起,借小鸟的口,来歌唱,于是,化大为小,为巧,把爱国之情就表达了出来!

《乡愁》的构思也了不起!构思完成,就表示这首诗歌的杰出。作者首先想到的可能是台湾对大陆的思念。但是,如果这样直接写,是难以打动人的。于是,作者从小时候对妈妈的思念,长大后对新娘子的思念写起,这样,到了到母亲的思念之后,自然写了对大陆的思念,全诗就完美地表达了家园之思!

诗歌,学生不太会欣赏,但是,也还感兴趣,引导得好,也还比较有意思。

## 十、第2课《我用残损的手掌》(2017.1.18,周三,阴)

1.这一首诗的构思不简单,也很有创新。当然,这也包含了血泪!一方面,中国的国土正遭受宰割,有可能要变成外国人的土地!这让每一个中国人,尤其是爱国的中国人忧心不已。何况,作者还是觉醒的中国人!另一方面,作者在敌人的监狱中,对亡国的感受就更深了。想一想,作者在监狱里,如何表达对国土的思念与关切?可能是在这样的情况下,想到用手掌去抚摸国土——可能就要失去的国土!

对于这种情感,今天的学生是没有感觉的。因为今天中国是强盛的,安全的。但是,要引导他们去了解这种情感,否则,就难以进入文章的思想情感中。

对于文章的技巧，不急着告诉学生，慢慢引导，让敏感性高的同学先觉悟到，然后大家再普遍感受到。

2."那辽远的一角"在哪里？问学生，学生没有感觉，说明对诗歌的认识是不深的。那辽远的一角，当然是指中国共产党领导的陕甘宁根据地为中心的抗日根据地了。但是，出于安全方面的考虑吧，作者没有写明。注意到这一点了吗？

## 十一、第3课《祖国呀，我亲爱的祖国》（2017.1.19，周四，多云）

1.第1节，写的是祖国落后的面貌的几个典型场景。第2节，不再写景象了，而是直接概括了。第3节，写的是今天——1979年时候的情景，第4节，就是表态了，抒情了。注意，最后一句不再是"祖国啊"，而是加了一句"我亲爱的祖国"。不要忽视这简单的变化，这是充满情感的！

诗歌的意象很突出，有利于同学们对诗歌的理解。"我是……破旧的老水车"，"额上熏黑的矿灯"，"干瘪的稻穗"，"失修的路基"等等，这些意象，很容易与"落后""贫困"联系起来，也很容易让同学们理解。

2.师生仿写几句。比如第1节仿写：

我是你走起来铛铛响的自行车
几十年来哼着无聊的曲
我是你只能接听的手机
让色彩与信息把我远远地抛弃
第3节仿写
我是你高擎冠军奖杯的手
我是你刺破苍穹的神舟飞船

通过这样的仿写，让学生熟悉诗歌，解除对诗歌的神秘感，有些意义。

## 十二、第4课《外国诗两首》（2017.2.13，周一，晴）

外国诗跟中国诗不一样，加上翻译，就缺乏中国诗的味道。

两首诗的题目都很大。《祖国》，《黑人谈河流》。前者，可否写成"我爱祖国"？应该也是可以的。

1.《祖国》题目虽大，但入题很小："我爱祖国，但用的是奇异的爱情"，这个入题多奇异，多美妙！有了"爱情"这个概念，这个思路，下面的内容就好写了。

《祖国》共三节，第1节算是开头，2、3节是具体内容。按照中国人的习惯，可能还需要个第4节，来个结尾，比如重复一下自己对祖国的爱。不然，就以"看着那伴着口哨的舞蹈，我可以直看到夜半更深"，感觉这没有完呀？这只是这一节的结束，作为全诗的结束，显得不够力量。

与结尾相比，头开得很有力量。一是比喻很新颖，把对祖国的爱说成是"奇异的爱情"；二是很奇妙，用"爱情"来写爱国，就化难为易了。

应该说，就所写内容而言，第2节多写风景，第3节写人们的欢乐，这些场景是比较平常的。但从技巧来说，很注意动态感、画面感，是很不错的。

2.(2017.2.14，周二，晴)注意通过比较，让学生感知到诗意。

学生在赏析时，说诗歌的好，教师追问，如果这样写，有没有诗意？以此让学生理解文艺语言和诗歌语言。

学生在品析第二节"它那随风晃动的无尽的森林，它那大海似的汹涌的河水的奔腾"时，教师说，如果作者这样写"它那森林，它那河水"，还有没有诗意？一比较，学生感受更明显了，后者没有形象性，没有画面感，动态感。这些就是诗意！

还有第3节，"望着堆满谷物的打谷场，覆盖着稻草的农家茅房"，我们能感受到诗意。但如果把这两句改为"望着打谷场，农家茅房"，怎么样？就只是叙事了，而没有画面感，也就没有了诗意了！

3.(2017.1.15，周三，晴)《黑人谈河流》，思路很开阔，结构很完整。

"我的灵魂变得像河流一般深邃"，单独构成第2节，第5节，既作为承上启下使用的，作为总结用，使整个诗歌结构显得完整而紧密。

作者把黑人的历史与世界一些大河巧妙结合起来，自然提升了黑人的形象，突出了黑人的贡献。——当然，也必须说，有些虚。如果有一些著名事件是黑人主导的，那么也许力量更强吧！

品题。学生对题目没有感觉，大概是认为理所当然吧！其实，从作者的构思来欣赏,就不同了。"黑人谈＿＿＿",这个空里可以填什么?学生没有想到。于是教师说,谈森林、草原、绿洲、高山、丘陵,行吗?说到"丘陵",学生笑了,也感受到了丘陵的不妥。谈丘陵,作者的主题如何表达?

谈草原呢?黑人又不是游牧民族,也是不合适的。

作者谈的是河流,那么,可以谈恒河、黄河吗?不行,与黑人历史无关。而作者选的是幼发拉底河、刚果河、尼罗河、密西西比河,那么,只有这些可选吗?不是的。这些是大河,有助于突出黑人形象。至于一些小河,作者就没有选入了。

第1节分析。让学生品析第1节,但没有领会作者的用意。作者在第一节里突出什么意思?"古老",跟世界历史一样古老,比人类血液更古老。这里,作者是有意识突出古老,也就突出黑人历史的悠久。

这一节可否换一种语句写?"我了解河流,我了解各种河流,五大洲的各个河流",怎么样?这样写,就违背了作者的原意。

品读第3节。第三节作者写了自己做了什么,那么,他还可以做什么?他写了在幼发拉底河沐浴,在刚果河畔盖了茅舍,尼罗河畔建造了金字塔。那么,还可以写我做了什么?在幼发拉底河、刚果河畔还可以说做什么?牧羊?栽种水稻?恐怕不行。如果是蒙古人也许可以说牧羊,汉民族,也许是可以说栽种水稻。但黑人可能不行。汉民族还有万里长城的奇迹呢。但这不是黑人的成绩。

——这篇文章写得比较早了。如果是今天写的,黑人的成绩就不同了。今天的黑人,体育场上,多么了不起!政治上,美国已经出了黑人白人混血总统奥巴马,黑人的成绩已经很了不起了!今天再写黑人,可以写的就很多了!

**十三、第5课《孔乙己》**(2017.2.16,周四,多云;2.17,周五,阴;2.20,周一,雨)

读得很过瘾,就是觉得不够尽兴。如果第9段前,再写几件事,是否更带劲?现在,到了第9段,情节就直转而下,到了高潮、尾声,真是不够尽兴。

1.首先让同学们整体感知文章。文章较长,学生的概括就不够好了。

教师介绍小说的三要素，人物，情节，环境。人物，有主要、次要人物，线索人物，群众人物等。情节，有开端、发展、高潮、结局几个部分。环境，有社会环境，自然环境。

概括小说的情节。让学生概括。学生说的不全。教师补充。

2.品题。

题目叫《孔乙己》，是否只能如此叫？据鲁迅说，小说的原型是个叫孟夫子的人。那么，如果本小说的名字叫《孔夫子》，怎么样？恐怕不行，对此人抬太高了。文章的感情与风格，也就不同了。

但孔乙己就不同了，一个怪怪的名字，不会给人"夫子"那种尊重的感觉。

3.结尾是这样写好，还是写见到他死亡好？

还是这样好，有一点悬念，给人想象的空间。如果写他某日死在某地，反而太过实了，缺乏想象的空间。

4.使用第一人称给人真实、亲切的感觉。但是，第一人称也有弊端；如果是第三人称，那么丁举人家里发生的事情，就可以直接描述了。

第三人称叫作"全能视角"，哪些小说是第三人称？四大名著都是。想想看，《红楼梦》用的是第几人称？第三人称。如果是第一人称，那能写出来吗？很难。

关于《孔乙己》的论文——

## 长衫终被剥去

看了许多教师和专家的分析，都没有注意到《孔乙己》结尾中孔乙己的穿着："……穿一件破夹袄，盘着双腿，下面垫一个蒲包，用草绳在肩上挂住……"咦？孔乙己的长衫哪里去了？是被丁举人打烂了不能穿了，是因为腿折了，穿长衫不方便？还是彻骨的疼痛终于让孔乙己有几分清醒，自己索性撕下这裹住自己自由与灵魂的破布，与那个旧我决裂？笔者认为是后者。从鲁迅对阿Q的认识与判断看，也应该是这样的。阿Q在走向刑场前已经有些许清醒，那么有知识孔乙己，不是更有可能吗？虽然这是在毁灭性的打击之下被迫做出的反思，但毕竟比过去的麻木还是进了一步。

下面，分别从几个方面去探究这篇课文。

## 短衣帮凭什么跟孔乙己过不去？

孔乙己是别人眼里的笑料，可有可无，"没有他，别人也便这么过。"在短衣帮眼里，他是可笑的，落伍的。这些短衣帮收入应该是不错的，虽然不能跟穿长衫的比；工作之余还可以到酒店喝碗酒，大概自我感觉还是不错的。他们应该生活无虞，才有闲钱到酒店喝点酒。他们可以凭自己的较充裕的收入瞧不起贫穷的孔乙己。不仅如此，这些势利的人，虽然在有权势的人面前可能老实安分，但对于贫穷没有力量的孔乙己，就可以极尽挖苦讽刺之能事。

乡村知识分子的经济地位总是有问题的。看《范进中举》中，范进进学后胡屠户对他的一番教训，就知道一个秀才，在乡村中的富户看来，地位是不比富户高的。何况孔乙己还没有进学。

短衣帮总是先逗孔乙己，让孔乙己出语还击；而在孔乙己出语还击之后，再使出绝招，揭孔乙己的伤疤，让孔乙己羞愧耻辱，无地自容。于是在孔乙己结结巴巴、脸上笼上了一层灰色之时，他们得以快意的哄笑。

为什么短衣帮这么喜欢接孔乙己的伤疤？是因为他们实在太无聊了，还是他们心里隐隐有些嫉妒有知识的孔乙己，却又因为孔乙己经济地位不如他们，于是就加倍打击孔乙己？

## 孔乙己有本领吗？

孔乙己是有本领的，表现在哪里？他会抄书，知道"茴"字的四种写法，对"君子固穷"之类文言句子随口吟来。

在科举时代，知识分子的出路是窄的，不过是"学而优则仕"这个独木桥。中不了举人无缘宦途之后，如果是秀才，还可以获得当塾师的资格，收入不高，总还是一个谋生的手段。中不了秀才呢？大概连当塾师的资格也没有，那么凭知识吃饭就难了。

好在孔乙己写一手好字，还可以替人抄抄书。对于抄书，现在的读者已经没有感觉了，认为这算什么谋生手段呢？但在那个时代，书籍和印刷都很不发达，很多知识要转录，又没有复印设备，就只有抄。而对这类劳力的活，文盲做不了，绅士又不愿做，可以想象，孔乙己还是有不少业务的。从文中偷何家、偷丁家，大约可以看到叫孔乙己抄书的人是不少的，也许凭着这份工作，他是可以勉强糊口的。

我们设想一下，当孔乙己被何家请去抄书的时候，何家是不是要说些好话呢？至少表面的客气是有的。就是丁举人，也许同样不得不跟孔乙己打交道，请孔乙己为自己家帮忙呢！何家、丁家如此，赵家钱家、孙家李家呢？也许在孔乙己盛年的时候，在生意好的时候，孔乙己是颇为自得、踌躇满志呢？

很难设想，一个干知识的活的人，却穿着工装上班，这成何体统？不仅影响自己的形象，而且也影响客户对自己的信任，因而影响自己的业务啊？

当短衣帮只能掏出四文钱的时候，孔乙己可以掏出九文钱，怎么样，这就是知识的价值！无怪乎孔乙己"排出九文大钱"，我就是气气你们这些文盲，怎么样？

## 孔乙己为什么满口之乎者也？

孔乙己说话满口之乎者也，可能有炫耀的因素：看，我是读书人，你们能说出来吗？也是因为迂腐。由于常年读古文、抄古文，与古文接触太多，古文烂熟于心，心思在古书里出不来，于是在生活中不自觉就说了出来。

另一方面，可能也是他的防卫武器。面对冷嘲热讽又人多势众的短衣帮，孔乙己没有力量去击败他们，又不能制止他们，不让他们说话。但是，面对短衣帮的挑衅，又做不到装聋作哑，不还去又心不甘，于是就要以一定的形式还击。如果用白话还击，未必是短衣帮的对手；再说，可能引起他们的强烈反弹。现在，用他们所不懂的文言文还击，既发泄了对他们的不满，让自己取得心理平衡，又因为对方听不懂，不会惹起麻烦。长此以往，习惯了，于是，之乎者也就成为他常用的武器了。

## 孔乙己有家庭吗？

很想知道，孔乙己更详细的人生经历。孔乙己的家世如何？父母经济状况怎么样？孔乙己有兄弟姐妹吗？孔乙己有过婚姻吗？

孔乙己也年轻过，他肯定有过青春岁月，有过玫瑰色的梦。也许他有过爱情的萌芽。他身材高大，又写一手好字，应该也是条件不错的。因为家庭经济不行，使他错过了婚姻？因为好高骛远，蹉跎了岁月？

即使父母贫穷，如果有一个强势的家族，孔乙己也会得到庇护，平时有人接济，就算做出格的事，人家也不敢怎样。这样，丁举人也就不一定敢下那个狠手了。

## 如果让孔乙己再选择一次

孔乙己临死前会想些什么呢？他对自己的命运满意吗？他反省自己的过失了吗？如果让他重新在选择一次人生，他会选择什么呢？下面模拟孔乙己的口吻写他临死之前的所思所想——

我快要离开这个世界了，我的一生就这样碌碌无为。是什么让我落到这样凄惨的下场？

科举害了我的一生。如果当时不是走读书之路，就做一个踏踏实实的劳动者，做工或学一门手艺，自食其力，我的人生也许可以过得充实。哎，如果在28岁那年就果断收手，好好学个手艺什么的，后半生也不至于艰难到这个程度。哎，一条道走到黑，钻进了死胡同呀！

也是我的命苦。如果不是父母贫穷，给我留下万贯家财，我就是读书不成，还可以是个富家公子，何至于被迫拿人家东西，被逮住后殴打？

还有，命运对我也太苛刻了吧。像老何，其实水平并不比我高多少，论比默写和写字，他比我差远了；就是运气好，考中了，于是就过上好日子。命运对我也太不公平了吧！

丁举人这样的坏人却可以过好日子，对我这个穷读书人这样狠毒。偷东西是我不对，可是我也不犯死罪呀？为什么要把我往死你整？丁坏人，你不得好死！

也怪我自己，管不住自己的手。哎，我本来是个受人尊敬的人哪，就是因为偷人家东西，把我的名声搞坏了。哎，还可以回头过吗？我再也不做这样的傻事了！

一生就这样糊糊涂涂、窝窝囊囊过去了，真不甘心！

#### 长衫终被剥去

长衫脱去了,就是一种改变,一种醒悟。

读书人的身份?见鬼去吧。何家照样吊着打,丁举人照样往死里打,短衣帮还是瞧不起自己。那么,有必要死抱这件长衫不放吗?

## 十四、第6课《蒲柳人家》(2017.2.21,周二,阴)

小说的结构真是神奇,中国传统小说的叙事方式也是很有意思的。表面上写的是何满子,其实他只是个线索人物,用他串起了他爷爷奶奶的故事!而何大学问和一丈青大娘的叙事方式,确实是传统的,水浒传式的。

小说的语言真是了不起,比喻,夸张,排比,似乎信手拈来,真是让人读了很痛快。比如练习二里选的几句,个个都精彩!

"何满子是一丈青大娘的心尖子,肺叶子,眼珠子,命根子。"哇,这是多么宝贝的孩子呀!我想让学生加一句,换个比喻句,竟然不容易。学生只说了"心肝宝贝",还没有文章里的三字句。

当然,文章字数较多,学生也有一些生字。让学生轮读课文,有七八处生字生词,师生一起做了订正。

课文里的一些肖像、动作描写,也可以做学生的范例,应用在自己的作文中。

315

## 十五、第7课《变色龙》(2017.2.22,周三,雨)

大师的小说就是不一般;俄罗斯文学的魅力,是另一种风采。看小说对警官奥楚蔑洛夫的讽刺,是充分展示后读者的会意;作者自己,并没有急着跳出来,表达自己的观点。小说的人物语言描写多,在奥氏几次反复变化中,并没有重复,充分展示了奥氏的特点与形象。

本小说也是描写的好范文。看看,语言、动作描写,场面描写,都很是值得我们学习呢!看奥氏脱衣服,穿衣服,从中体现他的心理变化。场面描写虽不多,但也是很有作用的。比如倒数第2段,大家的"哈哈大笑",多有力量!那是谁在笑呀?是作者在笑,是读者在笑,笑奥氏的出丑!

几处比喻也极妙！"商店和饭馆的门……就跟许多饥饿的嘴巴一样"，这个比喻，多么新颖，多有想象力，多么意味深长呀！还有"就连那手指头也像是一面胜利的旗帜"，这个比喻，把"受害者"赫留金那种感觉与情绪，很生动地表达了出来。而跟结果赫留金什么也没有捞到再一联系，就是一个无声的讽刺。

教学中，先让大家整体感知，然后学生通读课文，之后同位同学品读交流，然后在班级交流。文章不是很深，感觉学生是不难读懂的。

文章描写很棒，要同学们好好品读，进而学习、模仿。

## 十六、第8课《热爱生命》（2017.2.23，周四，多云）

1.作者笔下的人物确实不同凡响！这里，不仅是人物的英雄气概，也与西方人的文化、文风，作者的文笔习惯，有很大关系。

这样的英雄人物中国有没有？肯定有。但是同样的人物，中国作家笔下，就会有很大的不同。在中国作家这里，大概就是歌颂，抒情。而在杰克·伦敦笔下，似乎是故意压抑着，不去抒情，但是，或许有更大的力量！

比如文章的结尾，明明是主人公用超人的意志战胜了狼，咬死了狼。这个时候，在中国作家的笔下，是否要抒情了，歌颂了？如何抒情，歌颂？可以通过写景来表达，月亮如何美，太阳如何亮。也可以通过写人物形象，比如人物表情，人物的满意来表达。也可以通过抒情来歌颂。但是在文中呢，却是"后来，这个人翻了一个身，仰面睡着了。"这里，确实表现出一种放心感，但确实没有歌颂与抒情。

作者也没有通过景物描写来渲染情绪。如第5段的开头是"接下来是几天可怕的雨雪"，这在中国作家笔下，是多么好的抒情机会呀。但是作家竟然一笔带过，不接着写景了！

2."热爱生命"，意思明白吗？

意思不难明白，但未必可以深刻理解。许多珍贵的东西，要失去时人们才知道珍贵。文中的"他"，遇到这么多的困难，生命已经到了悬崖边上，但是，他却本能一般地，与命运作抗争。同学们，遇到这样的困难，我们可以振作起来，战胜它吗？

各人意志是不同的。但是，求生的欲望是非常强烈的。相信许多同学，经历险境时，都会坚韧顽强，与困难做斗争的。

3.文章看似情节自然往前走，有作者设计的痕迹吗？

其实也是有的。比如对病狼的笔墨，很明显是作为一条线索在走的。主线写"这个人"，另一个线，狼，就不时出现一下，让读者感受其中的危险。

——文章的情节可以另外设计吗？如何设计？比如如果文中出现了二条狼，怎么办呀？

呵呵，编故事就是编故事，要是有两条狼，文中的这个人要活下去，就不能是这样困难的身体了。那就是另外一种情节了。

## 十七、第9课《谈生命》（2017.2.24，周五，多云）

冰心的《谈生命》真是美文，是对生命的很好的歌颂。

让学生赏析美文，学生能说出一些好的地方，但确实不够深。

1.品题。从文章看，作者题目是《谈生命》，其实是在歌颂生命？或者换个题目，可以如何写？

作者题目是"谈生命"，其实不是在议论生命，而是歌颂生命。那么，根据这样的意思，我们还可以如何命题？——生命之歌；歌颂生命；生命赋。

2.作者写生命像一江春水，一棵小树，那么，我们还可以说生命像什么？

提这样的问题，是想让学生用心学习之后，模仿本文写一写。有学生说四季，有说早晚，这就不错。如果描写用心，是可以写得较好的。

这里，不仅是文章构思了，也是对生命的思考了。

3.文章结尾一句似乎多余。文章最后一句，"世界、国家和个人的生命中的云翳没有比今天再多的了"。这一句，是扣着前面"苦痛又何尝不美丽"这一句的。是的，这苦痛是有美丽的成分，但是，这苦痛是大家想要的吗？文章以这句作为结尾，目的何在？是为了批判当时社会的黑暗，还是要对处于黑暗中的人们进行安慰？可是，安慰人，不是这篇文章的主旨呀？这句话放在这里，作为文章的结句，真不是很好的选择。

## 十八、第10课《那树》（2017.2.27，周一，晴；2.28，周二，晴）

《那树》，好有诗意的散文，有传奇性，神秘感。

1.品题。让学生概括文章时，都喜欢说"一棵树"，那么，为什么作者用"那树"为题？

"那树"与"这树"，"一棵树"，是不同的。

"一棵树"，好像只是无数棵树中的一棵，并没有特别的意义。"那树"就不同了，是许多棵树中的明确的一个，从中可见作者对它特别的印象与感情。"这树"的"这"是近指，"那"是远指。从文中的实际情况看，那棵树最后被砍伐了，远去了，消失了，应该是远指。

2.文章很是有感情。如果试着把一些段落用平实的文字写，就一点味道都没有。

如第9段，"于是这一天来了，电锯从树的踝骨咬下去，嚼碎，撒了一圈白森森的骨粉。那树仅仅在倒地时呻吟了一声。"这段文字，我们在读的时候，感受到了痛苦。可是这个痛苦是作者的文字带给我们的感情。如果我们如实写来，是什么情况？就是简单一句话：大树被锯掉了。要是我们就用这样一句话来代替上面的文字，文章就没有了情感！

还有，作者用充满感情的文字写环境。如第11段写树根被挖走时用的文字："这一夜无星无月，黑得像一块仙草冰。"如果不注意，同学们可能认为这些都是自然而然的；其实，这些都是作者精心的文字！

不仅如此，作者还使用类似童话的文字，给文章带来神秘感和浓浓的情感。如第9段写老太太听见老树叹息，一声又一声。第10段说蚂蚁在离巢后，先在树干上绕行一周，表示了依依不舍。

3.试着仿写。校园里的雪松，虽然较高大，也美观，但是，我们如何写它呢？读过本文后，我们是否模仿着写写呢？试试。

## 十九、第11课《地下森林断想》（2017.3.1，周三，多云；3.2，周四，晴）

哇，好美的文章呀。地下森林，真是自然界的奇迹；作者对它赋予了多少情感！

1.作者写此文时，是否把自己也融入其中？文中，"阳光"有点反面角色的意思，"不喜欢峡谷"，但是，"时间却是公正的"，地下森林终于战胜了困难，成长起来！

在作者的生活中，是否也遭遇过"阳光"的忽视，凭着努力与耐心，经过多少年的努力，成长起来？确实，许多人都有过这样的遭遇。

文章美点甚多。课堂上，先让同位同学、前后位同学交流，然后在班里交流。

2.阳光成为贬义词。比如第10、11、12段。一方面，作为地下峡谷，太阳照不下去，这是事实。另一方面，也许作者把太阳作为一个象征：许多人，包括自己，可能在某个人生阶段，处于阴暗之中，没有得到阳光的照耀。

第11段、12段单独成段，而且使用反问句，起到强调的作用。

当然，阳光在这里也是对比。虽然阳光对峡谷不公平，却有其他事物帮助峡谷，如大风（14段），山泉（15段），鱼鳞松等（16段），于是，峡谷又有了生命！

3.地下森林给我们的启迪。

这是练习二的第3题。启迪，是多方面的。除了教参上的答案，还应该有许多。

比如：不抱怨；不急躁；等待时机；在等待与努力中，会有奇迹发生，包括帮助你的人。

4.关于"地下森林"还可以如何写？

本文的"断想"，着意写的是地下森林的历史。其实，对于"地下森林"，可以写的地方还很多呢。比如，我们可以写地下森林丰富的资源，地下森林世界里多种生物丰富而有趣的生活。这样写来，文章同样是充满情趣的！

## 二十、第12课《人生》（2017.3.3，周五，阴）

《人生》写得不错，题目大，不好写呀。作者如何介入呢？化大为小，用比喻，登塔，挖地洞等，于是就好写了。就如同冰心的《谈生命》一样，"生命"是大题目，但比喻成江河和小树，就不难写了。

感觉不足是举例少了，如果多举例子，就更落实了。

文章距离今天已经一百年了，今天人们的职业分类更多，可以做的比喻也更多吧！

做练习二的时候，努力跟同学们一起，对生命和人生多做几个比喻。学生有比喻航海的，在航行中遇到风浪，最后战胜困难，终于到达彼岸。这个比喻是不错的。有同学比喻成一棵树，从生长到长大到结束生命。这也是恰当的。

教师说，可以比喻成登山，面对难关，要敢于攀登，战而胜之。

还有人们经常说人生旅途，那意思就是人生是一次旅行。当然，旅行的滋味，遇到的困难等，就有许多种情况了。

当然，也可以比成下棋，布局，出击，斗争，得与失，成功与失败等。

## 二十一、第13课《威尼斯商人》（2017.3.6，周一，晴）

学生一起演（读）课文，比单单朗读要直观得多，同学们印象也深得多。

上周就让学习委员安排好角色，这次表演起来，比较顺畅。比如夏洛克的扮演者，就比较好。当然，大家都还是在读，要是真如演员背掉，哇，效果更好呢！

先让同学们点出生字词，再概括情节，然后才分角色表演。表演者都到讲台上去。下面的观众比较感兴趣。然后同学们品读。之后教师品读。

上台表演的同学准备比较认真。演夏洛克的雨说，对台词，读了三四遍。我调侃说，要是演员，还要全部背掉台词呢。

她虽然没有背掉，读了三四遍，认识也比其他人深了。

1.夏洛克的台词有些猥琐。看他所用的几个比方："有的人不爱看张开嘴的猪,有的人瞧见一头猫就要发脾气,还有人听见人家吹风笛的声音,就忍不住要小便……"这几处比方,形象性与美感都不强,后者更是猥琐。自然,这合乎人物的身份;如果他的话很高雅,就达不到批判的效果了。

而安东尼奥的比方,就美多了。"我是羊群里一头不中用的病羊……最软弱的果子最先落到地上……"虽然比较伤感,但还是比较雅的。

2.看看双方对鲍西娅扮演的法官的欢迎。

鲍西娅对夏洛克说"你必须从他胸前割下这磅肉来;法律许可你,法庭判给你"时,夏洛克欢迎:"博学多才的法官!判得好!"

可后来鲍西娅不允许夏洛克流一滴血,夏洛克很麻烦时,葛莱西安诺开始赞美法官了:"一个公平正直的法官,一个博学多才的法官!"

3.文中对犹太人的鄙视。文中多次把夏洛克直接称为犹太人,有什么意味吗?是褒义还是贬义?意思是明显的,是贬义。这反映了当时欧洲人对犹太人的成见。这里面有宗教的原因,犹太人不是基督徒;也有利益的原因,犹太人对欧洲人经济利益上的损害。

4.戏剧情节是否转得快了?

在读文章时,感觉夏洛克的败退是否太快了?一开始,他是很强硬的。后来,鲍西娅不让他使安东尼奥流一滴血时,夏洛克一下子就没有了主意,接着就节节败退了,这个转变是否太快了?

夏洛克不至于这么软弱和愚笨吧!他就没有别的什么办法了?

虽然,这样的转变让读者和观众比较痛快,但如果多一些纠缠,有一些反复,是否使情节更复杂多变一些?

5.如果是中国戏曲,估计情节会如何变化?

在剧中,情节的变化是如何进行的?是鲍西娅扮演的律师从契约中找空子,从而使剧情发生转变的。

那么,要是在中国,剧情可能会如何变化?学生回答不出。我说,"圣旨到——"嘛!在中国,不是经常在关键环节,"圣旨到"吗!于是,之前的结论就都取消了!这是人治的传统呀!不像西方,是法治的传统。

## 二十二、第14课《〈变脸〉(节选)》(2017.3.8,周三,晴)

中国传统戏曲是了不起的！川剧,其他地方戏,多少年的追求、继承、发展,中国戏曲不简单啊！

过去的女性命运真让人担心。这里,除了生产力低下的原因之外,也是因为政府顾及不到她们的权利吧！

让学生上台表演。下面一阵阵笑声。果然,比轮读效果要好。教师听了,也觉得比自己默读,感知要更多一些。

几个同学上台演读之后,让同学们品读。教师再对一些重点情节和地方进行品读。然后看"班班通"里的知识点;之后,研读课后练习。

1.注意人物的心理描写。

同学们不要忽视戏剧里的文学技巧,其实,戏剧是很注意刻画人物的,很是细腻。比如剧中对狗娃的心理描写,很是细腻的。比如当水上漂说"女人家,扫把星……"时,狗娃的动作是"一震,停止挠痒",这是多么细腻的动作和心理描写呀！

还有水上漂说"传内不传外,传儿不传女"时,狗娃重复的是"传内不传外,传儿不传……女……",标点的变化,反映的是狗娃很不情愿的心理。这里的描写,是多么微妙呀！

2.对女孩的歧视曾经是多么可怕呀！

戏剧中,强烈反映了对女孩的歧视。唉,这在漫长的封建社会,是多么可怕啊！这里面有生产力低下的原因,有生育无法节制的原因,是否也有中国文化的原因？ 欧洲文化对女孩也是这样的歧视吗？ 恐怕不是吧。

当然,今天时代不同了,女孩的机会甚至超过男孩。这是生产力发展的原因,也是社会制度变化的原因。哇,今天的时代,做一个女孩要幸福多啦！

## 二十三、第15课《枣儿》(2017.3.9,周四,晴)

"枣儿",多义,既是果实,又是人名,又是线索,真是忙碌呀。

面对寂寞的枣儿,博闻的爷爷通过讲故事来吸引孩子。注意一下,故事简短,并没有展开。比如一个故事说小日本站在树下端枪射"我",正巧,树上一颗枣儿落到鬼子的钢盔上,吓得鬼子抱头就跑。——这里,本来是可以写仔细一些,但可能是不想岔题吧,就是简略说说。

还有后面说村子里饿死人,老伴把剩下的八十一颗枣儿让给我和枣儿吃,爷儿俩才活下来。——这里,也是可以把过程写细一些的。但可能是不想让它岔题,于是也就这么匆匆过去。

思考:是否就只能如此写这两个人活动,能否多插入人,来展开情节?不然,情节显得有些单一,单调。当然,就本文所选的情节,两个人的对话,是可以的。

质疑:其中有细节有点庸俗。比如小孩尿尿,说孩子尿在自己脖子,让这个小孩去尿尿。同学们读起来,笑,这个细节还是有些庸俗。是否没有这个细节,就不行了?